湖北省精品课程教材

全国高等院校电子商务系列实用规划教材

网 络 营 销

主　编　程　虹

副主编　许　伟　魏　华

参　编　鲍　杰　陈联刚　陈显友

　　　　康　旸　李　珍　申　琦

　　　　田盛兰　周　静　朱晓伟

内 容 简 介

本书共 14 章,全面系统地讲述了网络营销的基本原理、方法和工具。主要内容包括:网络营销概述、网络营销与传统营销、网络消费者行为分析、网络市场调研、网络营销战略、网络营销产品策略、网络营销定价策略、网络营销渠道策略、网络营销促销策略、网络营销站点、搜索引擎营销、博客网络营销、E-mail营销和网络营销综合管理。本书在讲述网络营销相关理论知识的同时,重点描述了网络营销的实施方法、手段等丰富的实战内容。

本书适用于高等学校电子商务、信息管理、市场营销专业本专科生教学,也可作为相关从业人员的参考用书。

图书在版编目(CIP)数据

网络营销/程虹主编. —北京:北京大学出版社,2013.3
(全国高等院校电子商务系列实用规划教材)
ISBN 978-7-301-22125-9

Ⅰ. ①网… Ⅱ. ①程… Ⅲ. ①网络营销—高等学校—教材 Ⅳ. ①F713.36

中国版本图书馆 CIP 数据核字(2013)第 026368 号

书　　　名:	网络营销
著作责任者:	程　虹　主编
策划编辑:	王显超　李　虎
责任编辑:	葛　方
标准书号:	ISBN 978-7-301-22125-9/C • 0876
出版发行:	北京大学出版社
地　　　址:	北京市海淀区成府路 205 号　100871
网　　　址:	http://www.pup.cn　新浪官方微博:@北京大学出版社
电　　　话:	邮购部 62752015　发行部 62750672　编辑部 62750667　出版部 62754962
电子信箱:	pup_6@163.com
印　刷　者:	北京鑫海金澳胶印有限公司
经　销　者:	新华书店
	787 毫米×1092 毫米　16 开本　19.25 印张　450 千字
	2013 年 3 月第 1 版　2018 年 7 月第 6 次印刷
定　　　价:	38.00 元

未经许可,不得以任何方式复制或抄袭本书之部分或全部内容。
版权所有,侵权必究
举报电话: 010-62752024　电子信箱: fd@pup.pku.edu.cn

前　言

在本书编写过程中，编者借鉴了大量国内外的相关教材和专家的相关研究成果，并结合我国网络虚拟市场和网络营销发展现状，对网络营销理论和实践进行了系统和全面的分析与探讨。本书旨在向学习者介绍在网络环境中开展营销活动的一般原理，使学习者掌握有效地使用互联网进行营销活动所需的知识和技能。学习者将了解互联网给营销活动带来了怎样的影响和机遇，并可以灵活运用网络营销原理制定相应的营销策略，帮助企业获得新的竞争优势。

本书与经典市场营销教材结构相似，共分为3篇14章。第一篇网络营销基础，包括第1~4章，重点阐述了互联网对于市场营销理论的巨大影响，以及如何利用互联网这个互动媒体寻找战略机遇，承前启后地帮助学习者顺利地将市场营销的思维定式转向网络营销新思维模式。第二篇网络营销策略，包括第5~9章，将从理论的宏观角度(战略)和微观层面(4P营销理论)分别告诉学习者如何制定适合企业自身情况的、行之有效的网络营销策略。第三篇网络营销实践，包括第10~14章，精选了网络营销站点、搜索引擎营销、博客网络营销、E-mail营销和网络营销综合管理等实践领域，为学习者展示了网络营销策略的实践过程，以期能对实践者有所启发。

本书编者在编写过程中，始终将学习者放在第一位。一方面，在有限的篇幅内，尽可能反映国内外优秀教材的精华，提高学习效率；另一方面，删掉部分次要知识点，把版面留给展示网络营销实践的案例、参考资料、新闻摘录等内容，让学习者能够学以致用。本书还具有中国化、时尚化、轻松化等特点，希望学习者轻松愉快地掌握我国网络营销的最新发展情况。

本书由程虹教授担任主编，并负责对全书进行统稿和定稿，其中许伟编写第1章和第14章，李珍编写第2章，田盛兰编写第3章，陈显友编写第4章，周静编写第5章，鲍杰编写第6章和第11章，申琦编写第7章，陈联刚编写第8章和第12章，康旸编写第9章，朱晓伟编写第10章，魏华编写第13章。

本书对网络营销的研究才刚刚起步，"路漫漫其修远兮，吾将上而下求索"，我们还将定期进行修订。希望这本承载着我们的理想和追求的书能与时俱进，让学习者掌握网络营销新的动向和发展。由于网络营销是一门发展中的学科，书中的错误和疏漏在所难免，恳请广大学习者批评指正。

编　者
2013年1月

目 录

第一篇 网络营销基础

第1章 网络营销概述 1
- 1.1 网络营销的定义和内涵 3
  - 1.1.1 网络营销的定义 4
  - 1.1.2 电子商务、电子业务和网络营销 6
  - 1.1.3 科学技术——营销发展的助推器 7
- 1.2 网络营销的特点 9
  - 1.2.1 互动性 10
  - 1.2.2 个性化 11
  - 1.2.3 多媒体 12
  - 1.2.4 整合性 12
  - 1.2.5 全球性 13
  - 1.2.6 低成本性 13
- 1.3 网络营销的功能 14
  - 1.3.1 信息搜索功能 14
  - 1.3.2 信息发布功能 14
  - 1.3.3 商情调查功能 14
  - 1.3.4 销售渠道开拓功能 15
  - 1.3.5 网络品牌价值扩展和延伸功能 15
  - 1.3.6 特色服务功能 15
  - 1.3.7 客户关系管理功能 15
  - 1.3.8 经济效益增值功能 16
- 1.4 网络营销的分类 16
- 1.5 网络营销的发展历史 17
- 1.6 网络营销的核心竞争力 18
  - 1.6.1 注意力经济 18
  - 1.6.2 注意力是网络营销成败的关键 19
  - 1.6.3 没有创意就没有注意力 20

本章小结 25
复习题 26

第2章 网络营销与传统营销 28
- 2.1 网络营销对传统营销的冲击 29
  - 2.1.1 网络营销对传统营销策略的冲击 29
  - 2.1.2 网络营销对传统竞争形态的冲击 30
- 2.2 网络营销的优势 31
  - 2.2.1 利于取得未来的竞争优势 31
  - 2.2.2 决策的便利性和自主性 31
  - 2.2.3 成本优势 32
  - 2.2.4 良好的沟通 32
  - 2.2.5 优化服务 32
  - 2.2.6 多媒体效果 32
- 2.3 网络营销与传统营销的整合 33
  - 2.3.1 网络营销不可能完全取代传统营销 33
  - 2.3.2 网络营销与传统营销的整合 33

本章小结 38
复习题 38

第3章 网络消费者行为分析 40
- 3.1 网络消费者特征 41
  - 3.1.1 网络消费者的自然结构 42
  - 3.1.2 网络消费者的社会结构 42
  - 3.1.3 网络消费者的群体心理特征 45
  - 3.1.4 网络消费者的分类 45
- 3.2 网络消费者购买动机 46
  - 3.2.1 网络消费者购买动机概述 46
  - 3.2.2 网络消费者的需求动机 46
  - 3.2.3 网络消费者的心理动机 48
- 3.3 网络消费者购买过程 49
  - 3.3.1 网络消费者购买行为基本框架 49

3.3.2 网络消费者购买行为的
　　　　影响因素 50
3.4 网络消费者购买决策过程 53
　　3.4.1 唤起需求 53
　　3.4.2 收集信息 54
　　3.4.3 比较选择 55
　　3.4.4 制定购买决策 55
　　3.4.5 事后评价 55
本章小结 57
复习题 57

第4章 网络市场调研 60

4.1 网络市场调研概述 62
　　4.1.1 网络市场调研定义 62
　　4.1.2 网络市场调研特点 63
　　4.1.3 网络市场调研策略 65
4.2 网络市场调研的步骤与方法 66
　　4.2.1 网络市场调研的一般步骤 67
　　4.2.2 网络市场调研的方法 68
　　4.2.3 网上直接调研的方法与步骤 ... 69
　　4.2.4 网上市场间接调研的
　　　　方法与步骤 69
　　4.2.5 网络信息检索技术和工具 71
4.3 网络商务竞争信息收集 73
　　4.3.1 网络商务信息收集与
　　　　整理的方法 74
　　4.3.2 网络商务信息收集的对象 74
4.4 网络产品第三方信用测评
　　——以淘宝网为例 75
　　4.4.1 网络产品第三方信用
　　　　测评概况 75
　　4.4.2 网络产品第三方信用
　　　　测评方法的实证分析 82
本章小结 85
复习题 85

第二篇 网络营销策略

第5章 网络营销战略 87

5.1 网络营销的新规则 89

5.2 网络营销策略理论 91
　　5.2.1 留住客户,增加销售 92
　　5.2.2 提供有用信息刺激消费 92
　　5.2.3 简化销售渠道,减少
　　　　管理费用 92
　　5.2.4 让顾客参与,提高客户
　　　　忠诚度 92
　　5.2.5 提高品牌知名度,获取
　　　　更高利润 93
　　5.2.6 数据库营销 93
　　5.2.7 网络整合营销理论 93
5.3 建立网络营销战略 95
　　5.3.1 开发网络营销战略的过程 96
　　5.3.2 形势分析 97
　　5.3.3 战略目标的制定 99
　　5.3.4 战略制定与战略实施 100
本章小结 102
复习题 102

第6章 网络营销产品策略 105

6.1 网络营销产品的概念层次 107
　　6.1.1 核心利益层 107
　　6.1.2 个性化利益层 108
　　6.1.3 附加利益层 108
　　6.1.4 潜在利益层 108
　　6.1.5 产品形式层 108
6.2 适合网络营销的产品 109
　　6.2.1 信息化 109
　　6.2.2 质量稳定 109
　　6.2.3 名牌产品 109
　　6.2.4 顾客群庞大 109
　　6.2.5 价格适中 110
　　6.2.6 不易替代 110
6.3 网络营销产品的分类 110
　　6.3.1 检索商品、尝试商品和
　　　　信誉商品 110
　　6.3.2 实体商品和数字商品 111
6.4 网络营销新产品开发 113

6.4.1 网络营销新产品开发
　　　　　策略和趋势 113
　　6.4.2 在网上营销产品的方法 115
6.5 网络营销品牌策略 116
　　6.5.1 网络品牌的特点 116
　　6.5.2 网络品牌创造策略 117
　　6.5.3 网络品牌运用策略 120
本章小结 123
复习题 123

第7章　网络营销定价策略 126
7.1 网络营销定价基本原理 127
　　7.1.1 基本原则 127
　　7.1.2 边际成本定价 127
　　7.1.3 歧视定价 129
7.2 网络营销定价目标和特点 130
　　7.2.1 网络营销定价目标 130
　　7.2.2 网络营销价格及特点 130
7.3 网络营销定价具体策略 132
　　7.3.1 免费和收费定价策略 132
　　7.3.2 其他定价策略 136
7.4 网络动态定价策略 141
　　7.4.1 动态定价的风险和优势 141
　　7.4.2 动态定价的实现 142
本章小结 146
复习题 146

第8章　网络营销渠道策略 148
8.1 网络营销渠道概述 150
　　8.1.1 网络营销渠道结构 150
　　8.1.2 网络营销渠道特点 151
　　8.1.3 网络营销渠道职能 152
8.2 网络渠道结构策略 154
　　8.2.1 直接分销渠道策略 154
　　8.2.2 间接分销渠道策略 154
　　8.2.3 混合分销渠道策略 155
　　8.2.4 多渠道策略 155
8.3 网络营销渠道冲突 155

　　8.3.1 冲突分析 155
　　8.3.2 冲突协调 157
8.4 网络营销渠道策略 158
　　8.4.1 双道策略 158
　　8.4.2 创新策略 158
　　8.4.3 信息中介策略 158
本章小结 161
复习题 161

第9章　网络营销促销策略 164
9.1 网络营销促销概述 165
　　9.1.1 网络营销促销的含义 165
　　9.1.2 网络营销促销与传统营销
　　　　　促销的区别 166
　　9.1.3 网络营销促销的作用 166
　　9.1.4 网络营销促销的形式 167
　　9.1.5 网络营销促销的实施 167
9.2 网络广告概述 168
　　9.2.1 网络广告的定义 168
　　9.2.2 网络广告的特征 169
　　9.2.3 网络广告的类型 170
　　9.2.4 网络广告的发布途径 171
　　9.2.5 网络广告的计价方式 172
　　9.2.6 网络广告创意和策略 172
9.3 网络营销站点推广 173
　　9.3.1 站点推广概述 173
　　9.3.2 站点推广方法 174
　　9.3.3 提高站点访问率的方法 175
　　9.3.4 利用搜索引擎推广 175
9.4 网络销售促进策略 176
　　9.4.1 网络折扣促销 177
　　9.4.2 网络赠品促销 177
　　9.4.3 网络抽奖促销 177
　　9.4.4 积分促销 178
　　9.4.5 网络联合促销 178
9.5 网络营销公关策略 178
　　9.5.1 网络公关与网络广告的
　　　　　区别 179

9.5.2 网络公关的实施 179
9.5.3 网络公关的常用策略 179
9.5.4 网络公关应注意的问题 180
本章小结 182
复习题 182

第三篇 网络营销实践

第10章 网络营销站点 185
10.1 网络营销站点的功能和分类 186
　　10.1.1 网络营销站点的功能 186
　　10.1.2 网络营销站点的类型 189
10.2 网络营销站点的规划与建设 192
　　10.2.1 网络营销站点的规划 192
　　10.2.2 网络营销站点的创建步骤 195
10.3 网络营销站点的管理与维护 200
　　10.3.1 网站内容的更新及维护 200
　　10.3.2 网站版面风格的更新及
　　　　　 维护 200
　　10.3.3 网站域名、主机(服务器)、
　　　　　 企业邮局的管理与维护 200
　　10.3.4 网站安全及资料备份服务 200
　　10.3.5 网站流量统计报告服务 201
本章小结 202
复习题 202

第11章 搜索引擎营销 205
11.1 搜索引擎概述 208
　　11.1.1 搜索引擎的含义 208
　　11.1.2 搜索引擎的功能 208
　　11.1.3 搜索引擎的分类 208
　　11.1.4 国内外主要搜索引擎的
　　　　　 介绍 210
　　11.1.5 信息搜索的方法 212
　　11.1.6 搜索引擎工作原理简介 213
11.2 搜索引擎营销的基本原理 217
　　11.2.1 搜索引擎营销的含义 217

　　11.2.2 实现搜索引擎营销的任务 218
　　11.2.3 搜索引擎营销的常用手段 218
　　11.2.4 搜索引擎营销的目标层次 219
11.3 搜索引擎营销的发展 220
　　11.3.1 中国搜索引擎营销的
　　　　　 发展历程 220
　　11.3.2 搜索引擎营销的发展趋势 221
本章小结 221
复习题 223

第12章 博客网络营销 225
12.1 博客营销概述 226
　　12.1.1 博客营销的定义 226
　　12.1.2 博客营销的优势 227
　　12.1.3 博客营销的本质和特点 228
　　12.1.4 博客营销价值体现 228
　　12.1.5 博客营销的法则 230
　　12.1.6 博客营销效果判断标准 231
12.2 博客营销的策略 232
　　12.2.1 博客营销的优化和推广 233
　　12.2.2 博客营销的具体策略 234
12.3 博客营销的类型 235
　　12.3.1 博客写手 235
　　12.3.2 博客营销文章写作技巧 236
　　12.3.3 博客营销的技巧和方法 236
　　12.3.4 如何提高博客流量 238
12.4 微博营销的实施 239
　　12.4.1 微博的概念 239
　　12.4.2 博客营销与微博营销 239
　　12.4.3 微博的优势 240
　　12.4.4 微博实施步骤 240
　　12.4.5 微博营销的误区 242
本章小结 243
复习题 244

第13章 E-mail营销 246
13.1 E-mail营销概述 247
　　13.1.1 E-mail营销的起源 248

13.1.2 E-mail 营销的定义 249
13.1.3 E-mail 营销的功能 250
13.1.4 E-mail 营销的分类 252
13.2 开展 E-mail 营销的基础条件与
一般过程 253
13.2.1 开展 E-mail 营销的
基础条件 253
13.2.2 开展 E-mail 营销的
一般过程 253
13.3 E-mail 营销的主要形式 254
13.3.1 内部列表 E-mail 营销的
基本方法 254
13.3.2 外部列表 E-mail 营销的
基本方法 259
13.4 E-mail 营销效果评价 261
13.4.1 获取和保持用户资源的
评价指标 262
13.4.2 邮件信息传递的评价指标 ... 262
13.4.3 用户对信息接受过程的
评价指标 263
13.4.4 用户回应的评价指标 263
本章小结 267

复习题 267

第 14 章　网络营销综合管理 270

14.1 网络营销管理的一般内容 273
14.2 网络营销过程管理 274
14.3 网络营销绩效管理 279
14.3.1 网络营销绩效管理指标
选择标准 279
14.3.2 网络营销绩效管理
指标体系 281
14.4 基于网络营销的客户关系管理 282
14.4.1 关系营销与传统营销的
区别 283
14.4.2 客户关系管理的概念 283
14.4.3 CRM 在网络营销中的
应用 285
14.4.4 CRM 的流程 285
14.4.5 CRM 的价值 287
14.4.6 支持 CRM 的技术 288
本章小结 291
复习题 292

参考文献 294

第一篇　网络营销基础

第1章　网络营销概述

教学目标

通过本章的学习，学生对网络营销的理论体系有一个系统的了解，对在网络虚拟市场开展营销活动的原理和特点、环境与方法、工具和手段、目标与实施控制等相关内容，有全面的领会和感性认识，并掌握开展网络营销的操作思路和相应的运作技巧。

教学要求

知识要点	能力要求	相关知识
网络营销的定义和内涵	(1) 理解市场营销的5个核心概念 (2) 了解网络营销4个方面的含义	(1) 网络营销不仅仅是网上销售和做广告 (2) 互联网技术是网络营销的最基础和最重要的技术 (3) 网络营销所要借助的媒介并不单单是互联网，而是经整合过的完整营销沟通渠道 (4) 网络营销更有助于实现企业的营销目标和观念
网络营销的特点	(1) 理解网络是第四媒体 (2) 了解网络营销与传统营销相比特有的特点	(1) 互动性　　(2) 个性化 (3) 多媒体　　(4) 整合性 (5) 全球性　　(6) 低成本性
网络营销的功能	了解网络营销的功能	(1) 信息搜索功能 (2) 信息发布功能 (3) 商情调查功能 (4) 销售渠道开拓功能 (5) 网络品牌价值扩展和延伸功能 (6) 特色服务功能 (7) 顾客关系管理功能 (8) 经济效益增值功能
网络营销的分类	(1) 了解网络营销分类的原则 (2) 掌握网络营销管理的内容和方法	(1) 按网络营销发展阶段分类 (2) 按网络营销的形式分类 (3) 按网络营销技术与方法分类 (4) 按网络营销基本职能分类 (5) 按网络营销工作内容分类 (6) 按网络营销工作的性质分类

续表

知识要点	能力要求	相关知识
网络营销的发展历史	(1) 了解 Web 1.0 时代的网络营销 (2) 理解 Web 2.0 时代的网络营销 (3) 了解 Web 3.0 时代的网络营销	(1) 网络营销的 3 个历史层次的特征 (2) 互联网、移动网络、有线电视及传统方式等网络的融合 (3) 网络营销覆盖整个商务流程，无处不在

基本概念

网络营销　电子商务　电子业务　第四媒体　拉式营销　推式营销　Web 1.0　Web 2.0　Web 3.0　注意力经济　眼球经济　互动营销

 导入案例

联合利华 Axe 男士身体喷雾剂的网络推广

联合利华在美国推出 Axe 身体芳香喷雾剂时，更多的是依靠电视广告。但是联合利华很快就将精力转向了网络销售。因为公司的市场部在市场调查后发现，当快速消费品的目标受众是针对 18～24 岁年轻人的时候，他们会对大多数传统形式的广告置之不理，相反却花大量时间在网络游戏上。

联合利华相信可以在网络上做更多的营销文章，而这也将是培养品牌忠诚度的另一种方式。联合利华企图创造出对广大互联网用户很有吸引力的商业片，并期望展开病毒式传播，这本不是什么新鲜主意，但是可以说联合利华已达到目的了。几款放置在 Youtube 上的 Axe 视频都有不错的传播率。两个美女同性恋广告讲述了一位比基尼女郎在用够了 Axe 之后，对旁边的另一位比基尼女郎产生了足够的吸引力。而裸男领舞的广告讲述了沐浴中男士突然掉到了楼下健美课堂中，于是在女人群中裸体起舞的故事。还有一个广告片则以新闻纪事风格讲述了众多女性在 Axe 诱惑下犯罪的事情。在此片中，演员扮成 Axe 公关部门人员，一再重申 Axe 产品对妇女的危险性，并数次强调 "It smells good" 的主题。

联合利华官方文件称："我们想做的事情是传达 Axe 总是很有趣，Axe 广告活动是一项求偶游戏，反映了男人们总想被女人注意的渴望，别太把它当真。联合利华是很大的全球性公司，旗下掌管着很多品牌。每个品牌都要被打造成能反映受众唯一利益和需要的产品。"可能只有 100 个人知道 Axe，但是如果有一个人参与了社交网络，并告诉了其他的 99 个人，Axe 就能迅速被所有人知道。联合利华以"电视不宜"为噱头在官方网站上推出视频短片，包括用图示手把手教会 20 出头的年轻人如何将视频以电子邮件的形式发给他们的朋友。除此之外，联合利华在索尼游戏机 PS2 下载以及在聊天室中附带广告。这些全新的营销手段使得 Axe 成为男性身体喷雾剂的销售冠军。

(资料来源：http://abc.wm23.com/zx 13802422506/202562.html.)

点评：网络营销是电子商务的核心。

菲利普·科特勒说："商务的核心是营销。"

比尔·盖茨说："21 世纪，要么电子商务，要么无商可务。"

电子商务的核心是网络营销，电子商务包括了网上营销、线上支付、线下物流等环节。而在整个电子商务的环节中，最为重要的环节就是网络营销。

第1章　网络营销概述

自从 1995 年互联网开放用于商业目的以来，电子商务的发展经历了跌宕起伏、令投资人大喜大悲的时期。在这个过程中涌现出了无数网络企业，后来其又纷纷倒闭或被收购，如大浪淘沙。尽管互联网进入中国人的日常生活只是近十年的事，但是它的发展却大大出乎我们的意料，最典型的表现就是网民数量的急剧增加。大量的统计信息已将玄机透露出来，在中国，互联网将要以前所未有的强大功能，成为营销活动的最重要的基本媒介，特别是对于营销创新的巨大促进作用，更是深深地影响着企业的未来发展前景。

新闻摘录

飞速发展的网络

据中国互联网络信息中心(China Internet Network Information Center，CNNIC)2013 年 1 月的统计报告显示，截至 2012 年 12 月底，我国网民规模达到 5.64 亿，较 2011 年年底增加 5090 万人；我国手机网民规模达 4.2 亿人，依然是拉动我国总体网民规模攀升的主要动力；最引人注目的是，网络购物用户规模达到 2.42 亿人，与 2011 年相比，增长率为 24.8%。另有统计表明，我国互联网用户数量是印度的 5 倍多，比美国的几乎多一倍，并且新的用户还在以每月 600 万人的速度增加。大约一半的中国城市人口在使用互联网，而农村居民使用互联网的比例也达到 23.7%。据估计，到 2015 年，中国城市用个人计算机上网的普及率将会达到 66%，与如今西欧的水平相当；而农村的互联网普及率则会翻一番，达到 45%；城乡加起来，中国将会有超过 7.5 亿互联网用户。

(资料来源：http://www.cnnic.net.cn/hlwfzyj/hlwxzbg/hlwtjbg)

事实证明，技术可以改变，表象之下的经济规律却未改变。网络是 21 世纪经济活动中的一个重要媒体、空间，但不是商业活动的全部。将网络与传统的商务过程和方法进行有效的整合被证明是前途所系。网络是一个潜力巨大的营销空间，此外，由于该营销空间具有交互性和可个人化定制的特征，这与传统营销有很大的不同。网络的营销思想、方法和工具有哪些不同，与传统的营销手段如何进行整合以实现有效的营销，是许多从业人员经常困惑的问题。本章将主要讨论研究网络营销的基本概念，将其与传统营销做简单的比较，并在电子商务的大环境下探讨它将给企业带来的机遇和挑战。

1.1　网络营销的定义和内涵

网络营销，顾名思义就是利用网络进行市场营销活动。因此要研究网络营销的定义，首先我们应该明确什么是市场营销。营销大师菲利普·科特勒在《市场营销导论》一书中将市场营销定义为：个人和群体通过创造产品和价值，并同他人进行交换以获得所需所欲的一种社会及管理过程。

如图 1.1 所示，定义中所蕴含的 5 个营销核心概念相互关联，并且每一个概念都建立在前一个概念的基础之上。首先识别消费者的需要、欲望和需求，然后根据识别的结果制造出产品和服务，消费者从产品的价值、质量和能够带来的满足感等方面选择产品和服务，最后实现交换和建立交易关系，而产品和服务的现实及潜在的消费者构成了市场。所谓市场营销的概念就是指为创造价值及满足需要和欲望来管理市场，从而实现交换和建立关系。

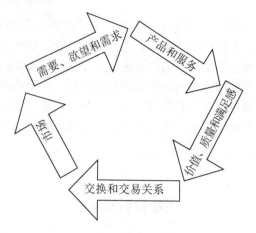

图 1.1 市场营销定义的核心概念

1.1.1 网络营销的定义

网络营销是以现代电子技术和通信技术的应用与发展为基础，与市场的变革、市场竞争及营销观念的转变密切相关的一门新学科。与许多新兴学科一样，网络营销目前同样没有一个公认的、完善的定义，而且在不同时期从不同角度对网络营销的认识也有一定差异，这种状况主要是因为网络营销环境在不断发展变化，各种网络营销模式不断出现，并且网络营销涉及多个学科的知识，不同研究人员具有不同的知识背景，因此在对网络营销的研究方法和研究内容方面有一定的差异。

从网络营销的内容和表现形式来看，人们对网络营销同样有不同的认识。有些人把网络营销等同于网上销售产品，有些人则把域名注册、网站建设这些基础网络服务内容误认为是网络营销，也有些人只将网站推广认为是网络营销。应该说这些观点都从某些方面反映了网络营销的部分内容，但并没有完整地表达网络营销的全部内涵，也无法体现出网络营销的实质。

那么什么是网络营销呢？

美国内华达大学朱迪·施特劳斯教授认为，网络营销就是以国际互联网络为基础，利用数字化的信息和网络媒体的交互性来辅助营销目标实现的一种新型的市场营销方式。简单地说，网络营销就是以互联网为主要手段，为达到一定营销目的的营销活动。

美国康奈尔大学拉菲·穆罕默德认为网络营销是通过在线活动建立和维持客户关系，以协调满足公司与客户之间交换概念、产品和服务的目标。

上海大学瞿彭志认为网络营销是在市场营销基础上发展起来的，可以被认为是借助于联机网络、计算机通信和数字交互式媒体来实现营销目的的一种市场营销方式。

清华大学冯英健认为网络营销是企业整体营销战略的一个组成部分，是为实现企业总体经营目标所进行的、以互联网为基本手段营造网上经营环境的各种活动。

一些文章中喜欢用"虚拟营销"来描述网络营销。"在互联网上，没有人知道你是一条狗"，这是一句广泛流传的话，最早出现在 1993 年美国著名杂志《纽约人》的一幅漫画(作者为彼得·斯坦纳)中，以此来说明互联网的虚拟性。虚拟营销是一种克服资源缺乏的劣势的现代营销模式,其精髓是将有限的资源集中在附加值高的功能上,而将附加值低的功能虚拟化。

网络营销(Cyber Marketing, Online Marketing, Internet Marketing, Electronic Marketing, etc)可以定义为:运用以互联网技术为基础的信息技术,整合传统媒介,实现企业营销目标和观念的过程。

这一定义包括以下 4 个方面的含义。

(1) 网络营销不仅仅是网上销售和做广告。

网络营销活动是一个致力于有利地识别、预测和满足顾客需求的管理过程。网上销售是网络营销的结果,网络营销服务于销售。做广告只是网络营销最引人注目的一个环节。所以网络营销并不能被简单地认为是在互联网上做营销。这个过程中有些前台应用环节是容易被消费者识别的,如在网站上了解产品的信息、订购产品等;另一些后台应用环节是容易被大家忽视的,如企业在网上进行市场调研,利用分布式数据库为顾客进行个性化的服务等以支持前台营销活动。在网络营销的完整过程中,最显而易见的环节——直接在网站上做销售,对于许多 B2B(Business To Business)的交易反而不是那么重要,对于绝大多数企业而言,互联网技术在市场营销后台应用中可能会产生更多的收益。

(2) 互联网技术是网络营销的最基础和最重要的技术。

在此基础之上,一系列的信息技术(IT)构成了网络营销系统的技术层面。在互联网出现之前,数字技术已经在营销领域大显身手,如 SAP/AG 的 ERP(Enterprise Resource Planning,企业资源计划)系统。而当互联网成为最重要的沟通平台之后,利用以互联网技术为核心的外围技术进行营销活动时,可以说都是在进行网络营销。这就大大地扩充了网络营销的内涵和外延。事实上,当互联网发展到一定程度,很有可能所有的营销活动都会变成网络营销活动。

(3) 网络营销所要借助的媒介并不单单是互联网,而是经整合过的完整营销沟通渠道。

营销活动需要沟通渠道,而传统媒介(信件、电话、电视、广播和报刊等)在相当长的一段时间内是不会消失的,还会起到相当的作用,所以应该利用一个平台将它们整合在一起,发挥最大的效用。正如前面所述互联网在整合传统媒介方面发挥着关键的平台作用。

(4) 网络营销更有助于实现企业的营销目标和观念。

企业的营销目标往往是量化的。例如,A 手机制造企业的今年营销目标是手机销售量达到 X 百万台,全国市场占有率达到 Y%,产销量排国产手机第 Z 名等。网络营销跨越时空的限制,降低了营销成本,提高了效率,肯定有助于实现营销目标。而营销观念用来指导企业如何处理组织、消费者和社会三者之间的利益冲突。有 5 种可供选择的观念指导企业进行市场营销活动,它们分别是生产观念、产品观念、推销观念、市场营销观念和社会营销观念。市场营销观念是中国企业最亟待建立的理念(因为所谓社会营销观念,即关心消费者的长期福利,在我国通常称为社会效益,是企业比较熟悉的)。市场营销观念要求企业以市场为中心成为消费者驱动型企业,能够根据不断变化的消费者需要和竞争对手的战略进行及时的调整,其目标是将消费者的满意真正植入企业的组织中。网络营销以互联网为最主要的沟通媒介和渠道,能够与消费者进行各种互动,最大限度地帮助企业掌握消费者的需求和满意信息,实现企业的市场营销观念。

1.1.2　电子商务、电子业务和网络营销

电子商务(E-commerce，EC)和电子业务(E-business，EB)这两个概念经常容易和网络营销相混淆。

(1) 电子商务是在网上卖东西的整个过程。

广义的电子商务是指企业行为的电子化。企业的所有行为都围绕着一个核心——盈利，那么从这个角度上说企业的所有行为都是广义上的商务活动。所以电子商务也就包括企业所有电子化的管理和经营活动。

相对地，电子商务也有狭义的定义。例如，英国政府的定义：电子商务是通过电子网络进行的信息交换，发生在供应链的任何阶段，是在组织内、企业间、企业和消费者间、或者公共部门和私人部门间进行的，是收费或不收费的。这个定义表明电子商务不仅仅局限在现实的产品购买和销售中，也包括供应链的售前和售后。网络营销从供应链买方电子商务和卖方电子商务两方面看，都是关键的环节。

狭义的电子商务是指利用信息技术，特别是互联网技术，对商务活动中业务流程所做的改造、优化或创造。这个定义明确了电子商务的技术维度、对象维度和过程结果维度，对其做了适当的限制。

电子商务通常被简单地看做利用互联网进行购买和销售，如在网上购买图书和音像制品等。其实电子商务所包含的范围要大得多。要进行电子商务，除了能推销出产品之外，还牵扯到采购、物流、配送、人员管理、网站技术问题。网络营销只是其中的一部分，但是网络营销是最重要的部分。这个定义有助于我们扩大视野，尽可能地拓展电子商务在企业中的应用。

(2) 网络营销就是在网络上卖东西的技术。

任何商务的核心都是营销，电子商务的核心就是网络营销。从网络营销实践者的角度看，网络营销的目的就是在网上卖东西，研究怎样卖出去，怎样卖得更快、更多。

网络营销不仅仅是在网络上卖东西这么简单，还应该有建立品牌、促进线下销售、提供客户服务等以功能，而这些都可以归结到怎样在网上卖东西。在网络上建立品牌，当然是网络营销的功能之一。但是建立品牌的目的是什么，无非还是要卖东西。促进线下销售就更是如此。不管最后发生的地点是在网站上还是在实体商店中，或是通过电话，只要网络营销在其中起到了作用，最后的结果仍是卖东西。提供客户服务实际上也是为了卖东西。假设一个客户购买了产品或服务后，若不可能再购买第二次，也不会对其他人产生与此产品相关的影响，那么这个客户与厂商所发生的所有联系沟通，都是在减少商家的利润。站在商家的角度，为客户提供良好售后服务的最终目的就是让这个客户满意，由此产生更多的购买行为，或帮助把正面信息传播到其他人那里，帮助品牌的建立，产生口碑营销的效果，最终销售更多的产品。

曾经在市场营销方面的书里看到一个故事，某公司总裁向董事长抱怨说，自己的薪水还没有营销副总裁高。董事长对他说，如果没有营销副总裁带来的订单，就不需要总裁了。很多公司都体现着这种现实，营销部门是为公司带来订单、创造收入的部门。生产出的产品只有被销售出去，才能实现价值，才能为公司盈利。所以营销部门十分重要。

(3) 电子业务是通过使用互联网技术对关键业务流程进行改造。

电子业务这个概念首先是由 IBM 公司提出的,定义是:电子业务是指通过使用互联网技术对关键业务流程进行改造。

IBM 公司定义中的关键业务流程是组织流程,包括了研发、营销、制造和物流流程。与供应商间的买方电子商务流程和分销商与消费者间交易的卖方电子商务流程都可看做关键业务流程。电子业务也就是指技术如何能够有利于所有的内部业务过程和第三方的互动。那么电子业务和电子商务是什么关系呢?从狭义的电子商务来看,它所含的供应链上的所有业务流程均属关键业务流程,那么就可以将电子商务理解为电子业务的一个子集。而网络营销又是电子商务的子集,三者的关系如图 1.2 所示。

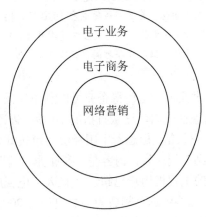

图 1.2 电子业务、电子商务和网络营销之间的关系

 即问即答

有的教科书提出了"虚拟营销"的概念,那么你认为它该如何定义?和网络营销有什么不同?

同样,很多快速消费品制造商也发现,网上不仅仅能销售产品,而且还能够提高与品牌互动的频率和深度。虽然互联网上还存在着信息安全、诚信和法制不健全等问题,但网络购物的次数和金额却一直在增长。企业不仅利用互联网销售传统的产品,而且还创造出新的产品和服务提供给消费者。

互联网是一种高新技术的产物,而营销是伴随人类文明发展的古老的经济活动。网络营销可以称为现代科学技术与营销共同发展的伟大结晶。为了更好地理解网络营销,我们应该了解一下科学技术的发展是如何促进营销活动发展的。

1.1.3 科学技术——营销发展的助推器

在营销活动出现的初期,营销是很简单的面对面的以物易物。19 世纪的工业革命成为营销活动发展的推进器,手工被机械代替,大规模生产出现了。商品的种类和数量变得更加丰富,也更加物美价廉。火车和汽车的发明使得商品的运输问题也得以解决。生产和运输不成问题后,剩下的就是寻找潜在的需求,与消费者方便地沟通。

随着新技术的出现,沟通有了新的渠道。21 世纪初之前,消费者了解产品的途径主要靠口口相传,再加上以报纸为主要形式的印刷品。两者的局限性显而易见,口口相传费时费力，印刷品容易使商品错过自己的既定消费者，又容易过时。20世纪20年代，收音机成了企业的新宠，30年代中期堪称"广播的黄金时代"，美国全国广播网1/3的节目都有企业赞助。相比起广播，推销员和报纸期刊受到地理地域限制更大。许多消费者从广播中知晓了全国驰名品牌，一定程度上刺激了人们对名牌商品的需求。

参考资料

第四媒体

1998年5月，联合国新闻委员会年会把互联网确定为"第四媒体"。回顾历史，"第四媒体"是历史上发展最快的媒体。世界上第一家广播电台美国匹兹堡电台1920年开播，直到38年后的1958年，无线电广播的听众人数达到5 000万人；1936年第一家电视台在英国开播，在13年后的1949年观众人数达到5 000万；而互联网1993年对公众开放，仅用4年时间就拥有5 000万用户。

20世纪30年代电视技术面世，这使得企业可以利用视频来生动地展示产品的广告。1941年，第一则电视广告出现在美国，这次直播的10秒广告语是为Bulova手表公司推销产品的。"广告的出现犹如一声长笛，标志着中国经济的巨轮开始起航。"1979年农历春节，上海电视台播出了中国第一则电视广告，内容是"参桂养容酒"，当时《大公报》一名记者为此发表了评论。中国现在的电视机用户已超过4亿人，电视广告成为企业的首选媒体。2004年，宝洁公司以3.85亿元的中标总额成为中央电视台2005年"标王"。2004年以来，融合了3C概念的数字电视将广播电视业又一次送上了发展的快车道。

参考资料

数字电视的优点

(1) 清晰度高、音频效果好、抗干扰能力强。数字电视信号的传输几乎完全不受噪声干扰，在接收端收看到的电视图像非常接近演播室水平。此外，数字电视的音频效果很好，可支持五声道的杜比数码(AC-3)5.1环绕立体声家庭影院服务。

(2) 频道数量成数倍增加。电视频道资源的充分利用，可满足用户自由选择电视节目的个性化要求。

(3) 可开展多功能业务。电视网站、交互电视、股票行情与分析、视频点播等新业务的开展将变得更加容易，用户将从单纯的收视者变为积极的参加者。

20世纪60年代，数字化信息技术问世，促进了传统工业经济向数字经济的转化。最突出的标志就是计算机走入千家万户。卫星通信、无线电通信技术和计算机网络等都可以用来进行数字化信息的传输，都成了所谓的"信息高速公路"的主要组成部分。但是最为基础的能够进行数字信息快速传输的设备还是互联网。互联网已经成了企业向消费者提供商品和服务信息的互动媒介，在线销售成为常态。计算机网络所提供的是一种技术支持。正是互动这种形式，才使互联网有别于其他媒体，使企业与消费者之间的双向交流成为可能，为信息的个性化创造了条件。

营销活动与科学技术的关系史如表 1-1 所示。

表 1-1　营销活动与科学技术的关系史

时　　间	营　　销	科学技术
2000		风格迥异的网页多达 10 亿多幅
1999	在线演讲发表	
1998—1996	互联网银行面世 美国邮政局在线销售邮票	
1995		拨号上网和互联网相连
1994	在线商城问世	
1992		互联网用户达到 100 万人
1991		www 符号的提出
1989		互联网用户达到 10 万人
1987		互联网用户达到 1 万人
1984		互联网用户达到 1 000 人，域名系统出现
1975		互联网邮件问世
1960		数字技术初露端倪
1941	电视广告问世	
1939		全电子电视技术问世
1935	广播电视节目得到赞助	
1926		广播网问世
1921		广播电台问世
1890		规模生产在工厂出现
1880		工业革命普及(机械化、大生产)
1450		印刷机问世

资料来源：(美)艾露斯·库佩. 网络营销学. 时启亮，等译. 上海：上海人民出版社，2002.

即问即答

科技进步极大地影响了营销活动的发展，作为普通的消费者，请描述一下你的亲身体验。

1.2　网络营销的特点

互联网的高速发展给营销活动带来了翻天覆地的变化。内格罗蓬特用"从原子到比特"来描述从实物产品到数字产品的转变及其过程。例如，兴起的电子媒体就轻松地将报纸以纸张传递的印刷媒介转移到互联网上，通过网站向各种接收器发送数字信息。但是一些营销特点从不改变，顾客信任好的品牌公司利用精心设计的营销组合策略参与竞争。

市场营销中最重要、最本质的是在组织和个人之间进行信息的广泛传播和有效的交换。如果没有信息的交换，任何交易都会变成无本之源。互联网作为一个媒介，它的沟通属性是最重要的。网络营销与传统营销最大的区别就在于沟通。网络营销沟通与传统营销沟通的不同在于完全互动性和整合能力。最早总结互联网主要特征的约翰·戴顿指出了数字媒介所固有的5个特征,我们也将其与传统媒介相对比。

(1) 由顾客发起联系;传统媒介中,通常由公司发起联系。
(2) 顾客自己搜寻信息;传统媒介中,主要是公司主动传达信息。
(3) 顾客注意力高度集中;传统媒介中,顾客的注意力受到各种干扰,难以集中。
(4) 公司可以收集和储存个人的回应;传统媒介中,公司心有余而力不足。
(5) 顾客可以陈述自己的需要,并会在后面的谈话中得到应有的重视;传统媒介中,顾客很少有陈述的机会,后继的沟通更是遥遥无期。

作为数字媒介的代表,互联网能使企业不仅能以一对一,而且能以一对多,乃至多对一的互动方式来开展丰富多彩的个性化营销活动,而这是传统的沟通渠道做不到的。下面将分别阐述这些差异。

1.2.1 互动性

传统的媒介主要是一对多的推式媒介,即由一家企业发布营销信息,传递给众多的消费者和相关利益者,这就是"推式"机理,好像是送到门口的"垃圾广告邮件",往往是不受人们欢迎的"不速之客"。在这个沟通过程中,企业与消费者之间的互动是十分有限的。当然,如果回应广告有奖的话,会有小部分消费者直接与企业联系。整个过程如图 1.3 所示。

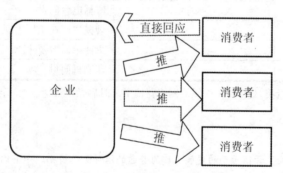

图 1.3 传统媒介的沟通过程

在互联网上,消费者习惯于主动与企业联系和搜索网站的信息,这是"拉式"机理。图 1.4 显示了互联网如何促进企业和消费者的双向交流,其中包括了一对一、一对多和多对一的沟通方式。例如,在企业的网站上经常会设置论坛、社区、部落、讨论组等,为客户提供服务人员与消费者沟通的场所。消费者提供的情报对于企业来说往往都是十分珍贵的。霍夫曼和诺瓦克认为:"消费者可以与媒介互动,公司可以向媒介提供内容,消费者可以为媒介提供有商业导向的内容。"有的时候,消费者提供的内容可以直接商业化。例如,在当当网(www.dangdang.com)消费者写的恰如其分的书评成为了促进图书销售的法宝。因为互联网打破了互动的时空限制,网上互动在本质上并不依靠企业和消费者两者相互发送的信息，而主要是依靠计算机媒介本身，包括其所处的环境。这是互联网与传统媒介相比最大的优势之一。

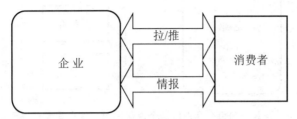

图1.4 互联网双向反馈

论坛、博客、微博、社区、即时通信等网络营销客服软件的出现，网站在线提交表单、留言、QQ、MSN、E-mail的双向交流，使得顾客可以在产生某种产品需求欲望的时候就能够有针对性地及时了解产品和服务信息，由此商家能够快速了解消费者的需求，通过提供良好在线客服增强客户信赖感，以提高成交率。例如，现在很多公司都开设企业博客和微博，在博客上不只是有产品的详细介绍，客户还可以向企业提出他们想了解的问题，公司的客服人员及时解答这些问题，这就提高了企业与客户之间的交互性，在这一过程中，就可以增强客户信赖感和对企业的认可度。

1.2.2 个性化

互动式营销沟通的另一个特征就是可以为个人定制信息，充分展示和张扬自己的个性进行网络营销的创新，利用别人从未利用过的网络资源来进行网络营销，效果将十分惊人。这一点传统媒介做不到，如图1.5所示，传统媒介只能将相同的信息传播给所有客户或每个细分市场的客户。

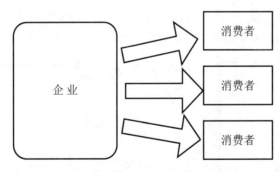

图1.5 传统媒介向所有客户传送相同的信息

如图1.6所示，互联网可以将定制的信息传递给每个客户，定制的过程又称个性化，客户间也有信息交换。很多网站都会根据客户的兴趣，来定制访问页面或发送相应的E-mail。并非每个客户所得到的信息都是完全不同的，企业其实是将客户分为不同的小群体来对待。同时，客户之间的信息沟通也可得到保证。例如，在销售图书的网站上经常会看到即时的图书销售榜，最受读者欢迎的书一目了然。

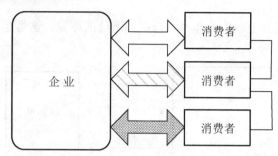

图 1.6　互联网向每个客户传送个性化信息，客户间也有信息交换

1.2.3　多媒体

与互联网相比，传统媒体的地域性、单调性很明显。电视主要提供图像信息，广播只能提供音频信息，报纸、期刊只能提供文字和图片信息。理论上电视和广播的传播速度也很快，可以进行全球直播。但事实上，我们大多数时间收看和收听的是本地的电视和广播，当然其中也有传播网络(没有有线电视和卫星电视)的限制。但互联网使得企业可以制作灵活多变的信息，这些交互式信息广泛、具体，通过文字与声像，将传统媒体的长处集于一身。

1.2.4　整合性

互联网为整合营销沟通提供了更宽的范围。如图 1.7 所示，在与传统的沟通渠道整合时，互联网起到了关键的作用。网络的开放性决定从业者的广泛性，由此也决定了网络营销的资源整合性。它不但可以对传统营销的多种营销手段和营销方法进行整合，在网络上来体现，还可以对整个网络上的传播资源进行整合。广告联盟的成功运作、友情链接的交换都体现了网络资源的整合性这个特点。例如，互联网可以作为直接回应的工具，使客户能够对其他媒介上发布的服务和促销做出回应。Dell 公司将互联网和电话完美结合，客户可以通过免费电话向销售代表咨询产品和服务，然后销售代表将所有的详细信息再用 E-mail 发给客户。从某种程度上来说，互联网的力量之源正是在于整合其他媒介，集百家之所长。

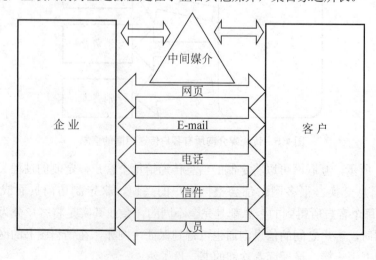

图 1.7　完整营销战略的沟通渠道

1.2.5 全球性

网络信息的全球传播性决定了网络营销效果的全球性。网络的全球互联共享性和开放性，决定了网络信息的无地域、无时间限制的全球传播性，由此也决定了，网络营销效果的全球性。在网络经济时代来临之前，任何一种营销方式都是不可能达到的，不管是传统的纸媒还是电视，它们都只能在一定的范围内传播产品，进行营销，区域性地打创品牌，在特定的范围内去寻找目标客户。而网络的全球性决定了网络营销是在全球范围内寻找目标客户，只需要根据各国文化的差异性和需求的民族性在公司网站上用几个不同国家的语言表达出来而已。也可以在 yahoo.com 和 google.com 上做广告，很可能当天就可以收到来自各国的合作意向。通过网站优化技术也能实现，只是效果不如投放广告好。

1.2.6 低成本性

互联网技术发展的成熟及互联网的便利和成本的低廉，使得任何企业和个人都可以很容易地将自己的计算机连接到互联网上。遍布全球的各种企业、团体、组织及个人通过互联网跨时空地联结在一起，使得相互之间信息的交换变得唾手可得。网络的开放性和全球传播性，同时也决定了网络营销的低成本性。例如，业务开发的费用降低，网络广告的价格相对传统媒体较低，有时可能只需要一篇微博，就可能无成本地带来很多客户等。

京东挑起的与苏宁、国美电器的电商大战就要归功于 CEO 刘强东的微博力量，实现了营销的目的：吸引了足够多的眼球，不花一分钱广告费引得全国媒体争相报道这场电商大战，成功地将一大批过去只在实体店买家电的顾客引导到网店购买。

2011 年 4 月美国中小企业使用社交媒体营销原因分布情况如图 1.8 所示。

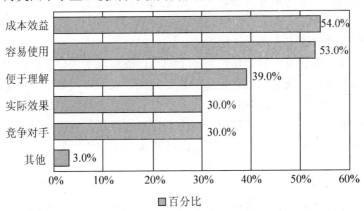

样本描述：2011年4月针对474个美国中小企业调研所得数据

资料来源：www.iresearch.com.cn

图 1.8　2011 年 4 月美国中小企业使用社交媒体营销原因分布情况

iResearch 根据 emarketer 发布的研究数据显示，美国中小型企业选择社交媒体营销策略的主要原因是它的成本效益和使用。数据显示，54%的中小型企业选择社交媒体是因为它的成本效益，53%的中小型企业选择社交媒体是因为它的容易使用。

iResearch 认为，社交媒体网站一般是完全免费的，而且比较容易设置，用社交媒体营销的主要成本是时间和雇员的努力，因此成本低是中小企业与大企业抗衡的一个绝佳机会。与其他营销策略相比，社交媒体具有更好的互动性和较高的渗透率，为客户提供企业的直接管道，客户提供有价值、实时的反馈有助于企业完善自己的营销决策。由于社交媒体是一种新型的营销策略，这种策略到底能爆发多大的营销能量还在探索中，因此企业也会更加关注竞争对手的使用情况。随着互联网普及程度的提高，社交媒体的营销优势得以体现，iResearch 建议尤其是中小企业应当充分学习、利用社交媒体的营销作用。

1.3 网络营销的功能

1.3.1 信息搜索功能

信息的搜索功能是网络营销进击能力的一种反映。在网络营销中，利用多种搜索方法，主动地、积极地获取有用的信息和商机，进行价格比较，了解对手的竞争态势，通过搜索获取商业情报，从而进行决策研究。搜索功能已经成为了营销主体能动性的一种表现，一种提升网络经营能力的进击手段和竞争手段。

信息搜索功能由单一向集群化、智能化的发展，以及向定向邮件搜索技术的延伸，使网络搜索的商业价值得到了进一步的扩展和发挥，寻找网上营销目标将成为一件易事。

1.3.2 信息发布功能

发布信息是网络营销的主要方法之一，也是网络营销的又一种基本职能。无论哪种营销方式，都要将一定的信息传递给目标人群。但是网络营销所具有的强大的信息发布功能，是古往今来任何一种营销方式所无法比拟的。

网络营销可以把信息发布到全球任何一个地点，既可以实现信息的广覆盖，又可以形成地毯式的信息发布链；既可以创造信息的轰动效应，又可以发布隐含信息。信息的扩散范围、停留时间、表现形式、延伸效果、公关能力、穿透能力都是最佳的。

更加值得提出的是，在网络营销中，网上信息发布以后，可以能动地进行跟踪，获得回复，进行回复后的再交流和再沟通。因此，信息发布的效果明显。

1.3.3 商情调查功能

网络营销中的商情调查具有重要的商业价值。对市场和商情的准确把握，是网络营销中一种不可或缺的方法和手段，是现代商战中对市场态势和竞争对手情况的一种电子侦察。

在激烈的市场竞争条件下，主动地了解商情，研究趋势，分析顾客心理，窥探竞争对手动态是确定竞争战略的基础和前提。通过在线调查或者电子询问调查表等方式，不仅可以省去大量的人力、物力，而且可以在线生成网上市场调研的分析报告、趋势分析图表和综合调查报告。其效率之高、成本之低、节奏之快、范围之大，都是以往其他任何调查形式做不到的。这就为广大商家提供了一种快速的市场反应能力，为企业的科学决策奠定了坚实的基础。

1.3.4 销售渠道开拓功能

网络具有极强的进击力和穿透力。传统经济时代的经济壁垒、地区封锁、人为屏障、交通阻隔、资金限制、语言障碍、信息封闭等，都阻挡不住网络营销信息的传播和扩散。新技术的诱惑力、新产品的展示力、图文并茂、声像俱显的昭示力、网上路演的亲和力、地毯式发布和爆炸式增长的覆盖力，将整合为一种综合的信息进击能力，快速打通封闭的坚冰，疏通种种渠道，打开进击的路线，实现和完成市场的开拓使命。

1.3.5 网络品牌价值扩展和延伸功能

美国广告专家莱利·莱特预言：未来的营销是品牌的战争。拥有市场比拥有工厂更重要。拥有市场的唯一办法就是拥有占市场主导地位的品牌。

互联网的出现不仅给品牌带来了新的生机和活力，而且推动和促进了品牌的拓展和扩散。实践证明：互联网不仅拥有品牌、承认品牌，而且对于重塑品牌形象，提升品牌的核心竞争力，打造品牌资产，具有其他媒体不可替代的效果和作用。

1.3.6 特色服务功能

网络营销具有和提供的不是一般的服务功能，是一种特色服务功能。服务的内涵和外延都得到了扩展和延伸。

顾客不仅可以获得形式最简单的常见问题解答(Ferquently Asked Questions，FAQ)、邮件列表(Mailing Lists)，以及BBS、聊天室等即时信息服务，还可以获取在线收听、收视、订购、交款等选择性服务，此外，还有无假日的紧急需要服务和信息跟踪、信息定制到智能化的信息转移、手机接听服务以及网上选购、送货到家的上门服务等。这种服务及服务之后的跟踪延伸，不仅可极大地提高顾客的满意度，使以顾客为中心的原则得以实现，而且客户成为了商家的一种重要的战略资源。

1.3.7 客户关系管理功能

客户关系管理(Customer Relationship Management，CRM)源于以客户为中心的管理思想，是一种旨在改善企业与客户之间关系的新型管理模式，是网络营销取得成效的必要条件，是企业重要的战略资源。

在传统的经济模式下，由于认识不足，或自身条件的局限，企业在管理客户资源方面存在着较为严重的缺陷。针对上述情况，在网络营销中，通过CRM将客户资源管理、销售管理、市场管理、服务管理、决策管理于一体，将原本疏于管理、各自为战的销售、市场、售前和售后服务与业务统筹协调起来。既可跟踪订单，帮助企业有序地监控订单的执行过程，规范销售行为，了解新、老客户的需求，提高客户资源的整体价值；又可以避免销售隔阂，帮助企业调整营销策略，收集、整理、分析客户反馈信息，全面提升企业的核心竞争能力。CRM系统还具有强大的统计分析功能，可以为企业提供"决策建议书"，以避免决策的失误，为企业带来可观的经济效益。

1.3.8 经济效益增值功能

网络营销会极大地提高营销者的获利能力，使营销主体提高或获取增值效益。这种增值效益的获得，不仅是由于网络营销效率的提高、营销成本的下降、商业机会的增多，更是由于在网络营销中新信息量的累加，会使原有信息量的价值实现增值或提升其价值。这种无形资产促成价值增值的观念和效果，既是前瞻的，又是明显的，是为多数人尚不认识、不理解的一种增值效应。

网络营销的明显的资源整合能力，恰恰为这种信息的累加提供了现实可能性。这是传统营销根本不具备又无法想象的一种战略能力。

1.4 网络营销的分类

网络营销具体工作可能是零散的，不够系统，有时也缺乏针对性，例如，对网站流量的统计分析、网络广告效果的跟踪控制、网站的优化设计、主要竞争者的研究和网站链接的管理等，都与网络营销管理相关，但开展其中任何一项工作或者若干工作的组合也并不代表开展了完整的网络营销，研究网络营销分类的作用就在于将这些管理工作系统化、规范化。在现阶段的网络营销活动中，由于缺乏系统的网络营销思想和方法，可能会使得一些工作显得比较凌乱，这不仅影响了网络营销效果，而且对网络营销工作人员的工作绩效评价带来一定困难，因此建立一个系统化的网络营销内容框架和指导原则是十分必要的。为了达到这一目的，首先需要对网络营销管理进行合理的分类。

网络营销的内容相当繁多，并且贯穿于网络营销策略制定和网络营销实施过程中的多个层面，将网络营销的内容完全系统化，并不是一件很简单的事情，要比制定一项具体的网络营销策略复杂得多。下面是对网络营销内容的粗略分类，尽管不尽完善，但对于了解网络营销管理的框架体系仍有一定的参考价值。根据研究和应用的不同角度，可以用多种方法对网络营销管理内容体系进行分类。

1) 按照网络营销的开展阶段划分

网络营销分为网络营销总体策划阶段、网络营销准备阶段、网络营销实施过程、网络营销控制阶段、网络营销效果评价阶段等。

2) 按照网络营销的形式划分

参照管理学的研究方法，可以将网络营销管理分为网络营销计划管理、网络营销人事管理、网络营销财务管理、网络营销策略实施管理、网络营销过程控制、网络营销效果评价等。每一项网络营销管理职能都可以细化为若干具体的工作，并且与网络营销具体策略的实施建立对应的关系。

3) 按照网络营销技术与方法划分

网络营销分为搜索引擎营销、博客营销、E-mail 营销、社区营销、移动网络营销、网站优化与网站推广、联署计划营销(网站联盟)等。

4) 按照网络营销的基本职能划分

网络营销管理分为网络品牌管理、网站推广管理、信息发布管理、在线客户关系管理、在线顾客服务管理、网上促销管理、网上销售管理、网上市场调研管理。

5) 按照对网络营销工作的内容划分

网络营销管理分为网络营销基础环境管理、网络营销产品和服务管理、网络营销的内容管理、网络营销用户资源管理、用户行为研究与管理、网站流量统计管理等。

6) 按照网络营销工作的性质划分

网络营销管理可划分为单项网络营销策略管理、阶段性网络营销管理和连续性网络营销管理。单项网络营销策略管理针对某一具体的网络营销活动或者某一项网络营销策略(如邮件列表营销管理、竞争者网络营销策略调研等);阶段性网络营销管理主要针对某个时期,或者网络营销发展的某个阶段进行的临时性管理措施(如在网站建成之后进行的专业性诊断、网站推广不同阶段的推广计划和效果评价);连续性网络营销管理则具有长期性、重复性的特征(如网站内容管理、在线客户关系管理、定期顾客调查等)。

如果需要,还可以用多种不同的分类方式对网络营销管理进行细分,不过无论做怎样的分类,其目的都不外乎要说明一个基本的问题:在网络营销的哪个阶段应该做哪些网络营销管理工作。这也就是网络营销管理基本内容和方法的问题。

1.5 网络营销的发展历史

1. Web 1.0 时代网络营销(1993—2002 年)

互联网已经有 40 多年的历史。1969 年,阿帕网问世,由于当初是美国国防部高级研究项目署资助了这一项目,故得名。该网络用来进行学术和军事研究。10 年以后出现了第一个在线社区 USENET。如今,Google 的网上论坛已经汇集了 8 亿多条有关在线社区的信息。1993 年,第一批网页和浏览器出现在互联网上,成了互联网发展的转折点。具有 Web 1.0 特征的企业、媒体、用户都聚焦到万维网上,使得它的发展速度远远超过了当年的广播、电视及其他传统媒体的发展速度。

自 1994 年互联网正式进入商用领域开始,到 2002 网络经济泡沫破裂结束是网络经济发展的第一次浪潮,主要是进行网络基础设施建设,如美国开始国家信息高速公路建设。

第一代从事电子商务的企业就像卷入一场淘金潮。不管是老企业还是新兴企业,都到网络上去占领一席之地,施展一番拳脚。许多企业的网络销售额与日俱增,占据了很大的市场份额,但真正通过网络经营获得盈利的企业并不多。从 2000 年年初到 2002 年,仅美国境内就有 500 多家网络企业倒闭,人们将这种现象称为"网络企业的终结"。等到尘埃落定,人们惊奇地发现,熬过困境的上市网络企业中,有 60%的企业在 2003 年第四季度实现了盈利。

一些实体零售企业和华尔街的投资公司看到竞争对手倒闭都松了一口气,但是它们很快又发现,互联网技术已经从根本上改变了自己所在行业及许多其他行业的结构。《商业周刊》曾经将网络企业的大起大落看做"互联网分裂的第一波浪潮"。在这个过程中,一些企业(如亚马逊公司、阿里巴巴公司)改变了书籍、旅游产品、投资品、音乐制品的销售和经营模式。在第一波浪潮中分裂的行业大多销售有形产品。网络企业经历了大起大落的阶段，回归传统经营理念后，依靠有效的经营战略和营销措施，同时利用信息技术来提高企业的获利能力。

在互联网 Web 1.0 时代，常用的网络营销有搜索引擎营销、E-mail 营销、即时通信营销、BBS 营销、病毒式营销。

2. Web 2.0 时代网络营销(2003—2007 年)

第二代互联网也被称为 Web 2.0 时代。厂商和市场利用第二代互联网技术推出了一个又一个夺人眼球的新产品。第一代互联网技术 Web 1.0 把计算机网络联系在一起，而第二代互联网技术 Web 2.0 不仅把人和机器联系在一起，而且把人和人联系在一个社交网络中。社交网络中的网页笼统地被称为社会媒体，其中的内容主要是由网络用户制作的，因此被称为"用户制作媒体"或"消费者制作媒体"。社会媒体网站的数量越来越多，其对网络用户的吸引力远远大于传统媒体的网站。

随着互联网发展至 Web 2.0 时代，网络应用服务不断增多，网络营销方式也越来越丰富，包括博客营销、播客营销、RSS 营销、SNS 营销(社区营销)、创意广告营销、口碑营销、体验营销、趣味营销、知识营销、整合营销、事件营销。

自 2003 年大规模网络商务应用开始，到 2008 年金融危机爆发结束是第二次网络经济发展浪潮。这一次的浪潮似乎少了些泡沫，因为有短信、广告、游戏、E-mail 等"实实在在"的盈利点支撑企业盈利。

3. Web 3.0 时代网络营销(2008 年至今)

第三代互联网在 Web 2.0 的基础上，不仅仅把人和人联系在网络中，更使用户深度参与于网络活动中，成为网络的一分子。所以说，如今厂商所处的时代是一个"用户共同参与和合作创新的新时代"。这种发展趋势将成为未来几年网络环境的明显特征。美国广告基金会曾经把网络用户的"参与"界定为"受到网络环境的影响，将一个思想火花变成一个品牌创意"。网络厂商可以用各种各样的方式鼓励用户参与，包括上传视频和图片，在博客上张贴评论文章等。只要用户参与了厂商的产品设计和广告创意，就属于"共同创造"。

通过对线上营销、线下营销及移动网络营销的整合，网络营销进入网络整合营销时代。同时，3G 移动网络逐渐成熟，3G 终端进入普及阶段，移动网络营销时代到来。

1.6 网络营销的核心竞争力

无论是网络营销还是线下营销，营销都是争夺注意力的活动，没有创意就没有注意力。

1.6.1 注意力经济

著名的诺贝尔奖获得者赫伯特·西蒙在对当今经济发展趋势进行预测时指出："随着信息的发展，有价值的不是信息，而是注意力。"这种观点被 IT 业和管理界形象地描述为"注意力经济"(Attention Ewnomy)。

最早正式提出"注意力经济"这一概念的是美国的迈克尔·戈德海伯。1997年，他在美国发表了一篇题为"注意力购买者"的文章。他在这篇文章中指出，目前有关信息经济的说法是不妥当的，因为按照经济学理论，其研究的主要课题应该是如何利用稀缺资源。对于信息社会中的稀缺资源，他认为，当今社会是一个信息极其丰富甚至泛滥的社会，而互联网的出现，加快了这一进程，信息非但不是稀缺资源，相反是过剩的。而相对于过剩的信息，只有一种资源是稀缺的，那就是人们的注意力。

注意力经济向传统的经济规律发起挑战，认为经济的自然规律在网络时代会产生变异，传统经济的主导稀有资源由土地、矿产、机械化设备、高科技工厂等物质因素转变为"注意力"。所谓注意力，从心理学上看，就是指人们关注一个主题、一个事件、一种行为和多种信息的持久程度。它有如下几个特点：①它是不能共享，无法复制的；②它是有限的、稀缺的；③它有易从众的特点，受众可以相互交流、相互影响；④注意力是可以传递的，名人广告就说明了这一点，受众的注意力可以由自己关注的名人到名人所做的广告物——产品；⑤注意力产生的经济价值是间接体现。在把注意力转化为经济价值的过程中，媒体既是注意力的主要拥有者，同时又是注意力价值的交换者，所以传媒经济就是以注意力为基础的经济。但在当今信息过剩的社会，吸引人们的注意力往往会形成一种商业价值，获得经济利益。因此在经济上，注意力往往又会成为一种经济资源，在这一意义上，注意力就是"把精神活动投注在特定的资讯项目上"。这些特定项目进入人们的意识中，引起人们对特定项目的注意，然后人们便决定是否采取行动。对某项事物并未考量做出某种行动，就不算注意到这项事物的存在。而由这种注意力所形成的经济模式，就是注意力经济。进一步说，注意力经济是指最大限度地吸引用户或消费者的注意力，通过培养潜在的消费群体，以期获得最大的未来商业利益的经济模式。在这种经济状态中，最重要的资源既不是传统意义上的货币资本，也不是信息本身，而是大众的注意力。只有大众对某种产品注意了，才有可能成为消费者，购买这种产品。而要吸引大众的注意力，重要的手段之一，就是视觉上的争夺，也正由此，注意力经济又称"眼球经济"。

1.6.2 注意力是网络营销成败的关键

网络营销的出现是市场营销的一场革命，它改变了传统营销的观念、模式、手段和营销环境。在信息爆炸和产品丰富的网络虚拟经济和信息社会中，如何抓住消费者的注意力这种稀缺的商业资源，便成为网络营销成败的关键。注意力经济的出现对网络营销的发展有广泛的影响，具体来说表现在以下几个方面。

(1) 网络营销不仅要重视产品与服务的质量，更要重视信息资产的积累。

在网络虚拟经济中，产品与服务质量是网络营销成功的基础与关键。因为它是与消费者建立长期信任关系的基础，而消费者对其产品质量与服务的信任及忠诚是厂商长期发展的重要保证。但由于网络虚拟经济中有大量噪声风险(Noise Risk)，即过量干扰信息的存在，即使有上乘的质量和优良的服务，如果这些信息不能引起客户的注意力，依然会"门庭冷落车马稀"，不能给厂商带来丰厚的利润。

信息资产主要是指品牌和心灵占有率等无形资产。在网络经济中，信息过剩给客户无所适从的感觉，而对品牌的选择是客户摆脱噪音风险的一种行之有效的方法。因为客户相信，品牌是厂商为了使消费者相信自己的产品与服务而进行了大量投资产生的，而且，经久不衰的品牌也是厂商对其产品与服务质量长期自我约束的结果。所以选择了著名的品牌，产品与服务的选择就得到了保证。心灵占有率也是信息资产的重要组成部分。对厂商来说，它是一种随时可以兑现的无形资产，是一种潜在的市场；对消费者来说，它是一种预期消费，也是规避噪声风险的良方之一。所以，网络营销既要注重产品与服务质量，也要积累信息资产。

(2) 网络营销要针对目标市场建立信息银行，推行个性化的数据库营销。

一项调查表明，国际互联网用户的平均年龄为35岁，大多数使用者都有大专以上的高等学历，高中以下学历的只占3%，而且都是高收入阶层。他们消费欲望强烈，购买力强，在追求时尚的同时又不忽视个性的追求，有冒险探索的精神。因此，网络营销要针对这一消费群体仔细分析目标市场，设计富于个性化特征的产品与服务，建立客户信息银行，推行按数据库信息进行的心贴心营销。例如，通过网络，厂商可以设计问题，请客户输入性别、生日、收入、娱乐、喜欢的读物、运动、爱好等基本资料，在信息银行中建立客户信息数据库，再针对客户的特性与需求，提供给客户个性化的与厂商线上互动的服务。

(3) 网络营销要注重与客户信息的双向沟通，提供一些增值服务。

网络的优势就在于其信息的流动性、开放性和互动性。网络营销只有发挥这一优势，加强与客户的信息双向交流，才能取得消费者的认同与注意。在网络经济中，客户的需求广泛而又呈现出不同的特点，他们对欲购的产品需要更多的分析资料，对产品本身要求更多的发放权和售后服务。因此，网络营销要借助网络与多媒体技术及网络的互动功能，鼓励客户参与产品的决策，如让他们选择产品及其装运方式，自己下订单，增强他们的参与意识与合作的兴趣。因此，在制定销售过程中，客户参与越多，销售产品的机会就越多。此外，在网络营销的过程中，除了交互功能以外，还应该提供增值服务，如信息的搜索、分类、加工、整理等服务，才能吸引更多的客户。

1.6.3 没有创意就没有注意力

1. 创意是争夺注意力的关键

要想达到这种争夺眼球和大脑的效果，没有创意是很难做到的。我们生活在一个信息爆炸的时代，电视、报纸、网站充满了信息，四处都是同样的促销语言和广告。要想吸引用户的注意力，就要有创意。

争夺注意力就是争夺用户眼球和大脑。争夺眼球也就是争夺目光。无论产品再好，文案写得再精彩，产品价格再低，售后服务再周到，用户如果根本没有注意，那对营销也没产生任何作用。所以营销的第一步就是引起注意，争夺眼球。争夺大脑的含义是，营销就像催眠曲，当用户看到营销信息，就应该被信息吸引，而且直到愿意订购产品。在这个过程中，营销信息应该环环相扣，不断引起用户的兴趣，让用户不得不沿着预定路线走下去。

在营销活动中，创意就是找出特定问题，然后以常人意想不到的方式解决这个问题。最高超的网络营销应该是不照搬书里学到的常识和套路。网络营销必须了解和精通其他人的经验及套路后，使用别人从来没有用过的方式推广，才能使人耳目一新，达到最好的效果。

 案例分析

SEO 创意让求婚更加完美

2005 年 10 月，巴里·施瓦茨向女朋友求婚时，别出心裁地通过搜索引擎 ask.com 完成。在和 ask.com 的朋友设计好后，他把女朋友带到自己的办公室，把话题扯到 ask.com 上，并让女朋友在 ask.com 里搜索自己的名字。

当他女朋友在搜索的时候，巴里·施瓦茨在她身后迅速拿出早就准备好的戒指和鲜花跪在了地上。他女朋友在 ask.com 上输入自己的名字后，出来的是经过特殊设计的页面，上面写着："嫁给我好吗？Barry"。女朋友回过身来，看到跪在地上的巴里·施瓦茨，结果不言而喻。尽管巴里·施瓦茨是个牛人，但是只有在 ask.com 的帮助下，他才能完成这幕精彩的求婚。

2007 年 11 月 4 号，纽约的一位年轻设计师帕特里克，在地铁上邂逅了一位来自澳大利亚的姑娘，他一见倾心，不过却没有胆量上前搭话。当他终于鼓足勇气的时候，人家姑娘却已经下地铁了。

帕特里克回家后，还是放不下，所以做了一个网站，寻找梦中的姑娘。在网站首页上，帕特里克详细描写了对方的相貌、打扮，在地铁里时正在笔记本上记东西，以及准确时间（见图 1.9）。互联网果真很强大，刚巧姑娘的一个朋友看到了这个网站，觉得可能是自己认识的那个女孩，就写了一封 E-mail 给帕特里克，并附上照片。经确认后两人相见，并且感觉还不错。

图 1.9　网站首页对女孩的描述

这个网上的爱情故事迅速进入主流媒体，电视台也有播映，还上了雅虎(Yahoo!)首页。这个网站的流量在三四天内剧增，最高时 Alexa 排名是 4 553 位。

2. 产生创意的方法

创意是网络营销的核心竞争力，不过怎样创意却是书籍没法教会的。前人总结出来的、写在书上的套路，就已经不是创意了。创意思维的培养已经超出了网络营销所能涵盖的范围。

随着我国电子商务支撑环境的不断完善、应用模式的不断拓展、创业浪潮的持续高涨，我国电子商务的发展存在着巨大的创新空间。网络营销是一门实践性很强的新兴交叉复合课程，通过理论联系实际，学以致用，强化网络交互能力、团队协作能力、项目组织开发能力等创新创业素质培养，在实践中学习、在实战中成长，是培养创意的最好手段。

1) 以产品创意进行推销

美国市场营销学家菲利普·科特勒认为，在产品的开发策划中，产品的创意有着重要的地位。产品的构想仅仅是企业本身希望提供给市场的一个可能产品的设想，这些设想经过筛选可以发展成为产品创意，产品创意是用有意义的消费术语表达的精心阐述的构思。朦朦胧胧的设想经挖掘形成创意以后，便能清晰地将厂家的意图切实可行地变成产品提供

给消费者。从菲利普·科特勒的分析可以理解到，产品创意就是能够满足消费者某种需求的产品特征。产品创意的创新是最有效的商品促销。为顾客设计并让他们接受某种创意，比简单地推销商品，会获得更大的市场效益。例如，"七喜"饮料，既不是以质量取胜，也不是以服务和价格取胜，而是以"非可乐"的创意取胜。

在营销中，创意往往都是小型的、具体的，大多还伴随着生动的图文，有的还富有启发性。一个意念、一种感受、一份愉悦、一点欲望，都能成为促进商品销售的有力武器。

2) 以突出技术层面进行推销

高新技术往往能够吸引大众目光，如果在创意推销中把创意适当地往高新技术上靠拢，就能够提高产品层次，促使购买实现。企业应在创意推销营销中加入对产品新技术创意的提炼、概括，这不仅是迅速吸引消费者眼球的方式，也是有效实现竞争优势的法宝。

ThinkPad 笔记本推出用人脸识别技术的创意，立刻与其他笔记本形成区别性的差异化卖点；创维电视推出"不闪的，才是健康的"营销创意，不仅有效地诠释自己产品的技术特点，也迅速切中对健康问题非常重视的目标消费者。而当年联通推出 CDMA 手机，打出"绿色手机"创意，更是吸引了大批对手机辐射敏感的消费者，在短短时间内就迅速切开一直被 GSM 手机所垄断的市场。

在技术更新日新月异的行业，如计算机、汽车、软件、手机等，对技术创意的包装非常重要。这既是因为技术本身总是枯涩、单调的，只有有效地提炼与包装才能被消费者认知，也是因为技术本身是区隔竞争者的制胜砝码，对某些营销创意的第一占位，可以对后来追随者形成天然壁垒。

3) 以打造情感创意进行推销

情感层面的包装往往与技术层面的包装形成对应，在技术差异性不大、产品趋向同质化时，情感创意的营销就成为打动消费者的"最后一根稻草"。亲子之情、男女爱情、长幼关怀之情都是情感层面创意营销惯用的作料。可以说，正是有效的情感创意的包装，使得原本平淡无奇的产品蒙上了温情脉脉的光芒，在这种创意的推动之下，最后拨动人们消费之弦的已不是产品功能本身，而是产品之上的情感外衣。

4) 与重大新闻联系进行推销

重大新闻事件往往能够吸引消费者的眼球。将产品的核心价值与重大新闻事件联系起来，这种方法在创意推销中经常被使用，有时甚至为了创意推销的需要而制造新闻炒作。需要注意的是，创意炒作中的创意与新闻事件要有一定的联系，不能牵强附会，而且新闻炒作要有轰动效应，而不能盲目地把产品的核心价值与重大新闻炒作联系起来。

5) 与目标顾客匹配进行推销

消费者心理需求及其观念的变化，直接影响消费者的消费行为，因此在创意推销中把握目标顾客的消费心理至关重要。例如，日系轿车主打的"省油"创意，虽然其"省油"是建立在车身变轻、安全度变低的基础上的，但是随着油价的不断攀升，"省油"仍然吸引了大量消费者。

培养创意思维注意两点。

(1) 发散思维，甚至有时候要反其道而行之。针对特定问题，你第一次想出来的解决办法通常都是已有经验、知识、方案的结果。

(2) 不要给自己设限。这对很多大公司尤其重要。在考虑创意性策划时，应该采用头脑风暴等方法，很多初看起来不着边际的想法却是最好创意的基础。

 即问即答

做一个好网站和让更多的顾客来访问网站对于企业来说都是挑战，哪方面更有难度？你有什么好的解决方法？

 **案例研究**

京东商城的网络营销：坚持者的成功

刘强东看到沃尔玛创始人山姆·沃尔顿的自传，觉得很震撼。尽管沃尔玛创立于 20 世纪中期，在实体渠道建立了庞大的零售王国，而京东商城(见图 1.10)真正的发展则于 2003 年起步于互联网，两家企业的经营模式、所处的年代都相差甚远，但是刘强东却从山姆·沃尔顿那里读到了坚持、执著的理念。"只要你认为自己做的事情能给客户带来价值，你就坚定地走下去，不要回头"！

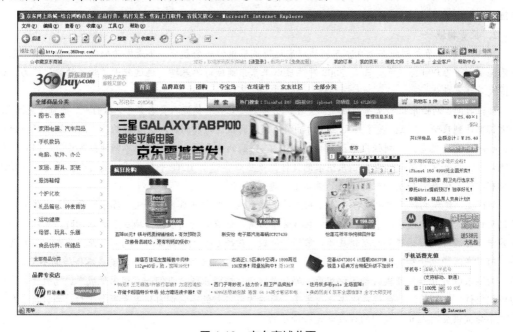

图 1.10　京东商城首页

刘强东说话的时候，总是瞪圆了双眼，认真的表情中透露着坚毅。属牛的刘强东身上有着一股子倔脾气，他认定对的事情，总是要发狠做下去。曾经有投资人认为，专注 3C 产品的在线零售平台更有利于京东在资本市场的定位，但是刘强东却认为发展百货、成为综合性平台可以提升企业的利润空间。尽管有分歧，刘强东却追随了自己的内心，而后来的事实也证明了拓展百货等 3C 以外的品类，令京东的规模快速扩大。

从这些事情中，也不难理解刘强东从山姆·沃尔顿那里产生了共鸣。实际上，沃尔玛和京东商城这两家企业有着某些共通的特质——它们都是通过价低质优的商品来为消费者创造价值，对成本控制精益求精，不断地通过信息系统来提升供应链效率，通过规模效应来应对微利的经营模式……

从当年中关村的路边店，发展为中国最大的消费电子B2C平台，再到中国最大的综合性B2C购物平台，京东商城以每年近300%的复合增长率成长。2005年京东商城的销售额是3 000万元，2009年的销售额突破了40亿元，2010年的销售额突破100亿元，而2011的净销售额为210亿元。

这一切超高速的发展，都是因为刘强东这些年来倔强地坚持自己的信念。

1. 从路边店发家

在创立京东商城之前，刘强东创立的公司曾是全国最大的光磁产品零售商，在全国开设了12家门店。但是2003年袭来的非典，令刘强东积累5年的生意陷入低谷。为了寻找出路，刘强东和留下来的同事在各大IT网站论坛发帖子，组织团购，没想到网上的生意异常火暴，这让他意识到互联网零售非常有前景。

2004年，刘强东正式决定在网上销售消费电子产品。

与传统卖场相比，京东商城销售的产品价格至少便宜20%左右，这是因为它没有实体店，运营成本更低。在这个信息透明的互联网平台上，跨地域的消费者能清楚地查看到各种产品的价格、网友评价，他们能以低成本获取各种产品信息和价格信息，不必再像以前那样在吵闹的实体卖场"货比三家"；最为重要的是，他们与京东商城之间，在这个互联网平台上有了双向透明的信息沟通机制。

与产品鱼龙混杂的中关村卖场，以及其他C2C平台相比，京东商城所有的商品都是正品，且可以享受到与传统店面一样的售后服务。

在建立具有公信力购物平台的基础上，刘强东认为，京东商城应该把业务流程延伸至商品流通的全价值链，即掌握货物的进、销、存，这样才能避免三全网遇到的困惑，从而做好渠道品牌。

2. 投资物流

2009年的春节是刘强东创立京东商城以来过得最艰难的一个春节。不是因为缺钱——春节前京东商城已经融到了2 000万美元，而是2008年年底以来京东商城订单暴增，远远超出了物流的配送能力，这使得大量订单延误。

那段时间，刘强东正和京东商城的高管轮流去库房加班，给物流人员当帮手，做打包、拣货等重活儿，每次都工作到夜晚12点。花了好几个月的时间，京东商城通过招聘、扩大仓储物流，渐渐缓解了物流压力。也就是这次爆仓，令刘强东意识到物流在B2C企业的重要性。在物流上不断地投入重金，以提升供应链效率、提升客户体验，是刘强东追求的目标。虽然业界对于B2C平台是否需要这么大手笔投资物流不断有质疑，但是刘强东却在他坚持的道路上越走越远。

实际上，建设物流平台也是京东商城构建稳定供应链的重要一环。和国美、苏宁这两家年销售额以数百亿元计的老前辈比起来，京东商城仍然显得势单力薄。这意味着，京东商城在后台采购时，难以像国美和苏宁一样通过规模优势去打动供应商，拿到好价钱。在每分每厘都锱铢必较的零售业，成本控制尤为重要，何况在消费电子和家电行业，渠道商的毛利为3%~5%，没有规模优势，进货成本将居高不下。

刘强东以另外一种方式打动了供应商，那就是效率。刘强东说"我们一直追求低成本、高效率，是因为我们坚信，如果物流平台效率比供应商更高，而运营成本却低于它们自建电子商务平台，那么，京东商城就不会被供应商抛弃，我们的存在就是有价值的"。

刘强东做过测算，如果品牌商自己做电子商务的B2C平台，自建物流、配送和货到付款的支付体系，每卖100元的货，它需要为后端物流体系支付12~18元的成本。也就是说，品牌商自建电子商务的后台体系的成本是销售额的12%~18%。京东商城却能把成本压到6%左右，这对于消费电子和家电企业来说无疑具有极大的诱惑，在这个行业，很多企业的净利润只有3%~4%，因此后台成本能够降低5个点，成为京东商城打动供应商的理由。

2009年以来，京东商城不断加大对仓储物流后台的扩建。2010年上半年，京东商城融到了国内B2C最大一笔风险投资1.5亿美元，刘强东宣布将其一半以上资金投资到后台物流的构建中。在拥有北京、上海、广州3个大物流中心、仓储面积达到8万平方米的基础上，刘强东分别在成都、宿迁、上海及北京购买了600亩(1亩≈667平方米)地，用于新的仓储物流基地的建设。

3. 发力百货

2010年2月底，京东商城正式收购了日韩服装网站千寻网。这是京东商城创始以来的第一次并购，也标志着在垂直领域做到一定规模、获取相对多的用户后，京东商城转型为综合类商城的一个开端。

做美国的亚马逊，一直是刘强东心底的一个情结。几年前的一次采访中，刘强东曾对《IT经理世界》说，他研究过很长时间关于亚马逊的年报和资料，起初他百思不得其解，贝索斯将那么多钱用到哪里去了，直到京东商城遭遇第一次物流瓶颈，刘强东才意识到，需要在物流上重金投入才能保持企业的核心竞争力。而亚马逊的另外一个特点是，当年从图书类的垂直B2C做起，在获得大规模的用户数量和积累起资源后，亚马逊开始向百货、云计算等其他领域拓展，从而成为全美最大的在线零售网站。

从某个垂直领域切入，获得行业的深度后，通过积累起来的用户规模及后台供应链资源，进行横向拓展，获得行业的广度，这是互联网B2C通常的发展路径。

2009年以来，京东商城尝试百货销售，2010年是其真正发力的一年。去年京东商城的百货只有几千万元的销售额，2010年则达到了7亿元。刘强东甚至做过测算，当注册用户超过2 000万人时，京东商城就有了足够的用户基数以推出自有品牌的产品。

回想这几年，京东商城经历过很多岔路口，从光存储的小门店到消费电子的在线零售，再到投入重金建立物流后台，再到发展综合性百货，在每个新的方向上，刘强东是最勇于进取和尝试的人，尽管这些岔路口令京东商城有着无数种可能结果，但是刘强东却凭着倔强的坚持，将京东商城在短短的7年间，做成了国内最大的综合性在线零售平台。

(资源来源：http://www.boraid.com/，有改动)

讨论题

1. 在前几年的互联网经济的"泡沫"破灭之后，有人说网络太不现实，还是经营传统行业有前途，那么结合案例谈谈你的想法。
2. 哪些好处是网络营销给京东商城公司带来的？
3. 在当今的环境中网络营销还有哪些缺点？京东商城公司是如何克服的？

本 章 小 结

本章对网络营销进行了概括性介绍，从科技发展对营销活动的影响入手，揭示了互联网技术对于21世纪的营销活动的巨大促进作用。互联网作为交互式传播媒介和营销沟通媒介平台，交互性和整合性是其最突出的两个属性。依靠互动网络整合各种传统媒体，可以给整合营销提供最佳的沟通渠道，进而提升沟通的信息量和信息传递速度，激发创新。网络营销相对于传统营销能够给企业带来的好处就是营销创新的可能性增大，创新为企业建立了竞争优势。

网络营销随着互联网的发展而快速发展，但网络营销不等于局限在互联网上买卖东西。在不远的将来所有数字技术都将涉网，那么网络营销的以互联网技术为基础的技术支持系统会更加丰富，而技术本身将不再是分辨网络营销与传统营销的主要标志。网络营销有机地整合传统媒介，事实上将网络的概念从互联网突破到任何具有网络特性的"网"，进一步发挥网络的威力。

复 习 题

一、单选题

1. 网络营销的英文翻译，目前普遍采用的是(　　)。
   A．Cyber Marketing　　　　　　　B．E-Marketing
   C．Internet Marketing　　　　　　D．Network Marketing
2. "企业可以向客户展示商品和服务信息；而用户也可以通过网络查询相关商品的详细信息"体现了网络营销的(　　)特点。
   A．互动性　　　　B．整合性　　　　C．跨时空性　　　　D．成长性
3. 关于网络营销的内容，下面说法中错误的是(　　)。
   A．网上市场调查主要利用互联网的交互式的信息沟通渠道来实施调查活动
   B．开展网络营销活动前没必要深入了解网上用户群体的需求特征
   C．企业实施网络营销时需要进行投入且有风险
   D．在网上开展促销活动是最有效的沟通渠道
4. 网络营销最基本的应用方式是(　　)。
   A．企业上网宣传　　　　　　　　B．网上市场调查
   C．网络分销联系　　　　　　　　D．网上直接销售
5. 营销活动的起点是(　　)。
   A．商品生产　　　B．满足需要　　　C．制订计划　　　D．招聘人员
6. 以下网络营销职能可表现为网络营销效果的是(　　)。
   A．顾客关系　　　B．品牌形象　　　C．销售促进　　　D．在线销售
7. 网络营销信息传递的主要特点有(　　)。
   A．效率高　　　　B．方式多样化　　C．渠道多样化　　D．双向性
8. 企业可以24小时不间断地进行全球营销，这一优势使网络营销与传统营销相比具有了(　　)的特点。
   A．成长性　　　　B．超前性　　　　C．跨时空性　　　　D．高效性

二、多选题

1. 下面关于网络营销叙述中，正确的是(　　)。
   A．网络营销就是指企业利用互联网展开营销活动
   B．网络营销建立在传统营销理论的基础之上
   C．网络营销不是网上销售
   D．网络营销仅限于网上
2. 网络营销的内容通常包括(　　)。
   A．网上市场调查　　　　　　　　B．网上消费者行为分析
   C．网络营销策略制定　　　　　　D．网络营销管理与控制

3. 网络营销的理论基础 4C 是指(　　)。
   A．顾客的需求　　　　　　　　　B．消费者愿意支付的成本
   C．方便　　　　　　　　　　　　D．双向沟通
4. 网络营销理念可以概括为(　　)。
   A．信息传播观念　　　　　　　　B．网络市场观念
   C．网络消费观念　　　　　　　　D．时空观念
5. 企业网站网络营销效果(直接效果与间接效果)的基本职能包括(　　)。
   A．网站推广　　　B．网络品牌　　　C．销售促进　　　D．网上销售

三、判断题

1. 网络营销就是指利用互联网这种通信方法来进行一些市场营销活动，这可以有效促成个人和企业之间交易活动的实现。　　　　　　　　　　　　　　　　(　　)
2. 消费者价值观的变革是网络营销产生的观念基础。　　　　　　　　(　　)
3. 网络营销可以实现全程营销的互动性。　　　　　　　　　　　　　(　　)
4. 网络营销根据互联网的不同类别分为基于全球网络的网络营销、基于 EDI 的网络营销及基于企业内部网(Intranet)的网络营销。　　　　　　　　　　　(　　)
5. 可以 24 小时全天候向顾客开放是互联网赋予企业的竞争优势。　　(　　)

四、问答题

1. 与传统的沟通渠道(如电视、广播、报刊等)相比，互联网这个交互式沟通渠道有哪些主要特点？
2. 互联网初创时的目的是什么？对其未来快速发展有何影响？
3. 举例解释电子业务、电子商务和网络营销的区别。
4. 万维网和互联网有何区别？
5. 互联网、内部网和外部网之间的主要差别和相同之处是什么？
6. 互联网带给厂商和消费者的机会和好处是什么？挑战和困难又是什么？
7. 讨论"互联网代表一种用于营销的拉式媒介，而不是推式媒介"这一观点。

第 2 章　网络营销与传统营销

教学目标

通过本章的学习，了解网络营销对传统营销策略、竞争形态的冲击，掌握网络营销相对于传统营销的优势，同时了解网络营销与传统营销的整合之道。

教学要求

知识要点	能力要求	相关知识
网络营销对传统营销的冲击	(1) 理解网络营销对传统营销策略的冲击 (2) 理解网络营销对传统竞争形态的冲击	(1) 网络营销对传统营销策略的冲击 (2) 网络营销对传统竞争形态的冲击
网络营销的优势	理解网络营销相对于传统营销的优势	(1) 利于取得未来的竞争优势 (2) 决策的便利性和自主性 (3) 成本优势 (4) 良好的沟通 (5) 优化服务 (6) 多媒体效果
网络营销与传统营销的整合	(1) 了解网络营销为什么不可能取代传统营销 (2) 掌握网络营销与传统营销的整合之道	(1) 网络营销中顾客概念的整合 (2) 网络营销中产品概念的整合 (3) 网络营销中营销组合概念的整合 (4) 网络营销对企业组织的整合

 基本概念

传统营销　网络营销　竞争优势　多媒体效果　整合

第 2 章　网络营销与传统营销

导入案例

佳能事件

2010 年 10 月下旬，在各大数码及非专业类论坛中存在大量与佳能数码相机有关的广告重复帖，佳能或有雇佣"水军"发帖之嫌。主要表现形式是相同标题发至不同论坛，其中次数居前三位的分别为在各论坛中被转载 100 篇次的"顶级 APS-C 单反王者佳能 EOS 7D"标题；在论坛中转载 79 次的"国庆前终于出手了，晒一晒我的博秀和炫飞+N 多赠品"；转载了 68 次的"入手无敌夜景小 DC，强图对比+礼品实拍，国庆好好爽一把"。此外，佳能广告帖以相同的文章更换不同标题后，"变脸"出现在各大论坛中。

广告帖是当今网民痛恨的"网络牛皮癣"。作为数码相机行业的领军品牌，佳能并不缺少用户，但采用灌水的方式来诱导消费者，属不明智之举。在网络中夸大其口碑的行为，无异于在街头巷尾张贴小广告。网络口碑的营造不是虚假或灌水地发帖，而是用户的真实体验。企业要想赢得好的网络口碑，不能靠雇佣"水军"自吹自擂，而是要脚踏实地做好产品。

点评：最好的营销是产品。

越来越多的企业重视网络渠道的营销管理，网络营销发展至今的确有了更丰富和更系统的方法、手段和体系，企业要想赢得市场，还是要立足于脚踏实地地做好产品，而非利用网络渠道投机取巧。

2.1　网络营销对传统营销的冲击

互联网以它特有的属性对企业的传统经营方式和竞争形态产生了巨大的冲击。企业要想在即将到来的网络大战中取胜，就必须了解互联网对企业传统经营管理的挑战，并以此制定相应的网络营销战略。

2.1.1　网络营销对传统营销策略的冲击

传统营销依赖层层严密的渠道，以大量人力与广告投入市场，这在网络时代将成为竞争中"不能承受之重"。各种传统的营销手段将与网络相结合，利用互联网整合各项资源，形成以最低成本投入，获得最大市场占有率的理想营销态势。

1．对标准化产品的冲击

作为互动媒体，互联网可以在全球范围内进行市场调研。通过互联网，厂商可以迅速地获得关于产品概念和广告效果测试所反馈的信息，也可以测试顾客的不同认知度，从而更加容易对消费者的偏好进行跟踪。因此，在进行网络营销的情况下，对不同的消费者提供个性化的商品将不再是天方夜谭。Dell 公司在网上进行计算机直销，由顾客自己按照需要提出一个设备的配置需求，公司再根据客户的需求进行生产和销售。这种顾客导向营销方式的驱动力是最终消费者，而不是按惯例由分销商的兴趣决定。网络营销所倡导的新型沟通模式又加速了这种趋势。因此，如何能更有效地满足各种个性化的需求，是每一个在线企业面临的一大挑战。

2. 对分销渠道的冲击

生产商通过互联网可与最终用户直接联系，使得中间商的作用有所降低。这必然导致两种结果，其一是由跨国公司所建立的传统的国际分销网络对小竞争者所造成的进入障碍将明显降低；其二是分销商有可能不再承担售后服务工作，因为生产商通过互联网营销使得代理销售的利润消失。所以，网上公司面临的课题是如何提供更好的售后服务。

3. 对定价策略的冲击

如果某种产品的价格标准不统一或经常变化，消费者会通过互联网了解到这种差异，并可能导致他们的抱怨。这将对在不同区域采用不同价格的企业产生巨大的冲击。另外，通过互联网搜索特定产品的代理商也将认识到这种价格差异，会加剧价格歧视的不利影响。总之，这些因素都表明，互联网将导致国际间的价格水平标准化或至少缩小区域间的价格差异，这对于执行差异化定价策略的企业来说确实是一个严重的问题。并且，网络消费者都有寻找低价商品和服务的行为特征，品质相似的产品的价格将透明化，使得企业难以抬高销售价格。

4. 对广告策略的冲击

相对于传统媒体来说，网络空间的无限扩展性使得企业在网上做广告较少地受空间的限制，并尽可能多地将必要的信息一一罗列出来。迅速提高的广告效率也为网上企业提供了便利条件。例如，有些企业可以根据其注册用户的购买行为很快地改变向访问者发送的广告，也可以根据访问者的特性，如硬件平台、域名或访问搜索主题等方面有选择地显示其广告。虽然网络上的广告空间较为充裕，但是客户的注意力成了更为稀缺的资源，如何选择最有效率的网络广告对于企业来说也是难题。

2.1.2 网络营销对传统竞争形态的冲击

由于网络的自由开放性，市场竞争是趋向透明化的，掌握竞争对手的产品信息与营销行为不是难事。企业成败的关键在于如何及时获取、分析、运用来自网上的信息，从而拟订具有竞争优势的营销策略。此外，策略联盟也是网络时代的主要竞争形态，运用网络来组成合作联盟，并以联盟所形成的资源规模来创造竞争优势，将是网上营销企业经营的重要手段。

竞争的透明性使得竞争空前的残酷，网络营销时代奉行的是赢家通吃的规则，优胜劣汰的法则将凸显其作用。无数的历史事实证明，谁最先掌握了新知识、新技能，谁就最有可能成为最后的赢家。传统的大企业苦心经营所建立起来的防线在互联网摧枯拉朽的力量面前显得很脆弱，各行业都面临重新洗牌的机会。传统的大企业会受到空前的挑战，新兴的中小企业将迎来更多的机遇。许多企业已脱颖而出，成为新经济的代言人。Google 和 ebay 就是其中的领跑者。如果说以互联网为代表的新经济是一场新的战争，那么网络营销就是这场战争中的核武器，网络营销使企业未来发展加速，如图 2.1 所示。

图 2.1 网络营销使企业未来发展加速

2.2 网络营销的优势

随着市场竞争的日益白热化，为了在竞争中获得优势，每个企业都使出了浑身解数来满足顾客的各种需求。企业之间的市场竞争已不再是依靠表层的营销手段来竞争，更多的是依靠更深层次上的经营组织形式上的竞争。而网络营销对于那些在行业内不处于领先地位的或是新进入的企业来说，就是一个超越竞争对手的巨大机遇。

开展网络营销可谓是一举多得。例如，可以节约大量昂贵的铺面租金，使经营规模不受场地限制；由于可以按订单发货，就可以减少库存商品资金的占用；便于企业收集用户信息等。这些都会使企业的经营管理成本降低，增加利润，提高顾客的满意度与忠诚度，从根本上增强企业的竞争优势。网络营销具有任何一种传统营销方式所不可比拟的优势，企业面对的是全球的市场和用户，使传统营销在地域和空间上得到了极大的顺延和拓展。

2.2.1 利于取得未来的竞争优势

现在计算机在中国家庭得到普及，好奇心极强的孩子们大都对计算机甚为着迷。当若干年以后，他们成长为消费者时，早先为他们所熟知的产品无疑会成为他们的首选。也就是说，抓住了现在孩子的好奇心，也就抓住了未来的消费主力，也就能顺利地占领未来的市场。从长远来看，网络营销能带给商家长期的利益，在不知不觉中培养一批忠实顾客。

2.2.2 决策的便利性和自主性

现在的人们生活在信息充斥的社会中，无论是报纸、杂志、广播，还是电视，无不充斥着广告。人们不得不被动地接受各种信息，在这种情况下，广告的到达率和记忆率之低也就可想而知了。于是,商家感慨广告难做,消费者抱怨广告无处不在,而好广告则太少。网络营销则全然不同,人们不必面对广告的"轰炸",只需根据自己的喜欢或需要去选择相应的信息,如厂家、产品等,然后加以比较,做出购买的决定。这种轻松自在的选择,不必受时间、地点的限制,24小时皆可,浏览的信息可以是国内外任何上网的信息,不用一家家商场跑来跑去比较质量、价格,更不必面对售货员的"热情推销",完全由自己做主,只需操作鼠标而已。这样的灵活、快捷与方便,是商场购物所无法比拟的,尤其受到许多没有时间或不喜欢逛商场的人士的喜爱。

2.2.3 成本优势

在网上发布信息,将产品直接向消费者推销,可缩短分销环节,发布的信息谁都可以自由地索取,可拓宽销售范围,这样可以节省促销费用,从而降低成本,使产品具有价格竞争力。前来访问的大多是对此类产品感兴趣的顾客,受众准确,避免了许多无用的信息传递,也可节省费用,还可根据订货情况来调整库存量,降低库存费用。例如,网上书店,其书目可按通常形式分类,分为社科类、文学类、外文类、计算机类、电子类等,还可按出版社、作者、国别等来进行索引,以方便读者查找,还可以辟出专栏介绍新书及内容简介,而信息的更新也很及时、方便,以较低的场地费、库存费提供更多更新的图书,来争取客源。

2.2.4 良好的沟通

企业开展网络营销可以制作调查表来收集顾客的意见,让顾客参与产品的设计、开发、生产,使生产真正做到以顾客为中心,从各方面满足顾客的需要,避免不必要的浪费。而顾客对参与设计的产品会倍加喜爱,如同是自己生产的一样。商家可设立专人解答疑问,帮助消费者了解有关产品的信息,使沟通人性化、个性化。例如,汽车生产,厂家可提供各式各样的发动机、方向盘、车身颜色等供顾客挑选,然后在计算机上试安装,使顾客能看到成型的汽车,并加以调整,从而也可大量定制汽车,商家也可由此得知顾客的兴趣、爱好,进行新产品的开发。

2.2.5 优化服务

人们最怕遇到两种售货员,一种是"冷若冰霜",让人不敢买;另一种是"热情似火",让人不得不买,虽推销成功,顾客却心中留怨。网络营销的一对一服务,留给顾客更多自由考虑的空间,避免冲动购物,可以更多地比较后再做决定。网上服务可以是24小时的服务,而且更加快捷。不仅是售后服务,在顾客咨询和购买的过程中,商家也可及时地提供服务,帮助顾客完成购买行为。通常售后服务的费用占开发费用的67%,提供网络服务可降低此项费用。

2.2.6 多媒体效果

网络广告既具有平面媒体的信息承载量大的特点,又具有电波媒体的视觉、听觉效果,可谓图文并茂、声像俱全。而且,广告发布不需印刷,节省纸张,不受时间、版面限制,顾客只要需要就可随时索取。

2.3 网络营销与传统营销的整合

2.3.1 网络营销不可能完全取代传统营销

随着互联网在全球的迅速发展,依托互联网的环境和优越特性而产生的网络营销,作为一种新的营销理念和策略,与传统营销相比有许多与生俱来、令传统营销方式可望而不可即的优势,并对企业的传统经营方式形成了巨大的冲击。但是,由于种种实际的原因,网络营销不可能完全取代传统营销。事实上,网络营销与传统营销是一个整合的过程,即使在今后可预见的很长的一段时期,网络营销和传统营销将互相影响、互相补缺和互相促进,直至将来最后实现相互融合的内在统一。

网络营销不可能完全取代传统销的原因有以下 5 种。

(1) 到目前为止,电子商务市场仅仅是整个商品市场的一部分,很多商品仍主要依赖于传统的交易渠道。

(2) 作为在网上新兴的虚拟市场,互联网所覆盖的消费群体也只是整个市场中的一部分群体,其他许多群体由于各种原因还不能或者不愿意使用互联网,如各国的老年人和落后国家地区的消费者。

(3) 互联网作为一种有效的营销渠道有着自己的特点和优势,但许多消费者由于个人生活方式的原因不愿意接受或者使用新的沟通方式和营销渠道。例如,许多消费者习惯于在传统的商场里边购物边休闲而不愿意在网上购物。

(4) 互联网作为一种有效的沟通方式,虽然可以使企业与用户相互之间方便地直接进行双向沟通,但有些消费者因个人偏好和习惯,仍愿意选择传统方式进行沟通。例如,目前许多报纸已经发行了网上电子版本,但是并没有冲击报纸原来的印刷出版业务,相反,起到了相互促进的作用。

(5) 营销活动所面对的是有灵性的人,而互联网只是一种工具,因此传统的以人为本的营销策略所具有的独特的亲和力是网络营销所无法替代的。

随着网络技术的发展和网络社会的进步,网络营销与传统营销将在相当长的一段时期内是一种相互促进和补充的关系。企业在进行营销时应根据自身的经营目标来进行市场的细分,并恰当地整合网络营销和传统营销方式,以最低的成本达到最佳的营销目标。

2.3.2 网络营销与传统营销的整合

网络营销并非独立的,而是企业整体营销策略中的组成部分,是在线营销方法与离线营销方法、网上资源与网下资源相结合形成的一个相辅相成、互相促进的营销体系。网络营销与传统营销的整合,就是利用整合营销策略实现以消费者为中心的营销统一,实现企业的营销目标。

1. 网络营销中顾客概念的整合

传统的市场营销学中的顾客是指与产品购买和消费直接有关的个人或组织,在网络营销中这种顾客仍然是企业最重要的顾客，与传统营销所面对的顾客并没有什么太大的不同。网络社会的最大特点就是信息"爆炸"。在互联网上，面对全球数以百万个站点，每一个网上消费者只能根据自己的兴趣浏览其中的少数站点。企业在设计广告或发布网上信息时，不仅要研究网上顾客及其行为规律，也要研究计算机行为，掌握各类引擎的探索规律。

2. 网络营销中产品概念的整合

市场营销学中将产品解释为能够满足某种需求的东西，并认为完整的产品由核心产品、形式产品和附加产品构成，即整体产品概念。网络营销一方面继承了上述整体产品的概念，另一方面比以前任何时候更加注重和依赖于信息对消费者行为的引导，因而将产品的定义扩大了，即产品是提供到市场上引起注意、需要和消费的东西。

网络营销主张以更加细腻、更加周全的方式为顾客提供更完美的服务和满足。因此，网络营销在扩大产品定义的同时，进一步细化了整体产品的构成。它用5个层次来描述整体产品的构成：核心产品、一般产品、期望产品、扩大产品和潜在产品。在这里，核心产品与原来的意义相同，扩大产品与原来的附加产品相同，但还包括区别于其他竞争产品的附加利益和服务。一般产品和期望产品由原来的形式产品细化而来。一般产品指同种产品通常具备的具体形式和特征。期望产品是指符合目标顾客一定期望和偏好的某些特征和属性。潜在产品是指顾客购买产品后可能享受到的超乎顾客现有期望、具有崭新价值的利益或服务，但在购买后的使用过程中，顾客会发现这些利益和服务中总会有一些内容对顾客有较大的吸引力，从而有选择地去享受其中的利益或服务。可见，潜在产品是一种完全意义上的服务创新。

3. 网络营销中营销组合概念的整合

网络营销过程中营销组合概念因产品性质不同而不同。对于知识产品，企业直接在网上完成其经营销售过程。在这种情况下，市场营销组合发生了很大的变化。首先，传统营销组合的4P(产品、价格、渠道、促销)中的3个——产品、渠道、促销，由于摆脱了对传统物质载体的依赖，已经完全电子化和非物质化。因此，就知识产品而言，网络营销中的产品、渠道和促销本身纯粹就是电子化的信息，它们之间的分界线已变得相当模糊，以至于三者不可分。其次，价格不再以生产成本为基础，而是以顾客意识到的产品价值来计算。最后，顾客对产品的选择和对价值的估计很大程度上受网上促销的影响，因而网上促销的作用备受重视。

对于有形产品和某些服务，虽然不能以电子化方式传递，但企业在营销时可利用网络完成信息流和商流。在这种情况下，传统的营销组合没有发生变化，价格则由生产成本和顾客的感受价值共同决定(其中包括对竞争对手的比较)。促销及渠道中的信息流和商流则是由可控制的网上信息代替，渠道中的物流则可实现速度、流程和成本最优化。网上简便而迅速的信息流和商流使中间商在数量上可以最大限度的减少。

综合以上两种典型的情况，在网络营销中，市场营销组合本质上是无形的，是知识和信息的特定组合，是人力资源和信息技术综合的结果。在网络市场中，企业通过网络市场营销组合，向消费者提供良好的产品和企业形象，获得满意的回报和产生良好的企业影响。

4. 网络营销对企业组织的整合

网络营销带动了企业理念的发展，也相继带动了企业内部网的发展，形成了企业内外部沟通与经营管理均离不开网络作为主要渠道和信息源的局面。销售部门人员的减少，销售组织层级的减少和扁平化，经销代理与门市分店数量的减少，渠道的缩短，虚拟经销商、虚拟门市、虚拟部门等内外组织的盛行，都成为促使企业对于组织进行再造工程的迫切需要。企业内部网的兴起，将改变企业内部运作方式及员工的素质。在网络营销时代到来之际，形成与之相适应的企业组织形态显得十分重要。

网络营销的产生和发展，使营销本身及其环境发生了根本的变革，以互联网为核心支撑的网络营销正在发展成为现代市场营销的趋势。长期从事传统营销的各类企业，必须处理好网络营销与传统营销的整合。只有这样，企业才能真正掌握网络营销的真谛，才能利用网络营销为企业赢得竞争优势，扩大市场，取得利润。

如何看待在信息时代，企业开展网络营销所面临的机遇和挑战？

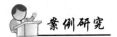

GAP 集团的线上线下整合之道

虽然还没有正式进入中国市场，但 GAP 集团及其旗下的几大品牌(包括 GAP、Old Navy 和 Banana Republic 等)已经被很多国人认识了。这家公司于 1969 年在美国加利福尼亚州的旧金山创立，在美国、英国、日本等国家拥有超过 3 100 家直营专卖店和超过 13 万名员工。

难得的是，GAP 一方面在线下的实体店铺销售上持续保持业内领先地位，另一方面也同时将拓展直营电子商务渠道视为公司重点战略，并且取得了很好的成绩。从 1997 年 GAP 集团就正式开始尝试线上销售，截至 2009 年，年度财报数据显示，来自旗下电子商务网站群的销售额已经超过 12 亿美金，占到公司销售总量的近 8%。也正是看到了 GAP 集团在这方面取得的骄人成绩，很多其他的传统服装品牌商也开始认真思考和跟进电子商务渠道建设。

如果将品牌公司分为 3 类，一类叫做"纯水泥"公司，也就是只有线上实体店的传统品牌商；一类叫做"纯鼠标"公司，特指没有线下实体店的基础，直接从购物网站起家的新兴品牌；而还有一类就是所谓的"鼠标+水泥"公司，即属于上面两者的结合，一方面既有线下实体店支持，另一方面也支持线上网站购物的公司。近年来随着电子商务环境的不断改善，越来越多的"纯水泥"公司开始考虑是否需要进行电子商务渠道建设，但面临的两大问题就是公司如何维持线下渠道和线上渠道的平衡，从而保证全局销量的最大化？这两个渠道之间到底是互相竞争还是有可能互相促进呢？与其从理论上对这个两难题做推断，我们不妨直接看看 GAP 集团在十几年的实际探索和尝试中是如何做的。

从引来用户、转化用户、留存用户这三方面来说，像 GAP 集团这样的传统知名品牌商发展直营电子商务渠道时，比其他所谓的"纯鼠标"电子商务品牌来说，拥有不少先天优势。

(1) 跨渠道交叉推广：运营电子商务网站的第一个主要难点是如何创造流量，也正如一个大型商场首先要操心的事情是如何让更多的潜在顾客走进自己的大门一样，因此很多电子商务网站的成本支出重头都在营销推广费用上。而 GAP 集团成立初期首先就充分利用了自己广大的实体专卖店网络来做推广，包括在店铺内的广告海报上加入宣传自家购物网站的地址和让收银台的职员为正在买单的顾客进行口头推荐，甚至还在一些重点店铺中提供了链接到 gap.com 的机器让顾客尝试。

(2) 更低的用户接受门槛：当一个购物网站成功吸引了潜在用户前来访问后，第二个重要任务是如何促进这些用户实际转化，也就是从单纯浏览到下单。哪怕是在美国这样的发达国家，影响一个用户是否在某个电子商务网站下单的主要因素之一也还是品牌信任问题。GAP 集团由于已经通过几十年的实体店运营让广大用户了解和熟悉了自己的品牌，并且建设和维护了良好的品牌信誉，因此用户在考虑是否从 GAP 集团旗下的电子商务网站购物的时候，会自然地将这份信任传递过来，从而提升初次购物转化率。

(3) 通过优秀的服务留住用户：一旦用户迈过了第一次线上购物的门槛，随之而来的第三个重要任务是如何将这些用户留住，这里 GAP 集团则是通过优秀的服务来保证用户的忠诚度，而能提供这些服务的基础还是因为有实体专卖店做后盾。

(4) 退换服务：如果是在一个"纯鼠标"的购物网站下单并收货后发现不是特别满意(如衣服的大小不合适而需要进行退换)，如何将在手上的商品邮寄回去是件让人头痛的事情，但是如果是在 GAP 集团旗下电子商务网站购物发生类似问题的话就很简单了，除了邮寄退回外，用户还可以选择将收到的商品就近拿到自己熟悉的线下实体专卖店中进行退换。

改衣服务：对相对定位更高端一些的 Banana Republic 品牌来说，如果用户在网上购买了衣物后发现要进行一些小的修改，如调整裤长等，也可以方便地将商品拿到线下实体店获得免费服务，这样用户在网上购买时就更放心了。

上面提到的这些先天优势是保证 GAP 集团旗下购物网站群能够从直接销售数字上带来收益的原因，同时这些购物网站群也为集团提供了大量的非直接收益，包括整体品牌美誉度的提升，为顾客提供一套无缝整合并且始终一致的购物体验，而且还能收集到大量有价值的消费行为数据。例如，所有网上顾客的行为都可以被后台系统记录下来，包括浏览和最终购买过的商品、点过的网页、购买频率和习惯等。这些数据如果想通过传统线下实体店来收集将非常困难，曾经有品牌尝试用 RFID 技术将店内的每一件衣服打上标记，希望借此来跟踪有哪些商品是被顾客带到了试衣间，但是最终并没有购买，最后因为执行成本高和效果有限的原因而不了了之。

正是因为看到了这些直接和间接的好处，GAP 集团很早就坚定了将建设电子商务渠道作为自身竞争战略优势的核心之一，从组织架构、政策和执行上做了大量支持。例如，将电子商务运营团队独立设置成一个更灵活的部门，而不是附属于传统店铺销售体系下，甚至为了提升效率而不惜工本为旗下购物网站的运营建设了独立的仓储体系，并且从激励和管理机制上将为线上订单和顾客提供良好服务与支持这项工作作为考核指标之一下发到各个实体专卖店中。

如果说在这个整合线上线下渠道战略的推动初期更多的是通过 GAP 集团的传统线下渠道为新兴的线上渠道来引流和支持的话，那么到了 GAP 集团旗下网站已经稳定发展的今天，如何更好地利用这些已经建立起来的影响力和用户群来反向带动实体店铺销售的尝试就更为重要了。尤其是目前美国整体经济大环境还较低迷，对实体店铺销量影响比较明显。一个最新的例子是 GAP 集团在 2009 年年初为旗下的廉价大众品牌 Old Navy 推出了一个名为 OldNavyweekly.com 的网站，在引导线上用户去线下实体店购买方面取得了不错的成绩。

OldNavyweekly 网站其实只有一个简单的首页，但是对于用户的黏性非常强，在网络上甚至能找到专门针对这个网站的讨论组和聊天室。OldNavyweekly 的主要卖点是会以一周为一个周期固定投放一定数量、不同类型的单次购物优惠券(包括全单按比例打折和购物满特定金额就可获得一定现金抵扣)，这些券只能在老海军实体专卖店使用。同时也会每周推出一个本周特卖品，基本上都是用 5 折以下超低价提供的常用服装款式，同样也是只在线下店铺中销售。

OldNavyweekly 网站之所以能很快在网络上传播起来，一方面固然是因为为用户提供了实惠，如不定期地会提供"购物满100元折扣掉75"这样的超级优惠券;另一方面也是因为这些优惠券并不是简单地罗列到网站上,而是让用户在网站上通过"寻宝"的方式来做一些很简单的小游戏,如用户用鼠标将不同的上衣和裤子进行搭配就有可能发现不同类型的优惠券,这种趣味性也是为什么每到周四晚上的时候就会有大量的粉丝聚集在一起讨论本周最新,最好的优惠券藏在哪儿,并开始不断刷新OldNavyweekly的网站(因为每周的优惠券会在周四晚上进行更新)。

GAP集团的线上线下渠道整合之道确实是一个成功案例,证明了如果战略制定和执行正确,传统品牌商完全可以进行完美的"鼠标+水泥"的转型,实现渠道共赢。但是最后还是要补充一些GAP集团这个案例的特殊性。首先,GAP集团属于垂直整合品牌商,除了少量海外店铺外,其余店铺都是直营专卖店,因此集团对于线下渠道有很强的控制力,而其他并没有直接或者全面控制线下渠道的传统品牌商在进行线上线下多渠道销售的时候势必将遇到更多的阻力;其次,GAP集团的主流商品正好比较适合网络销售的休闲服装类型,一方面尺码上相对标准(如衬衣只需要用大、中、小来区分),而且不同于高端时装,用户本身对于休闲服装的容忍度是偏高的。

希望能够在中国市场上涌现出更好的线上线下多渠道销售整合的案例,只有这样才能进一步促进整个产业链条的发展和转型。毕竟对于品牌商来说,无论是"纯鼠标"、"纯水泥"还是"鼠标+水泥",最终的目标都应该是服务用户,渠道平衡应该是为之服务的,千万不可本末倒置。

品牌商的两难是什么?

一方面,如果公司选择不通过互联网渠道来直接销售自己的商品,这会将顾客推向那些提供网络直销的竞争者们(主打类似顾客群的其他品牌商或者淘宝上的本品牌水货和仿货);但是另外一方面,如果公司选择在互联网上开设直销店,又会被现有的分销商和零售商抱怨抢了他们的生意,甚至转去扶植和代理其他品牌。难道这真是一个没有出路的两难?

对于一个品牌商家来说,渠道管理一直是一件重要的学问。渠道冲突(channel conflicts)这个问题也在业内存在了很久,特别是随着近年来电子商务概念的兴起而变得越发突出。建设线上渠道的好处很多,尤其是在用户越来越多的时间正是花在互联网上这个事实的支持下。所以传统品牌商也必然要开始考虑自身网站的建设,只不过在建设的战略上需要慎重分析。

(1) 谨慎型:此类型品牌商的商品本身不是特别适合纯网络销售,或者是现有线下渠道非常强势,他们可以选择在自身的网站上不提供商品出售,但是应该放上大量产品资讯及如何寻找到最近的线下渠道购买这些对于用户有价值的信息。

(2) 激进型:此类型品牌商的商品本身比较适合网络销售,并且对于现有线下渠道有不错控制力,类似前文中提到的GAP。这些品牌可以选择更激进地推广和支持自身的电子商务购物网站,但建议至少在产品价格上要做到和线下渠道一致,否则利益冲突过于明显。

(3) 折中型:此类型品牌商介于上面两者之间,一方面确实有值得尝试网络渠道直销的利益,另一方面也希望继续维持和现有线下渠道的良好关系。这些品牌商可以尝试通过一些折中的手段来平衡两边的利益。例如,设置一个只供互联网销售使用的子品牌,而保持原有主品牌的分销关系不变;或者是为了让线上渠道满意而额外提供一些利益,包括对线上收入和原有线下渠道利益人进行盈利分成和利益分享等,如为了说服一家自己最大的线下渠道商同意让耐克开设网上直销站点,耐克品牌商将一款流行运动鞋的专营权包给这个渠道商,甚至保证不在自己的网站销售。

无论传统品牌商最终选择哪一种方式来进入互联网,重要的都是首先分析清楚自己所处的环境并设计正确的战略,然后在执行层面上保证和现有线下渠道商进行充分而有效的沟通,达成共识。这样才能避免所谓的"品牌商的两难"。

(资源来源:http://www.20ju.com/.)

本章小结

本章从网络营销对传统营销策略和营销方式的冲击、网络营销的优势、网络营销与传统营销的整合 3 个方面进行论述,揭示了信息时代互联网技术对现代营销活动的巨大促进作用。依靠互联网整合各种传统媒体,可以给整合营销提供最佳的沟通渠道,进而提升沟通的信息量和信息传递速度,激发创新。网络营销相对于传统营销能够带给企业的好处就是营销创新的可能性增大了,创新为企业建立了竞争优势。

网络营销不可能完全取代传统营销,而是企业整体营销策略中的组成部分,是在线营销方法与离线营销方法、网上资源与网下资源相结合形成的一个相辅相成、互相促进的营销体系。随着网络技术的发展和网络社会的进步,网络营销与传统营销将在相当长的一段时期内是一种相互促进和补充的关系。企业应该根据经营目标来进行市场的细分,并恰当地整合网络营销和传统营销方式,以最低的成本达到最佳的营销目标。

复 习 题

一、单选题

1. 关于网络营销和传统营销的说法中,准确的是( )。
    A. 网络营销暂时还是一种不可实现的营销方式
    B. 网络营销不可能冲击传统营销方式
    C. 网络营销最终将和传统营销相结合
    D. 网络营销将完全取代传统营销的一切方式
2. 网络营销与传统营销的相同点包括( )。
    A. 都是企业的经营活动　　　　　　B. 都以互联网为基础
    C. 都需通过组合发挥作用　　　　　D. 都有推销人员
3. 报纸、杂志主要传播的是文字信息,而互联网传播的是( )。
    A. 文字信息　　　　　　　　　　　B. 视频信息
    C. 音频信息　　　　　　　　　　　D. 多媒体信息

二、多选题

1. 关于网络营销和传统营销的特点描述中,正确的是( )。
    A. 网络营销能够使市场个性化得到体现,最终将适应每一个用户的需求
    B. 建立顾客对于虚拟企业与网络营销的信任感,是网络营销成功的关键
    C. 顾客不是网络营销竞争的焦点
    D. 基于网络时代的目标市场、顾客形态、产品种类与以前会有很大的差异
2. 互联网上电子商务对传统的市场营销理念造成了极大的冲击,这种冲击表现在( )。
    A. 营销渠道的冲击　　　　　　　　B. 定价策略的冲击
    C. 广告策略的冲击　　　　　　　　D. 标准化产品的冲击

3. 与传统营销相比，网络营销有许多特点和优点，但也有不足，表现在(　　)。
   A．无法满足消费者直接个人社交的心理需要
   B．无法使消费者以购物过程来显示自身的社会地位、成就或支付能力
   C．无法使消费者体验到面对面讨价还价的乐趣
   D．无法跨越国际营销的许多壁垒和空间、时间、消费习惯等障碍
4. 网络营销和传统营销的主要相同点有(　　)。
   A．两者都是企业的一种经营活动
   B．两者都需要通过组合发挥功能
   C．两者都把满足消费者需求作为一切活动的出发点
   D．两者的销售渠道都是一样的

三、判断题

1. 网络营销与传统营销相比，产品范围相同，价格竞争力不同。　　　　　(　　)
2. 网络营销与传统营销都是企业的一种经营活动，都是为了实现企业的经营价值。
　　　　　　　　　　　　　　　　　　　　　　　　　　　　　　　　(　　)
3. 传统营销是以虚拟市场的线下交易为主的，而网络营销是以实体市场的在线交易为主的。　　　　　　　　　　　　　　　　　　　　　　　　　　　　　(　　)
4. 网络营销永远不可能替代传统营销。　　　　　　　　　　　　　　　(　　)

四、问答题

1. 网络营销对于采取歧视定价的企业有什么不利影响？
2. 网络营销对传统竞争形态的冲击表现在什么方面？
3. 网络营销相对于传统营销的优势有哪些？
4. 是否所有的企业都适合开展网络营销？企业开展网络营销需要具备哪些条件？

第 3 章　网络消费者行为分析

教学目标

通过本章的学习，了解网络消费者特征；理解网络消费者购买动机并且掌握网络消费者的购买过程；能结合实际分析消费者网上购买的动机；能结合实际分析消费者网上购买的过程。

教学要求

知识要点	能力要求	相关知识
网络消费者特征	(1) 理解网络消费者及特征 (2) 网络消费者的分类	(1) 网络消费者的自然结构 (2) 网络消费者的社会结构 (3) 网络消费者的群体心理特征 (4) 网络消费者的分类
网络消费者购买动机	(1) 网络消费者的购买动机类型 (2) 对网络消费者的购买动机的实际运用	(1) 网络消费者购买动机概述 (2) 网络消费者的需求动机 (3) 网络消费者的心理动机
网络消费者购买过程	(1) 理解网络消费者购买行为基本框架 (2) 理解和应用网络消费者购买行为和影响因素	(1) 网络消费者购买行为基本框架 (2) 5W1H (3) 网络消费者购买行为 (4) 影响网络消费者购买行为的因素
网络消费者购买决策过程	(1) 理解网络消费者购买决策过程内容 (2) 灵活运用网络消费者购买决策过程	(1) 唤起需求 (2) 收集信息 (3) 比较选择 (4) 制定购买决策 (5) 事后评价

基本概念

网络消费者　群体　动机　需求动机　心理动机　需求层次理论　消费者购买行为

第3章 网络消费者行为分析

导入案例

大学生网购：男生重方便，女生重价钱

淘宝、支付宝、商家信誉、阿里旺旺……这些词语如今是大学生的常用语，在校园里，怎样买到物美价廉的好东西，也是每天都能听到的讨论，再看看那些快递人员每天中午就像开展销会一样，在宿舍楼下摆开各式各样的邮件。

《中国互联网发展报告》指出，我国大量的B2C网上销售商都在亏本经营；网上购物的增长速度远不及网民的增长速度。

研究发现：阻碍大学生进行网上购物的主要心理障碍因素是产品的品牌、价格、质量、可靠性、保质期等方面，以及网站上同类产品的信息丰富程度、可筛选性、可对比性是否能够达到购买者的预期标准。此外，网上交易的安全性、方便与否也是影响因素。男生更多怀疑的是网站信息的可靠性，而女生则更多怀疑的是网上购买产品的质量。

研究发现：求乐、求廉、求方便是大学生网上购物的主要消费动机，男女消费动机存在显著差异。男生比较看重便捷，而女生更加重视价格。

另外，研究发现，对网上买来的一件商品是否满意，除了商品本身外，支付方式、商家信誉、运送满意度也是影响总体满意度的几个重要方面。

(资料来源：http://b2b.toocle.com/.)

点评：

从营销角度看，互联网会造成消费者的行为变化。传统的消费行为和网络消费行为的主要区别之一就是互联网本身所发挥的作用，也就是互联网对消费行为的影响。

现代市场营销理论认为，了解市场的需要和欲望，对消费者行为进行分析是企业市场营销的出发点，其最终目的便是开发适销对路的商品来满足消费者的需求；而策划一个好的营销方案又必须建立在对消费者行为习惯细致周密的调研基础上，市场调研能促使公司及时地调整营销策略，引导营销人员制定出合理的产品推广和促销方案。而互联网为市场调研提供了强有力的工具。

3.1 网络消费者特征

传统市场营销中，消费者是营销活动中重要的一环，公司是否在市场上实现其价值，关键在于有没有消费者购买。互联网的飞速发展，为人们提供了浩瀚的信息资源、方便快捷的通信方式及强大的多媒体功能，使越来越多的人都感受到了互联网对社会发展的巨大推动力量，网络营销逐渐成为一种新型的营销方式，也随之出现了越来越多的网络消费者。网络消费者大概可以分为3类：普通个人消费者、企业消费者和政府消费者。本章主要研究的是普通个人消费者。

网络消费者有狭义和广义两种理解：狭义的理解指在网上购买网络产品的人；广义的理解指所有上网的人(网上购物者和网上冲浪者)，即全体网民。虽然网上冲浪者更多的是浏览网页、玩游戏，并不是真正地去购买网络产品，但他们的存在能够刺激网络的运用，使更多的人了解网络营销，进而成为网络消费者。

3.1.1 网络消费者的自然结构

人口统计学中的自然结构主要是指年龄和性别及其分布。

1. 网络人群的年龄分布及分析

如图 3.1 所示,从网购用户的年龄构成看,网购群体较一般网民更偏于年轻化。10~39 岁的网民是网购的主力。其中,20~29 岁的网购用户占比还在提升。未成年人和 40 岁以上网民群体网购使用相对较少。前者由于经济独立性较差,可支配收入较少,网购实力不强;后者由于网络购物的生理和心理屏障较多,网络购物动力较弱。但是,与 2011 年相比,2012 年,30 岁以上的网民占比总体趋势均有所上升,整体从 2011 年年底的 41.9%攀升至 2012 年的 43.9%。10~19 岁年龄段的网民所占比例有所下降,与该年龄段实际人口数下降有关。

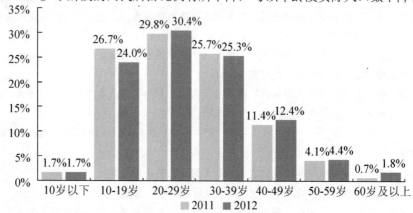

图 3.1 2011 年 12 月—2012 年 12 月网民年龄结构

2. 网络人群的性别结构及分析

如图 3.2 所示从网购用户的性别结构看,女性网民所占比重有一定提升。2012 年,我国网民男女性别比例为 55.8∶44.2,男性群体占比高出女性 11.6 个百分点。

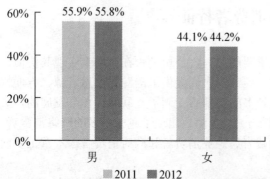

图 3.2 2011 年 12 月—2012 年 12 月网民性别结构

3.1.2 网络消费者的社会结构

人口统计学中的社会结构是指由于社会活动形成的个人特征。

1. 网络人群的受教育状况及分析

如图 3.3 所示,从网购用户的学历结构看,网购用户整体学历偏高,但有逐步向低学历渗透的趋势。2012 年,我国网民中小学及以下学历人群增加较为明显,占比从 8.5%提升到 10.9%,增加 2.4 个百分点。

高中学历的网民占比下降,从 33.3%下降到 32.3%,降低了 1 个百分点。大专和大学本科及以上学历网民均保持相对下浮的态势。

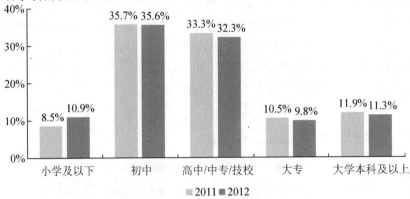

图 3.3　2011 年 12 月—2012 年 12 月网购网民与网民学历结构

2. 网络人群的职业结构及分析

如图 3.4 所示,从网购用户的职业分布看,我国网购用户以学生为主,2012 年,学生、企业/公司一般职员、个体户/自由职业者三大群体在网民中所占比重较大,分别占整体网民的 25.1%,10.1% 和 18.1%,但是学生群体整体呈下降趋势,与 2011 年相比,下降了 5.1%,个体户/自由职业者从 16.0% 上升至 18.1%,企业/公司一般职员占比与上一年基本持平。

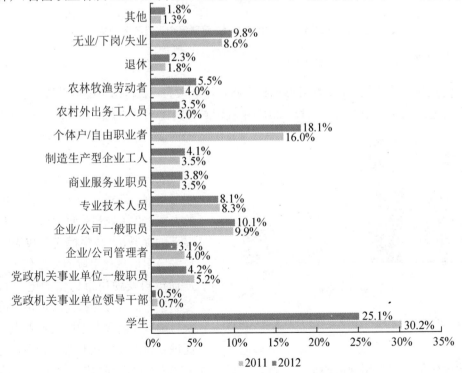

图 3.4　2011 年 12 月—2012 年 12 月网民职业结构

3. 网络人群的收入分布及分析

如图 3.5 所示,从网购用户的收入分布看,月收入在 3000 元以上的人群占比有较大提升,达 28.7%,相比 2011 年底提升了 6.4 个百分比。低收入人群的比重有所下降,与 2011 年相比,2012 年个人月收入在 500 元以下的网民占比从 17.5% 下降到 14.2%,月收入在 501～2 000 元的网民群体占比也从 34.5% 下降至 30.6%。无业、下岗、失业网民占比有较小幅度的上升,因此无收入群体网民也从 7.9% 上升至 8.4%。

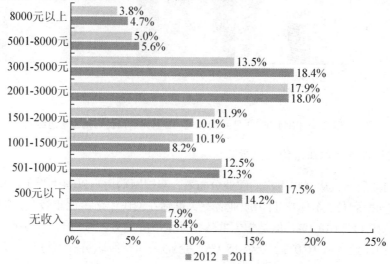

图 3.5 2011 年 12 月—2012 年 12 月网民个人月收入结构

4. 网络人群的地域分布及分析

随着信息化建设的加快,农村互联网接入条件不断改善,农村网络硬件设备更加完备,推动了农村地区网民规模的持续增长。2012 年我国农村网民规模达到 1.56 亿人,占整体网民的 27.6%,相比 2011 年略有提升,如图 3.6 所示。

图 3.6 2011 年 12 月—2012 年 12 月网民城乡结构

农户自发使用信息技术的意识明显增强。通过政府主导、社会参与的方式,我国农村信息服务普及有了显著的提升,"沙集模式"成为农村自发应用信息化手段的典型代表。农户通过自发使用市场化的电子商务交易平台,直接对接需求市场,带动农村地区制造及其他配套产业发展,促进农村产业结构升级和转型,也带动了周边地区信息化使用深度的提高。然而随着农村人口城市化进程加快,农村人口的绝对规模下降,使农村网民的增长势头相对平缓,低于城市网民的增长速度。

3.1.3 网络消费者的群体心理特征

网络消费者群体主要具备以下 4 个方面的心理特征。

1) 注重自我

由于目前网络用户多以年轻、中高学历用户为主，这类用户拥有不同于他人的思想和喜好，有自己独立的见解和想法，对自己的判断能力也比较自负。所以他们的具体要求越来越独特，而且变化多端，个性化越来越明显。因此，从事网络营销的企业应想办法满足其独特的需求，尊重用户的意见和建议，而不是用大众化的标准来寻找大批的消费者。

2) 头脑冷静，善于理性分析

由于网络用户以大城市、中高学历的年轻人为主，不会轻易受舆论左右，对各种产品宣传有较强的分析判断能力，因此从事网络营销的企业应该加强信息的组织和管理，加强企业自身文化的建设，以诚信待人。

3) 喜好新鲜事物，有强烈的求知欲

这些网络用户爱好广泛，无论是对新闻、股票市场还是网上娱乐都具有浓厚的兴趣，对未知的领域报以永不疲倦的好奇心。

4) 好胜，但缺乏耐心

因为这些用户以年轻人为主，因而比较缺乏耐心。当他们搜索信息时，经常比较注重搜索所花费的时间，如果连接、传输的速度比较慢的话，他们一般会马上离开这个站点。

网络用户的这些特点，对于企业加入网络营销的决策和实施过程都是十分重要的。厂商要想吸引顾客，保持持续的竞争力，就必须对本地区、本国及全世界的网络用户情况进行分析，了解他们的特点，制定相应的对策。

3.1.4 网络消费者的分类

根据不同的分类标准，可以将网络消费者分成若干类。而根据购物行为特征，我们将网上购物的消费者分为以下 5 种类型。

1) 简单型

简单型的顾客需要的是方便、直接的网上购物。他们每月只花少量时间上网，但他们进行的网上交易却占用了一半时间。零售商必须为这一类型的顾客提供真正的便利，让他们觉得在这个网站上购买商品将会节约更多的时间。

2) 冲浪型

冲浪型的顾客占常用网民的 8%，而他们在网上花费的时间却占了 32%，并且他们访问的网页数量是其他网民的 4 倍。冲浪型网民对常更新、具有创新设计特征的网站很感兴趣。

3) 接入型

接入型的顾客是刚触网的新手，占 36% 的比例，他们很少购物，而喜欢网上聊天和发送免费问候卡。那些有着著名传统品牌的公司应对这群人保持足够的重视，因为网络新手们更愿意相信生活中他们所熟悉的品牌。

4) 议价型

议价型顾客占网民 8% 的比例，他们有一种趋向购买便宜商品的本能，著名的 ebay 网站一半以上的顾客属于这一类型，他们喜欢讨价还价，并有强烈的愿望在交易中获胜。

5) 定期型和运动型

定期型和运动型的网络使用者通常都是被网站的内容吸引。定期型的网民常常访问新闻和商务网站，而运动型的网民喜欢运动和娱乐网站。

目前，网上销售商面临的挑战是如何吸引更多的网民，并努力将网站访问者变为消费者。网上销售商应将注意力集中在其中的一两种类型上，这样才能做到有的放矢。

即问即答

如果你是一名负责小家电网络营销的经理，你该如何定义自己的网络消费者？

3.2 网络消费者购买动机

3.2.1 网络消费者购买动机概述

所谓动机，是指推动人进行活动的内部原动力(内在的驱动力)，即激励人行动的原因。动机是一种内在的心理状态，不容易被直接观察到或被直接测量出来，但它可根据人们长期的行为表现或自我陈述加以了解和归纳。对于企业促销部门来说，通过了解消费者的动机，就能有依据地说明和预测消费者的行为，采取相应促销手段。而对于网络促销来说，动机研究更为重要。因为网络促销是一种不见面的销售，网络消费者复杂、多层次、交织和多变的购买行为不能直接被观察到，只能够通过文字或语言的交流加以想象和体会。

网络消费者的购买动机基本上可以分为两大类：需求动机和心理动机。前者是指人们由于各种需求，包括低级的和高级的需求而引起的购买动机；而后者则是由于人们的认识、感情、意志等心理过程而引起的购买动机。动机是为实现一定的目的激励人们行动的内在原因。人从事任何活动都有一定的原因，这个原因就是人的行为动机，动机可以是有意识的，也可能是无意识的。它能产生一股动力，引起人们的行动，维持这种行动朝向一定的目标，并且能强化人的行动，因此在国外也被称为驱动力。

网络消费者的上网动机基本上可以分为：获取信息、学习研究、休闲娱乐、情感交流、通信联络、商务活动、网上购物等。调查显示，相对于传统购物方式，网上购物在3个方面优势明显：53.9%的人认为送货上门比较方便，50.1%的人认为价格便宜，44.8%的人认为可以购买到本地没有的物品。正是因为具有这些优点，所以网上购物近几年的发展很快。购买动机是消费者购买并消费商品最直接的原因和动力。

3.2.2 网络消费者的需求动机

研究人们的网络购买行为，首先要研究人们的网络购买需求。

1. 传统需求层次理论在网络需求分析中的应用

在传统的营销过程中，需求层次理论被广泛应用。需求层次理论是研究人的需求结构的理论，它是由美国心理学家马斯洛在1943年出版的《人类动机的理论》一书中提出来的。马斯洛把人的需求划分为5个层次：生理需求、安全需求、社交需求、尊重需求和自我实现需求，如图 3.7 所示。马斯洛的需求层次理论对网络消费需求层次分析也有重要的指导作用。

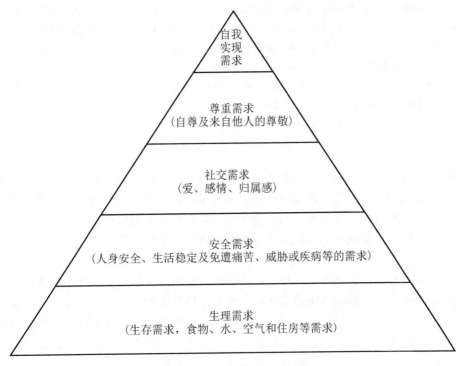

图 3.7　马斯洛的需求层次理论

2．现代虚拟社会中消费者的新需求

马斯洛的需求层次理论可以解释虚拟市场中消费者的许多购买行为，但是，虚拟社会与现实社会毕竟有很大的差别，马斯洛的需求层次理论也面临着不断补充的要求。而虚拟社会中人们联系的基础实质是人们希望满足虚拟环境下 3 种基本的需要，即兴趣、聚集和交流。

1) 兴趣

分析畅游在虚拟社会的网民，我们可以发现，每个网民之所以热衷于网络漫游，是因为对网络活动抱有极大的兴趣。这种兴趣的产生，主要出自于两种内在驱动。一是探索的内在驱动力。人们出于好奇的心理探究秘密，驱动自己沿着网络提供的线索不断地向下查询，希望能够找出符合自己预想的结果，有时甚至到了不能自拔的境地。二是成功的内在驱动力。当人们在网络上找到自己需求的资料、软件、游戏时，自然产生一种成功的满足感。

参考资料

Dell 兴趣需求

Dell 公司对各种可能会引起消费者购买行为发生的动机进行了分析。由于生活水平、购物用途的差异，不同的客户对于所购买的产品的要求也不一样。在网上，Dell 的消费者主要是由一些散户和一些大、中型企业客户组成，因此，它对于在网上购买的散户，采取的宣传是"光屁股电脑"：以最精简的个人计算机为价格诱饵和直销概念来吸引用户。当用户决定购买时，Dell 的销售人员会引导他增加各种配置——为"光屁股电脑"穿衣服，使得产品价格急剧上升；然而，对于大、中型的企业客户，Dell 公司为他们提供了"戴尔顶级网页"(Dell Premier Pages)的服务，使得他们在确保信息安全的前提下，提高了效率。这些公司可以通过自己公司的顶级网页，取得加上密码保护、专门为他们打造的 Dell 产品和服务信息。顾客可以在线上选配系统、估价，以双方同意的价格购买此套系统。他们也可以通过以类别、地理区域、产品、平均单位价格、总价等分类的详细顾客采购报表，追踪货品进度及库存现况，以便更有效地管理资产，并得到 Dell 公司的销售、服务和支持小组成员的联络资料。总之，通过这种服务，既为客户提供了更多的服务，也大大加强了 Dell 公司和这些客户之间的联系。

2) 聚集

虚拟社会提供了具有相似经历的人们聚集的机会，这种聚集不受时间和空间的限制，并形成富有意义的个人关系。通过网络而聚集起来的群体是一个极为民主性的群体。在这样一个群体中，所有成员都是平等的，每个成员都有独立发表自己意见的权利，使得在现实社会中经常处于紧张状态的人们渴望在虚拟社会中寻求到解脱。

3) 交流

聚集起来的网民，自然产生一种交流的需求。随着这种信息交流频率的增加，交流的范围也在不断地扩大，从而产生示范效应，使对某些种类的产品和服务有相同兴趣的成员聚集在一起，形成商品信息交易的网络，即网络商品交易市场。这不仅是一个虚拟社会，而且是高一级的虚拟社会。在这个虚拟社会中，参加者大都有目的，所谈论的问题集中在商品质量的好坏、价格的高低、库存量的多少、新产品的种类等方面上。他们所交流的是买卖的信息和经验，以便最大限度地占领市场，降低生产成本，提高劳动生产率。对于这方面信息的需求，人们永远是无止境的。这就是电子商务出现并迅速发展的根本原因。

3.2.3 网络消费者的心理动机

网络消费者购买行为的心理动机主要体现在 3 个方面。

1. 理智动机

这种购买动机是建立在人们对于在线商场推销的商品的客观认识基础上的。众多网络购物者大多是中青年，具有较高的分析判断能力。他们的购买动机是在反复比较各个在线商场的商品之后才做出的，对所要购买的商品的特点、性能和使用方法，早已心中有数。理智购买动机具有客观性、周密性和控制性的特点。在理智购买动机驱使下的网络消费购买动机，首先注意的是商品的先进性、科学性和质量的高低，其次才注意商品的经济性。这种购买动机的形成，基本上受控于理智，而较少受到外界气氛的影响。

2. 感情动机

感情动机是由人的情绪和感情所引起的购买动机。这种购买动机还可以分为两种形态。一种是低级形态的感情购买动机，它是由喜欢、满意、快乐、好奇而引起的。这种购买动机一般具有冲动性、不稳定性的特点。还有一种是高级形态的感情购买动机，它是由人们的道德感、美感、群体感引起的,具有较大的稳定性、深刻性。而且,在线商场提供异地买卖送货的业务,大大促进了这类购买动机的形成。

3. 惠顾动机

惠顾动机是基于理智经验和感情之上的,对特定的网站、图标广告、商品产生特殊的信任与偏好而重复地、习惯性地前往访问并购买的一种动机。惠顾动机的形成,经历了人的意志过程。其产生的原因,或者是由于搜索引擎的(Search Engine)便利、图标广告的醒目、站点内容的吸引,或者是由于某一驰名商标具有相当的地位和权威性,或者是由于产品质量在网络消费者心目中树立了可靠的信誉。这样,网络消费者在为自己做出购买决策时,心目中首先确立了购买目标,并在各次购买活动中克服和排除其他同类水平产品的吸引和干扰,按照过往的经常性购买习惯从事购买行动。具有惠顾动机的网络消费者,往往是某一站点的忠实浏览者。他们不仅自己经常光顾这一站点,而且对众多网民也具有较大的宣传和影响功能,甚至在企业的商品或服务一时出现某种过失的时候,也能予以谅解。

即问即答

如果你是网络游戏的设计者,为了留住玩家,你将如何培养网络访问者的购买动机?

3.3 网络消费者购买过程

消费者购买行为是消费者受营销和环境的刺激产生需求,直至最终做出购买决策的整个过程。消费者购买行为主要受外部因素和个人因素的影响,即消费者购买行为是外部决定因素(T)和个人决定因素(P)的函数 $B=f(T, P)$。外部决定因素包括文化影响、社会影响和家庭影响。个人决定因素包括生命周期阶段、职业、经济收入、生活方式、个性、自我观念及心理因素等,这么多方面的因素将综合在一起对消费者购买行为产生作用。以下将从网络文化、网络消费者个人因素和网络零售商店气氛设计这 3 个方面对网络消费者购买行为加以分析。在此之前先了解网络消费者购买行为基本框架。

3.3.1 网络消费者购买行为基本框架

市场营销学家把消费者的购买动机和购买行为概括为 5W1H 和 6O,从而形成消费者购买行为研究的基本框架。

1) 市场需要什么(What)

有关产品(Objects)是什么。通过分析消费者希望购买什么,为什么需要这种商品而不是需要那种商品,研究企业应如何提供适销对路的产品去满足消费者的需求。

2) 为何购买(Why)

购买目的(Objectives)是什么。通过分析购买动机的形成(生理的、自然的、经济的、社会的、心理因素的共同作用),了解消费者的购买目的,采取相应的市场策略。

3) 购买者是谁(Who)

购买组织(Organizations)是谁。分析购买者是个人、家庭还是集团,购买的产品供谁使用，谁是购买的决策者、执行者、影响者。根据分析，组合相应的产品、定价、渠道和促销。

4) 如何购买(How)

购买组织的作业行为(Operations)是什么。分析购买者对购买方式的不同要求，有针对性地提供不同的营销服务。在消费者市场，分析不同类型消费者的特点。例如，经济型购买者追求性能和廉价，冲动型购买者喜爱情趣和外观，手头拮据的购买者要求分期付款，工作繁忙的购买者重视购买方便和送货上门等。

5) 何时购买(When)

购买时机(Occasions)是什么。分析购买者对特定产品的购买时间的要求，把握时机，适时推出产品，如分析自然季节和传统节假日对市场购买的影响程度等。

6) 何处购买(Where)

购买场合(Outlets)是什么。分析购买者对不同产品的购买地点的要求。例如，日常生活的必需品，顾客一般要求就近购买，而选购品则要求在商业区(地区中心或商业中心)购买，进行挑选、对比，特殊品往往会要求直接到企业或专业商店购买等。

3.3.2 网络消费者购买行为的影响因素

1. 网络文化的影响

文化可以被定义为某个人群共同具有的关于价值、信仰、偏好和品味等的一套整体观念，它对消费者购买行为具有广泛和深远的影响。不同的国家和民族有着不同的文化，具有不同文化背景的消费者将形成各自不同的价值观、信仰、审美观念、生活方式等，从而也就导致了千差万别的消费行为。

互联网的出现和发展，形成了独具特色的网络族群和网络文化。

由于对互联网的访问需要具备计算机、网络及其他一些相关的基础知识和相应的条件，这使得互联网用户与一般人群在统计特征上形成了较大的差别。从统计资料中可以看出，互联网用户中大部分是男性而且以年轻人为主，大多数人都接受过高中以上的教育，平均收入水平要略高于总人口水平，从事的职业以信息技术、科研、教育、咨询服务等为主。这些互联网用户借助于网络进行交流和沟通，逐渐地形成了普遍认同的网络文化，如网络礼节(Netiquette)、对开放和自由的信仰及对创新和独特的事物的偏好等。在互联网中还存在着诸多的亚网络族群和相应的亚网络文化，如那些出于共同的兴趣或爱好(网络游戏、音乐等)而形成的新闻组(Newsgroup)、虚拟社区、聊天室等，这些亚网络族群中的成员往往具有相同的网络价值观并且遵循相同的网络行为准则。网络文化虽然只存在于虚拟的网络空间中，但必然会影响到网络消费者的实际消费行为。随着电子商务向纵深发展，网络消费者的结构变得较为复杂，网络文化开始表现出丰富多样的特征，使消费行为也趋向于多样化，所购买的商品中信息技术类产品的比例逐渐下降，而其他种类产品的比例则逐渐上升，商品组合开始出现多元化的趋势。

2. 网络消费者个人因素的影响

网络消费者的行为或购买决策不仅会受到网络文化的影响，而且也会受其个人特征的影响。例如，性别、所处年龄阶段、受教育程度、经济收入个性及使用互联网的熟练程度等方面都会对此产生一定的作用。

(1) 性别：在传统实体市场中，男女性的购物行为存在着较大的不同，这种不同也同样出现在电子商务市场中。例如，男性网络消费者在购物时理性成分居多，往往在深思熟虑之后才做出购买决策；而女性网络消费者购物时的感性成分则比较多，往往在浏览到自己喜欢的商品时就会下意识地放入到购物车中。另外男性网络消费者的自主性较强，他们往往会自己去寻找关于商品价格、质量、性能等方面信息的资料，然后自己做出判断；而女性网络消费者的依赖性则较强，当她们做出购物决策时往往会比较在意其他人的意见或评价。

(2) 所处年龄阶段：互联网用户的主体是年轻人，处于这一年龄阶段的消费者思想活跃、好奇、冲动、乐于表现自己，既喜欢追逐流行时尚，又喜欢展现独特的个性，这些特征在消费行为上表现为时尚性消费和个性化消费两极分化的趋势，因此在电子商务市场中一些时尚性或个性化的商品就显得更受消费者的欢迎。

(3) 受教育程度和经济收入的影响：因为受教育程度和经济收入水平具有正相关关系，因此将这两种因素对网络消费者行为的影响放在一起讨论。统计数据表明，互联网用户中大多数人都接受过高等教育，平均收入水平要略高于总人口水平，那么网络消费者的受教育程度和收入水平是如何影响其消费行为的呢？因为网络消费者的受教育程度越高，了解和掌握互联网知识方面的困难就越低，也就越容易接受网络购物的观念和方式，越是受过良好的教育，网络购物的频率也就越高。

(4) 使用互联网的熟练程度：网络消费者对互联网熟悉或使用的熟练程度同样也会影响其行为。当消费者刚刚接触网络时，对互联网的认识还处于比较低的水平上，操作应用也并非很熟练，这时的消费者对互联网充满兴趣和好奇，其行为主要是通过实验和学习力求认识和掌握更多的互联网知识。随着消费者每周上网时间的增加，网络消费者的行为就开始出现分化：一部分消费者由于刚开始时的新奇和神秘感已逐渐消退，就会逐渐削减每周上网时间直至某一固定水平，只在必要时才会上网，并且形成了固定的浏览网站(网络商店)和消费习惯；另一部分消费者仍在互联网上花费大量的时间，他们把网络空间看做现实社会的替代品，在互联网上学习、交流、消费购物、娱乐等，因为他们认为可以在网上找到更多的乐趣，而且也更方便。

3. 网络零售商店气氛设计的影响

在电子商务市场中，网络零售商店由于没有如同传统零售商店那样的实体依托，因此很多经营者会忽视商店气氛营造的问题，但实际上这一问题对网络零售商店依然重要。在网络商店中这一功能就转化为"帮助菜单"和"常见问题表"，如果某一网络商店的网站上没有这两项基本要件，就会使该网络商店缺乏一种以顾客为上帝的气氛。

1) 商店界面设计的影响

传统实体商店可以通过门面装潢来展示自己与众不同的形象，从而吸引消费者的光顾。对于网络零售商店来说，由于没有实体建筑物的依托，与网络空间一样，它的存在其实只是一种虚拟的、想象中的概念。其在现实中的体现则是在网络消费者计算机终端上所显示的万维网页(Webpage)上，网页是网络零售商店与网络消费者相互交换信息和执行各种交互活动的媒介，因此称之为网络零售商店的界面(Interface)。由此可见，网络零售商店界面设计的好坏将会对网络消费者的第一印象产生重要作用，很难想象一个界面设计混乱、不协调的电子商务网站会吸引网络消费者的注意，更不用说网站浏览、购物。通常网络零售商店界面设计得优良与否将会使网络消费者产生如下几种行为。

(1) 立刻离开。当消费者访问某个网络零售商店时，若网站界面设计与消费者的审美观严重相左，或者网面设计过分复杂导致出现严重的传输延迟现象时，消费者会毫不犹豫地离开。

(2) 浏览网站的界面设计引起了消费者一定的兴趣，但消费者仅仅在网络商店中浏览而没有发生购买行为，或者消费者浏览后导致了延迟的购买行为，即消费者在浏览了后继的其他网站后，重又回到该网络商店购买商品的行为。

(3) 浏览并购买。消费者在浏览网络商店的过程中，网站的界面设计刺激消费者产生了某种需求并引起相应的购买行为。

由此可见，一个有效的网络零售商店的界面设计应当能够促使网络消费者产生后两种行为，网络零售商店的优势就在于完全可以利用现有的信息技术达到这一目的。另外还可以使用数据库技术记录消费者的年龄、性别、爱好、购买偏好等个人信息，针对这些不同的信息为消费者提供不同的交互式购物界面。消费者也可以利用网站提供的软件程序定制自己所喜爱的风格的界面，极强的针对性和互动性提高了达成交易的概率，而这些在传统的零售商店中是不可能实现的。

2) 商品陈列的影响

传统型商店可以通过不同的商品陈列方式达到展示商品和吸引消费者购买的目的，但是在虚拟的网络空间中没有了店堂货架的概念，取而代之的则是网页、商品分类目录和店内商品搜索引擎，所列出的也不再是商品的实体，而是有关该商品的说明介绍和图片等，这必然也会影响到网络消费者在网络零售商店中的行为。商店实体和商品的说明介绍以及其他相关资料是分离的，消费者无法像在传统的商店中购物那样，通过与商品实体的直接接触来了解商品的质量和适用性。例如，在传统的服装商店中，消费者可以通过抚摸来了解服装的质地，通过试穿了解衣服是否合身等。网络零售商店对单个商品的介绍只能依赖于文字说明和图片信息，这些资料是否详细将会极大地影响网络消费者的购买决策，一个文字说明太少而且图片模糊不清的商品是很难激发起消费者的购买欲望的。

另外，网络零售商店还可以利用信息技术来完成传统商店无法完成的功能。例如，提供店内商品搜索引擎，甚至允许第三方(如比较购物代理)对本店商品进行搜索和比较，这些新功能也将会使网络消费者的行为出现变化。一般来说，消费者是"认知吝啬"的，即消费者会尽量降低认知的努力程度。因为在认知过程中，信息搜寻、评价比较及决策思考都需要花费时间和精力，也就是说消费者的认知过程是有机会成本的，这一机会成本的高低随着个人条件的不同而不同，消费者购物的总成本是商品价格和其机会成本的总和。

在传统实体市场中，由于消费者认知的机会成本非常高，因此消费者的购物决策往往是选择基本符合自己需要和偏好的商品；在电子商务市场中，通过使用网络商店自有的搜索引擎或第三方(如比较购物代理)等一些智能化的工具，极大地节省了购物所花费的时间和精力，使网络消费者认知的机会成本显著降低，从而能够做出更符合自己需要和偏好的购物决策，提高了购物决策的质量和效率。例如，在消费者搜寻信息阶段，比较购物代理会根据用户注册的个人信息寻找符合其偏好的产品，使消费者可以直接进入对选择品牌进行深入评价和比较的过程，而不必经历对全部品牌、知晓品牌和考虑品牌的搜寻过程。

总之，在电子商务市场中消费者的行为发生了极大的变化，既有文化变迁的因素，也有消费者个人因素变化的影响，还包括零售商店转型的影响等。

3.4 网络消费者购买决策过程

随着互联网的迅猛发展，年轻群体的网络花销的比重逐渐增长，除了上网费、付费邮箱、会员费等这些大众所熟悉的网络消费外，网上购物、定制服务等网络消费方式层出不穷，成为异军突起的新经济风尚。

网络环境下消费者的购买过程，也就是网络消费者购买行为形成和实现的过程。网络消费者的购买过程一般可以分为 5 个阶段：唤起需求、收集信息、比较选择、制定购买决策、事后评价。结合网络营销的特点，分析网络消费者行为可以采用如图 3.8 所示的模式。

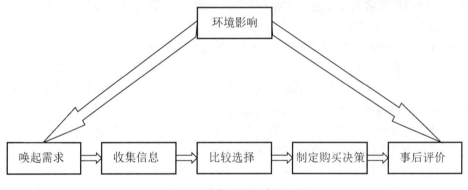

图 3.8 消费者购买决策过程

3.4.1 唤起需求

网络购买过程的起点是诱发需求。在传统模式下，诱发需求可能是内部和外部的刺激所引起的。例如，一个人每天都要吃饭，就是由于其内部的生理需要产生的压力引起的，这个压力就是内部刺激。外部刺激来自于外部的环境。例如，人们想吃某种食品，不一定是由于饥饿，而是由于闻到了食品的诱人香味而产生了食欲。此外，企业的广告、海报及看到其他消费者正使用这种产品，都是外部刺激。这种内外部的刺激会诱发消费者的需求。在网络营销中，消费者需求的产生多源于视觉和听觉的刺激。网络的特性使文字表述、图片统计、声音配置成为诱发消费者购买的直接动机。由于消费者行为具有可诱导性，因此，网上商店在站点设计、网页制作方面应注意突出自身站点的特色，主题鲜明，在结构和背景上体现出自己独特的一面，体现自身的企业文化和经营理念。同时，注意信息的丰富性、有趣性和及时更新，以吸引顾客浏览、驻留，提高网上消费者的满意度。运用体验式营销将消费者的感觉和感受结合起来，在网页中将文字、图像、动画、音乐等元素融合，使得网络购物更加具有吸引力。

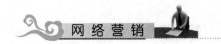

3.4.2 收集信息

消费者信息收集是指消费者识别和获取可以解决自身问题的相关信息的行为。消费者收集信息时,希望最大限度地获取能够解决问题的产品信息。网上信息搜集的快捷与简便是消费者选择上网的主要原因之一。较之传统模式,网上消费不仅选择范围广泛,而且消费者的主动性可以得到最大限度的发挥。消费者一方面可以根据自己了解的信息通过互联网跟踪查询,另一方面,消费者还可以在网上发布自己对某类产品或信息的需求信息,得到其他上网者的帮助。

网上零售商可以通过开设消费论坛、建立网上虚拟展厅等一系列措施,使消费者对产品的各个方面有较为全面的了解,满足消费者的信息需求,促进购买行为的产生。网上零售商应该拥有一个速度较快的服务器,很难想象出网络消费者会对一个服务速度很慢的网站产生兴趣。因此提高服务器的速度在消费者信息收集过程中非常重要,如果消费者通过某个网上零售商的网站收集到很多有价值的信息,并且收集的速度很快,效率很高,消费者自然而然地会提高对该零售商的评价,他们的购买过程也会加快。

不同的网络消费者对于信息的要求程度是不同的,一般可以分为 3 种模式。

1) 普通信息需求

当网络消费者对产生购买动机的产品或服务没有进行非常深入的了解,也没有建立判定标准,只是对商品和服务类型或品牌产生倾向时,消费者在心中的期望是价格、质量、品牌。对于这类消费者,网络营销企业应该通过适当的渠道向消费者传递产品和服务的优势信息,进一步增强消费者对此类商品和服务的兴趣。例如,消费者打算在线购买一本小说,但此时他并没有确定购买的小说的类型,可能会因为网站上优惠活动的宣传、最近的流行读物介绍等内容吸引他产生购买倾向。

2) 有限的信息需求

出于有限信息需求模式的消费者,对感兴趣的商品或服务已经产生了特定的评判标准,但还没有确定对网络商家或品牌的倾向。此时网络消费者会更有针对性地收集信息。例如,当消费者打算在线购买一本励志小说时,他此时对购买的这本书已经有了明确的要求,接下来,他会在站点中搜集此类图书的相关信息,可能最后他会被其中的某一本书作者的知名度、图书的精美图片等吸引,选择购买。

3) 精确的信息需求

在这种模式中,消费者对于感兴趣的产品或服务已经产生了明确的购买倾向,对其已经有了很深入的了解,有了足够的经验。此时他所需要的是进一步了解更精确的产品和服务信息,他会从这些细节的信息中挖掘出自己的真正需求所在。此时他所需要的信息也是最少的。因此网站除了提供大量对商品优点的描述、宣传图片等信息之外,还应该提供产品和服务的本质信息,以供此类消费者选择。例如,当消费者打算购买一台某品牌的手机时,他已经对这个品牌有了很强的购买倾向,对手机产品也有了自己的深入了解,他可能对此类手机的需求点集中于手机的上网功能或拍照功能等。他更关心的是手机的性能参数信息。

网络消费者搜集信息的主动性是很强的,因此,网络营销企业应该掌握消费者搜集信息的渠道,并采用适当的方式将消费者需要的所有信息传递给他们。

3.4.3 比较选择

通过信息搜集，消费者将会形成若干可能采用的方案，接下去，消费者将根据一定的评价标准并利用一定的选择方法，对这些方案进行评价和选择。

传统消费模式下，消费者可以通过对产品的触摸、闻、嗅、试听、试穿等实体性接触来比较评判，但在网络消费中，消费者对商品与服务的比较只能依赖于商家的描述，且这种描述也多限于文字和图片方面。这种局限性是决定网上销售产品种类的直接原因。商家提供的产品或服务描述，若不能吸引人，可能很难赢得顾客，但若这种描述过分夸张以至带有虚假的成分时，则可能永久地失去顾客。因此，把握好产品信息描述的"度"，是摆在厂商与网页制作者面前的一道难题，而判断这种信息的可靠性与真实性，则是留给消费者的难题。

3.4.4 制定购买决策

网络消费者在完成对商品的比较选择之后，便进入到购买决策阶段。与传统的购买方式相比，网络购买者在购买决策时主要有以下 3 个方面的特点。

(1) 网络购买者理智动机所占比重较大，而感情动机的比重较小。
(2) 网络购物受外界影响小。
(3) 网络购物的决策行为与传统购买决策相比速度要快。

网络消费者在决策购买某种商品时，一般要具备以下 3 个条件。

(1) 对厂商有信任感。
(2) 对支付有安全感。消费者信息安全是消费者考虑的比较多的一个问题。对于网络购物来说，消费者的口碑或者说商家的信誉是非常重要的。如果消费者普遍对该网站销售的产品比较满意，消费者会通过网络发表自己的意见，这些意见和建议对其他消费者制定最终的购买决策影响非常大。同时网络消费者还非常担心自己私人资料的泄露，以及付款方式是否方便和可靠等，如果网上的销售商不能很好地解决这些相关的问题，无疑都会影响到消费者的购买决策。因此，对于网上的销售商来说，应在技术上确保消费者的个人信息安全，这样既保护了消费者的权益，也提高了自身的信誉。网上企业同时还要做好与银行的协调工作，确保网上支付的安全可靠，从而使消费者放心地通过银行卡进行网上支付，提高消费者的购物效率，也突出了网上购物的优势。
(3) 对产品有好感。

所以，网络营销的厂商要重点抓好以上工作，促使消费者购买行为的实现。

3.4.5 事后评价

消费者购买了产品之后，整个购买过程并没有结束，而是进入了购后时期。在这一时期，消费者将会使用和消费产品，并在使用和消费过程中感知到是否满意。事后评价决定了消费者本人及其他消费者今后的购买动向。

在网络环境下，消费者会把自己的网络购物体验在网络上进行反映，网络空间中信息传递的速度与广度无法衡量。如果消费者的评价是好的，可能会令厂商获益匪浅，但若消费者购后产生不满意感，他很可能会通过网络将它表达出来，在广大网民心中产生不良影响，打消很多潜在的消费者的购买欲望。

因此，售后服务对于网上商店来说同样重要，这是提高网上商店信誉的一个重要途径。

网上商店应具有完善的售后服务体系，厂商应密切关注消费者的购后感受，充分利用网络在沟通厂商与消费者信息上的便利性，及时采取措施弥补产品或服务的不足，以最大限度地降低消费者的不满意感。同时，对消费者购后感受的搜集，还可了解消费者的新需求，及时捕捉市场机会，提高新产品开发的适用性与实效性。

虽然通过互联网进行销售产品，仍存在着许多制约因素，但这并不影响网络购物的迅猛发展。伴随着经济的不断发展，个人计算机的普及和使用计算机人口的增加，网络购物的地位及其占有量将不断增加。

即问即答

以具体产品为例，说说自己的网购决策过程。

案例研究

凡客V+：抓住80、90后网络消费者的心

凡客诚品就是靠网络起家的，也是靠网络推广火起来的。

凡客诚品通过对目标受众的长期跟踪，根据目标受众的爱好与关注点的分析结果，从众多的媒体中选出目标群体较为集中的网站进行广告的投放。广告的高效投放不仅为 V+网站带来了一定量的消费者与潜在消费者，更促使了 V+影响力与知名度的提高。

V+网站是凡客诚品旗下的一家专注于时尚潮流品牌的网购平台。它利用凡客专业的服装类电子商务运营能力及资源，通过向客户提供良好的服务体验和品牌价值，始终致力于为网购人群提供专属优质的高性价比服装、服饰系列产品。V+ 专注于时尚潮流用品的网上购物平台，特价低折扣销售男装、女装、运动品、户外品、鞋品、箱包、配饰等各大时尚生活品类商品，精选全球时尚潮流名牌耐克、adidas、匡威、马克华菲、Lee 等。据悉，目前已经有上百个传统品牌入驻 V+，其精准的市场定位及专业的运营能力，是这些传统品牌选择其为线上推广合作伙伴的重要原因。

2010 年 9 月，V+进行了一次大规模的网站改版，新版首页的设计风格更具时尚流行元素，更符合 80、90 后主力购买人群的浏览习惯和喜好，也更注重提升用户体验。

"宅"和"晒"都是当下红遍互联网的流行语，具有网络化和口语化的普遍性。汇品牌和晒新货是新增设的频道，前者按照首字母将 V+现有的品牌汇总分类，让用户可以更容易、更方便地选择自己喜欢的品牌；晒新货是将最近上线的新产品进行汇总，用户体验更加直接。

V+自上线以来，一直致力于提升用户体验，以用户的选择和喜好为主导。改版之后的 V+特别在首页增设了"用户最关注的品牌"和"用户最关注的产品"两个频道，根据用户的购买和点击浏览的次数，通过技术手段排列出最受欢迎的品牌和单品。

在特殊的节假日期间，服装的全面打折成为吸引消费者的最好手段，2010 年 12 月 24 日，V+也推出了圣诞节特别活动：12 月 24 日～27 日这 3 天，全场 5 折封顶。

凡客主要是提升 V+在时尚领域，80、90 后主力消费人群中的影响力，扩大 V+在电子商务服饰类网站中的知名度。80、90 后是互联网上最具活力和消费潜力的群体，他们希望自己时尚、有个性、敢于尝试新事物的个性和对高品质生活的追求，使得那些有独特品牌文化的服装更容易获得他们的青睐。

那么凡客的网络营销策略是什么样的呢？

由于 80、90 后的新生代伴随着互联网出生和成长，当下，互联网已经成为生活中的必要部分，学习、工作、娱乐都需要互联网作为载体进行。根据消费者的上网时间，悠易(凡客的广告代理)将广告的投放时

间定在每天早上的 9:30 后,由于这个时间点后,目标消费者陆续开始上网。基于目标用户上网时间的分布,悠易对广告的投放做了相应的优化。在目标群体上网的时间段内,通过网络追踪技术,确保广告对同一个用户的展现次数控制在最佳临界值 3 次以内,避免用户对广告产生厌烦情绪,减少投放成本。

80、90 后追求个性、爱时尚、享受高品质生活,根据这些共性特点,瑞丽女性网、YOKA 时尚网等国内权威的时尚网站成为悠易投放 V+广告的媒体。开放的环境给 80、90 后提供了丰富的成长元素,他们的爱好更加多样化。面对着开放与多元化爱好的消费群体,通过对目标受众的长期跟踪,根据目标受众的爱好与关注点的分析结果,从众多的媒体中选出目标群体较为集中的网站进行广告的投放,其中体坛网、小说阅读网、北青网、MSN 门户等成为了悠易重点投放的媒体。

在活动期内,短短的 4 天,就有 266 484 目标用户点击广告,进入 V+官方网站进行下一步的查看和购买活动,点击率达到 6.21%。

我们做网络营销策划活动的成功与否,很大一部分要看参加用户的多少、关注度的大小,以及产品的销售量!关键是能带来多少的客户,加强我们的品牌营销能力!通过凡客,或许我们能学习到更多!

(资料来源:http://www.afd2010.com/.)

讨论:
1. 凡客 V+成功的关键是什么?
2. 结合案例分析 80、90 后网络消费者的特点。
3. 本案例似乎显示网络广告对销售的影响很大,对此你如何理解?

本 章 小 结

网络购物是指借助网络实现商品或服务从商家(卖家)转移到个人用户(消费者)的过程,在整个过程中的资金流、物流和信息流都有网络的参与。网络购物因其便捷、时尚、新颖等特点吸引着越来越多的消费者,网络交易的成交额近几年来大幅增长,对传统的实体商店经营构成了较大的冲击,因此网络经济已成为一股不容忽视的力量。了解网络消费者的行为是网络商家提高竞争优势的前提。

消费者行为是指消费者在寻求、购买、使用、评价和处理其期望能够满足需求的产品和服务的过程中所表现出的行为。网络消费者行为受文化因素、个人因素及网络零售商店气氛设计等因素的影响。网络环境下消费者的购买过程,也就是网络消费者购买行为形成和实现的过程。网络消费者的购买过程一般可以分为 5 个阶段:唤起需求、收集信息、比较选择、制定购买决策、事后评价。

复 习 题

一、单选题

1. 关于网络消费需求特点说法中,错误的是( )。
   A. 网络消费仍具有层次性
   B. 网上消费者的需求已经没有明显的差异性
   C. 网上消费者的需求具有交叉性
   D. 网络消费需求具有超前性和可诱导性

2. 关于网络消费者的购买动机说法中,错误的是( )。
   A. 网络消费者的购买动机分为两类:需求动机和心理动机
   B. 需求动机指人们由于各种需求,包括低级的和高级的需求而引起的购买动机
   C. 心理动机是由于人们的认识、感情、意志等心理过程而引起的购买动机
   D. 在网络上购买基本的生活必需品属于消费者的心理动机
3. 关于5W1H的说法中,错误的是( )。
   A. What 是指买何商品
   B. Why 是指消费者为什么购买
   C. When 是指消费者何时购买
   D. Where 是指消费者如何购买
4. 根据消费者性格进行划分,消费者购买行为类型不包括( )。
   A. 习惯型购买行为
   B. 经济型购买行为
   C. 冲动型购买行为
   D. 和谐型购买行为
5. 影响个人用户上网购买的因素中,不包括( )。
   A. 商品特性和价格
   B. 商品的选择范围
   C. 购物的时间
   D. 上网费用的高低
6. ( )是指购物者通过计算机、调制解调器等设备条件,在互联网虚拟环境中进行有别于传统物理环境下的购物消费者。
   A. 网络消费者
   B. 潜在消费者
   C. 代理服务
   D. 数据管理和分析服务

二、多选题

1. 关于网络消费需求特点的说法中,正确的是( )。
   A. 网络消费仍具有层次性
   B. 网上消费者的需求具有明显的差异性
   C. 网上消费者的需求具有交叉性
   D. 网络消费需求具有超前性和可诱导性
2. 根据消费者性格进行划分,消费者购买行为类型包括( )。
   A. 习惯型购买行为
   B. 经济型购买行为
   C. 冲动型购买行为
   D. 理智型购买行为
3. 根据消费者行为的复杂程度和所购商品本身的差异,消费者购买行为类型包括( )。
   A. 习惯型
   B. 复杂型
   C. 多变型
   D. 和谐型
4. 关于5W1H说法正确的是( )。
   A. How 是指买何商品
   B. Why 是指消费者为什么购买
   C. When 是指消费者何时购买
   D. Where 是指消费者在何处购买
5. 网络消费者购买行为的心理动机主要体现在( )。
   A. 需求动机
   B. 理智动机
   C. 感情动机
   D. 惠顾动机
6. 理智动机具有( )的特点。
   A. 冲动性
   B. 客观性
   C. 周密性
   D. 控制性

三、判断题

1．购买动机与购买行为有直接的因果关系，购买行为导致购买动机。（   ）
2．不同的网上消费者因所处的时代、环境不同而产生不同的需求，不同的网上消费者在同一需求层次上的需求也会有所不同。（   ）
3．网络消费者的购买动机基本上分为两类，即需求动机和心理动机。（   ）
4．在网络上购买基本的生活必需品，或者在网上进行医疗咨询等都属于心理动机。
（   ）
5．网络消费者购物是很理智的，因此，网上的任何欺骗都不会起作用。（   ）

四、问答题

1．网络消费者总体特征表现在哪些方面？
2．网络消费者有哪些类型？
3．网络消费者需求行为有哪些特点？
4．影响网络消费需求行为的因素有哪些？
5．网络消费者购买行为的决策过程有哪几个阶段？

第 4 章 网络市场调研

教学目标

通过本章的学习,理解并掌握网络市场调研的步骤;熟练运用网络市场调研的方法;能够运用现代信息检索技术搜集网络市场信息;能够熟练设计网络调查方案、调查问卷,有效地组织调查。

教学要求

知识要点	能力要求	相关知识
网络市场调研概述	(1) 理解网络市场调研的定义、特点和策略 (2) 理解网络市场调研与传统市场调研的区别	(1) 网络市场调研的定义 (2) 网络市场调研的特点 (3) 网络市场调研的策略 (4) 网络市场调研与传统市场调研的区别
网络市场调研的方法	(1) 熟练运用网络市场调研的方法 (2) 理解网络市场调研的直接法 (3) 理解网络市场调研的间接法	(1) 网络市场调研的方法 (2) 网络市场调研的直接法 (3) 网络市场调研的间接法
网络市场调研的步骤	(1) 掌握网络市场调研的步骤 (2) 了解网络信息检索技术和工具	(1) 网络市场调研的一般步骤 (2) 网络市场调研的信息检索技术和工具
网络商务竞争信息搜集	了解网络商务信息搜集的对象	网络商务信息搜集的不同对象
网络产品第三方信用测评——以淘宝网为例	(1) 了解网络产品第三方信用评测的目的 (2) 掌握、应用网络产品测评的主要步骤 (3) 掌握并理解网络产品第三方信用测评的方法	(1) 网络产品第三方信用测评 (2) 网络产品测评的主要步骤 (3) 网络产品第三方信用测评的方法

基本概念

消费者 市场调研 网络调研 调查问卷 调查方案 调查步骤 调查方法 调研策略 搜索引擎 网络产品 信用测评

第 4 章 网络市场调研

2012 年我国手机上网用户增速加快

2012 年,我国手机网民规模继续扩大,截至 2012 年 12 月,手机网民近 4.2 亿人,较 2011 年年底增加了近 6440 万人(见图 4.1)。手机网民在总体网民中的比例进一步提高,从 2011 年年末的 69.3%提升至 74.5%。2012 年,手机网民较传统互联网网民增幅更大,并首次超越台式电脑接入互联网的网民,成为拉动中国总体网民规模攀升的主要动力,移动互联网展现出巨大的发展潜力。

从推动因素来看,移动终端尤其是千元智能 3G 手机的出现降低了用户使用的门槛,同时运营商对 3G 业务资费不断进行调整,这都促进了普通手机用户向手机上网用户的转化。

手机上网快速普及的意义,一方面在于推动了当前移动互联网领域持续不断的创新热潮,以智能手机为主流的智能移动终端,因全新的终端交互方式与用户使用环境和习惯,为互联网从业者提供了广阔的创新空间,2012 年出现了许多受到用户欢迎的移动应用,吸引越来越多的网民接入移动互联网。另一方面,手机上网的发展为网络接入、终端获取受到限制的人群和地区提供了使用互联网的可能性,包括偏远农村地区居民、农村进城务工人员、低学历低收入群体。使用价格低廉和操作简易的终端,可以满足这些人员相对初级的上网需求,推动了互联网的进一步普及。

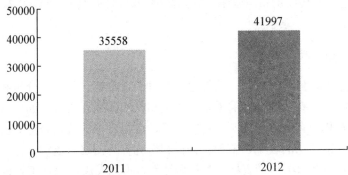

图 4.1 手机上网网民规模

资料来源:http://www.cnnic.net.cn/hlwfzyj/hlwxzbg/hlwtjbg

点评:市场调研是营销的基础。

没有调查就没有发言权。没有市场调研就不了解消费者,就无法制定出科学合理的营销策略。因此没有前期市场调研的营销策略是空中楼阁。

传统的市场调研一方面要投入大量的人力、物力,如果调研面较小,则不足以全面掌握市场信息,而调研面较大,则时间周期长,调研费用大;另一方面,在传统的市场调研中,被调查者始终处于被动地位,企业不可能针对不同的消费者提供不同的调查问卷,而针对企业的调查,消费者一般也不予以反应和回复。

与传统的市场调研相比，网络市场调研虽然也存在诸多问题，但其优势也是非常突出的，主要表现在以下几个方面：①网络调研的互动性，这种互动不仅表现在消费者对现有产品的发表意见和建议，更表现在消费者对尚处于概念阶段产品的参与，这种参与将能够使企业更好地了解市场的需求，而且可以洞察市场的潜在需求；②网络调研的及时性，网络的传输速度快，一方面使调研的信息传递到用户的速度加快，另一方面也使用户向调研者的信息传递速度加快，这就保证了市场调研的及时性；③网络调研的便捷性和经济性，无论是对调查者还是被调查者，网络调研的便捷性都是非常明显的。调研者只要在其站点上发布其调查问卷，而且在整个调查过程中，调研者还可以对问卷进行及时修改和补充，而被调查者只要有一台计算机、一个调制解调研、一部电话就可以快速方便地反馈其意见。同时，对于反馈的数据，调查者也可以快速便捷地进行整理和分析，因为反馈的数据可以直接形成数据库。这种方便性和快捷性大大地降低了市场调研的人力和物力耗费。

4.1 网络市场调研概述

市场调研是营销链中的重要环节，没有市场调研，就把握不了市场。作为21世纪新的信息传播媒体，互联网的高效、快速、开放是无与伦比的，它加快了世界经济结构的调整与重组，形成了数字化、网络化、智能化、集成化的经济走向。它强烈地影响着国际贸易环境，正在迅速改变传统的市场营销方式乃至整个经济的面貌，将成为21世纪信息传播媒体的主流。

4.1.1 网络市场调研定义

市场调研是指以科学的方法，系统地、有目的地收集、整理、分析和研究所有与市场有关的信息，特别是有关消费者的需求、购买动机和购买行为等方面的信息，从而把握市场现状和发展态势，有针对性地制定营销策略，取得良好的营销效益。我们把基于互联网而系统地进行营销信息的收集、整理、分析和研究称为网络市场调研。把时下广为流传的网站用户注册和免费服务申请表格填写等做法看做网站发起的用户市场调研的基本手段。

网络市场调查又称联机市场调查(Online Survey；Web-based Survey)，即通过网络(Internet/Intranet 等)对网上市场的特征进行有系统、有计划、有组织地收集、调查、记录、整理、分析有关产品和劳务等市场数据信息，客观地测定、评价及发现各种事实，获得竞争对手的资料，摸清目标市场和营销环境，为经营者细分市场、识别受众需求和确定营销目标提供相对准确的决策依据，以提高企业网络营销的效用和效率。在当今网络与传统商业业务不断融合的趋势下，国内外越来越多的网络服务商和市场研究机构开始涉足网络市场调研领域。

与传统的市场调研一样，进行网络市场调研，主要是要探索以下几个方面的问题：市场可行性研究，分析不同地区的销售机会和潜力，探索影响销售的各种因素，竞争分析，产品研究，包装测试，价格研究，分析特定市场的特征，消费者研究，形象研究，市场性质变化的动态研究，广告监测，广告效果研究。

4.1.2 网络市场调研特点

通过互联网进行市场调研，可以借鉴传统市场调研的理论、方式和方法，但由于互联网自身的特性，网络市场调研也有一些与传统市场调研不同的特点。

1. 无时空的限制

这是网络调研所独有的优势。例如，澳大利亚的市场调查公司在中国与 10 多家访问率较高的网络内容服务商(ICP)和网络广告站点联合，进行了"1999 中国网络公民在线调查活动"，如果利用传统的方式进行这样的调查活动，其难度是无法想象的。

2. 高效率

传统的市场调研周期一般都较长，网络调研利用覆盖全球的互联网的优势弥补了这一不足。Web 和 E-mail 大大缩短了调查的时间，这比用几周或几个月来邮寄调查表或是通过电话方式联系调查对象获得反馈信息快得多，互联网只需几个小时。以零点——搜狐网络调研系统为例，目前该调查专页每天有约 400～600 位主动浏览的访问者，10 天内可以获得约 5 000 位受访对象，而通过街头拦访或电话访问来获得同样样本量的访问量，至少需要 2～3 倍的时间。因此，借助互联网进行市场调研正在成为更佳的解决方案。

3. 组织简单，费用低廉

网络调研在信息采集过程中不需要派出调查人员，不需要印刷调查问卷，调查过程中最繁重、最关键的信息采集和录入工作分布到众多网上用户的终端上完成，可以无人值守和不间断地接受调查填表，信息检验和信息处理由计算机自动完成。

在传统调研方式中，纸张、印刷、邮资、电话、人员培训、劳务，以及后期统计整理等要耗费大量的人力和财力。虽然通过互联网进行网络调研没有降低调查的基本费用，如设计调查问卷表、分析调查结果等，但网络调研确实降低了调查实施的附加成本、接触成本及数据分析处理方面的费用。网络调研的初期费用仅有核对 E-mail 地址、创建调查网页与数据库等组织费用，对于座谈场地、访问场合的要求均简单地在网上实现。

4. 更加准确的统计

在调查信息的处理上，网络调研省去了额外的编码录入环节，被调查者直接通过互联网将信息以电子格式输入数据库，从而减少了数据录入过程中的遗漏或编误，在自动统计软件配合更为完善的情况下，用很短的时间就能完成标准化的统计分析工作。

5. 时效性强

网络调研的数据来源直接，而且可以事先编制好软件进行处理，所以在一些网络调研中，一旦应答者填写完毕，即可迅速被确认或显示出调查的简要结果。例如，对调查满意的响应者可以通过 E-mail 来表达感谢；而对于那些不满意的响应者可以返回一些表示抱歉的信息；反馈信息也可包括要求提供的产品信息等。

6. 更加方便

早在 20 世纪 90 年代初，美国路易斯安那州立大学教授唐纳·米切尔就对网络调研与传统纸笔调查效果进行了对比研究。结果表明，被调查者认为网络调研更重要、更有趣、更愉快、更轻松。他们不仅愿意回答更多的问题，而且反馈的信息更坦白。与传统方式不同，调查对象可以在一种无调查人员在场的相对轻松和从容的气氛中填写问卷，达到面对面提问无法比拟的效果。此外由于网络调研一般都是在线封闭式填写，因此回答非常方便。

7. 更好的保密效果

网络调研使用匿名提交的方法，因此比其他传统的调查方法拥有更加彻底的保密性能。

8. 调查结果受制于调查对象

在传统调研中，一般是调查者主动向被调查者提出问题或要求。而在互联网上，被调查者是在完全自愿的原则下参与调查，调查的针对性更强。但网络调研的问卷能否收回，取决于被调查者对调查项目的兴趣。这种区别将会在一定程度上影响调查结果的可靠性和样本的准确性，因此可能会出现下面两种情况。

(1) 通过 E-mail 或 Web 方式进行调查，其调查结果均由调查对象自己填写，而且不可能更改，所以能够保持其真实性。另外由于被调查者在完全独立思考的环境下接受调查，不会受到调查员及其他外在因素的误导和干预，这将能提高调查结果的客观性。

(2) 由于网络调研是在非面对面的情况下进行的，调查对象没有任何的压力和责任，这也很容易导致其在回答问题上的随意性，甚至还可能弄虚作假，再加上网上的调查对象来源具有不确定性，在调查过程中很难进行复核。另外，网络调研中往往会出现回答不完整，甚至重复回答的现象，这些在数据处理中很难剔除。而且，网络调研不像传统方式面对面容易判断答案的准确性，这需要在分析调查结果阶段根据所得到的数据加以论证分析，去伪存真。

9. 调查对象群体受到限制

市场调查中的抽样调查，如入户调查和街头拦访等，能保证以小部分人的意见代替全体人(目标群体)的意见，这小部分人在群体中是随机产生的，具有数理上的科学性。但在网上调查中情况就不同，首先，互联网是一个极为开放的空间，任何人都可参与。其次，目前上网的消费者人数很少，这意味着被调查对象的规模不大，而且上网者是一个高收入、城市化和高学历的群体，难以具有真正的代表性。因此，网络调研受网上受众特征的限制，其调查结果一般只反映网民中对特定问题有兴趣的"舆论积极分子"的意见，它所能代表的群体可能是有限的。所以，网络调研要看具体的调查项目和被调查者群体的定位，如果被调查对象规模不够大，就意味着不适合于在网上进行调查。

利用互联网进行市场调研的优势是明显的,但现在要普及还有一定的难度。一是因为消费者、企业对这种新颖市场调研方式还不适应;二是网络软、硬件方面的欠缺有时使调研流程不畅;三是目前专业的网络调研人员还太少。

4.1.3 网络市场调研策略

网络市场调研的目的是收集网上购物者和潜在顾客的信息,利用网络加强与消费者的沟通与理解,改善营销并更好地服务于顾客。为此,市场调研人员必须根据网络调研的特殊性认真研究调研策略,以充分发挥网络调研的优越性,提高网络调研的质量。网络市场调研的策略主要包括如何识别并激励企业站点的访问者并激励及如何有效地在企业站点上进行市场调研。

1. 识别并激励企业站点的访问者

传统市场调研,无论是普查、重点调查、典型调查,还是随机抽样调查、非随机抽样调查,以及固定样本持续调查,尽管调查的范围不同,但调研对象(如区域、职业、民族、年龄)等都有一定程度的针对性,即对被调查对象的大体分类有一定的预期。网络市场调研则不同,它没有空间和地域的限制,一切都是随机的,调研人员无法预期谁将是企业站点的访问者,也无法确定调研对象样本。即使那些在网上购买企业产品的消费者,要确知其身份、职业、性别、年龄等也是一个很复杂的问题。因此,网络市场调研的关键之一是如何识别并吸引更多的访问者,使他们有兴趣在企业站点上进行双向的网上交流。

解决这一问题,目前可采取以下策略。

(1) 利用 E-mail 或来客登记簿获得市场信息。

(2) 给予访问者奖品或者免费商品。

(3) 吸引访问者注册从而获得个人信息。

(4) 向访问者承诺物质奖励。

(5) 由软件自动检测访问者是否完成调查问卷。

2. 有效地在企业站点上进行市场调查

要想有效地在企业站点上进行网络市场调研,可以采取以下策略。

(1) 科学地设计调查问卷。一个成功的调查问卷应具备两个功能:一是能将所调查的问题明确地传达给访问者;二是设法取得对方的合作,使访问者能真实、准确地回复。

设计一份理想的在线问卷,一般应遵循以下几个原则:①目的性原则,即询问的问题与调查主题密切相关,重点突出;②可接受性原则,即被调查者回复哪一项,是否回复有自己的自由,故问卷设计要容易为被调查者所接受;③简明性原则,即询问内容要简明扼要,使被调查者易读、易懂,而且回复内容也简短省时;④匹配性原则,即使得被调查者回复的问题便于检查、数据处理、统计和分析,提高市场调研工作的效率。

(2) 监控在线服务。企业站点的访问者能利用互联网上的一些软件来跟踪在线服务。营销调研人员可通过监控在线服务了解访问者主要浏览哪类企业、哪类产品的主页,挑选和购买何种产品等基本情况。通过对这些数据的研究分析,营销人员可对顾客的地域分布、产品偏好、购买时间及行业内产品竞争态势做出初步的判断和估价。

(3) 测试产品不同的性能、款式、价格、名称和广告页。在互联网上，修改调研问卷的内容是很方便的。因此，营销人员可方便地测试不同调研内容的组合。产品的性能、款式、价格、名称和广告页等顾客比较敏感的因素，更是市场调研中重点涉及的内容。通过不同因素组合的测试，营销人员能分析出哪种因素对产品来说是最重要的，哪些因素的组合对顾客是最有吸引力的。

(4) 有针对性地跟踪目标顾客。市场调研人员在互联网上或通过其他途径获得了顾客或潜在顾客的 E-mail 地址，可以直接使用 E-mail 向他们发出有关产品和服务的询问，并请求他们反馈、回复；也可在电子调查表单中设置让顾客自由发表意见和建议的版块，请他们发表对企业、产品、服务等方面的见解和期望。通过这些信息，调研人员可以把握产品的市场潮流及消费者消费心理、消费爱好、消费倾向的变化，根据这些变化来调整企业的产品结构和市场营销策略。

(5) 以产品特色、网页内容的差别化赢得访问者。如果企业市场调研人员跟踪到访问者浏览过其他企业的站点，或阅读过有关杂志的产品广告主页，那么应及时发送适当的信息给目标访问者，使其充分注意到本企业站点的主页，并对产品做进一步的比较和选择。

(6) 传统市场调研和 E-mail 相结合。企业市场调研人员也可以在各种传播媒体上，如报纸、电视或有关杂志上刊登相关的调查问卷，并公告企业的 E-mail 地址，让消费者通过 E-mail 回答所要调研的问题，以此收集市场信息。采用这种方法，调研的范围比较广，同时可以减少企业市场调研中相应的人力和物力的消耗。

(7) 通过产品的网上竞买掌握市场信息。企业推出的新产品，可以通过网上竞买，了解消费者的消费倾向和消费心理，把握市场态势，从而制定相应的市场营销策略。

4.2　网络市场调研的步骤与方法

知识链接

全球第一个客户满意度网上调查

1997 年，AMD 公司进行了全球第一个客户满意度网上调查。

AMD 成立于 1969 年，是一个全球性计算机和通信集成电路的生产商，主要生产处理器和网络及通信产品，年收入达 20 亿美元。

AMD 每年都会对其全球 200 个大客户进行有关客户满意程度的调查。在 1997 年之前，该调查主要是通过面访、电话访问、邮寄和传真问卷等方式进行。为了探索一种更有效，更方便客户作出反馈的方法来开展其 1997 年度的调查，AMD 委托一家网络调研公司利用网络调研来进行。

因为 AMD 的客户都从事电子设备的生产，几乎所有的客户都已上网，并且 AMD 已拥有大多数大客户的 E-mail 地址；对于没有 E-mail 地址的客户，AMD 则可以通过电话和传真来获得其地址。因此 AMD 决定采用 E-mail 来邀请客户到网上填写问卷。

该调查共有 95 个问题，在不到 30 天的时间里，完成了 200 个样本的调查。在给受访者的邀请里，客户可以选择在线填写、传真问卷或邮寄问卷。结果 93%的受访者选择了在线调查，只有那些上网不方便的客户选择了其他方式参与调查。

客户对此次调查反响强烈,他们普遍认为"这(网络调研)是一种很有效的调查方式"。一些客户认为,以往的调查采用面访或电话进行,通常需要 45~55 分钟时间,而此次网上调查仅需 15 分钟即可完成。

AMD 的客户服务总监布鲁期·希克期认为,"网络调研,对于我们和我们的客户而言,都更节省时间,也更经济,在以后,我们会有更多的调查项目利用网上调查来进行"。

(资料来源:http://media.ccidnet.com/media/ciw/939/a1501.htm。)

4.2.1 网络市场调研的一般步骤

网络市场调研与传统市场调研一样,应遵循一定的方法与步骤,以保证调查过程的质量。网络市场调研一般包括以下几步。

1. 明确问题与调查目标

进行网络市场调研,首先要明确调查的问题是什么,调查的目标是什么,谁有可能在网上查询这种产品或服务,什么样的客户最有可能购买此产品或服务,在本行业,哪些企业已经上网,它们在干什么,客户对竞争者的印象如何,公司在日常运作中,可能要受哪些法律法规的约束,如何规避等。具体要调查哪些问题事先应考虑清楚,只有这样,才可能做到有的放矢,提高工作效率。

2. 确定市场调查的对象

网络市场调研的对象,主要分为企业产品的消费者、企业的竞争者及企业的合作者和行业内的中立者三大类。

3. 制订调查计划

网络市场调研的第三步是制订有效的调查计划,包括资料来源、调查方法、调查手段、抽样方案和联系方法 5 部分内容。

(1) 资料来源。市场调查首先须确定是收集一手资料(原始资料)还是二手资料,或者两者都要。在互联网上,利用搜索引擎、网上营销和网络市场调研网站可以方便地收集到各种一手资料和二手资料。

(2) 调查方法。网络市场调研可以使用的方法有专题讨论法、问卷调查法和实验法。

(3) 调查手段。网络市场调研可以采取在线问卷和软件系统两种方式进行。在线问卷制作简单,分发迅速,回收也方便,但需遵循一定的原则。

(4) 抽样方案,即要确定抽样单位、样本规模和抽样程序。抽样单位是确定抽样的目标总体;样本规模的大小涉及调查结果的可靠性,样本需足够多,必须包括目标总体范围内所发现的各种类型的样本;在抽样程序选择上,为了得到有代表性的样本,应采用概率抽样的方法,这样可以计算出抽样误差的置信度,当概率抽样的成本过高或时间过长时,可以用非概率抽样方法替代。

(5) 确定联系方法,指以何种方式接触调查的主体,网络市场调研采取网上交流的形式,如 E-mail 传输问卷、BBS 等。

4. 收集信息

利用互联网做市场调查，不管是一手资料还是二手资料，可同时在全国或全球进行，收集的方法也很简单，直接在网上递交或下载即可，这与受区域制约的传统调研方式有很大的不同。例如，某公司要了解各国对某一国际品牌的看法，只需在一些著名的全球性广告站点发布广告，把链接指向公司的调查表即可，无须像传统调查那样，在各国找不同的代理分别实施。此类调查如果利用传统方式是无法想象的。

5. 分析信息

信息收集结束后，接下来的工作是信息分析。信息分析的能力相当重要，因为很多竞争者都可从一些知名的商业站点看到同样的信息。调查人员如何从收集的数据中提炼出与调查目标相关的信息，并在此基础上对有价值的信息迅速做出反映，这是把握商机战胜竞争对手，取得经营成果的一个制胜法宝。利用互联网，企业在获取商情、处理商务的速度方面是传统商业所无法比拟的。

6. 提交报告

调研报告的填写是整个调研活动的最后一个阶段。报告不是数据和资料的简单堆砌，调查员不能把大量的数字和复杂的统计技术堆到管理人员面前，而应把与市场营销关键决策有关的主要调查结果写出来，并以调查报告正规格式书写。

4.2.2 网络市场调研的方法

(1) 按照调查者组织调查样本的行为，目前在网上采用的调查方法基本上可分为主动调查法和被动调查法两大类。

① 主动调查法：调查者主动组织调查样本，完成统计调查的方法。

② 被动调查法：调查者被动地等待调查样本造访，完成统计调查的方法。

(2) 按网上调查采用的技术可以分为站点法、E-mail 法、随机 IP 法和视讯会议法等。

① 站点法是将调查问卷设计成网页形式，附加到一个或几个网站的 Web 页上，由浏览这些站点的用户在线回答调查问题的方法。站点法属于被动调查法，这是目前网上调查的基本方法，也将成为近期网上调查的主要方法。

② E-mail 法是通过给被调查者发送 E-mail 的形式将调查问卷发给一些特定的网上用户，由用户填写后以 E-mail 的形式再反馈给调查者的调查方法。E-mail 法属于主动调查法，与传统邮件法相似，优点是邮件传送的时效性大大提高。

③ 随机 IP 法是以产生一批随机 IP 地址作为抽样样本的调查方法。随机 IP 法属于主动调查法，其理论基础是随机抽样。利用该方法可以进行纯随机抽样，也可以依据一定的标志排队进行分层抽样和分段抽样。

④ 视讯会议法是基于 Web 的计算机辅助访问(Computer Assisted Web Interviewing, CAWI)，将分散在不同地域的被调查者通过互联网视讯会议功能虚拟地组织起来，在主持人的引导下讨论调查问题的调查方法，适合于对关键问题的调查研究。该方法属于主动调

查法,其原理与传统调查法中的专家调查法相似,不同之处是参与调查的专家不必实际地聚集在一起,而是分散在任何可以连通互联网的地方,如家中、办公室等,因此,网上视讯会议调查的组织比传统的专家调查法简单得多。

网络市场调研有两种方式:一种是网上直接调研法,即直接收集一手资料,如问卷调查、专家访谈、电话调查等;另一种是网上间接调研法,即间接地收集二手资料,如报纸、杂志、电台、调查报告等现成资料。

4.2.3 网上直接调研的方法与步骤

网上直接调研指的是为当前特定目的在互联网上收集一手资料或原始信息的过程。直接调研的方法有 4 种:观察法、专题讨论法、问卷调查法和实验法,但网上用得最多的是专题讨论法和问卷调查法。调研过程中具体应采用哪一种方法,要根据实际目标和需要而定。需提醒的一点是,网上调研应注意遵循网络规范和礼仪。

下面具体介绍这两种方法的实施步骤。

1. 专题讨论法

专题讨论可通过新闻组、BBS 或邮件列表讨论组进行。具体做法是:
① 确定要调查的目标市场;
② 识别目标市场中要加以调查的讨论组;
③ 确定可以讨论或准备讨论的具体话题;
④ 登录相应的讨论组,通过过滤系统发现有用的信息,或创建新的话题,让大家讨论,从而获得有用的信息。

2. 问卷调查法

问卷调查法即请求浏览其网站的每个人参与的各种调查。问卷调查法可以委托专业调查公司进行。具体做法是:①向若干相关的讨论组邮去简略的问卷;②在自己网站上放置简略的问卷;③向讨论组送去相关信息,并把链接指向放在自己网站上的问卷。

4.2.4 网上市场间接调研的方法与步骤

网上间接调研指的是网上二手资料的收集。二手资料的来源有很多,政府出版物、公共图书馆、大学图书馆、贸易协会、市场调查公司、广告代理公司和媒体、专业团体、企业情报室等,其中许多单位和机构已在互联网上建立了自己的网站,各种各样的信息都可通过访问其网站获得,再加上众多综合型网络内容服务商(Internet Content Provider,ICP)和专业型 ICP,以及成千上万个搜索引擎网站,使得互联网上二手资料的收集非常方便。

互联网虽有着海量的二手资料,但要找到自己需要的信息,首先必须熟悉搜索引擎的使用,其次要掌握专题性网络信息资源的分布。归纳一下,互联网上查找资料主要通过 3 种方法:①利用搜索引擎;②访问相关的网站,如各种专题性或综合性网站;③利用相关的网上数据库。

1. 利用搜索引擎查找资料

搜索引擎是互联网上使用最普遍的网络信息检索工具。在互联网上，无论想要什么样的信息，都可以使用搜索引擎查找。目前，几乎所有的搜索引擎都有两种检索功能，主题分类检索和关键词检索。

(1) 主题分类检索，即通过各搜索引擎的主题分类目录(Web Directory)查找信息。主题分类目录是这样建成的：搜索引擎把搜集到的信息资源按照一定的主题分门别类地建立目录，先建一级目录，一级目录下面包含二级目录，二级目录下面包含三级目录，如此下去，建立一层层具有概念包含关系的目录。

(2) 关键词检索，即用户通过输入关键词来查找所需信息。这种方法方便直接，十分灵活，既可以使用布尔逻辑算符、位置算符、截词符等组合关键词，也可以缩小和限定检索的范围、语言、地区、数据类型、时间等。关键词检索法可对满足选定条件的资源进行准确定位。使用关键词检索法查找资料一般分 3 步：①明确检索目标，分析检索课题，确定几个能反映课题主题的核心词作为关键词，包括它的同义词、近义词、缩写或全称等；②采用一定的逻辑关系组配关键词，输入搜索引擎检索框，点击"检索"(或"Search")按钮，即可获得想要的结果；③如果检索效果不理想，可调整检索策略，结果太多的，可进行适当的限制，结果太少的，可扩大检索的范围，取消某些限制，直到获得满意的结果。

2. 访问相关的网站收集资料

如果知道某一专题的信息主要集中在哪些网站，可直接访问这些网站，获得所需资料。与传统媒体的经济信息相比，网上市场行情一般数据全，实时性强。

3. 利用相关的网上数据库查找资料

在互联网上，除了借助搜索引擎和直接访问有关网站收集市场二手资料外，第三种方法就是利用相关的网上数据库(即 Web 版的数据库)，如著名的 US Patent(美国专利)、MEDLINE(Medicine Online)、CA(Chemical Abstracts，化学文摘)等。

(1) Dialog 系统是目前国际上最大的国际联机情报检索系统之一。

(2) ORBIT 系统(Online Retrieval of Bibliographic Information Time-Share)是 1963 年由美国系统发展公司(SDC)与美国国防部共同开发的联机检索系统，1986 年被 MCC 集团(Maxwell 联合公司)兼并。

(3) ESA-IRS 系统隶属于欧洲空间组织(European Space Agency)情报检索服务中心(Information Retrieval Service-ESA-IRS)，主要向 ESA 各成员国提供信息。到 1986 年，已有文档 80 个，其中有 28 个文档与 Dialog 系统的 35 个文档相同。

(4) STN 系统(the Scientific and Technical Information Network International)由德国、美国和日本于 1983 年 10 月联合建成，1984 年开始提供联机服务，由远程通信网络连接着 3 国的计算机设备。目前该系统书目型、全文型、名录型、数值型和混合型的各类数据库超过 200 个。

(5) FIZ Technik 系统属德国 FIZ Technik 专业情报中心，总部设在法兰克福，专门从事工程技术、管理等方面的情报服务，在使用的 60 个数据库中，商业与经济数据库有 21 个。

(6) DATA-STAR 系统属瑞士无线电有限公司，1992 年共有数据库 250 余个，其中商业与经济数据库近 150 个，提供商业新闻、金融信息、市场研究、贸易统计、商业分析等方面的信息。

(7) DUN & BRADSTREET 系统属邓伯氏集团，是世界上最大的国际联机检索系统之一，也是专门的商业与经济信息检索系统。通过一个全球性通信网络将各国的商业数据库连接起来，共存储 1 600 多万家公司企业的档案数据。

(8) DJN/RS 系统(Dow Jones News/Retrieval Service)，即道·琼斯新闻/检索服务系统，是美国应用最广泛的大众信息服务系统之一，由道·琼斯公司开发，于 1974 年开始联机服务。

4.2.5 网络信息检索技术和工具

目前，网络信息检索工具主要是指各种各样的搜索引擎。搜索引擎是一种利用网络自动搜索技术，对互联网上各种资源进行收集和标引，建立网页数据库，并为检索者提供网络信息检索的工具。

1. 网络信息检索技术

网络信息检索技术包括常用运算符、高级搜索技术、限制检索、特殊检索技术 4 部分内容，以下逐一进行介绍。

1) 常用运算符

常用运算符一般用于搜索引擎的简单检索。在网络信息检索中，掌握一些常用的运算符，会使检索提问更准确，搜索结果更精确。

(1) 加号(+)的格式：+检索词。功能：检索词必须出现在搜索结果中。示例：查找有关克林顿与琼斯的网页，检索提问式可以为+克林顿 +琼斯，表示克林顿与琼斯这两个词必须出现在搜索结果网页中。

(2) 减号(-)的格式：-检索词。功能：检索词不能出现在搜索结果中。示例：查找关于 Windows 2007 的资料，但又不想看到关于 Windows 2003 或 Windows XP 的网页，检索提问可以为+Windows 2007-Windows 2003-Windows XP。减号的作用在于可以使搜索结果集中反映你的需求，使用户无须为大量无关的搜索结果而头疼。

(3) 管道符(|)的格式：检索词一|检索词二。功能：一组检索词在搜索结果中只要出现任一个即被命中。示例：查询有关克林顿或希拉里的资料，检索提问可以为克林顿|希拉里，表示在搜索结果中克林顿与希拉里这两个词只要出现一个都被命中。

(4) 引号(" ")的格式："词组"，如 "computer network"。功能：词组检索功能，只检索含有该词组的资料。示例：检索提问 "computer network"，表示只检索含有词组 computer network 的网络文档；检索提问 "电脑商情报"，会找出包含电脑商情报的网站，不会查找有关电脑商情、××商情报的内容。此外，一些标点符号如 "-"（连字符）、"/"（斜线）、"_"（下划线）、","（逗号）、"."（点号）等在不同的搜索引擎也可作为短语连接符。例如，mother-in-law 尽管没有加引号，仍作为专用语处理。

(5) 截词符*(星号)的格式：词干*，如 computer*。功能：自动查找具有相同词干的所有单词，提高检索的全面性，扩大命中结果的数量，适用于一部分网站。示例：检索提问 computer*，表示可自动查找 computer、computers、computerised、computerized 等单词；又如 interne* 会检索出 interne、internecine、internet 等相关内容。

2) 高级搜索技术

高级搜索技术一般用于搜索引擎的高级检索，即所谓的"Advanced Search"。搜索引擎都有简单检索与高级检索之分，简单检索是搜索引擎的默认工作状态，高级检索必须点击"Advanced Search"按钮。以下简要介绍高级检索使用的各种运算符。

(1) 布尔逻辑算符(Boolean)。常见的布尔逻辑算符包括 AND, OR, NOT。

(2) 位置算符。位置算符强调检索词与检索词之间的位置关系，如哪个检索词在前，哪个检索词在后，两个检索词相隔多少个单词等。在搜索引擎中，具有位置算符检索功能的比较少。例如，AltaVista，只提供 Near 一个位置算符，规定由 Near 连接的两个检索词间隔不能超过 10 个单词；其他如 Lycos、Go、Open Text、Webcrawler 也提供位置算符。在所有搜索引擎中，Lycos 的位置算符检索功能最强，允许任意指定两个单词之间的词序(先后顺序)和词距(间隔单词数)。位置算符能提高检索的准确性和灵活性，对于直接以自然语言(参见特殊检索技术)标引和检索的搜索引擎，具有较高的价值。

(3) 优先算符。优先算符即括号( )，格式：(检索词……)。功能：控制逻辑算式中的优先次序，使括号中的表达式先执行。

(4) 限定查找的起止日期。在高级检索中，利用文本框下面的日期输入框(一般为 From→To)，可以指定检索的起止日期，以查找特定时间段内的信息。起止日期的输入格式均为 "日期/月份/年份"，其中"日期"为两位数字的日期，"月份"为 3 个字符的月名缩写，"年份"为年份的后两位数字，如"01/Feb/06"，在搜索引擎界面对此一般都有提示。若输入日期时省略年份，默认年份为当年；若输入日期时省略月份，默认月份为当月。例如，输入"16"，则表示只查当年当月 16 日的资料。

(5) 控制检索结果的排序。在高级检索中，只要在文本框下的排序(Ranking、Sort by 等)框中输入有关的词语，即可对检索获得的结果进行排序控制，使之按照输入的词语排序。排序框中输入的词，可以是检索提问中的部分词语，也可以是其他的词语，它以附加的方式，使检索结果更为准确、精练。

3) 限制检索

限制检索指缩小和限定搜索引擎的搜索范围，允许搜索引擎只在网页的某一种元素中，如标题、链接、URL 等查找结果。限制检索使检索提问更具体、准确。有些用户觉得搜索引擎的检索结果又多又杂，原因之一是其不会使用限制检索来更好地表达自己的检索提问。限制检索有命令和菜单两种方式，有些搜索引擎提供菜单方式，有些搜索引擎要求使用一些特殊的命令格式。

4) 特殊检索技术

在简单搜索和复杂搜索过程中还有一些技术也是帮助搜索的利器，如词间空格、区分首字母大小写、自然语言检索、多语种检索、搜索结果去重、相关搜索、相似网页搜索、Word Stemming 搜索、二次检索等技术，详见有关信息检索方面的书籍。

2. 搜索结果显示

搜索结果显示包含两方面内容，一是结果排序，二是显示格式。大多数国内外搜索引擎都具有相关度排序功能，下面简要介绍。

(1) 相关度。搜索引擎通常按照相关程度，按从大到小的顺序排列。相关度用百分比或分值表示。由于互联网上资源无比丰富，搜索结果往往多达几十条、成百条，甚至上千、上万条。为方便检索者从中挑选适合自己需要的信息，几乎所有的搜索引擎都提供了"对检索结果按相关度大小排序"的功能。

(2) 显示格式。搜索引擎一般提供 1～3 种显示格式。常见的是简单链接或摘要。例如，中文搜索引擎"天网"的检索结果有两种选择：简单模式和标准模式。简单模式只显示 URL、最近修改时间、长度和相关度，隐藏 200～300 字的摘要；标准模式则显示摘要。

3. 国内著名的网络信息检索工具

在此将国内著名的网络信息检索工具分综合类和专题类搜索引擎两部分做介绍。

1) 综合类搜索引擎

综合类搜索引擎百度搜索引擎(www.baidu.com)、谷歌搜索引擎(www.google.com.cn)、搜狐搜索引擎(www.sohu.com)、新浪搜索引擎(www.sina.com.cn)、中文雅虎搜索引擎(www.yahoo.com.cn)、网易搜索引擎(www.163.com)、搜狗 21 世纪搜索引擎(www.sougou.com)、孙悟空搜索引擎(www.chinaren.com)、悠游(www.goyoyo.com)、3721 疯狂搜索(www.3721.com)、来科思(cn.lycosia.com)、中经搜索(infonavi.cei.gov.cn)、中文 EXCITE(chinese.excite.com)、搜索客(www.cseek.com)、常青藤(www.tonghua.com.cn)、番薯藤(www.yam.com.tw)、Opendfind 台湾网络资源百科索引(www.opendfind.com.tw)、找到了 www.zhaodaole.com)、万方数据搜索引擎(北极星)www.shcinfo.com.cn)。

2) 专题类搜索引擎

互联网是个巨大的信息海洋，各种各样的信息资源应有尽有，利用前面介绍的综合类搜索引擎可以查找一般的信息资源，但是如果要查找产品、企业、电话、人名、E-mail、地址等资料，使用专题性的搜索引擎可能更有优势。专题类搜索引擎专门收集某一类的信息资源，内容丰富，数据量大，能帮助用户迅速找到一些专门的信息，如商贸类搜索引擎、新闻搜索引擎、医药搜索引擎、IT 搜索引擎、搜索引擎目录、其他搜索引擎等。

4.3 网络商务竞争信息收集

商业企业如何在激烈的市场竞争大潮中，洞察市场风云变化，及时、准确地掌握全球范围市场需求的第一手信息，是一个企业生存和发展的前提。

网络商务信息的收集与整理主要指通过互联网收集企业自身产品、消费者和竞争同行的各种有价值信息，及时把握市场形状和发展态势，制定有效的营销策略，使企业在竞争中始终立于不败之地。

 知识链接

搜商——人类的第三种能力

在信息爆炸的 21 世纪，除了智商、情商，面对海量信息包围的困境，决定人生成败与否的关键因素是什么？是"搜商"，即一种通过工具获取新知识的能力——搜索能力。提起现代工具，最著名的显然是搜索引擎,它是人类获取信息的伟大发明。其实,搜商早已存在,只是未被人认识,未被人重视而已。从问路、查地图、翻阅图书资料,到使用搜索引擎,都是人类搜商的体现。搜商强调的是所获得的知识与所花费时间的比值,是智商和情商悬而未决的遗留问题——效率问题。陈沛所撰写的《搜商:人类的第三种能力》(清华大学出版社)一书,深入浅出地分析了作为人类第三种能力——搜商的概念、功能及其在现代生活中的作用,阐明了掌握获取知识的能力比掌握知识更为重要的观点。

随着信息时代的来临,知识更新日新月异,即使人类拥有再高的智商、再多的大脑容量、再充足的生命时间,也不能满足理解和储存全部人类知识的要求,更何况人类的知识正以几何级数迅速增长。因此,我们必须在海量知识中快速地搜索出对自己有用的知识。幸运的是,搜索引擎技术的迅猛发展,无疑给人们在海量信息中快速获取自己需要的知识提供了极大的便利,善用搜索技术可能会演变成网络时代人们应该具备的一种重要能力,这时候提出"搜商"概念,并把它与智商、情商比照研究,颇有新意和启发。

4.3.1 网络商务信息收集与整理的方法

互联网为我们收集各种市场信息提供了十分便利、快捷的手段。在互联网上,世界各个国家和地区发行的报纸、杂志、政府出版物、新闻公报、人口与环境分析报告、市场调查报告、工商企业的供求信息与产品广告都可以在网上寻找到,市场营销调研人员只要掌握利用搜索引擎的技巧和一些相关的网站资源分布,就可以在互联网上查找到大量有价值的环境和商业原始数据或市场信息。

1. 使用合适的搜索引擎查找商务信息

如前所述,互联网上有很多优秀的国内外搜索引擎。在互联网上查找商务信息,既可以用综合类搜索引擎,也可以用各种专题类搜索引擎。对于不同的信息,可以用中文搜索引擎查找,也可以用英文搜索引擎查找。

2. 利用网上商业资源站点查找商务信息

互联网上有大量的商业资源站点,集中了大量的商务信息,而且大部分是供用户免费使用的。其中与网络市场调研有关的资源站点有很多,如商业门户网站、专业资源网站、专业调查网站、传统商业媒体转型的网站、电子商务网站、工商企业网站等,市场调研人员通过它们可获得许多有价值的商务信息。

4.3.2 网络商务信息收集的对象

1. 网络营销竞争对手的信息

在互联网上收集竞争者信息主要包括以下途径

(1) 访问竞争者网站:注意竞争者网站中有哪些工作值得借鉴,有什么疏漏或错误需要避免,竞争者是否做过类似的市场调研等。一般来说,领导型企业由于竞争都需要设立网站。我国一些大型企业也纷纷设立网站,如联想、海尔等,这正是市场挑战者及追随者获取竞争者信息的最好途径。

(2) 收集竞争者网上发布的各种信息:如产品信息、促销信息、电子出版物等。

(3) 收集其他网上媒体摘取的竞争者的信息：如通过网上电子版报纸、人民日报(www.peopledaily.com.cn)、光明日报(www.guanggming.com.cn)等、各电视台的网上站点(如中央电视台 www.cctv.com.cn)等收集竞争者的各种信息。

(4) 从有关新闻组和 BBS 中获取竞争者信息：如微软为提防 Linux 对其操作系统 Windows 的挑战，就经常访问有关 Linux 的 BBS 和新闻组站点，以获取最新资料。

(5) 利用其他各种方式搜集竞争者信息：如利用搜索引擎，设定与自己产品相同或相似的关键词来寻找竞争对手及其相关各种信息。

2. 网络市场行情信息

所谓市场行情信息，主要指产品价格变动、供求变化等信息。目前，互联网上有许多站点提供这些信息，如前面介绍的各商业门户网站、商贸搜索引擎网站等，另外还有一些专业信息网站。

(1) 实时行情信息网：股票和期货市场，如中公网证券信息港。
(2) 专业产品商情信息网：如惠聪计算机商情网。
(3) 综合类信息网：如中国市场商情信息网。

收集信息时，调研人员可通过搜索引擎首先找出有关的各商情网址，然后访问各站点，寻找所需的市场行情信息。

3. 消费者信息

通过互联网了解消费者的偏好，主要采用网上直接调研法。在互联网上，调查人员可向各私人网站或公众站点发出询问请求，不定时地查看企业的 E-mail 信箱，及时收集来自各方面的反馈信息。

4. 网络市场环境信息

企业在做市场调查时，除了收集产品、竞争者和消费者这些紧密关联的信息，还必须了解当地的政治、法律、人文、地理环境等信息，这有利于企业从全局高度综合考虑市场变化，寻求市场商机。在互联网上，对于政治信息，可到一些政府网站(以.gov 作为最高域名，如中华人民共和国商务部网址为 www.mofwm.gov.cn)和一些 ICP 站点查找(如新浪网网址为 www.sina.com.cn)；法律、人文和地理环境等信息属于知识性的信息，可直接去图书馆查阅，或查阅图书馆站点上的电子资源或直接通过搜索引擎在网上查找。具体查找时，若要利用图书馆的信息，可通过搜索引擎先找出图书馆的地址，然后再利用图书馆站点上的搜索功能查找有关信息。

4.4 网络产品第三方信用测评——以淘宝网为例

4.4.1 网络产品第三方信用测评概况

1. 网络产品第三方信用测评的目的

电子商务信用是指电子商务交易中由买方、卖方、电子商务平台提供方、物流企业、银行和中介机构等多方构成的互动信任关系。电子商务信用评价体系，是指电子商务交易完成后，在评价有效期内，根据本次交易的情况对交易对象进行相互评价，形成信用的信息反馈，并将一个用户得到的所有评价按一定方式集结为该用户的信用度和信用记录，用以反映该用户的信用状况，供其他用户做交易决策参考。卖方信用评价体系是信用评价体系中的重要组成部分，以我国最大的网络购物网站——淘宝网为例，淘宝网所采用的卖方信用评价体系，缺乏完善的指标体系和合理的评分标准，仅采用简单的信用累积评价算法，依据笼统的买方评价来确定卖方信用度，这很难为买方提供有效的决策支持。

因为存在较多的问题，所以淘宝网的信用评价出现恶意评价、投机刷信用、虚拟产品交易刷信用等现象。可能是认识到自身的信用评价体系存在问题，阿里巴巴集团2010年年初专门向社会征集研究课题，其中第一个就是"淘宝网信用评价体系的设计及问题对策"。

基于以上原因，建立一套与网络产品的第三方信用评价规则不同的信用评价体系，使整个信用评价更科学、更公正、更真实，建立网络产品第三方信用测评体系和机制非常迫切。下面以建立针对淘宝卖家的第三方信用评价指标体系为例来说明测评的方法。为具体说明，我们选择女装网店卖家。因为女装是淘宝网上的一种重要的商品，女装款式、类型多样，标准化程度低，个性化因素强，售后服务复杂，可以说是复杂的电子商务商品之一。我们以淘宝网女装卖家为例设计淘宝卖家的第三方信用测评指标体系，可以更好地检验第三方指标体系的实用性。

2．网络产品第三方信用测评调查对象

网络产品第三方信用测评的调查对象是网店卖家。具体到女装这个网络产品，其总体是淘宝网上所有的女装网店，包括175 439个女装店铺(11 048 733件女装商品)。其中共有1 279个淘宝商城店铺(130 437件女装商品)和174 160个淘宝个人店铺(10 918 296件女装商品)。淘宝网女装卖家店铺的具体分布情况如表4-1所示。

表4-1 淘宝网女装卖家分布基本情况

区域	国内主要城市	所有店铺数量	淘宝商城店铺数量
北方	北京	5706	90
	天津	751	5
	沈阳	457	1
	西安	607	5
	大连	542	5
	济南	555	6
	青岛	803	4
华东	上海	12 035	198
	杭州	10 068	206
	南京	1 255	4
	苏州	2 315	17
	无锡	679	1
	宁波	1 493	15

续表

区域	国内主要城市	所有店铺数量	淘宝商城店铺数量
华东	温州	1 361	12
	金华	1 123	11
	厦门	954	28
	福州	865	6
中西部	重庆	1 002	7
	成都	1 510	9
	武汉	1 692	29
	长沙	693	1
华南	广州	11 381	159
	深圳	5 517	64
	东莞	3 007	28
其他地区/城市		109 068	368
所有地区合计		175 439	1 279

注：来自淘宝网 2010 年 10 月 29 日 21:00 的数据

按照淘宝女装网店所在城市分类的统计数据，同时参考淘宝商城网店数据，可以看出：淘宝网的女装网店主要集中于上海、杭州、广州、北京、深圳 5 个城市；其次集中于南京、苏州、宁波、温州、武汉、金华、成都、重庆、厦门、东莞等城市；其他城市和地区的女装网店卖家的集中程度不是很高。大部分中小城市没有一家女装网店。例如，宜昌市，一共只有 4 个淘宝女装网店，没有一个淘宝商城女装网店。

鉴于淘宝店铺分布在全球的不同地域，样本量很庞大，网络调研的诸多问题及调查人员的局限，调查一个地域的网店信用更加简便可行，所以选择一个地区(武汉市)的网店及商城来进行网络调研。

(1) 调查总体：首先经过整理分析淘宝网女装卖家分布基本情况，得出武汉地区的商家截至 2010 年 11 月 28 日一共有 1 721 家店铺，其中包含 1 692 家网店和 29 家商城。之后，制作出武汉市淘宝网店女装卖家信用评价抽样调查样本配额表，经抽取得到网店后，再根据所需找到相应买家。

(2) 样本：通过分层抽样，我们一共选择 41 家网店为样本。对每一家网店，选取该样本网店顾客中信用等级最高的买家进行调查，以确保调查数据的可行度，总共选取 3 名买家，或者根据情况额外多调查几名买家以确保 3 份有效问卷。

3. 网络产品第三方信用测评调查内容

结合淘宝网信用评价体系的 10 个方面的不足之处，我们在调查测评淘宝女装网店信用的过程中，力求避免淘宝网对卖家信用进行评价的缺陷，站在第三方的角度，使网店卖家信用的评价更客观、更真实、更能反映卖家最近一段时间的信用度，同时更加符合信用测评的国际惯例。因此，卖家的信用至少应该有以下两个方面的特征。

(1) 信用分为两种时间概念，一种是反映较短时间的信用，本调查研究定为"最近一个月"；另一种是反映较长时间的信用累积，可以通过追溯若干个较短时间的信用而获得。

(2) 信用构成不仅包括对交易记录的评价(即"买家满意度评价")，而且包括卖家信用的基础性信息,主要包括信用承诺、交易规模和买家信息 3 个方面,这样才能更好地与社会信用评价体系和国际惯例接轨。

基于此,为了更好地调查淘宝女装卖家的信用评价,同时考虑到淘宝网中 C2C 和 B2C 两种不同网店(即淘宝网个人网店和淘宝商城网店)的现实情况,本次调查将从以下几个方面建立淘宝女装的信用评价指标体系,网络调查表也根据以下指标来设计。

1) 淘宝女装卖家信用的基础性数据

此数据主要由调查访问员对网店数据进行采集完成。

(1) 卖家信用保障措施的数量,分两种情况,①淘宝商城,正品保障、提供发票、七天退换、中国名牌或驰名商标、品牌直销;②淘宝店铺,如实描述、七天包换,1 小时发货、正品保障、假一赔三、30 天维修。

(2) 最近一个月的交易数量(淘宝网店)和单一商品最高销量(淘宝商城)。

(3) 收藏人气(淘宝网店),销售超过 100 件商品的数量(淘宝商城)。

(4) (被调查的买家)平均每次在淘宝网购买金额(淘宝网店/淘宝商城)(以下内容由调查访问员通过淘宝旺旺对女装网店交易量最大或交易最频繁的 3 个买家网络调查完成)。

(5) (被调查的买家)最近一个月在淘宝网购买金额(淘宝网店/淘宝商城)。

2) 买家对女装网店的满意度评价

(1) 商品质量,即橱窗中的商品是否有库存,商品是否为真品,有无瑕疵或者磨损,包装是否完好。

(2) 信息真实性,指商品与卖家所提供的描述是否相符,交易过程中卖家所提供的信息是否真实。

(3) 服务满意度,即卖家的沟通态度如何(包括客服、物流、售后),对买家提出问题的反馈是否及时(包括客服、物流、售后),发货速度如何,是否可以退货、换货、维修、赔偿。

(4) 价格满意度,即是否与实物价值相符,交易价格是否与网上标价相符。

(5) 其他方面满意度。

卖家信用评价体系结构如图 4.2 所示。通过对以上指标的调查,根据聚类分析、德尔菲法算出每个指标的权重,加权算出每个淘宝女装网店的信用值。再根据每个城市中的淘宝女装网店的构成分布情况,计算出每个城市淘宝女装网店的信用指数。可以通过不同城市、不同类型网店之间信用度的差异来验证本调查研究对淘宝网女装网店信用评价指标体系的科学性和实用性。

4. 网络产品第三方信用测评调查进度安排

调查时间统一集中于 2010 年 12 月 8 日 13:30~16:30。个别网店因为特殊情况在时间上略有提前或滞后。

5. 网络产品第三方信用测评调查组织计划

1) 调查步骤

(1) 设计调查方案,时间为 2010 年 10 月 30 日以前。

(2) 设计调查问卷,时间为 2010 年 11 月 2 日以前。

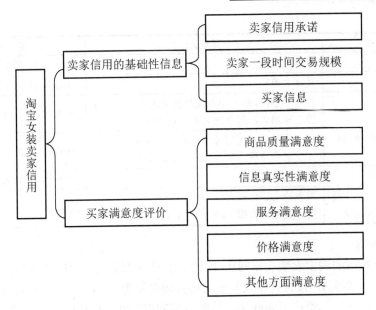

图 4.2　卖家信用评价体系结构简图

(3) 试调查,时间为 2010 年 11 月 4 日以前。

(4) 问卷修改完善,时间为 2010 年 11 月 5 日以前。

(5) 制作抽样调查的样本配额表。每个小组调查淘宝商城卖家 5 个(包括知名品牌店、一般淘宝商城卖家),淘宝网店 25 个(按照人气值排序,制作抽样框,显示抽样结果),每个网店调查 3 个交易最活跃、经验最丰富的买家。

(6) 正式调查,时间为 2010 年 12 月 8 日 13:30～16:30。所有调查成员,分 5 个调查小组按照样本配额表进行调查。

要求:每个调查人员要注册淘宝旺旺,网上交流时对人礼貌、认真、专心,能够按时负责完成自己的任务。

(7) 问卷汇总、打印、编码、保存,电子版和纸质版均要妥善保存,时间是 2010 年 12 月 11 日。

(8) 数据处理、分析,包括数据录入、数据查错、数据图表的制作等,时间是 2010 年 12 月 22 日。

(9) 统计数据分析报告及结果展示发表论文,包括撰写报告的摘要、目录、正文及附录等工作,时间是 2010 年 12 月 25～31 日。

2) 人员分工

人员分工如表 4-2 所示。

表 4-2　人员分工

工作内容	完成人	完成时间
设计调查方案	具体名单略	2010 年 10 月 30 日以前
设计调查问卷	具体名单略	2010 年 11 月 2 日以前

续表

工作内容	完成人	完成时间
试调查	具体名单略	2010年11月4日以前
问卷修改完善	具体名单略	2010年11月5日以前
正式调查	分5个小组，每个小组成员按要求有效调查1或2家网店，每个网店有效调查3个买家	2010年12月8日13:30～16:30
问卷汇总、打印、编码、保存	每个小组组长汇总本组的问卷，最后由×××交老师审核，×××打印、汇总保存。	2010年12月11日
数据处理、分析	具体名单略	2010年12月22日
统计数据分析报告及结果展示，发表论文	发表论文、总报告(×××负责) 统计数据分析报告(×××等14人负责)	2010年12月25～30日

3) 经费预算

完成一个城市的淘宝女装卖家网店41个，合格调查问卷有 $41×3=123$(份)，问卷打印费为 $123×0.5≈60$(元)，报告打印及其他文稿打印费用为50元，统计调查总结暨优秀统计调查研究代表评选表彰费用为400元，总费用控制在550元以内(此方案为初步预算)。

6. 网络产品第三方信用测评调查方法

1) 调查总体和样本

在调查评价淘宝网女装卖家的信用时，可以采取典型抽样。仍选取武汉地区来进行调查。

在市场调查中一般采用随机抽样的调查方法，除此以外，还有典型调查、重点调查、普查和统计报表。随机抽样又分为简单随机抽样、等距抽样、分层抽样、分阶段抽样、整群抽样等方法。由于淘宝网店女装卖家数量多、类型复杂，给随机抽样带来了较大的难度。以最常用的抽样方法——分层抽样为例，至少有以下几种抽样的标准：①按照淘宝女装网店店铺中的商品数量的多少来进行分层抽样；②按照淘宝女装网店信用度的高低来分层进行抽样；③按照淘宝女装网店所卖服装商品的种类分类来进行随机抽样；④按照淘宝女装网店的人气高低来进行分层抽样。选择分层的标准应该是"淘宝女装网店的信用度和分层的标准有一定的相关度"。对淘宝女装网店的特征进行初步分析发现，淘宝女装网店店铺中商品数量的多少与网店的信用不相关，有的网店商品数量很多，但是都是代理别人的商品。因此不能以此为标准进行分层抽样。淘宝女装网店信用度的高低没有参考依据，因为淘宝的信用评价体系存在缺陷，不能作为抽样参考的依据。淘宝女装网店所卖服装商品的种类分类比较复杂，并且很多网店不存在单一的某一类的女装，大多是综合性的网店，没有办法进行分层抽样。只有网店的人气高低与网店的信用比较相关，信用高才有可能聚集较高的人气。因此我们按照这个指标对网店进行排序，然后根据淘宝网女装网店人气值的高低排序后，进行分层抽样。

2) 调查方法

本调查采取网上调查的方法，在淘宝网中检索"女装"店铺，地点选择"武汉"，武汉市一共有1 692家淘宝网女装网店。选择"淘宝商城"店铺，其中有29家淘宝商城网店。这样对武汉市的淘宝网女装卖家的信用评价进行加权计算，就可以研究得出淘宝网女装卖家的信用评价方法,建立相应的评价指标体系。样本是从 1 692 家武汉市服装卖家中随机抽取 2.4%左右的卖家来进行研究分析,即 41 家网店卖家来进行评价。在整个抽样中,因为淘宝商城卖家比较少,为了方便不同城市的对比,我们在每个城市抽取 5 家淘宝商城卖家(最近一个月销售 50 件以上),其他样本的选择是按照淘宝女装普通卖家的人气排序制作抽样框,对抽样框采取集中整群抽样,即抽取人气最高的前 12 家卖家、人气中等的 12 家卖家和人气一般的 12 家卖家(最近一个月销售 50 件以上)。对于排名靠后的卖家不考虑抽样调查,因为没有销量不具备典型性,调查也有很大难度,因此不列入调查范围。

最终本调查的调查总体是武汉市的 1721 家店铺,其中包含 1692 家普通网店和 29 家淘宝商城网店。经过分层抽样,我们选择了 41 家网店为调查对象,其中包括 5 家淘宝商城网店和 36 家普通淘宝网店(见表 4-3)。对每一家网店,我们选取该样本网店顾客中信用等级最高的买家进行调查,以确保调查数据的可行度,总共选取 3 名买家,或者根据情况额外多调查几名买家以确保 3 份有效问卷。最终实际完成了 22 个网店的全部调查,还有 19 家店铺只完成了部分调查任务。

表 4-3 淘宝网女装卖家信用评价调查抽样表

序号	类别	网站	网店名称
1	淘宝商城网店	shop57299665.taobao.com/	子牧旗舰店
2	淘宝商城网店	shop57300711.taobao.com/	太平鸟官方旗舰店
3	淘宝商城网店	shop58925616.taobao.com/	韵诗蜜儿服饰旗舰店
4	普通网店(人气最高)	shop279839.taobao.com/	我的百分之一女装店
5	普通网店(人气最高)	shop33066234.taobao.com/	莫凡小店
6	普通网店(人气最高)	shop35041409.taobao.com/	魅力印象时尚女装
7	普通网店(人气最高)	shop35154310.taobao.com/	亲亲衣吧三冠店
8	普通网店(人气最高)	shop35675408.taobao.com/	西西里衣橱
9	普通网店(人气最高)	shop36867279.taobao.com/	果冻布丁服饰
10	普通网店(人气最高)	shop35056021.taobao.com/	1982 写意生活馆
11	普通网店(人气最高)	shop36159465.taobao.com/	colour young
12	普通网店(人气最高)	shop33413283.taobao.com/	专属女人装
13	普通网店(人气最高)	shop35101702.taobao.com/	时尚淘衣吧
14	普通网店(人气最高)	shop35829942.taobao.com/	10yue
15	普通网店(人气最高)	shop35232427.taobao.com/	番茄虾
16	普通网店(人气较高)	shop36447497.taobao.com/	爱尚 jojo
17	普通网店(人气较高)	shop61843699.taobao.com/	爱衣及屋
18	普通网店(人气较高)	shop59826136.taobao.com/	唯友旗舰店
19	普通网店(人气较高)	shop63370921.taobao.com/	FancyWang
20	普通网店(人气较高)	shop58671066.taobao.com/	欧美风
21	普通网店(人气较高)	shop35953511.taobao.com/	波波万岁的小店
22	普通网店(人气较高)	shop58373636.taobao.com/	优莱酷
23	普通网店(人气较高)	shop61274622.taobao.com/	韩国服装专营店
24	普通网店(人气较高)	shop33988866.taobao.com/	花涧集
25	普通网店(人气较高)	shop63436912.taobao.com/	日韩流行炫

续表

序号	类别	网站	网店名称
26	普通网店(人气较高)	shop60089800.taobao.com/	多薇丽人衣巷
27	普通网店(人气较高)	shop36272284.taobao.com/	yoyo 宝贝坊
28	普通网店(人气一般)	shop57228346.taobao.com/	菲妮
29	普通网店(人气一般)	shop36958636.taobao.com/	樱桃小牛 2010
30	普通网店(人气一般)	shop58377450.taobao.com/	十郎铺子
31	普通网店(人气一般)	shop61530045.taobao.com/	多彩生活馆
32	普通网店(人气一般)	shop33070044.taobao.com/	美女学院
33	普通网店(人气一般)	shop63163289.taobao.com/	black show
34	普通网店(人气一般)	shop36824203.taobao.com/	魅力格格屋
35	普通网店(人气一般)	shop62281762.taobao.com/	媛贝时尚美衣纺

4.4.2 网络产品第三方信用测评方法的实证分析

1. 调查数据统计

通过对 41 家网店的统计数据进行审核,得到 22 个网店的合格调查数据,如表 4-4 所示。

表 4-4 淘宝网女装卖家信用评价调查数据统计表

网店编码	(网店卖家的)信用基础数据					买家满意度				
	Q1	Q2	Q3	Q4	Q5	Q6	Q7	Q8	Q9	Q10
WH001	4	20 809	53	180	300	1	2	1	3	略
	4	20 809	53	250	500	2	3	1	2	略
	4	20 809	53	150	500	2	2	2	3	略
WH002	3	89	0	53	1 505	2	3	2	2	略
	3	89	0	126	3 195	3	2	2	1	略
	3	89	0	65	2 347	2	2	3	3	略

注:其他数据省略。

2. 统计数据的标准化处理

由于得到的统计数据不是一个量纲级的数据,因此要进行标准化处理,方法是将每个数据通过量纲归一化处理,转化成 0~1 之间的标准化数据。处理方法如表 4-5 所示。

表 4-5 淘宝网女装卖家信用评价标准化数据处理方法

	序号	调查内容	调查数据最大值	变量	数据标准化处理	指标的权重
信用基础数据	1	(淘宝商城)卖家信用保障措施的数量(正品保障、提供发票、7 天退换、中国名牌或驰名商标、品牌直销)	5	X_1	$X_1 = X_1/5$	$W_1 = 0.141\ 3$
		(淘宝网店)卖家信用保障措施的数量(如实描述、7 天包换、1 小时发货、正品保障、假一赔三、30 天维修)	6	X_1	$X_1 = X_1/6$	

续表

	序号	调查内容	调查数据最大值	变量	数据标准化处理	指标的权重
信用基础数据	2	(淘宝商城卖家店铺) 单一商品最高销量	20 809	X_2	$X_2= X_2/20\ 809$	$W_2=0.150\ 7$
		(个体卖家店铺)最近一个月交易数量	19 235	X_2	$X_2= X_2/19\ 235$	
	3	(淘宝商城卖家)销售超过 100 件商品的数量	53	X_3	$X_3= X_3/53$	$W_3=0.108$
		(个体卖家店铺)收藏人气	130 502	X_3	$X_3= X_3/130\ 502$	
	4	(买家)在淘宝网上平均每次购买金额/元	3 000	X_4	$X_4= X_4/3\ 000$	
	5	(买家)最近一个月在淘宝网上购买金额/元	6800	X_5	$R_i= X_{5i}/(X_{51}+ X_{52}+ X_{53})$	
买家满意度	6	商品质量	①橱窗中的商品是否有库存；②商品是否为真品；③有无瑕疵或者磨损；④包装是否完好	3	X_6	$X_6=(X_6+3)/6$	$W_6=0.193\ 5$
	7	信息真实性	①商品与卖家所提供的描述是否相符②交易过程中卖家所提供的信息是否真实	3	X_7	$X_7=(X_7+3)/6$	$W_7=0.175\ 5$
	8	服务	①卖家的沟通态度如何(包括客服、物流、售后)；②对买家提出问题的反馈是否及时(包括客服、物流、售后)；③发货速度如何；④是否可以退货、换货、维修、赔偿	3	X_8	$X_8=(X_8+3)/6$	$W_8=0.100\ 5$
	9	价格	①价格是否与实物价值相符；②交易价格是否与网上标价相符	3	X_9	$X_9=(X_9+3)/6$	$W_9=0.130\ 5$
	10	其他	您觉得对淘宝女装卖家信用的评价还有哪些方面需要考虑？为什么？(可不填)				

经过处理后的标准化数据如表 4-6 所示。

表 4-6 淘宝网女装卖家信用评价标准化数据统计表

网店编码	X_1	X_2	X_3	R_i(i=1，2,3)	X_6	X_7	X_8	X_9	C_i(百分制)	C_t	网店信用等级
WH001	0.8	1	1	0.231	0.67	0.8	0.7	1	84.316	88.83	AA 级
	0.8	1	1	0.385	0.83	1	0.7	0.8	88.257		
	0.8	1	1	0.385	0.83	1	0.8	1	92.107		
WH002	0.6	0.004	0	0.214	0.83	1	0.8	0.8	61.301	60.74	BBB 级
	0.6	0.004	0	0.453	1	0.8	0.8	0.7	59.392		
	0.6	0.004	0	0.333	0.83	0.8	1	1	62.226		
	1	0	0	0.436	0.67	0.7	0.8	0.8	57.879		
	1	0	0	0.108	0.83	0.7	0.8	0.8	61.071		

注：其他调查数据省略。

1) 各项指标权重的确定

为了确定淘宝女装网店信用评价各级指标的权重,我们将德尔菲法和模糊互补判断矩阵排序方法相结合,利用问卷调查咨询 8 名专家,各专家根据自身知识水平,给出了模糊互补判断矩阵,然后再根据各位专家对信用评价体系的了解程度,赋予各位专家不同的重要性权值,利用 matlab 软件得出合成矩阵。如果合成矩阵的权向量中出现负值或者零值,则需要把问题再反馈给各位专家,进行再一轮的评判,对其相应的判断矩阵进行重新定位,直到求得满意的解为止。最终得到信用评价统计指标体系中第一、第二、第三、第六、第七、第八、第九个指标的权重分别为:$W_1=0.1413$,$W_2=0.1507$,$W_3=0.108$,$W_6=0.1935$,$W_7=0.1755$,$W_8=0.1005$,$W_9=0.1305$;另外第四、第五个指标在后面汇总计算网店信用评价的综合值会用到。

2) 网店信用评价值的计算

由此计算每个买家评价下的网店信用值 C_{i1}、C_{i2}、C_{i3},公式为

$$C_i=(X_1W_1+X_2W_2+X_3W_3+X_6W_6+X_7W_7+X_8W_8+X_9W_9)\times 100$$

例如,第一个网店(编码:WH001)的 3 个买家对该网店卖家的信用评价值分别如下。

第一个被调查买家:$C_{11}=84.316$

第二个被调查买家:$C_{12}=88.257$

第三个被调查买家:$C_{13}=92.107$

综合每个网店 3 个买家网购的金额、频率,计算每个网店买家信用评价值的权重,公式为

$$R_i=X_{5i}/(X_{51}+X_{52}+X_{53})$$

根据每个买家的权重值计算出加权后的网店信用评价综合值,公式为

$$C_t=C_{i1}\times R_{i1}+C_{i2}\times R_{i2}+C_{i3}\times R_{i3}$$

最后得到第一个网店(编码:WH001)的综合信用评价值的结果为:$C_t=88.83$

3) 网店信用等级的确定

参照国家通行的银行信用等级的评价方法,将网店信用等级按照网店信用评价综合分数,制定出网店信用等级标准,如表 4-7 所示。

表 4-7 淘宝网女装卖家信用等级评价统计表

银行信用等级	网店信用等级分数	网店信用等级	淘宝网女装卖家分布情况
AAA 级	90 分以上	特优	无
AA 级	80~90	优	子牧旗舰店(商城)、西西里衣橱
A 级	70~80	良	专属女人装、时尚淘衣吧、花涧集
BBB 级	60~70	较好	西子阁龙在飞专卖店(商城)、韵诗蜜儿服饰旗舰店(商城)、魅力印象时尚女装、亲亲衣吧三冠店、10yue、七色棉官方授权店、2010 时尚秋冬爆款女装店、风向标日韩女装流行馆
BB 级	50~60	尚可	雅尔丽旗舰店(商城)、爱衣及屋、樱桃小牛 2010、十郎的美衣铺子
B 级	40~50	一般	唯友网官方淘宝店、the one 生活馆、日韩流行炫、yoyo 宝贝坊
CCC 级	30~40	较差	乔乔服饰

续表

银行信用等级	网店信用等级分数	淘宝网女装卖家分布情况
CC 级	20～30	差	无
C 级	10～20	很差	无
D 级	10 分以下	极差	无

本 章 小 结

本章主要讲述网络市场调研的定义、特点、策略。分析了网络市场调研的方法和步骤，网络调研数据的处理。最后以网络产品信用测评为例，具体介绍了以上方法和步骤的具体应用。

复 习 题

一、单选题

1．网络用户目前获得信息最主要的途径是通过(　　)。
　　A．E-mail　　　　　　B．BBS　　　　　C．搜索引擎　　　　D．新闻组
2．最常用的收集原始资料的网络市场调研方法是(　　)。
　　A．问卷调查法　　　　　　　　　　B．网上讨论法
　　C．网上观察法　　　　　　　　　　D．视讯会议法
3．下列网络市场调研方法中，属于被动调查法的是(　　)。
　　A．站点法　　　　　　　　　　　　B．E-mail 法
　　C．随机 IP 法　　　　　　　　　　D．视讯会议法
4．网络营销中的网络调研包括(　　)。
　　A．环境信息、消费者信息和竞争对手信息　　B．消费者信息
　　C．竞争对手信息　　　　　　　　　　　　　D．环境信息
5．以下不是网络市场调研主要内容的是(　　)。
　　A．市场需求研究　　　　　　　　　B．网站建设研究
　　C．营销因素研究　　　　　　　　　D．竞争对手研究
6．关于网络市场调研说法中，错误的是(　　)。
　　A．调研问卷的设计直接关系到调研结果的有效性和真实性
　　B．问卷安排问题应按照先难后易、先陌生后熟悉的顺序
　　C．为了保证问卷的参与人数及有效性，可以采用奖励的方法促使被访者重视起来
　　D．一份好的调研问卷内容应简明扼要
7．以下不属于检索工具按照服务提供方式分类的是(　　)。
　　A．全文数据库检索软件　　　　　　B．非全文数据库检索软件
　　C．元搜索引擎　　　　　　　　　　D．主题指南类检索

二、多选题

1. 调研问卷的一般格式包括( )等部分。
   A．卷首说明　　　　B．调研内容　　　　C．结束语　　　　D．附录
2. 下列关于利用 E-mail 进行市场调研说法中，不正确的有( )。
   A．邮件的主题要明确　　　　　　　　B．邮件尽量使用多媒体形式的附件
   C．要首先传递最重要的内容　　　　　D．邮件越长越好
3. 网络市场调研的特点包括( )。
   A．费用低　　　　　　　　　　　　　B．调研结果可以共享
   C．调研结果准确　　　　　　　　　　D．具有交互性
4. 网上市场调研的特点包括( )。
   A．及时性　　　　B．不受时空限制　　　C．高成本　　　　D．互动性
5. 在网络上是搜集一手资料的调研方法包括( )。
   A．网上访谈　　　　　　　　　　　　B．跟踪法
   C．问卷调研　　　　　　　　　　　　D．使用搜索引擎

三、判断题

1. 网上间接调研是指从互联网上搜集二手资料。( )
2. 当我们在浏览网页时，会看到一些问卷，这类问卷是否填写完全由我们自己决定，这属于主动调查法。( )
3. 网上直接调研根据采用的方法不同，可分为问卷调查法、网上实验法、网上观察法。( )
4. 布尔逻辑算符提供了一种包括或排除关键字的方法，以及检索引擎如何翻译关键字的控制方法。( )
5. 进行网络市场调研，就不要再进行网下的市场调研。( )

四、问答题

1. 网上直接调研法和间接调研法的优缺点各是什么？
2. 举例说明哪些网站是专门做网络调研的？哪些网站比较好？为什么？
3. 《搜商：人类的第三种能力》主要是哪种网络调研法的熟练使用？

第二篇　网络营销策略

第5章　网络营销战略

教学目标

通过本章的学习，掌握网络营销的新规则和策略理论，学习如何建立网络营销战略，了解我国网络营销发展现状和主要障碍。

教学要求

知识要点	能力要求	相关知识
网络营销的新规则	(1) 理解网络营销新规则 (2) 应用网络营销新规则	(1) 权力从卖方转向买方 (2) 快鱼吃慢鱼 (3) 地理距离的消失 (4) 全球化带来机遇 (5) 突破时间的限制 (6) 知识管理是关键 (7) 市场结构的转变 (8) 协同性加强 (9) 跨学科聚焦 (10) 知识资本规则
网络营销策略理论	(1) 理解7种网络营销策略 (2) 实际运用7种网络营销策略	(1) 留住客户，增加销售 (2) 提供有用信息刺激消费 (3) 简化销售渠道，减少管理费用 (4) 让顾客参与，提高客户的忠诚度 (5) 提高品牌知名度，获取更高利润 (6) 数据库营销 (7) 网络整合营销理论
建立网络营销战略	(1) 理解开发网络营销战略的过程 (2) 掌握如何分析形势和制定战略目标 (3) 战略制定与战略实施的能力	(1) 开发网络营销战略的过程 (2) 形势分析 (3) 战略目标的制定 (4) 战略制定与战略实施

基本概念

网络营销战略　知识管理　市场结构　知识资本规则　4P　4C　网络直复营销　营销目标　电子商务一致性　内部审查　外部审查　5S　网络中心性

义乌为什么成功

义乌曾经是全国著名的价格杀手。1999年，对全国百货公司商品的调查显示，同样的商品，义乌的平均价格是外地的 1/10。这是其崛起的根本原因。价格吸引了全国的如云客商，一路推动义乌蓬勃发展，但新的问题终于出现——20世纪90年代末，义乌供求信息大爆炸。义乌市此前靠"蜂窝模式"——每年有 5 万名以上的人员像蜜蜂般地飞赴全国各地，一点一滴"采蜜"——收集市场信息，然后"买全国货，卖全国货"。市场集贸型经济已经遭遇致命危险，在传统模式下，采购商往往一对多，供应商也是一对多，当无数的采购商和无数的供应商出现后，信息交流出现了极大混乱。

小商品大百货的义乌正遭遇着专卖店式的市场分割。各地小商品市场风起云涌地瓜分，各地政府也凭借当地资源优势，开始组建地方性专业市场。领带、玩具、轻纺城等细分市场纷纷"揭竿而起"，对义乌小商品集散地的中心地位摆开蚕食鲸吞之势。

义乌市委市政府提出，要围绕建设数字义乌，加快国民经济和社会信息化；要加快信息资源开发和信息技术普及应用，推动企业积极运用信息技术。在这种情况下，正是网络信息技术的信息化给了义乌进行资源和市场整合的武器。

义乌的信息化建设，从一开始就紧紧抓住了市场，抓住了商机，抓住了网上商务市场的体系化建设，抓住了电子商务和网络营销，决心理顺原有鼎盛而混乱的小商品集贸市场，构建起一个有序的、扩展的、整合的网络化电子市场。因此，当众多城市正在探讨ERP究竟是企业家仙境还是企业家的眼泪的时候，义乌人已经在聆听美国进口商协会主席柏德先生发表"中小企业如何运用最佳方式建立或扩大对美出口"的演讲。

义乌目前已经把信息化技术运用到市场流通的各个领域，使"数字化市场"蓬勃发展。作为一家汇集了义乌3 000多家中小企业的网络展示中心，"中华商埠"整合了19大类15万种义乌小商品信息资源，网站设立了中文、英文、韩文3个版本。此外，义乌市政府已经启动了投资1.89亿元的数字化市场工程，有重点、分阶段地对各个实体市场进行宽带网络的改造建设。义乌还开通了"中国小商品数字城"，建立了与实体市场互动的网上虚拟市场，让市场经营者在拥有实体摊位的同时拥有一个网上虚拟市场的摊位，推进了电子商务的普及与应用。

信息化是义乌立市之本。义乌不仅已经走向国内市场，而且已跨出国门走向乌克兰、南非、尼日利亚、泰国、澳大利亚等近 30 多个国家和地区，"水淹七军"的商业布局和通连八方的网络体系使这个并不太大的中国城市，已经率先全面融入世界供应链体系。

点评：冲浪互联网。

迈克尔·波特指出了互联网对于现代企业的重要性，他说，关键问题不是是否应该用互联网技术而是如何应用它——企业根本没有选择，如果它们想保持竞争力的话。这句话给上面这个小案例加上了最好的注脚。

网络营销战略为组织的电子营销活动提供了持续的方向指引，这些活动与其他营销活动整合在一起，共同支撑着公司的总体目标。对于许多公司而言，首次进行网络营销并非源自一个经过很好定义和整合的战略；相反，它们是对快速市场发展的必然反应，或是对顾客需求做出的反应。

第 5 章　网络营销战略

5.1　网络营销的新规则

随着网络营销日益深远的影响，新规则、新经济对企业提出了新要求。企业正在努力理解新经济(包括数字经济、知识经济和网络经济等)及它对企业战略的意义。下面借助营销实务并通过对网络营销的深入分析粗略地描述一下网络营销的新规则。

1. 权力从卖方转向买方

这也许是所有转变中最根本的变化。运营者把消费者锁定在电视机前的日子已一去不复返，取而代之的是遥控和网上冲浪，一切都在鼠标的点击间完成。个人和企业购买者比以往更加挑剔，因为他们轻轻一点即可在不计其数的全球商家中做出选择。在这种环境下，买方的注意力是稀缺商品，客户关系成为珍贵资产。

2. 快鱼吃慢鱼

网络营销环境瞬息万变。哪家公司稍有迟疑就会贻误战机，几乎不存在任何因循守旧的动机，慢鱼总是面临着被快鱼吃掉的危机。在网络近乎透明的环境中，竞争者很快就知道对手在做些什么，模仿易如反掌。

3. 地理距离的消失

地理位置不再是与业务伙伴、供应链公司、客户合作或与朋友聊天时考虑的因素。互联网使地理位置不再重要，因为人们在低成本的情况下就可以在网络空间相遇，而不必在意是否面对面地交流。这一现象使许多买者和卖者逾越了传统的媒介。

4. 全球化带来机遇

互联网创造了一个无国界的全球经济。与传统媒介相比，在互联网上，运营者能与更多的消费者取得联系。这为那些想在全球销售产品、提供服务的公司带来了挑战和机遇。

5. 突破时间的限制

有了互联网，时间不再是公司与潜在客户沟通时需要考虑的因素，在线可以提供一周7天，一天24小时的服务。只要计划允许，人们可以在不同的时间段取得联系。

6. 知识管理是关键

在数字世界，获取客户信息简单且成本低廉、储存便宜、调查结果丰硕。营销经理可以在施行战略的时候追踪实施情况，获取详情。运营者将拥有更全面的客户信息，也能向客户提供更快，更好的信息服务。公司创建巨大的信息数据库进行知识管理，将它们转化为指导未来战略的知识。这是一项艰巨的任务，也是能够使得公司保持战略领先地位的关键。

7. 市场结构的转变

当时间和空间的限制不复存在的时候，绑在传统产品身上的束缚就会荡然无存。当实物产品能与所相连的信息分离时，尤其如此。例如，传统的消费者为获得手机和移动通信的服务，可能要去拜访手机经销商(通常在本地)，而且需要花费大量时间。在网络营销环境下，消费者可以随时访问友人网(www.younet.com)这样的网络媒介(见图 5.1)查找相关手机品牌、样式、售价和移动通信服务商的服务信息，可以得到网友的推荐。他们还可以在方便的时候到网上寻找最有信用的经销商，在不同的时间、不同的网站执行各项功能。市场结构的转变使全世界的产品与服务的自由结合成为可能。

图 5.1　友人网首页

8. 协同性加强

网络营销使供应链上的合作伙伴之间的关系更加紧密。利用信息技术，供应链的协同性大大加强，减少了合作行为的不确定性，使得营销计划更准确。消费者和企业之间的协同性也较以前有很大进步，通过网络媒介的互动沟通，企业尽可能地掌握消费者多样化和个性化的需求，生产出适销对路的产品。

9. 跨学科聚焦

网络营销创新是营销和管理信息系统(Management Information System，MIS)紧密结合的需要，也是运营者将技术跨学科加以应用的结果。当消费者在网站订购商品时，公司能完全满足其订购要求，从制造商处取得供给，然后提供在线客户支持。整个过程环环相扣，正确的操作既可节省成本，又能挽留顾客。要获得成功，运营者即使自己没有必要开发电子商务技术，也必须懂得这些技术的应用。

10. 知识资本规则

想象力、创造力和企业管理能力是比金融资本更重要的资源。21 世纪，有创新能力的人才成为企业不惜花费重金追寻的对象。而无形资产，尤其是知识资本比工厂和仓库之类的有形资产更能吸引投资者。当然，只有精准的营销和管理才能将知识资本转化为利润。

5.2 网络营销策略理论

作为互联网起步最早的成功的商业应用，网络营销得到蓬勃和革命性的发展。随着网络营销发展的深入，它不再仅仅是营销部门的市场经营活动方面的业务，还需要其他相关业务部门，如采购部门、生产部门、财务部门、人力资源部门、质量监督管理部门和产品开发与设计部门等的配合。因此，局限于营销部门在互联网上的商业应用，已经不能适应互联网对企业整体经营管理模式和业务流程管理控制方面的挑战。电子商务从企业全局出发，根据市场需求对企业业务进行系统规范的重新设计和构造，以适应网络知识经济时代的数字化管理和数字化经营的需要。

网络营销策略理论上离开了在传统营销理论中占中心地位的 4P 理论，而逐渐转向以顾客(Consumer)、成本(Cost)、沟通(Communication)、便捷(Convenience)，即 4C 理论为基础和前提。传统 4P 理论的基本出发点是企业的利润，而没有把顾客的需求放到与企业的利润同等重要的位置上，它所指导的营销决策是一条单向的链。然而网络营销需要企业同时考虑顾客需求和企业利润。企业关于 4P 的每一个决策都应该给顾客带来价值，否则这个决策即使能达到利润最大化的目的也没有任何意义。反过来讲，企业如果从 4P 对应的 4C 出发(而不是从利润最大化出发)，在此前提下寻找能实现企业利润最大化的营销决策，则可能同时达到利润最大和满足顾客需求两个目标。这就是网络营销的理论模式。如图 5.2 所示，营销过程的起点是消费者的需求；营销决策(4P)是在满足 4C 前提下的企业利润最大化；最终实现的是消费者满足和企业利润最大化。具体来看，网络营销策略主要有以下几种：留住客户，增加销售；提供有用信息刺激消费；简化销售渠道，减少管理费用；让顾客参与，提高客户的忠诚度；提高品牌知名度，获取更高利润；数据库营销；网络整合营销理论。

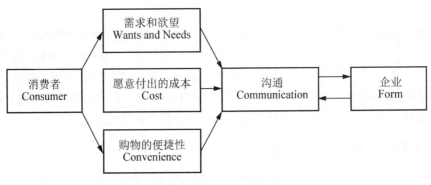

图 5.2　4C 理论模型

5.2.1 留住客户,增加销售

这种策略可以描述为:通过良好的顾客服务来增强与顾客的关系,从而留住顾客,最后达到增加销售的目的。

现代营销学认为保留 1 个老顾客相当于争取 5 个新的顾客。而网络双向互动、信息量大且可选择性地阅读、成本低、联系方便等特点决定了它是一种优越于其他媒体的顾客服务工具。通过网络营销可以达到更好地服务于顾客的目的,从而增强与顾客的关系,建立顾客忠诚度,永远留住顾客。满意而忠诚的顾客总是乐意购买公司的产品,这样自然而然地提高了公司的销售量。

"小天鹅"公司通过大量的市场调研,得出一组营销数据:1:25:8:1。即 1 位顾客使用小天鹅产品并得到了满意的服务,他(她)会影响周围其他 25 位顾客,因为相对于企业的广告或宣传而言,使用者的亲身感受最客观、最公正。同时,其中 8 个人会产生购买欲望,1 位新顾客会产生购买行为。这就是顾客的市场辐射效应。网络营销信息沟通的双向互动性、信息阅读的可选择性与便捷性,使网上营销的企业更能有针对性地为目标顾客提供所需的服务,通过顾客服务,建立企业与顾客之间的密切关系,从而留住、巩固老顾客,吸引更多的新顾客。对企业服务满意的顾客自然乐于购买、使用企业的产品,从而实现通过网上服务达到增加销售的目标。

5.2.2 提供有用信息刺激消费

这种策略可以描述为:通过向客户提供有用信息来刺激客户消费,从而达到增加购买的目的。

这种策略尤其适用于通过零售渠道销售的企业,它们可以通过网络向顾客连续地提供有用的信息,包括新产品信息、产品的新用途等,而且可以根据情况适时地变化,保持网上站点的新鲜感和吸引力。这些有用的、新的信息能刺激顾客的消费欲望,从而增加购买。

5.2.3 简化销售渠道,减少管理费用

这种策略可以描述为:通过简化销售渠道来降低销售成本,最终达到减少管理费用的目的。这种策略是使用网络进行销售对企业最直接的效益体现,也来源于网络营销的直复营销功能。

利用网络实施直复营销,对顾客而言,必须方便购买,使顾客减少购物时在时间、精力和体力上的支出与消耗;对企业而言,实现简化销售渠道,降低销售成本,减少管理费用的目的。网上售书、鲜花和礼品等网上商店是这种战略模式的最好应用,但是,有些网上书店的客户购书手续过于烦琐,影响了它的网上销售业绩。在这方面,当当网做得较好,该网站对上网购书的顾客提供了多种快速和方便的途径,比较受欢迎。

5.2.4 让顾客参与,提高客户忠诚度

这种策略可以描述为:通过提供新的娱乐或者活动促进顾客的参与,从而提高客户忠诚度,最终达到重复购买的目的。

新闻业已有一些成功运用此模式的例子。报纸和杂志出版商通过它们的网页来促进顾客的参与。它们的网页使顾客能根据自己的兴趣形成一些有共同话题的"网络社区",同时也提供了比传统的"给编辑的信"参与程度高得多的读编交流机会。这样做的结果是有效地提高了客户的忠诚度。

同样,电影、电视的制作商也可用此模式提高产品的流行程度。他们可以通过建立网页向观众提供如剧情的构思,角色的背景、演员、导演、制片人的背景资料、兴趣爱好等信息。这些信息对影迷们是很有吸引力的,因为这样能使他们获得一种鉴赏家的感受,这种感受会驱使他们反复地观看某部影片,评论探讨,乐此不疲。同时,他们还会与朋友们讨论这部影片,甚至还会劝说朋友去观看。

5.2.5 提高品牌知名度,获取更高利润

这种策略可以描述为:通过提高品牌知名度来获取更高客户忠诚度,最终获取更高的利润。

将品牌作为管理重点的企业可通过网页的设计来增强整个企业的品牌形象,可口可乐、耐克、Levi's 等著名品牌都已采用网络作为增强品牌形象的工具。

企业可以通过网页的设计,突出品牌宣传,树立整体的企业品牌形象,建立顾客忠诚度,实现市场渗透,最终达到提高市场占有率的目的。例如,可口可乐公司不是将网络作为直复营销的工具,而是以将网络作为增强企业品牌形象的工具为主要目的。

5.2.6 数据库营销

网络是建立强大、精确的营销数据库的理想工具,因为网络具有即时、互动的特性,所以可以对营销数据库实现动态的修改和添加。拥有一个即时追踪市场状况的营销数据库,是公司管理层做出动态的理性决策的基础。传统营销学中一些仅停留在理论上的梦想,通过网络建立的营销数据库可以实现,如对目标市场进行的精确细分、对商品价格的及时调整等。

5.2.7 网络整合营销理论

在当前的后工业化社会中,第三产业中服务业的发展是经济主要增长点,传统以制造为主的产业正向服务型发展,新型的服务业(如金融、通信、交通等)产业如日中天。后工业社会要求企业的发展必须以服务为主,以顾客为中心,为顾客提供适时、适地、适情的服务,最大限度地满足顾客的需求。互联网作为跨时空传输的"超导体"媒体,可以在顾客所在地提供及时的服务,同时互联网的交互性可以了解顾客需求并提供针对性响应,因此互联网可以说是消费者时代中最具魅力的营销工具。一方面,顾客的个性化需求不断得到越来越好的满足,建立起对公司产品的忠诚意识;另一方面,由于这种满足是针对差异性很强的个性化需求,就使得其他企业的进入壁垒变得很高。这样,企业和顾客之间的关系就变得非常紧密,甚至牢不可破,从而形成"一对一"的营销关系。我们把上述理论框架称为网络整合营销理论,它始终体现了以顾客为出发点及企业和顾客不断交互的特点。它的决策过程是一个双向的链,如图 5.3 所示。

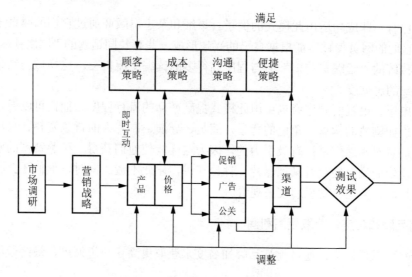

图 5.3　网络整合营销的决策过程

互联网对市场营销的作用，可以通过与 4P 理论结合发挥重要作用。利用互联网，传统的 4P 营销组合可以更好地与以顾客为中心的 4C(理论)相结合。

1. 产品和服务以顾客为中心

由于互联网具有很好的互动性和引导性，用户通过互联网在企业的引导下对产品或服务进行选择或提出具体要求，企业可以根据顾客的选择和要求及时进行生产并提供及时服务，使得顾客跨时空得到所要求的产品和服务；另一方面，企业还可以及时了解顾客需求，并根据顾客要求，组织及时生产和销售，提供企业的生产效益和营销效率。例如，美国个人计算机销售商 Dell 公司，在 1995 年还是亏损经营。但在 1996 年，通过互联网来销售计算机，业绩得到 100%增长。顾客通过互联网，可以在公司设计的主页上对所需计算机进行选择和组合，公司的生产部门马上根据要求组织生产，并通过邮政公司寄送到顾客手中。同时，公司还可以实现零库存生产，特别是在计算机部件价格急剧下降的年代，零库存不但可以降低库存成本，还可以避免因高价进货带来的损失。

2. 以顾客能接受的成本定价

传统意义上以生产成本为基准的定价方式在以市场为导向的营销中是必须摒弃的。新型的定价方式应是以顾客能接受的成本来定价，并依据该成本来组织生产和销售。企业以顾客为中心定价，必须测定市场中顾客的需求及对价格认同的标准，否则以顾客接受成本来定价是空中楼阁。这项工作在互联网上可以很容易实现，顾客可以通过互联网提出接受的成本，企业根据顾客的成本提供柔性的产品设计和生产方案供用户选择，直到顾客认同确认后，再组织生产和销售。所有这一切都是顾客在公司服务器程序的引导下完成的，并不需要专门的服务人员，因此成本也极其低廉。目前，美国的通用汽车公司允许顾客在互联网上，通过公司的有关引导系统自己设计和组装满足自己需要的汽车。用户首先确定接受价格的标准，然后系统根据价格的限定从中显示满足要求式样的汽车，用户还可以进行适当的修改，公司最终生产的产品恰好能满足顾客对价格和性能的要求。

3. 产品的分销以方便顾客为主

网络营销是一对一的分销渠道，是跨时空进行销售的，顾客可以随时随地利用互联网订货和购买产品。以法国钢铁制造商犹齐诺—洛林公司为例，因为采用了 E-mail 和世界范围的订货系统，通过内部网与汽车制造商整合供应链，该公司能在对方提出需求后及时把钢材送到对方的生产线上，从而把加工时间从 15 天缩短到 24 小时，提供比对手更好、更快的服务。

4. 压迫式促销转向加强与顾客沟通和联系

传统的促销是以企业为主体，通过一定的媒体或工具对顾客进行压迫式促销，从而加强顾客对公司和产品的接受度和忠诚度。此种模式下，顾客是被动接受的，企业缺乏与顾客的沟通和联系，同时促销成本很高。互联网上的营销是一对一和交互式的，顾客可以参与到公司的营销活动中来，因此互联网更能加强与顾客的沟通和联系，更能了解顾客的需求，更易引起顾客的认同。美国雅虎公司开发了一种能在互联网上对信息分类检索的工具。由于该产品具有很强的交互性，用户可以将自己认为重要的分类信息提供给雅虎公司，雅虎公司马上将该分类信息加入产品中供其他用户使用。因此不用宣传其产品就广为人知，并且在短短两年之内公司的股票市场价值达几十亿美元，增长几百倍之多。

知识链接

知识营销

在知识经济时代，企业管理的重点将从生产转向研究开发，从对有形资本的管理转向对知识的管理。与此同时，企业营销方式也必然会转向更高层次，即知识营销将成为企业获得市场的一种重要的营销方式。知识营销有以下两个特点：知识营销使用户在消费的同时学到新知识；知识营销以网络交易为手段。网络营销是知识营销的一个有力的工具。

即问即答

知识经济的到来影响了营销理论的发展，以上哪些理论受其影响？

5.3 建立网络营销战略

对许多企业来说，把网络营销战略整合到经营和营销战略中来是个巨大的挑战，因为它们以前是区别对待网络营销和企业营销的，没有意识到一个行业层面的改变对它们的深远意义。互联网是最近出现并快速发展的应用工具，它的新技术及快速发展使企业不得不考虑将其列入重要的管理日程中来。那么网络营销战略是否是独立的呢？

首先，我们发现网络营销战略与传统营销战略有许多相似性，原因如下。

(1) 为网络营销活动指明未来的方向。
(2) 采取组织的外部环境分析与内部资源分析来形成战略。
(3) 明确支持营销目标的网络营销目标。
(4) 进行战略决策的选择，以完成网络营销目标及创造持续别具一格的竞争优势。

(5) 引入战略规划，以便将特别的营销战略决策包括进来，如目标市场、定位和营销组合的详细说明。

(6) 详细说明如何分配资源和如何构建组织以实现战略。

其次，网络营销战略对企业内部方方面面都有影响。对企业内部的影响包括企业目标及企业战略，继而影响到企业营销战略。网络营销在一定程度上直接受到企业战略的影响；对企业外部的关键影响包括监测外部环境(如市场结构和需求)，预测当前与未来来自外部的机会和威胁，以及竞争对手会采取什么行动等。

最后，典型的网络营销战略是营销计划层级的一部分，并直接受营销战略的影响。网络营销战略包括以下属性：是一个详细的战略；是范围更宽广的战略营销规划过程的一部分；是给出的详细网络营销计划，用来协调一定时期内，所有与互联网和信息技术相关的营销活动；是企业独特的战略，因为互联网是企业有效的沟通渠道和销售渠道。

5.3.1 开发网络营销战略的过程

网络营销战略由环境或形势分析及营销计划的目标与战略决定。网络营销战略应该在清晰定义的战略目标下进行开发。唯有通过设立目标并评估是否实现了它们，企业才能确保基于网络的营销在发挥作用。图 5.4 提供了一个框架，这个框架给出一个逻辑顺序"路线图"，确保了战略开发与实施的所有功能都囊括进去。首先，网络营销战略中定义了目标和目的。然后，这些目标又形成了网络营销计划的输入，网络营销计划显示出这些目标如何被实现。在网站被设计和创建或调整好之后，有必要对其进行监测，以评估战略目标是否实现并把有关信息反馈回去，进而影响未来战略的实施。

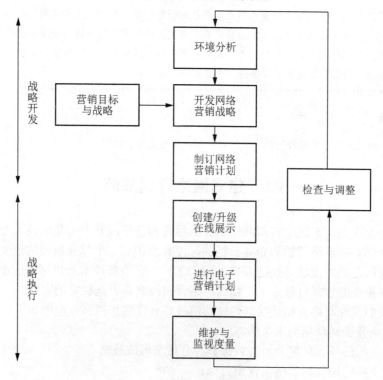

图 5.4 网络营销战略过程框架

以上框架仍比较"粗线条",企业若希望容易地应用网络营销战略,还需要更为详细的战略过程。在以上框架的基础上,将企业目标或第一阶段细化为营销目标,可以细分出10步走的网络营销战略规划过程,如图5.5所示。在这个过程中共有4个主要阶段。

(1) 确立目标(营销目标和战略影响到网络营销战略)。

(2) 形势分析(环境分析)。

(3) 战略制定(开发网络营销战略)。这个阶段是在形势分析以后,它包含了为网络营销设定的详细目标。注意,营销目标和战略的产生、预测期望的结果、确定替换方案和组合等是一个反复修正的过程。

(4) 资源分配和监控(定义了网络营销计划和监控)。

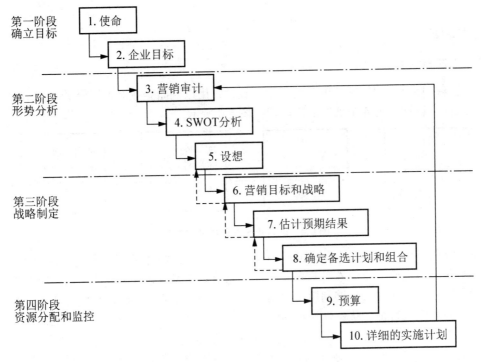

图 5.5　4 个阶段的网络营销战略规划过程

5.3.2　形势分析

战略分析或形势分析主要包括以下 3 个方面的研究。

(1) 企业内部资源整合、企业运营过程及企业在市场中的表现;直接的竞争环境(微观环境)包括顾客的需求、顾客行为。

(2) 对手行为与供应商和合作伙伴之间的关系等。

(3) 企业运营的大环境(宏观环境)包括经济因素、政府以法律和税收的方式的管制以及社会和道德方面的限制。

企业外部环境因素将会影响战略开发的方式,形势分析可以被看做对当前企业内部营销活动的效率及企业外部环境因素的审查。

1. 内部审查

内部审查将研究与其他媒介相比网络营销的运作方式的独特性，并评估它的运作效率，还包括了资源分析。其主要研究的方面如下。

(1) 财务资源：在线运营的成本构成，包括网站开发、网站促销和网站维护等成本。

(2) 技术基础设施资源：网站的实用性和表现，以及相关互联网技术的应用情况，用于进行 CRM 的人力资源和辅助软件。

(3) 结构：协调网络营销在各个部门和业务单元中的功能和控制机制。

(4) 网络营销的优势和劣势：SWOT 分析。

内部审查的关键方面是评估企业的电子商务一致性。

**特别提示**

电子商务一致性指企业在电子商务活动中的参与程度。

衡量网络环境中的厂商与电子商务的一致性是用以判断企业对电子商务的接纳程度。这种一致性可以细分为 4 个连续的阶段，如图 5.6 所示。

图 5.6　融入电子商务的 4 个阶段

第一阶段，电子商务在企业内的应用仅仅局限于员工熟悉网络，使用网络进行一些简单的联络和协调工作，企业本身几乎没有正式地希望利用网络开展经营活动；第二阶段，企业发生了内在的变化，能够利用互联网去从事一些外在的、与经营相关的活动，它们将企业的产品或服务特征、优越性通过网络传递出去；第三阶段，企业从在网上提供信息过渡到在网上完成交易，实际上是在第一阶段的基础上(员工接受电子商务)，将第二阶段(向消费者提供信息)与企业内部运作结合在一起；第四阶段，企业完成了与电子商务的完全融合，企业运作的核心部分都与电子商务应用联系在一起，创造企业与客户交互界面的前台应用和促进企业在互联网环境中平稳运作的后台应用结合在一起。

2. 外部审查

外部审查考虑了企业运营的业务和市场环境，包括经济、政治、法律、社会、文化和技术因素等。在这些因素中，3 个比较重要的因素是法律限制、道德限制和技术限制。值得注意的问题，是这 3 个要素是如何与互联网关联在一起的。由于这 3 个要素的变化方式将会直接影响到互联网市场环境，所以对它们要进行定期监测。外部审查也会考虑与互联网相关的要素，包括需求分析、竞争对手分析和渠道结构分析；考虑到市场的状态，包括顾客和竞争对手。

驱动网络营销和电子商务战略目标的关键因素就是在各个细分市场上，顾客对电子商务的需求的当前水平和未来预测。这会影响到产品的在线需求，反过来也决定了分配给各在线渠道的资源。

5.3.3 战略目标的制定

网络营销战略目标应该建立在明确的公司目标之上,最好与公司业务和营销目标一致,并支持它们的运作。例如,公司的目标是在海外市场增加营业额或者向市场引入一个新产品,能够并且应该得到网络沟通渠道的支持。

网络营销战略的目标简称为 5S,它显示了目标的综合范围。

(1) 销售(Sale):增加销售额,通过更加广泛的渠道、更宽的产品线或更好的价格来实现。

(2) 服务(Serve):增加价值,在线向顾客提供额外的利益,或通过在线互动环节将产品通知给他们。

(3) 询问(Speer):通过追踪顾客、与顾客对话、向顾客学习等拉近与顾客之间的距离。

(4) 节约(Stint):节约服务、交易和管理成本。

(5) 火热(Sizzle):在线进行品牌扩张,在一个全新的媒介中强化品牌价值。网站作为创造品牌知晓度和认知度的媒介,十分"火"。

应该为 5S 中的每个目标都设立特定的目标。典型的目标主要考虑销售,即获得在线销售收入贡献。例如,通过在线销售来提高业务量,6 个月在线销售最少达到销售额的 10%。

特别提示

网络中心性是衡量企业接受电子商务程度的量化指标,指网络经营收益占企业总收益的百分比。

我们可以利用网络中心性来判断企业经营网络化的程度。据调查,网络服务业的网络中心性最高为 90%以上,而制造业网络中心性普遍低于 30%。思科系统公司(www.cisco.com)是一家计算机网络连接设备制造商,在每年巨额的销售额中,在线销售的贡献是 90%。除了增加营业收入外,思科系统公司的获利能力也显著增加,运营成本总体下降 20%,实现了其战略利益。

新闻摘录

Q 币能买杀毒软件,瑞星互联网营销再次领先

国内权威信息安全厂商瑞星和即时通信厂商腾讯宣布,随着双方战略合作关系的进一步深化,腾讯将成为瑞星在线业务的渠道合作伙伴。QQ 用户可以用 Q 币购买瑞星的所有在线产品。用户登录 QQ 之后,只需点击 QQ 左侧的自定义面板,就可以用 Q 币购买瑞星杀毒软件下载版、个人防火墙和在线杀毒软件。

在夯实传统业务的基础上,瑞星在网络销售方面投入了很多精力:针对网络销售的服务需求对瑞星客户服务中心进行了改造,使虚拟产品用户可以更快捷地得到瑞星服务工程师的技术支持;增加了虚拟产品的支付渠道,与腾讯、中国电信等重要合作伙伴的合作全面深化,广泛使用 168 声讯电话、Q 币等支付平台。

网易科技从瑞星公司了解到,2004 年在线产品的销售收入占其总销售额的 10%,在线业务已经成为瑞星稳定的收入来源之一。相对于传统的销售渠道,网络销售增长的速度要快得多,发展空间非常大。

(资料来源: http://tech.163.com.)

5.3.4 战略制定与战略实施

战略制定包括可选择战略的确定，对它们进行研究并选择其中最好的战略。由于互联网是个相对较新的媒介，为了能使网络营销战略充分发挥作用，有许多战略要素需要考虑。下面来讨论 8 个主要的战略决策。

(1) 目标营销战略。

(2) 差异化与定位。

(3) 资源战略——网络营销优先。

(4) CRM 的焦点和财务控制。

(5) 市场和产品开发战略。

(6) 业务和营业收入模型，包括产品开发和定价战略。

(7) 组织结构调整。

(8) 渠道结构调整。

根据这些关键决策的结果，网络营销的战略实施即可顺理成章。

网络营销战略助力招商银行

"网上银行"是指客户通过互联网上虚拟的银行柜台，可以不受空间、时间的限制，只要一台计算机、一根电话线，就可以享受每周 7 天、每天 24 小时不间断的银行服务。1997 年 4 月，招商银行继中国银行

之后推出了自己的网站。所不同的是，除了一些形象宣传外，招行网站还包括了"一卡通"账务查询、股票信息查询等功能。1997年，处于初创阶段的中国互联网业，一般很难让银行业真正对全面开拓网上业务产生信心。但经过认真研究和充分准备，招商银行采取了与其他银行不同的策略。同年在国内首次推出网上企业银行和网上个人银行服务。

1999年9月，招商银行在全国全面启动网络银行服务，推出"一网通"这一响亮品牌，构建起由企业银行、个人银行、网上证券、网上商城、网上支付组成的功能较为完善的网络银行服务体系。同年11月，招商银行经中国人民银行正式批准开展网上个人银行服务，由此成为国内首家经监管当局正式批准开展在线金融服务的商业银行，这为招商银行创立以来已经实现的十几个中国"第一"又增添了精彩的一笔。招商银行推出"一网通"被评为1999年中国互联网发展十件大事之一，"一网通"也入选中国"百佳网站"。

网络的发展正在以其无限的生命力渗透到各个领域，互联网正在改变企业的运营模式和个人理财方式。招商银行行长马蔚华博士深信"网络银行崛起将让银行业重新洗牌，而拓展网上银行业务就是一场新的'圈地运动'"。招商银行凭借"突破时空限制的银行服务手段、先进高效的理财工具、完善的B2B电子商务解决方案"，探索电子商务资金流的新方式。招商银行利用互联网技术在开发对公业务产品方面进行大胆的探索，在1999年开发的提供账务查询、内部转账、发放工资、金融信息查询等服务的"网上企业银行"2.0版的基础上，于2000年8月15日又向社会推出3.0版本，增加在线理财、瞬间达账和网上信用证等新功能。3.0版实现了与招商银行电子汇兑系统的无缝对接，率先在国内同业中实现了系统内资金的瞬间达账。业内人士认为，此举实现了国内原先传统银行业务网络化到真正意义的"网上银行"的飞跃。

在网上个人银行方面，2000年2月，招商银行又推出了"移动银行"服务，将网络银行的终端扩展到移动电话上，成为国内首家通过手机短信息平台向全球通手机用户提供综合化个人银行理财服务的银行。2000年11月，其又在个人银行大众版的基础上，推出业务内容更丰富、安全机制极高的"专业版"，"专业版"具有账务查询、卡内定活互转、专户互转、同城转账、异地汇款、网上支付等一系列功能。

在当时国内并不发达的互联网背景下，网络银行业务的发展不仅在于技术创新，还需要市场引导和客户培育。为此，招商银行在不断完善网络银行技术的同时，开展了一系列全国范围的大型营销活动。其中较有影响的是"精彩网上行"和"一网通全接触"网络知识竞赛等活动，这些营销活动有效地推广了网上银行业务，促进了中国电子商务的发展。在1999年9月至2000年1月18日开展的"精彩网上行"活动期间，共有约7万名消费者通过"一网通"的"网上商城"进行了约10万笔交易，成交总额达1 000万元，特约商户总数也超过了200家。不过，相对于对公业务，这只是"小巫见大巫"。随着包含网上信用证、实时电子汇兑等新业务的网上企业银行3.0版本的面世，招商银行每月企业网上银行的交易笔数以1万笔的速度递增。

一位网站负责人说，网上银行解决了真正意义上的在线结算问题。而招商银行的网上支付、结算已经达到瞬间达账的程度，这就有效地解决了发展电子商务所必须面对的一大"瓶颈"问题，为企业创造了许多以前无法实现的机会，如以前不敢想的网上购物和网上证券买卖等业务现在都可以付诸实施。另外，网上银行对提高企业内部管理水平也有帮助，如依靠网络进行资金管理，效率可以提高很多。特别是那些分支机构比较多的企业，原来各个分公司得备足流动资金以应付日常运营，现在完全可以集中到总公司统一调配，这样，同样的资源就可以被更有效地利用起来。例如，招商银行为一汽集团量身定制的"虹网"，就是在企业集团设立一个内部的财务结算中心，涉及总公司对子公司的账务查询、内部的资金运作，减少了许多资金上的浪费。此外，"虹网"还包括了代理一汽的整个销售网络的结算业务，这样对于供货商来讲不但比较安全，可以在资金有保障的前提下供货，而且保证了不会有拖欠的问题；而对于购买方来说，也可以保证及时收到货物，让供求双方都节省了很多时间和规避了许多风险。

安全是网上支付的核心和关键，网上银行的安全性，是大家所关注的一个问题。在开发网上支付系统问题上，招商银行自始至终将支付体系的安全性放在首位。当然，招商银行在网上支付系统建设上没有将安全绝对化,而是注重在安全与便捷之间寻找平衡点,在有效控制风险的同时,保证结算速度的实时与方便。截至目前,通过招商银行网上银行完成的几十万笔交易中,无一笔出现任何差错,这充分显示了该行网上银行的安全性。长城计算机公司财务部的负责人认为,招商银行的网上银行是安全的,公司 1/3 的结算和支付业务经由网上银行完成,在应用中没有出现过错误。深圳的金蝶软件公司 2006 年 6 月开始使用该行的网上企业银行,已经有 40% 左右的资金往来通过网上企业银行进行,目前未发生一笔安全问题。

先进的科技服务手段对客户具有强大吸引力,对业务发展和稳健经营发挥着强劲的推动作用。以 2000 年为例,面对直接融资市场的迅速发展,储蓄实名制的出台、利息税的开征及利率政策的调整,社会资金流向和资金结构发生重大变化,也对商业银行的发展产生了较大的负面影响,招商银行却在不利的环境中实现了人民币自营存款增量创历史新高,增幅居国内同业前列。其中,人民币储蓄存款和外币储蓄存款分别较 2001 年初增长了 42% 和 77%;实现账面利润 16.11 亿元;资产总额逾 2 400 亿元,较 2000 年增三成。与此同时,招商银行在互联网上获得的无形资产要远远超过其现实的经济收入。如今,"一网通"已成为中国知名的金融品牌之一,招商银行——"科技领先型"民族精品银行的形象已经初见雏形。

讨论题

1. 招商银行为什么不像四大国有银行那样去制定发展战略?
2. 招商银行是如何实施网络营销战略的?
3. 招商银行的网络营销战略体现出哪些战略决策?

(资料来源:http://finance.sina.com.cn/b/63537.html。)

本 章 小 结

互联网给营销带来了许多新的规则,知识资本规则已经成为了最基本的规则。企业想要在营销方面有所收获,必须遵守这些规则。伴随着规则,基于 4C 理论的网络营销策略理论纷纷面世,方法不同,但目的只有一个——厂商和消费者的"双赢"。本章研究了网络营销策略的基础——网络营销战略。网络营销战略与传统营销战略不冲突,它是企业营销计划层次的一部分。它的开发过程可以借鉴企业战略开发模型,大致分为 4 个阶段。企业可以根据 10 个步骤的网络营销战略详细开发过程,建立自己的战略。

本章引导案例讲述了义乌如何解开城市发展谜题,主动转变战略,进行信息化建设,实施网络营销战略,走出国门,重塑往日辉煌的经历。这些宝贵的经验对我国很多城市和地区,甚至广大企业都有借鉴意义。

复 习 题

一、单选题

1. ( )依靠口口相传来向更多的受众进行宣传。
   A. 广告　　　　　　　　　　　　B. 公共关系
   C. 促销　　　　　　　　　　　　D. 病毒式营销

2. ( )通常需要多次重复以确保其有效性。
   A. 广告　　　　　　　　　　　　B. 直复营销
   C. 促销　　　　　　　　　　　　D. 病毒式营销
3. ( )是一个失败的营销目标。
   A. 点击量增加 25%　　　　　　　B. 拥有 75 000 名新用户
   C. 相当高的点击率　　　　　　　D. 某个特定产品的库存清空
4. 通过公共关系来传递市场营销信息通常被认为是更可信的市场营销方式，这是因为( )。
   A. 公共关系的费用比广告高
   B. 公共关系的费用比广告低
   C. 公共关系通过第三方来发布消息，这通常被认为是公正的消息来源
   D. 这种说法是不正确的——通过公共关系传递的信息并不被认为是更可信的
5. 病毒式营销的一个消极方面是( )。
   A. 费用高
   B. 因为很容易在网络中被删除，所以难以真正控制
   C. 很少有人把邮件发给其他人
   D. 病毒式营销没有消极的方面
6. 通常认为直复营销比广告宣传更有效。这一表述( )。
   A. 总是正确
   B. 总是错误——它取决于当时的形势、需求和市场
   C. 一般正确，但不包括提高网站点击量
   D. 一般正确，但仅因为提高网站点击量

二、多选题

1. 在网络时代，营销活动的新规则包括( )。
   A. 权力从买方转到卖方　　　　　B. 地理距离的消失
   C. 突破时间的限制　　　　　　　D. 知识管理是关键
2. 网络营销的 4C 策略是指( )。
   A. 顾客策略　　　B. 成本策略　　　C. 促销策略　　　D. 便捷策略
3. 以下属于网络营销策略的有( )。
   A. 留住客户、增加销售　　　　　B. 数据库营销
   C. 网络整合营销理论　　　　　　D. 渠道策略
4. 电子商务一致性的四个阶段包括( )。
   A. 大多数高级雇员经常使用互联网，用以通讯或检索信息
   B. 网站上有企业的动态信息，不仅仅局限于产品广告
   C. 能在网上从事与交易有关的活动
   D. 将网络和企业的核心运作融为一体

5. 网络营销战略目标 5S 包括(   )。
   A．销售(Sale)   B．安全(Security)
   C．节约(Stint)   D．火热(Sizzle)

三、判断题

1．4C 理论的基本出发点是企业的利润。   (   )
2．网络营销战略是营销计划层级的一部分，并直接受营销战略的影响。 (   )
3．网络整合营销理论认为，在以市场为导向的营销中应采用以生产成本为基准的定价方式。   (   )
4．通过零售渠道销售的企业特别适合通过向客户提供有用信息来刺激客户消费，从而达到增加购买的目的。   (   )
5．为制定网络营销战略，对企业进行外部审查时需要考虑的重要因素包括：财务限制、法律限制、道德限制和技术限制。   (   )

四、问答题

1．网络营销新规则有哪些？为什么第十条是最基本的？
2．网络营销策略理论基于什么传统营销新理论？
3．建立网络营销战略对于实施网络营销的企业来说有何重大意义？
4．网络营销战略开发存在几个阶段？与传统营销战略开发有什么不同？
5．解释网络营销战略的要素。

第6章 网络营销产品策略

教学目标

通过学习本章，读者应当熟悉网络营销产品的概念、种类；了解什么样的产品适合网络营销；掌握网络营销新产品开发的策略和过程；理解网络营销品牌策略的特点和运用。

教学要求

知识要点	能力要求	相关知识
网络营销产品的概念层次	(1) 熟悉网络营销产品的概念层次 (2) 了解网络营销产品各个层次的含义	(1) 核心利益层 (2) 个性化利益层 (3) 附加利益层 (4) 潜在利益层 (5) 产品形式层
适合网络营销的产品	(1) 了解适合网络营销产品的特点 (2) 了解各个特点的含义	(1) 信息化 (2) 质量稳定 (3) 名牌产品 (4) 顾客群庞大 (5) 价格适中 (6) 不易替代
网络营销产品的分类	熟悉网络营销产品的分类	(1) 检索商品、尝试商品和信誉产品 (2) 实体商品和数字商品
网络营销新产品开发	(1) 了解网络营销新产品开发的策略 (2) 了解网络营销产品的方法	(1) 网络营销新产品开发策略和趋势 (2) 市场调查 (3) 广告宣传 (4) 产品试销 (5) 产品生命周期
网络营销品牌策略	(1) 了解网络品牌的特点 (2) 了解网络品牌的策略	(1) 网络品牌的特点 (2) 网络品牌创造策略 (3) 网络品牌运用策略

网 络 营 销

基本概念

网络营销产品　核心利益层　个性化利益层　附加利益层　潜在利益层　产品形式层
信息化　数字商品　产品生命周期　网络品牌

导入案例

汽车试水网络营销

网络购物正被越来越多的人接受，人们购物的范围也逐渐从衣物、食品等小件商品，扩展到大的电器、家具，甚至汽车等商品。2011年4月7日，随着中国汽车网购第一店——吉利全球鹰旗舰店开业，全球鹰旗舰店推出了中国首款网络专供车——全球鹰双色熊猫，其中1.3L-5MT无敌型售价5.98万元，1.5L-4AT爱她版无敌型售价6.98万元。在开业发布会现场，通过现场抢拍终极PK，网友jehen_blue成为中国汽车网购第一人。

据悉，值得一提的是，此次上市的双色熊猫仅在全球鹰旗舰店才能购得，当地经销商在接到网购订单后，辅助完成提车及售后服务，并不直接对非网购者销售双色熊猫。

而在第一家网店开业不久，又有汽车经销商"触网"，全国最强汽车服务运营商之一——浙江和诚汽车集团正式宣布入驻淘宝商城，将旗下奥迪、沃尔沃、一汽丰田、东风日产、北京现代等6个中高档汽车品牌的部分产品带入淘宝商城旗舰店销售，给消费者带来更多的选择。与此同时，借助淘宝商城3周年庆典，奥迪、沃尔沃、北京现代、东风日产、丰田等汽车品牌还在4月13~18日举办特价周活动，需要购车的浙江淘宝用户可以通过付订金的方式，先提车后付余款，也可以直接网上支付全款购买整车，且享受各品牌特别的优惠活动。

淘宝商城已经累计有多个汽车品牌在网上销售，如吉利全球鹰、沃尔沃、奥迪、北京现代等，相关汽车产品更是层出不穷。据消息人士称，目前还有多家国际汽车品牌厂商及经销商也在和淘宝商城密切接洽中。

网络卖车并不是什么新鲜事，作为全球鹰旗舰店开业的前奏，2010年12月22日，吉利熊猫在淘宝商城举行了团购活动，短短一分钟内，300辆熊猫就宣告售罄。如此惊人的成绩，刷新了此前网购汽车记录。无独有偶，奔驰SMART的网上团购中，奔驰将原价17.6万元的SMART打了7.7折，以13.5万元的团购价在网上出售，结果不到3个半小时的时间，205辆SMART便被一抢而空。

虽然有这些经典的案例，但是网购失败的例子也不少，而且在网购存在很久之后，真正意义的网店才正式开业，这与网购的短板密不可分。"网上卖车"概念尚未发展成真正意义上通过网络完成的购车交易，而只是一种预订或预约服务。产品体验、购车及售后服务还是要到经销商店内才可完成。从汽车流通的角度讲，网购还是要依附传统的流通渠道来完成。

但是，目前整个社会媒体传播渠道和消费环境变化的趋势不可阻挡，如今，网络购物已经被越来越多的人接受。随着汽车逐渐进入百姓家庭，其功能也在向代步工具演变，网络售车已具备了基础条件。

因此，在目前这样的市场背景下，吉利网店的开业，是一件具有标志性的市场营销事件。可以预见，"网络营销"这股风潮或将越吹越猛。

点评：思想决定命运。

今后，全球鹰官方旗舰店将成为与实体汽车4S店并驾齐驱的新渠道，成为现有汽车营销模式的有力补充。多数一线城市建设4S店成本高企，这对急于完善营销渠道的自主品牌厂家来说是一个发展瓶颈。如果具有低成本优势的网店模式能够顺利运营，并解决好配套服务问题，从长远看它必将挑战传统的汽车流通渠道。

第 6 章 网络营销产品策略

与传统营销一样,网络营销的目标是为顾客提供满意的产品和服务,同时实现企业的利润。产品作为连接企业和消费者利益的桥梁,包括有形产品、服务、构思等,所有这些都可以在网上经销。

网络营销作为一种创新的营销方式,为企业带来了无穷的营销机会与广阔的市场空间。但网络营销策略具有其独特的属性与要求,所以网络营销产品策略与传统产品策略也有较大的差异。

网络营销活动中,消费者个性化需求更加突出,消费者购物的主动性、选择性也大大加强,因此,网络营销的产品概念不应继续停留在"企业能为消费者提供什么"的理解上,而应树立起"消费者需要什么,消费者想要得到什么",以及真正以消费者需求为导向的产品整体概念。

6.1 网络营销产品的概念层次

市场营销理论中的产品是指:满足组织或消费者需求并且他们愿意以货币或其他具有价值的物品与之交换的众多利益。

网络营销产品的概念可以概括为:网络营销活动中,组织或消费者所期望的能满足自己需求并且愿意与之发生交换的众多价值总称。由于网络营销是在网上虚拟市场开展营销活动,因此在面对与传统市场有差异的网上虚拟市场时,必须注意网络消费者一些特有的需求特征。

根据网络营销产品在满足消费者需求中的重要性,可以将网络营销产品概念整体划分为 5 个层次。产品概念各层次关系如图 6.1 所示。

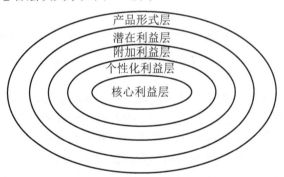

图 6.1 产品概念各层次关系

6.1.1 核心利益层

网络营销整体产品中,核心利益层是指:消费者希望通过交换活动得到的最为核心或最为基本的效用或利益。消费者购买某种产品并非是为了拥有该实体产品,而是为了获得能够满足自身某种需要的效用和利益。

这一层次的利益是目标市场消费者所追求的共同的、无差别的利益。其实,企业产品的研制、生产与提供正是在研究了消费者希望得到的效用的基础上完成的。企业营销的目标，就是要最大限度地向消费者提供这些效用。哪一个企业能更好地、更全面地向消费者提供这效用，哪一个企业就能在市场竞争中赢得优势。

6.1.2 个性化利益层

网络营销整体产品中，个性化利益层是指：网络目标市场上，每一个细分市场甚至每一位个体消费者希望得到的，除核心利益之外的满足自己个性化需求的利益的总称。

不同消费者对同种产品所期望的核心效用或利益一般是相同的，但除核心利益之外，不同消费者对产品所期望的其他效用，又会表现出很大的个性化色彩，不同细分市场或不同个体消费者所追求的产品利益又是富有个性的。例如，同样是上网聊天，人们追求的都是社交需要的满足，而有的人是以觅友为目的，而有的人却以宣泄个人感情为目的，还有的人却完全出于追求一种网络社交的体验等。聊天网站往往设立很多类的聊天室，供不同目的的人使用。

6.1.3 附加利益层

附加利益层又称延伸利益层，网络营销整体产品中，附加利益层是指：消费者选择网上购物希望得到的一些附加利益的总称。

这一层次产品的内容是为了满足消费者因获得前两个层次的产品利益而派生出的延伸性需求，它通常包括销售服务、保证、优惠、信贷、免费、赠品等内容。它是产品的生产者或经营者为了帮助消费者更好地获得核心利益与个性化利益而提供的一系列服务。有时候有吸引力的赠品可能会对消费者的决策产生关键影响。例如，麦当劳经常推出限量的玩具赠品，就吸引了大量的儿童客户。

6.1.4 潜在利益层

网络营销整体产品中，潜在利益层是指：在核心利益、个性化利益、附加利益之外，能满足消费者潜在需求，尚未被消费者意识到，或者已经被意识到，但尚未被消费者重视或消费者不敢奢望的一些产品利益。

它与附加利益层的主要区别是：顾客没有产品潜在利益层，仍然可以很好地满足其现实需求，但得到潜在利益层，消费者的潜在需求会得到较好的满足，顾客需求会得到超值的满足，消费者对产品的偏好程度与忠诚程度会得到大大强化。在高新技术发展日益迅猛的时代，产品的许多潜在利益还没有被顾客充分认识到，这就需要企业通过消费者教育和消费引导活动，使消费者发现或认识到产品的潜在利益层。例如，TCL 移动推出的镶嵌了宝石的手机，就是满足了消费者的潜在利益——宝石的价值体现了自己的身份。

6.1.5 产品形式层

网络营销整体产品中，产品形式层是指：核心利益、个性化利益、潜在利益借以存在并传递给消费者的具体形式。

对于实物产品，形式层主要由产品的质量水平、材质、式样、品牌、包装等因素构成。对于服务产品，其则由服务的程序、服务人员、地点、时间、品牌等构成。

经营适销对路的产品是企业营销活动的重要策略之一。网络营销与传统营销相区别最明显的特征是：信息流以数字信息的传输为主；拥有一个覆盖全球的互联通道，数字信息在这一通道上具有"海的容量、光的速度"。因此，开展网络营销就要利用互联网尽可能地满足消费者对产品不同层次的需求，从而获得企业的利润。

6.2 适合网络营销的产品

适合网络营销的产品具有信息化、质量稳定、名牌产品、顾客群大、价格适中、不易替代的特点。

6.2.1 信息化

通过互联网可以营销任何形式的产品，但最适合网上营销的产品是那些易于数字化、信息化的产品。不同形式的产品，网络营销策略的重点是不一样的，如音乐、电子图书、软件、信息服务、网上咨询、远程教育、远程医疗等。经营这类商品，商家投资小，消费者购买方便，商品可以直接通过网络实现配送，消费者只需点击鼠标就可以完成全部购物过程。如果企业经营的产品是大型机械设备，网络营销的主要任务就是企业形象的宣传、产品品牌的推广和在线下订单，物流配送还得靠网下的物流企业。

6.2.2 质量稳定

适合在网上营销的产品一般属于质量差异不大的同质产品或非选购品。网络的虚拟性使得顾客可以突破时间和空间的限制实现远程购物或远程订购，但却无法使消费者在购买之前进行较充分的挑选与评估比较。因此，适合在网上营销的产品一般属于质量差异不大的同质产品或非选购品，这类产品消费者可以从网上获得信息，根据这些信息就能确定和评价其产品质量，如书籍、计算机、手机、预定机票、名牌产品等。如果高档时装、首饰等这类需要消费者反复试穿合适才肯购买的产品就不适合在网上销售。

6.2.3 名牌产品

比较适合网络营销的产品一般是那些名牌企业的产品，或知名网络经销的产品，或名牌产品。这些产品可能属于质量差异比较大的异质产品，但这些企业或产品已经被众多的消费者购物实践证明货真价实、质量可靠，消费者在购物过程中只是认牌购物，不必再花费太多的精力和时间去比较选择。因此，尽管不属于挑选性小的同质产品，但也可以实现网上营销，如海尔系列产品、TCL产品的网络营销都比较成功。这是因为：首先，要在网络浩如烟海的站点中获得浏览者的注意，必须拥有明确、醒目、较高知名度的网上品牌；其次，一方面，网上购买者可以面对很多选择，另一方面，网上购物无法进行购物体验，只能认牌购物，以减小购物风险。所以，在网络营销中，生产商与经销商的品牌同样重要，具体要从品牌知名度的提高与美誉度的形成两方面做工作。

6.2.4 顾客群庞大

网络营销产品的顾客群一般容量大、覆盖范围广、配送便利。网上市场是以网络用户为主要目标的市场，因此，适合在网上销售或能发挥网络营销优势的产品一般是那些覆盖较大的市场范围，而且市场容量比较大的产品。如果产品的目标市场比较狭窄，虽然也能实施网络营销，但营销效益不佳，不能充分发挥出网络营销的优势来。但是，如果网络目标市场覆盖范围很广、市场容量很大，但网络营销的可到达性很差，或者物流配送体系不配套，或者网络营销信息到达率很低，这种情况下，也不适合网络营销的开展，或者说，至少在一定时间内不能开展。

6.2.5 价格适中

网络营销产品一般要有低价优势。互联网作为信息传递工具，在发展初期是采用共享和免费策略发展而来的，网上用户比较认同网上产品的低廉特性；另一方面，由于通过互联网进行销售的成本低于其他渠道的产品，在网上销售产品一般采用低价位定价。

6.2.6 不易替代

网络营销产品的利益最好有不可替代的垄断性。企业的营销渠道可以有 3 种模式供选择：一是单一的网下营销，二是单一的网上营销，三是网上渠道与网下渠道的整合运用。如果企业选择单一的网上营销渠道，一般应选择那些替代性不大的、具有较强垄断性的产品经营，或者选择那些不太容易在网下设店经营的特殊品。如果消费者经营那些随处可得或极易替代的产品，则很难形成网络营销优势。

即问即答

列举一下你熟悉的网络营销的产品，适合网络销售的产品一定要顾客群庞大吗？

6.3 网络营销产品的分类

随着互联网作为商业媒介的一步步普及，从网上可以获取的产品数量和品种也在逐渐增加。有些厂商用传统的营销方式提供产品以满足交换和交易的需求。但是互联网上供应的商品并非都是这类厂商提供的。网上的许多商品是由已知的传统营销机构以外的领域提供的。例如，随着 MP3 格式的音乐文件的普及，人们可以在网上下载最新的音乐。许多情况下，这些音乐是免费提供的，这引起娱乐界公司的极大恐慌。互联网创造了新型的商品，也为建立新型的商品交易关系创造了条件。产品的概念里应该包括商品和服务，但是由于服务很难分类，本节仅为商品进行分类。

6.3.1 检索商品、尝试商品和信誉商品

传统商品分类里，商品可以分为 3 类：检索商品、尝试商品和信誉商品。这种分类法同样适用于互联网。商品分为哪一类，取决于商品能够给消费者提供什么信息，即在消费商品以前就让消费者明白消费该商品能带来的益处。

1. 检索商品

通过对产品属性的描述，供检索的商品往往都能传递消费收益的信息。也就是说，消费者如果去搜索相关的信息，就会了解商品的性质，并预测该商品对于自己的需求是否合适。计算机设备就是很好的例子，若消费者要买一台××公司生产的台式计算机，他只需要知道该计算机的几个组成部分：CPU、内存、硬盘、主板、显示器等的关键信息，就可以大致判断该商品是否合适。

2. 尝试商品

供尝试的商品只有尝试之后才能决定是否合适。对于款式、颜色、成分、成本等方面的情况了解得再多，也无法让人决定一件服装是否合适。当然对于某些商品来说，只要尝试一次，了解了它的好处，这种商品就会成为供尝试的商品。例如，一些标准化的连锁快餐，质量比较稳定，尝试一次就能了解其长期的质量。

3. 信誉商品

所谓信誉商品是指那些无法轻易判断质量高低的商品，即使亲自尝试也不行，对于某些商品来说，质量要靠他人(更有经验和专业知识的人)来判定。例如，一块宝玉，即使对产地、品种、切割技术等指标了解再多，也不可能真正地了解这块玉的价值。这就需要专业人士和机构出具鉴定书。葡萄酒和艺术品也属于此类商品。

6.3.2 实体商品和数字商品

根据是否可以通过互联网传送，可以将商品分为实体商品和数字商品。实体商品是指有具体物理形状的物质产品，不能从网上以数字形式进行传递。而数字商品一般是无形的，即使表现出一定形态，也是通过其载体体现出来，但产品本身的性质和性能必须通过其他方式才能表现出来，并且可以从网上直接获取。根据上面的分类标准，可以将商品分为 6 类，如表 6-1 所示。

表 6-1　网络商品的分类

商品形式	商品分类		
	检索商品	尝试商品	信誉商品
实体商品	计算机硬件、汽车	服装、食品	珠宝、艺术品
数字商品	计算机软件	MP3 音乐	图书

资料来源：(美)艾露斯·库佩. 网络营销学. 时启亮，等译. 上海：上海人民出版社，2002.

数字商品都可以从网上直接得到。当然，互联网上得不到实体商品，但是互联网可以借助网下渠道而成为一种渠道资源，促进商品获取的过程。

对于检索商品，互联网可以帮助消费者获得关于商品属性的信息。利用这样的信息，消费者可判断商品的质量。但是互联网上这样的商品信息数量太庞杂了，消费者需要拿出很多时间来进行决策，有时候容易抑制网络消费。数字式检索商品与实体式检索商品不同，它不仅节约了消费者从决定到获取真正商品的时间，而且在很多时候与尝试商品类似，如厂商将软件产品分为试用版和正式版。这也说明了吸引消费者去检索商品的具体属性的广告对实体商品起作用，而对数字商品作用不明显的原因。

尝试商品对质量要求特别高，不管是在线商品，还是离线商品，都是如此。人们往往希望为消费提供这样一种环境，即产品能创造的效益一目了然。这就是困难所在，如在服装专卖店这样的实体环境中，顾客可以试穿衣服，对服装的款式及舒适程度进行评价。但是在虚拟环境中，不会有真切的触觉感受，感知衣服是否合适。消费尝试商品的另一种方式是先在网下的销售场所对商品进行尝试，然后从网上购买。当然这类商品必须是耐用消费品，如一双牛皮鞋，产品性能较为持久，而且在一段时间内不会有变化。像大闸蟹这样的季节性的商品就不可以，不同时间想买到相同品质的十分困难。

信誉商品的质量很难测定，正因如此，信誉商品所依赖的是对产品质量已形成的信任感。在传统市场里，对信誉商品的评定常常是靠有声望人士的推荐。在网络环境中，人们对专家的鉴定意见更加依赖。当然，对于信誉商品来说，一个驰名的品牌可能更加重要。

新闻摘录

网购一包"垃圾"，没准有意外惊喜

眼下，网购这种消费方式已不新鲜，但网上卖的商品却五花八门，让人"耳目一新"。2011年，不少网店开始出售一种随机填装的"垃圾包"，买家收到包裹查看后，才能知道"葫芦"里到底装了什么药。这种神秘的"垃圾包"居然大受欢迎，成了不少白领解压的新手段。有买家就称，他们买的不是物品，而是"心理期待"。

徐小姐加邮费共花去近40元，网购了一袋"垃圾包"。打开包后，她不由地大吃一惊，发现里面装的是一个瘦脸夹、一个便携的小剪刀、一个音乐茶匙、一个手机座还有一个手机挂链。徐小姐表示，对她来说，这个包裹就像神秘的礼物，让她感到惊喜。

出售"垃圾"何以大受欢迎？有店主透露了其中的秘密，原来出售的"垃圾"实际上是一些过季的小商品或图书，或是以前积压的饰品、服装等，"这些东西单卖不容易出手，但当成神秘'垃圾'便宜处理，既能收回一些成本，也给顾客带去惊喜。"

对于这种"垃圾包"的价格，据店主介绍，根据包内物品的多少，在数十元到数百元不等，最便宜的也要十几块钱。有的网店"垃圾"卖得挺火，一个月卖出28件，基本每天都有生意成交。

有店家坦言，这种模式其实是从国外学来的，创意来源于都市年轻人的猎奇心理。有的"店家说明"里就明言："千万不要问我你会收到什么，也许是一款抱枕，或者是一个不错的帽子，也可能是真的垃圾！生命之所以精彩，就是因为人生充满了变数，而这里，给您提供的就是这份变数带来的期望和色彩。"

网友对于这种销售模式毁誉参半。有网友借用《阿甘正传》里的台词："生活就像一盒巧克力，你永远不知道你会尝到哪种口味。"不过，也有买家愤然表示，"这的确是垃圾袋，给我一个鼠标垫和一个不知道是什么的皮子，最重要的是鼠标垫还是坏的"。还有网友大呼上当，并提醒别的买家不要中招。

(资料来源：http://news.cntr.cn/20110325/102895.shtml.)

6.4 网络营销新产品开发

在传统营销中,企业设计开发产品是以企业为起点出发的,虽然也要经过市场调查和分析来设计和开发,但在产品设计和开发过程中,消费者与企业基本上是分离的,顾客只是简单被动地接收测试和表达感受,无法直接参与到产品概念的形成、设计和开发环节中。在网络营销中,强调营销的产品要转为以顾客为中心,顾客提出需求,企业辅助顾客来设计和开发产品,满足顾客个性化的需求。通过互联网,企业可以与供应商、经销商和顾客进行双向沟通和交流,加快新产品研制与开发速度。

6.4.1 网络营销新产品开发策略和趋势

1. 网络营销新产品开发策略

厂商怎样才能将炙手可热的产品构思融入现有的产品组合?实际上有 6 种新产品策略可供选择。

1) 间断的创新

间断的创新就是开发全新的、过去未曾出现过的产品,如刚刚问世的音乐 CD 和电视节目。在网上,第一个创建网站的软件、调制解调器和搜索引擎都属于这一类。初次投放市场的产品大多归于此类,互联网上这种创新层出不穷网络促进了产品的创新,如图 6.2 所示。这种创新代价大,在美国,一种新的抗生素研制而成,可能花掉超过 5 亿美元的研发费用,当然回报也较为丰厚。采用这种策略的一个重要认识是客户必须了解并采取新的行为——从未做过的事情。

图 6.2 网络促进产品创新

2) 新产品系列

这是指公司采用现有的品牌并开发出一种全新类型的产品。例如，微软推出的 Web 浏览器 Internet Explorer 就开创了一个新产品系列，由于 1994 年网景公司率先推出了 Web 浏览器 Netscape，微软的进入就不能算间断的创新。

3) 现有产品系列的增加

现有产品系列的增加是指组织在现有产品系列中增设一种新的口味、尺寸和其他变动。例如，许多报纸在网上发行的电子版，银行推出的网上银行都属于同一系列的新产品。

4) 对现有产品的改进和修正

对现有产品的改进和修正指产品经过改进和修正成为新产品，并可以替代原有的旧产品。软件产品常常推出不同版本，除了像 Windows 98～Windows XP，这样完全升级换代以外，在这期间推出的 Windows ME 和 Windows 2000 都属于在原有产品上的改进。

5) 重新定位的产品

重新定位的产品是针对不同市场或为了促销其新用途的现有产品。雅虎最初是 Web 网的搜索引擎，随后被重新定位为门户网站：一个提供众多服务的互联网入口。雅虎凭借这一转型使自己与市场领导企业——"美国在线"相峙而立。

6) 重新定价的产品

这是凭借价格优势与现有品牌竞争的策略。当"美国在线"和其他网络服务提供按小时数收取网络接入费时，其他几家服务提供商推出更加划算的包月收费服务。互联网还经常推出一些免费产品。例如，当易趣占据我国网络 C2C 市场的绝大部分份额的时候，刚刚诞生的淘宝网推出了免交易费的相同服务，从而赶超易趣。

第一种策略是风险最大的策略，而最后一种是风险最小的策略。公司会根据营销目标和其他因素(如规避风险、现有的品牌优势、资源的可获取性、竞争性进入等)选择一种或多种策略。

2. 网络营销新产品发展趋势

以下 7 种新产品趋势引起了人们的特殊兴趣。前 4 种产品趋势体现在 B2B 市场。这些趋势直接影响到重要的营销职能，如销售、分销、供应链管理与营销调查，具备提供关键职能的执行效率、改进效果的潜力。后 3 种产品趋势主要体现在 B2C 市场上，每一种趋势均能开辟新市场。这些发展趋势如下。

(1) 价值链自动化：B2B 市场的软件产品使企业能够执行重要的营销职能。大多数应用软件是针对具体价值链职能的。在这里谈到的价值链包括将产品从供应商处传递给消费者的所有企业。

(2) 外包：许多企业越过公司范围寻求关键价值链职能的供应者。应用服务提供者(Application Service Provider，ASP)能够代表其他企业来执行很多企业职能。

(3) 信息共享：内部信息曾经是受严密监护的资产，而现在组织以前所未有的规模与价值链伙伴共享内部信息。

(4) 集中信息使用：如果能帮助员工减少信息搜索时间，就能极大地节省成本、提高效率。公司门户网站为公司所有的数据库提供了一个单一的综合接入界面。

(5) 多媒体：网络的整合性质最终将使多媒体的发展日臻完美，如电子出版物。

(6) 辅助技术：精心开发出的产品使缺乏各类技术的个人也能方便地使用计算机，如将计算机的功能集合到手机上。

(7) 媒体合成：目前正在推广普及的交互式网络电视(IPTV)就是电视和宽带网结合的典型产品。

 知识链接

互联网公开交易(Open Buying on the Internet，OBI)是一个在互联网上进行国际性商业间购物的标准。OBI 基于目前的互联网标准，如 HTML、SSL、SET 和 X.509。OBI 的支持者有 Commerce One、Connect、Intelisys、InterWorld、Microsoft、Netscape、Open Market 和 Oracle。

6.4.2 在网上营销产品的方法

1. 市场调查

传统的市场调查，无论是实验法、观察法还是询问法，被调查者始终处于被动地位，企业都要投入大量的物力、人力，如果调查面较小，不足以全面掌握市场信息，而调查面较大，则时间周期长、调查费用大。通过互联网进行市场调查，可以借鉴传统市场调查的理论和方法，并利用互联网的开放性、自由性、平等性、广泛性和直接性的特点，使得网上市场调查具有传统市场调查所不具备的优势。通过互联网进行市场调研，具有信息多、资料及时、时效性强、快速、方便和费用低等特点，在企业市场营销信息系统构建中优势凸显。

2. 广告宣传

传统广告的主要传播形式是由发送者即企业经过许多中间环节"推向"最终消费者。特点是：固定的广告内容，精确的时间程序，针对一般大众的宣传方式，传播主动，普及率低，可供选择的广告位置多，创意空间大，调研数据代表性广泛，传播媒体主要是电视、广播、报纸、杂志、户外媒体等。网络广告中受众成为主动的信息寻求者，而企业成为被动的寻找目标的信息源。一旦受众确定了某个企业成为他的信息源，马上就会与企业进行即时互动，这时企业就应活跃起来使受众成为购买者。可使用的方法是：双向式的网络分类广告形式、以丰富和翔实的商品分类信息为主、智能化的信息促销手段、身临其境的多媒体形式，影响范围广、广告费用低、形式生动活泼、定向和分类性、灵活的交互方式。网络广告促成消费者采取行动的机制主要是靠逻辑、理性的说服力。

3. 产品试销

网络市场作为新兴市场，消费群体一般具有很强的好奇性和消费领导性，比较愿意尝试新的产品。通过网络营销来推动新产品试销与上市，是比较好的策略和方式。但需注意的是，网上市场群体还有一定的局限性，并不是任何一种新产品都适合在网上试销和推广。

一般对于与技术相关的新产品，在网上试销和推广效果比较理想，这种方式一方面可以比较有效地覆盖目标市场，另一方面可以利用网络与顾客直接进行沟通和交互，有利于顾客了解新产品的性能，还可以帮助企业对新产品进行改进。

4．产品生命周期

传统营销过程中，产品生命周期一般包括导入期、成长期、成熟期、饱和期和衰退期5个阶段。而在网络营销中，由于厂家与消费者建立了更加直接的联系，企业可通过网络迅速、及时地了解和掌握消费者的需求状况，从而使新产品从上网销售开始，就知道了产品应改进和提高的方向，于是在老产品还处于成熟期时，企业就开始了下一代系列产品的研制和开发，系列产品的推出取代了原有的饱和期和衰退期。在网络营销中，企业应特别重视产品试销期、成长期和成熟期营销策略的研究。

6.5　网络营销品牌策略

网络时代的到来使传统的市场进一步分化成为多极化的空间。新的市场空间需要新的观念和新的营销策略，对传统方式的创新势在必行，网络品牌的概念正是适应这一要求而提出的。网络品牌不像传统品牌那样只是一种产品标志和企业象征，它把品牌作为一种媒体和通道来看待，与网络相依存，是一种互动式的信息媒介，是连接供需的信息纽带。它扩大了传统的适用范围和品牌功能，突出了网络化的特点。因此，更适应在电子媒体中生存。

6.5.1　网络品牌的特点

网络品牌在电子媒体环境下运作具有先天的优势，这来源于它本身的特点。

1．虚拟性

网络品牌虚拟性表现在：①它本身依附于虚拟空间；②它不是附带性标签；而是信息媒介；③它趋向展现概念化的形象；④它本身形态趋于多元化。例如，雅虎品牌，它既是一个网址，又是一个搜索引擎、一个服务品牌，还是一个信息通道，同时又是一个虚拟公司。

2．高信息性

由于网络空间上的产品不具有触摸性、试用性、亲和性，因此，网络品牌的媒介作用是向接受者输出信息、提供服务，使产品更加真实可信，更具亲和力。

3．国际性

网络品牌是全球化的品牌，网络延伸到哪里，品牌就会被传递到哪里。它没有地域的限制，除了语言文字的一些局限外，它比以往任何传统品牌更具国际性。

4．互动性

互动性表现为信息交流的互动性、产品交易的互动性和服务的互动性。

5. 服务性

服务性表现在：①品牌服务的全天候特点，品牌服务一天 24 小时运转，没有下班时间，没有节假日，更能体现随时随地服务的优势；②品牌服务的全方位特点，对研发、设计、生产、销售、使用各个方面提供服务，并可在订购者的网络监控下进行运作；③品牌服务的广泛化特点，无论是顾客、潜在顾客，还是一般的浏览者都会得到体贴的服务。

6. 技术性

网络品牌的信息传递、品牌运作、品牌服务无一不是通过强大的技术性支持来完成的。网络品牌的成熟与否在很大程度上取决于其技术使用的范围和先进程度。因此从某种意义上来讲，网络品牌更像是一种技术载体。

7. 针对性

网络品牌的信息传递是针对搜寻者的主动查询进行的一对一式信息传递，对其他上网者没有信息干扰。同时它还针对服务对象的个性化要求来提供帮助，如产品定制系统。

8. 参与性

顾客可以利用网络的互动性参与品牌产品的设计生产、推广参与服务和咨询，对问题展开讨论及参与品牌宣传。

基于上述特点，在品牌营销策划时必须加以充分把握，才能有的放矢，形成品牌竞争力，以达到扩大品牌知名度，强化品牌忠诚度，增强品牌服务性，加快品牌国际性的目的。

6.5.2 网络品牌创造策略

创造了新产品并进行网络营销的公司面临着几项网络品牌开发决策的选择：是使用现有品牌还是为网络营销创立新品牌，是否出借公司的品牌作为其他公司的联合品牌，为公司的网站使用什么域名等。

1. 使用现有品牌

公司可以为其新产品沿用现有品牌或另起新名。一个现有品牌可以用于任何产品，这种做法只有在该品牌知名度高、具有雄厚的品牌资产价值的前提下才可能奏效。例如，亚马逊将很多产品都纳入自己的店中，以自己知名的网络品牌为这些产品命名，而不是使用新名字开办一家新的电子商店，这使亚马逊受益匪浅。

有的公司由于一些原因可能不愿意使用现有品牌。首先，假如新产品有较大的风险，公司不愿意将优秀的品牌和失败的品牌联系在一起。例如，联想集团投资的门户网站"FM365"，就没有使用"Legend"这一品牌，后来网站的倒闭对"Legend"影响不大。其次，互联网的成功可能不知不觉中为非在线品牌重新定位，大多数网络品牌都有高科技、年轻、"酷"的形象，这种产品会随之延伸至非在线品牌的产品。最后，有时候公司希望在新的市场使用新的品牌以使它与非在线品牌有所区分。

2. 为网络营销创立新品牌

要创立一个新的网上品牌，名字要好。好的品牌应该暗示产品的某些特性，应该使该产品有别于竞争对手的产品，应该能受到法律保护。在网上，品牌名应该简短、易记和容易拼写。

3. 联合品牌

联合品牌是指两家不同的公司为同一种产品使用它们的品牌。这种现象十分普遍，如新浪网和中华英才网联手在新浪网上推出新浪招聘频道。

4. 互联网域名

国际顶级域名因其知名度和表现形式而易被网民熟悉和牢记，从这个意义上讲，域名应是企业网络品牌的最好载体。而在互联网上既能够体现企业品牌，又能让国内消费者自然接受的域名，最简单且最好的就是企业本身的商号(名称)或商标域名(按实际情况，有英文和拼音)。

企业在选取域名的时候，最基本的原则是域名要有一定的内涵和意义。用有一定意义和内涵的词或词组作为域名，不但可记忆性好，而且有助于实现企业的营销目标。例如，企业的名称、产品名称、商标名等都是不错的选择，这样能够使企业的网络营销目标和企业品牌战略达成一致。

1) 用企业名称的汉语拼音作为域名

这是为企业选取域名的一种较好方式，实际上大部分国内企业都是这样选取域名。例如，海尔集团的域名 haier.com 有助于提高企业在线品牌的知名度，其在线站点的域名也很容易引起联想。

2) 用企业名称相应的英文名作为域名

这也是国内许多企业选取域名的一种方式，这样的域名特别适合与计算机、网络和通信相关的一些行业，如中国电信 chinatelecom.com.cn、中国移动 chinamobile.com 等。

还有其他多种方法选取，如简称、缩写、中英文结合(拼音和英文词组结合)等，会对企业品牌造成不良影响。

但国内外同名企业和不同类别相同名称的商标情况比较普遍，适合企业使用的域名后缀(包括中国国内顶级域名)只有四种，即.com、.biz(国内还没兴起)、.com.cn .cn。其他还有多种，一般不适合普通企业使用。实际真正体现品牌价值的只有.com 一种，国内使用还有.cn 和.com.cn 两种。

例如，给博威公司创造一个域名，最好的域名是 boway.com，但该域名只有一个，同名企业如深圳、上海、北京博威等只能加上地域信息 szboway.com、shboway.com、bjboway.com 等，但无论如何都无法同 boway.com 相比。所以保护商号和商标域名对企业品牌战略至关重要。

域名资源是一种稀缺资源，目前很多国内企业缺乏在互联网上保护自己品牌的意识，创立和保护网络品牌这一问题的严重性和紧迫性应引起社会和企业的高度重视。有实力的企业应全方位、多后缀保护(将.com、.net、.com、.cn、.cn 等都注册)，用.com 作为主域名宣传，其他后缀域名保护性指向到同一站点。有的企业认为没有了.com 域名，只要任意用一个其他后缀域名也一样，这是不可取的，对品牌战略的实行将会造成比较大的损害，因为宣传力度越大，同名.com 企业拥有者产生的利益也越大，相反，收回的可能性就越少。如果被竞争对手获得，损失则不可估量。

 知识链接

新浪微博域名背后暗藏商战

实际上，在与腾讯、搜狐等门户的竞争中，新浪在一年多时间里将 3 个微博拼音域名收入囊中，这也引起了业内企业将域名提高到战略层面的思考。

传言新浪微博的新域名 weibo.com 是新浪花了 800 万元人民币的"血本"从一位 IT 人士手中购得。

"800 万也太玄乎了，但肯定在百万左右！"新浪内部一位负责人笑言，江湖关于 weibo.com 达 800 万元的身价传言有些神乎其神了，但确实是新浪这些年买的最贵的域名之一。这位负责人透露，weibo.com 也不是新浪从个人手里买的，而是从江浙一家做纺织的企业收购而来。

仔细追溯新浪在微博业务上的路径发现，新浪从一开始着手启动微博业务时就十分注重域名的"囤积"。新浪购买的第一个微博域名并不是 weibo.com，而是 weibo.com.cn。2009 年 9 月，新浪微博在国内刚起步一个月，就通过易名中国域名交易平台悄悄拍下首个微博拼音域名 weibo.com.cn。当时，行内并未猜测到新浪微博发展的大计划。

直到 2010 年 3 月，新浪微博再次买下了域名 weibo.com，此时新浪微博业务在国内已经风生水起，但新浪却迟迟未见启用 weibo.com，业内也没有过多关注新浪这一系列域名收购行动的真正用意。

又过了 5 个月，2010 年 8 月，新浪微博又低调拿下 weibo.cn。至此，新浪将唯一可以标配"微博"二字的 3 个域名全部拿下，但新浪微博的业务还是并未转移到以上域名。直到 2011 年 4 月 6 日，在新浪公司 11 周年年庆之前，新浪微博高调宣布启用 weibo.com 作为微博业务的独立域名。

在这场微博域名暗战中，新浪在前半程并不占优。

2009 年 8 月，新浪微博受微博鼻祖 Twitter 的影响在中国开起微博，紧随其后，腾讯、搜狐、网易等门户也看到了微博的商机，纷纷加入微博战争，除了看得到的争抢名人资源和猛砸广告外，这些门户微博的战争背后还有看不到的域名之争。

由于微博服务商都将字数限制在 140 个左右，为了压缩不必要的内容，方便用户输入和分享网址，使用缩略域名成为微博服务中的重要手段。在微博内容短小精悍的示范效应下，微博的域名也变得越来越短小、简洁，新浪将 sinaurl.cn 作为自己的微博短链接域名便是一个很好的佐证。腾讯为了更短小精悍，则使用 url.cn，比新浪更胜一筹，搜狐则使用了 itc.cn 缩略短域名。

不过，没过多久，新浪花 500 万元以上购得 t.cn 域名，2011 年 3 月，新浪决定将 t.cn 这一昂贵域名作为短链接域名。

"从此新浪微博短址服务一枝独秀，再也找不到比 t.cn 更短、更给力的短服务域名了"。王权锋认为，该域名较原有的短链接域名 sinaurl.cn 缩短 6 个字符，这意味着用户在同样发布网址链接时，每条微博较以前可多输入 6 个字符，腾讯和搜狐的短链接域名顿时黯然失色，新浪在门户微博的域名较量中胜出一轮。

(资源来源：http://epaper.jinghua.cn/html/2011-04/18/content_650719.html。)

6.5.3 网络品牌运用策略

一个网络品牌只有运用得当才能赢得网络消费者的忠诚度。在虚拟空间中，消费者掌握主动权，企业必须有效地利用网络扩展自己的网络品牌，丰富其品牌承诺，才能提高消费者忠诚度。

(1) 要做出网上的品牌承诺。优秀的品牌之所以优秀，是因为其提出并且遵守了一系列消费者可以理解、欣赏并信任的承诺。事实上，当消费者逡巡于网络的无限选择之中时，他们比在网下更依赖于那些知名品牌。通过将一个可靠的品牌转移到网络上，企业可以对品牌进行提升并强化其鲜明的特点。西南航空公司通过开展网上的"搜索购买"业务，著名的点对点线路安排、低廉的费用及友善的客户服务等承诺都得到了更进一步的加强，旅客只需一个步骤就可以查询到时间表及价格，此后只需点击 4 次就可以完成一次订购。事实上，旅客只要用不到两分钟的时间就可以在西南航空公司的网站上购买到一张机票，相对于其他竞争对手的网站而言，完成相同的交易过程所花费的时间短了一分多钟，对于互联网来说，这堪称是一个奇迹。面对激烈的竞争，企业若想赢得顾客对自己品牌的忠诚就必须做出品牌承诺并切实履行此承诺。

(2) 要做到通过网络品牌给顾客带来娱乐。一些拥有传统品牌的公司发现，网上娱乐能够帮助它们进行品牌定位。此外，通过提供直接与目标消费者交流的环境，公司还可以增加销售。索尼就是将娱乐与销售过程结合起来，这样，产品知名度也就自然而然地提高了。上 sony.com 浏览的用户可以对自己喜爱的游戏网站上的视频游戏提出问题或进行点评，或者以"索尼艺术家"的身份发送音乐节目，甚至还能知道世界上任何一个角落人们在播放的音乐。这些措施扩大了索尼产品的影响，当然与此同时也为消费者提供了便利，使他们能够找到自己可能缺少的东西。

那些并非直接经营娱乐业务的公司及不在网上销售产品的公司也不甘落后，它们想方设法以娱乐的方式在网上进行品牌运作。耐克品牌长久以来一直是"卓越"及"追求卓越"的代名词。耐克为用户提供了与著名足球明星聊天的机会，并让用户能够下载一些艺术家的音乐作品。与之相似的是，百事品牌将其名为"新一代"的主题在网上进行了诠释，百事以青少年为主要对象，推出了运动游戏及流行歌手创作的音乐作品。通过对互联网的互动性及混合媒介的使用，那些与娱乐不搭边的品牌也可以享受到娱乐所带来的巨大好处，这些公司可以借此吸引消费者来自己的网站，并且随着时间的推移，让消费者对自己的品牌产生正面的印象。

(3) 需要创立兴趣社区。消费者，尤其是年轻的消费者，喜欢以共同的理想、目标及关注的事物而聚集在一起并形成团体。对创建忠诚的网上用户社区而言，由亲密交往和共同兴趣而建立起来的关系是非常牢固的。Petsmart 公司向人们展示了如何利用强有力的情感纽带——人们对自己宠物的深厚感情来建立网上社区。该社区有 8 个聊天室，动物爱好者们可以在任何一个聊天室里交谈，还可以在为数众多的公告板上粘贴消息，或者在"避难所"中搜寻可以领养的宠物。需要强调的是，安全因素仍然是网上社区的最大阻力，只有充分的担保及诱人的利益才能使消费者下决心克服这些阻力。网上社区可以成为传递品牌价值的有力工具，但同时它也可能成为一柄双刃剑。一方面，社区可以吸引人们对那些被低估了的产品的注意力；另一方面，它也会暴露出那些无法达到品牌承诺标准的产品。

即问即答

只要开通网站,就能拥有网络品牌吗?

 **案例研究**

"动感地带"的网络品牌营销

在新加坡举办的著名的亚洲直效营销大会(DM Asia)上,"动感地带"经过激烈的竞争,最后获得本届大会授予的最高荣誉——"最佳互动营销活动"金奖。评委们认为,中国移动围绕"动感地带"整体品牌核心"我的地盘听我的",为目标用户建立了一个鲜活生动的网上地盘,搭建了一个与年轻的目标受众之间进行直接沟通的网上平台,使之成为了有效的品牌体验互动平台。下面,我们就"动感地带"网站的设计如何反映其品牌个性进行分析。

网站已经成为消费者浏览信息和购买产品越来越重要的途径。虽然目前还没有对网站的品牌影响形成具体的知识体系,但是许多著名的品牌(如百事和IBM)已经通过给那些参观其网站的用户特殊的品牌体验来增强和树立自立的品牌形象。网上品牌形象与品牌体验是紧密联系的,这包括:①网站的个性特点;②网站的交互特点在客户体验氛围中的作用。顾客在网站中的体验过程往往呈现出"虚拟状态"的心理特点,这也是各个网站在设计和实现营销目的时所必须要注意到的。

消费者也很可能赋予网站个性特点,这也反过来帮助树立了网站上品牌和促销产品的形象。分析"动感地带"网站的时候就会明了这个网站实际上是被访问者赋予了某种特性,而这种特性也给访问者形成了一定的品牌形象。

我们引入功能型元素和抽象性元素两个概念,这两个概念所代表的就是我们能够在一个网站上所见到的所有元素。表6-2就是典型的功能型元素和抽象性元素的列表。

表 6-2 功能型元素和抽象性元素

功能型元素	抽象性元素
到达所需页面点击鼠标的次数	产品产品特性及服务的网页布局
下拉菜单的数量	背景颜色
调节选项的数量	字符大小和格式
复选框的数量	公司徽标和横幅
客户的个性化设置	导航菜单的位置
弹出的广告窗口	显著的在线支持/帮助

也就是说,网站上顾客所能经历的品牌体验是由他们在网站上所遇到的各种功能型元素和抽象性元素结合起来的整体印象影响的,因为这种印象让他们赋予了整个网站某种个性特点,而这种个性特点又是和公司及品牌形象联系的。这个由网站体验到品牌形象过程之间的联系可以由图6.3所示。

同时,我们也注意到来访问"动感地带"网站的客户也分为两个基本的群体。一类是有明确的购买需求的顾客,这类顾客来访问"动感地带"网站主要是因为已经拥有了"动感地带"的号码,希望能更多地体验这种服务所带给他的功能,如移动QQ、手机上网、彩信等增值服务。另一类是体验型顾客,即上"动感地带"网站纯粹是一种消遣,他们希望体会一种轻松愉快的心情。两类顾客在网站上体验所要求的满足是截然不同的,前者希望能尽快地找到所需要的信息,并且对网站的服务质量要求很高;后者则更注重于网站的色彩、布局、时尚感觉等。

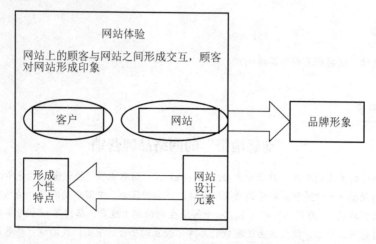

图 6.3 网站体验和品牌形象

1. 网络交互性描述

对于那些有明确目的来"动感地带"网站的客户，营销人员应该使得品牌形象非常突出，但是却不影响消费者寻找他们所需要信息及定购产品的过程。相反地，对于那些体验"动感地带"的用户来说，网站最关键的是体验、美观、能够选择和探索的自由及创造性。网站设计中的小细节都可能影响到这些用户对网站的感觉。

我们按照专门的目的对"动感地带"进行访问探索，以此来测试"动感地带"网站是否真正能具有良好的导航与购买指导功能，如表6-3所示。

表 6-3 服务比较

希望寻找的服务	"动感地带"实际服务情况
移动 QQ	首页无明显介绍，预计是属于短信服务，打开后，发现有 QQ 服务介绍，但是无法打开下一页
下载铃声	找不到这项功能，浪费很多时间
想定制专门的足球新闻	首页有非常明显的体育新闻的提示，打开后发现分为体育和姚明新闻，没有想要的足球报道，如果定制体育新闻恐怕会失望了
准备用手机上网	首页就有全面演示，基本上了解如何上网，不过对费用介绍很少，担心有隐性消费

另外从体验的角度来说，"动感地带"在网站设计上也颇下苦工。首页上采用了明显的 Flash 图片来进行导航，比较新颖，有特色。其他方面也采用了很多的 GIF 和 JPEG 图片，显得非常生动和活泼。在后面的网页中，在网站左边用比较有意思的树状结构来进行导航。在体验方面，确实做得很有特色。

整体说来，在网站的功效上，不论对于有特定目的的访问者还是体验型的访问者，"动感地带"的网站都取得了一定的效果。只有让访问者能够得到他们希望得到的效果，他们对品牌的好感度才会上升，对公司也会更忠诚。

2. 网站的设计元素对品牌个性的影响

通过以上对"动感地带"的分析，我们可以清楚地看到消费者对品牌的印象主要是因为他们在网站上与整个网站的交互形成的一种思维意识。为了能够更好地理解这些体验是如何形成的，我们需要了解那些影响这些交互的因素，也就是开头所说的功能型元素和抽象性元素。就像一个人一样，品牌可以被看做高品味的、有能力的、有影响的、值得信赖的、有趣的、活泼的、幽默的、随意的、正式的或者有青春气息的。而在网站上，品牌的个性通过各种设计元素体现出来。

一般来说，公司都更关注于网站的功能型元素的设计。例如，在"动感地带"的网站中，各种到达指定服务的链接就属于这种功能型元素。但是整体上来说，在网站中功能型元素并不能对品牌个性的形成造成很大的影响。网站的功能型元素应该被看做基本的网站元素，也就是说，这些功能如果运转正常，消费者也不会觉得特别满意；但是如果运转不正常，那么消费者就会相当不满意。

公司对功能型元素的关注，是在没有理解网站的潜在价值的情况下做出的，也就是没有关注通过抽象性设计元素开发产品个性和长期关系。功能型元素中最受争议的就是弹出窗口式的广告，这几乎是现在的网络访问者最头疼的问题。"动感地带"很令人满意的是所有的页面都没有弹出窗口，这点让网络访问者都比较满意。

在字体的选择和颜色上，"动感地带"网站的网页几乎都采用了一样大小的字体。颜色上除了超链接外，其他也一律是黑色，这未免也太让人觉得单调。其实在网站上，颜色和字体的选择也可以透露出网站和品牌的某种个性，不一定非要用非常有动感的 Flash 动画来实现这种效果。尤其是"动感地带"希望在自己的网站上也能体现出动感时尚的特色，这就更应多注意颜色和字体的搭配，创造出好的效果。

在价格显示上，"动感地带"也做得比较详尽。考虑到现在很多服务供应商都故意隐瞒信息或者误导消费者，使得许多手机用户上当受骗，因此"动感地带"这样更能够获得消费者的信任，树立自己的品牌形象。

目前大多数的移动通信服务商仍然是选择现实中的店面作为宣传自己产品和服务的渠道，但是互联网的高效率及传播的广泛性使得它成为越来越重要的接触消费者的中介。消费者实际与"动感地带"传播媒介间的接触可以被转移到网站交互上。与网站的交互也可以让消费者对品牌形成某种体验的感觉，这种体验感觉可以进一步成为对品牌个性和形象的认识。

(资料来源：http://wenku.baidu.com/view/04390400087101f69e319581.html.)

讨论题
1. 企业的网站与其建立品牌有何关系？
2. 对于有明确购买需求的顾客和体验型的顾客来说，所关注的网站服务有什么不同？
3. 网站设计元素对于品牌个性的建立有哪些影响？

本 章 小 结

网络环境会给产品带来什么变化？什么样的产品适合网络营销？如何在网络上树立品牌，提高顾客的品牌忠诚度？这是本章要回答的问题。传统理论里面的产品层次概念在网络环境下依旧适用，只是像潜在利益层和个性化利益层这样在传统产品中难以实现的部分，网络使其轻松地实现了，并且网络也使产品形式层更加多样化。网络使产品的若干属性发生了变化，也使得网络产品的分类复杂起来。其中关键的就是产品的可信息化程度问题，也就是产品是否能用数字信息来完全描述，甚至传输其本身。这又回到互联网的基本面——信息平台。网络营销新产品的开发主要倚重对互联网发展趋势的判断和与消费者互动的结果。

复 习 题

一、单选题

1. 关于网络营销中产品分类的说法中，错误的是( )。
    A. 网上销售的产品分为两类：有形产品和无形产品
    B. 有形产品是指有具体物理形状的物质产品

C. 贵重物品非常适合在网络上销售

D. 网上销售的无形产品可以分为两大类：软件和服务

2. 关于无形产品的叙述中，错误的是(　　)。

A. 网上销售的无形产品可以分为两大类：软件和服务

B. 企业通常采用两种方式销售软件产品：一是直接由消费者从网上下载，二是将无形产品有形化

C. 服务产品通常有两类：普通服务和信息咨询服务

D. 图书、家电及MP3歌曲下载是典型的无形产品

3. 品牌建立策略不包括(　　)。

A. 向传统媒体，如电视、广播、报纸等投放广告

B. 借助原有的品牌优势

C. 抢注其他著名公司传统品牌

D. 以自己的经营特色创建品牌

4. 关于网上产品定价的说法中，错误的是(　　)。

A. 定价前应确定定价的目标

B. 定价前应测定分析消费者的需求

C. 企业可以对网上产品任意定价

D. 企业初步确定的产品价格要拿到实验市场上来征求消费者的意见

5. 企业采用多品牌策略的最重要理由是(　　)。

A. 提高利润　　　　　　　　　　B. 加强内部竞争

C. 打击竞争对手　　　　　　　　D. 占领更多分销商货架

二、多选题

1. 产品组合包括3个因素，即产品组合的(　　)。

A. 广度　　　B. 深度　　　C. 可信度　　　D. 关联度

2. 产品延伸策略有(　　)三种。

A. 横向延伸　　B. 向上延伸　　C. 向下延伸　　D. 双向延伸

3. 网络营销产品包括的内容有(　　)。

A. 核心产品　　B. 形式产品　　C. 附加产品　　D. 潜在产品

4. 网络营销产品服务的特点包括(　　)。

A. 时空可分离性　　　　　　　　B. 更高层次服务

C. 顾客主动性增强　　　　　　　D. 服务效益提高

5. 网上免费产品的特性包括(　　)。

A. 冲击性强　　B. 无形化　　C. 零制造成本　　D. 成长性好

三、判断题

1. 产品收缩策略通常是在市场环境不好，或企业经营状况不景气等情况下采用的。

(　　)

2．产品紧跟策略通常被认为是一种风险大、成本高的策略。　　　　　　（　　）
3．任何产品都可以进行网络营销。　　　　　　　　　　　　　　　　（　　）
4．产品包括3层含义：核心产品、形式产品和附加产品。　　　　　　（　　）
5．潜在产品层次是指用户由于购买某一企业的产品或服务而获得的远期利益或者服务，是产品的一种增值服务或附加服务。　　　　　　　　　　　　　　（　　）

四、问答题

1．网络产品的概念分为几层？其中网络影响有哪些？
2．哪些是适合网络营销的产品？试举一例进行分析。
3．网络营销产品可以分为几类？思考一下，未来的技术发展会不会模糊其分类？
4．网络新产品的开发与传统新产品开发有什么本质上的差别？
5．创立网络品牌有几种策略？如何才能拥有好的域名品牌？

第 7 章 网络营销定价策略

教学目标

通过对本章的学习,了解网络营销定价的目标与环境,掌握互联网对价格策略的影响、网络营销中常用的定价方法和策略及其应用。

教学要求

知识要点	能力要求	相关知识
网络营销定价基本原理	(1) 理解网络营销定价基本原理 (2) 掌握边际成本定价机制的分类	(1) 网络营销定价基本原则 (2) 网络营销边际成本定价 (3) 网络营销歧视定价
网络营销定价目标和特点	(1) 理解网络营销定价目标内容 (2) 理解网络营销定价特点	(1) 网络营销定价目标 (2) 网络营销价格特点 (3) 网络营销定价特点
网络营销定价具体策略	(1) 灵活运用免费和收费定价策略 (2) 理解网络其他定价策略	(1) 免费和收费两大类网络营销定价策略 (2) 网络营销其他定价策略
网络动态定价策略	(1) 理解动态定价的风险和优势内容 (2) 灵活运用动态定价实现	(1) 网络动态定价的优势 (2) 网络动态定价的风险及对策 (3) 实现的基本条件 (4) 网络动态定价策略

基本概念

动态定价 拍卖 价格歧视 捆绑 免费价格策略 低价定价策略

第 7 章　网络营销定价策略

> **导入案例**
>
> ## 华泰汽车试水网络营销
>
> 2011年3月25日，华泰汽车开始试水网络营销，携中高级柴油轿车B11与韩系圣达菲，入驻火热的团购大本营，推出"1"元拍卖、万元团购优惠等系列活动。
>
> 据了解，本次华泰汽车进军网交会有三大营销措施：B11现场订车提前购车优惠；"14万"余元的韩系SUV圣达菲以"1"元价格起拍；还有三日团购万元优惠等。
>
> 华泰汽车表示，携手阿里巴巴平台将开汽车网购的先河，这不但是我国汽车业将产品走向电子商务营销的一次创新，也是对传统营销模式的一次挑战，标志着华泰汽车的营销战略转型已进入一个全新的发展阶段。
>
> (资料来源：http://www.chinaauto.org.)
>
> **点评：**
>
> 网上拍卖定价策略已经成为了网络营销定价策略中的一个重要组成部分。在互联网的影响下，许多新的定价方法纷纷出炉，如动态定价法和网络拍卖等。而有的公司将传统的网下价格直接移植到了网上，有的刚起步的公司则推出低价策略来吸引顾客。

7.1　网络营销定价基本原理

研究一种现象，只关注其表象是不够的，下面我们利用经济学的知识对网络营销定价原理进行探讨，以期大家有更深的认识。

7.1.1　基本原则

网络营销定价的基本模型基于以下原则决定：定价的最优价格由厂商、消费者和市场因素综合决定。其中厂商考虑生产成本，追求利润最大化；消费者考虑消费成本，追求效用最大化和市场交易成本最小、市场交易效率最优决定。

网络产品的定价应该满足以下几个条件：①补偿厂商开发生产费用，消费者物有所值；②激励厂商进行创新和不断进行专业化生产；③反映出市场上的供求关系；④反映出消费者市场上的外部性特征和生产者市场上的垄断和竞争特征。

7.1.2　边际成本定价

对于网络营销中的传统产品，根据几个差异决定了其定价机制也不相同，这些差异包括产品差异、消费差异和生产差异。根据这些差异，定价机制从边际成本定价向边际支付意愿定价变化，如表7-1所示。

表 7-1　网络营销中的定价机制分类

产品特性	消费模式	生产模式	定价机制
传统产品	无差别化消费	大规模标准化生产	边际成本定价
	个性化消费	大规模定制化生产	边际成本与边际支付意愿综合定价
数字化产品	无差别化消费	非专业化生产	边际成本定价
	个性化消费	定制生产	边际支付意愿定价

在表 7-1 中，无差别化消费是指满足消费者一般要求，而不考虑顾客特殊个性化需求的消费模式，这种消费模式对应的产品是标准化的产品。无差别化消费在 20 世纪 50 年代表现得最为充分，那时，大规模市场营销借助于电视广告、购物商城、大规模生产的工厂，以及适合大批量消费的社会，把人们的消费变成无差别化消费。生产厂商把每个消费者都看成是没有需求差别的消费者，从而生产出标准化的产品，由于市场处于卖方市场，消费者只有接受无差别化消费。

个性化消费是指消费者根据不同消费者需求进行消费的消费模式。在计算机不断发展的时代，计算机化生产使得产品有着多样化设计，整个市场消费又回归到个性化的基础上。现在出现越来越多的一对一服务，厂商把每个消费者都看做不同特点的个性化的消费者，消费者也对消费提出了更高的个性化消费要求。定制生产就是指按照顾客要求进行特定的生产。定制生产不仅是网络营销中满足顾客个性化需求的基本形式，在传统经济中也早就开始，只不过由于得不到规模效益，成本较高，不能成为经济中的主流生产方式。定制生产在网络时代的新发展就是大规模定制生产，由于计算机技术发展，企业在管理上采用 ERP 系统来实现自动化和数字化管理，在生产上采用计算机集成制造系统，在供应和配送上采用供应链管理，大规模定制生产得以实现。大规模定制生产既能够利用规模生产的好处，也能够满足消费者的个性化需求。

在经济学中确定商品的价格通常就是通过边际分析的方法确定。在这种方法中，通过对厂商成本和产量、消费者效用和收入约束条件的分析，厂商获得利润最大化。在边际成本递增、边际效用递减的情况下，消费者获得效用最大化的一阶边际条件：价格等于边际生产成本。一般说来，这是在完全竞争市场上对私人品分析得出的结论。所谓私人品是指具有排他性和竞争性的商品，传统产品一般都是私人产品，由于网络营销只是改变了传统产品的销售渠道或者支付方式，所以在表 7-1 中传统产品的定价机制由边际成本定价决定。在实际定价中，由于网络营销的运用，由边际生产成本和边际网络营销成本共同决定边际成本，加上生产商和销售商期望的利润就构成了面对消费者的最终定价，这种定价对于同种产品价格都是一样的，网络营销商用一样的价格对所有的消费者提供同样的产品。

根据消费者个性化消费生产，每一种产品的生产模式都可能不一样。对于每一个顾客，厂商相当于面对一个独立的市场，厂商无法根据边际成本制定出统一的价格，但是为厂商实行歧视定价奠定了基础。厂商确定消费者的特定需求后，也就能够在最大程度上估计出顾客的边际支付意愿，根据顾客的边际支付意愿，厂商能够最大限度地获得消费者剩余，制定出相应价格，这个价格大于边际成本，小于边际支付意愿。

对于网络营销中的数字化产品而言，在消费者对数字化产品进行无差别化消费，数字化产品生产厂商不进行专业化生产，而只是进行简单复制的情况下，由于其边际成本为零，消费者不会对这种数字化产品付费，根据边际成本原理，其定价必然为免费定价。只有在网络营销厂商投入一定的资金和人力进行专业化生产时，往往会产生网络外部性，引起边际成本为零、边际效用递增的情况，所以这时的边际成本定价往往不成立。这时根据数字化产品带给消费者的效用大小，消费者会根据效用的价格给出一个价值评估的主观价格，这种价格就代表了边际支付意愿，网络营销厂商只有根据边际支付意愿制定的价格才是消费者愿意支付的价格，否则价格过高，就会引起部分消费者不购买产品，价格过低就会影响企业利润。

7.1.3 歧视定价

微观经济学中的价格歧视概念是指：当两个单位的同种商品对不同消费者售价不同时，生产者就实行了价格歧视。

在网络营销中，根据消费者需求特征不同进行价格歧视可以使得消费者剩余尽可能地转移到厂商，使厂商利润最大化。根据英国经济学家庇古的分类，价格歧视有 3 种形式：一级、二级和三级价格歧视。一级价格歧视是指生产厂家根据每个顾客愿意为所买的每单位产品支付的最高价格(保留价格)索取售价；二级价格歧视通过生产厂商对相同货物或者服务的不同消费量或"区段"来实施；三级价格歧视建立在不同消费者可观察的特征基础上，将消费者划分成为不同的消费群体，索要不同的价格。总而言之，同种商品，对不同的消费者收取不同的价格就产生了"价格歧视"。在网络经济时代，网络技术的发展使得消费者和厂商之间的信息交流朝着更加快速和更加充分的方向发展，个性化消费成为网络经济新型的消费模式。和以前工业经济情况下规模经济和统一定价不同，个性消费和差别定价成为现在网络经济的主要策略，价格歧视理论成为网络经济条件下的价格理论，这就需要在网络经济条件下对歧视价格理论进行再思考。

1. 距离

在价格歧视理论中，距离作为影响歧视定价的主要因素，实际受到商品需求弹性的影响，厂商把运输成本当做一种生产成本，对产品进行加成定价。在一般情况下，距离越大，消费者对于这种商品的需求弹性越小，就应该索取越高的价格；反之，就应该索取越低的价格。另外，由于厂商对运输成本也进行加成定价，社会福利最大化没有得到实现。

2. 功能

实行功能歧视定价给支付意愿较低的消费者创造了一个消费市场，常见的做法是将商品中的一些关键功能删除，然后把低级版本的商品以较低的价格销售给一部分消费者，而将高级版本的商品，以较高的价格销售给另外一部分消费者。在某些产业，如计算机软件行业或者计算机硬件行业中往往存在这种现象，即使这样做增加了产品的制造成本，使得生产成本最高的产品比生产成本最低的产品卖得便宜，但是厂商也能够获得更多的利润。人们往往认为价格歧视使得消费者剩余转到了厂商的利润，但是从上面的分析可以看到，由于价格歧视使得消费市场规模扩大，可能使得消费者获得更多效用，厂商获得更多利润，从而两者同时获利。

3. 效用

歧视性定价和消费者从商品中获得的效用也密切相关,以效用概念来分析,定价应该让付出了较高价格、购买了高级版本产品的消费者得到的效用不小于以较低价格购买了低级版本产品的消费者。即歧视性定价是否有效取决于消费者是否觉得"物有所值",不同版本的同种产品应该反映这种效用差别。

7.2 网络营销定价目标和特点

7.2.1 网络营销定价目标

企业的定价目标一般与企业的战略目标市场定位和产品特性相关。企业价格的制定要从市场整体来考虑,它取决于需求方的需求强弱程度和价值接受程度;再有就是来自同类或替代性产品竞争压力的程度。而需求方接受价格的依据则是商品的使用价值和商品的稀缺程度,以及可替代品的机会成本。企业的定价目标一般有生存定价、获取当前最高利润定价、获取当前最高收入定价、销售额增长最大量定价、最大市场占有率定价和最优异产品质量定价。对于消费者大众市场,企业必须采用相对低价的定价策略来占领市场。对于工业组织市场,企业可以采用双赢的定价策略。

由于网络营销可帮助企业加强对成本的控制,网络价格基础也有降低的趋势:①通过互联网可以减少人为因素和信息不畅通的问题,在最大限度上降低采购成本;②利用互联网将生产信息、库存信息和采购系统连接在一起,可以实现实时订购,企业可以根据订购需要,最大限度地降低库存成本,实现零库存管理;③生产成本控制,利用互联网可以节省大量生产成本,一方面利用互联网可以实现远程虚拟生产,在全球范围寻求最适宜的生产厂家生产产品,另一方面,利用互联网可以大大节省生产周期,提高生产效率。

7.2.2 网络营销价格及特点

1. 价格特点

价格策略一直是营销理论研究中的一个难题。因为价格对企业、消费者乃至中间商来说都是最为敏感的问题。互联网和网络营销的发展,为人们解决这一难题找到了一条出路。与传统市场营销产品的价格相比,网络营销产品的价格具有一些新的特点。

(1) 价格水平趋于一致。在这个全球化的市场环境中,需求者和竞争者可以通过网络获得某企业的产品价格信息,并与其他企业的同类产品进行比较,最终结果是使某种产品变化不定且存在差异的价格水平趋于一致,这对那些执行差别化定价策略的公司会产生重要的影响。

(2) 非垄断化。它使企业面临的是一个完全竞争的网上市场,无论是市场垄断、技术垄断还是价格垄断,从垄断的时间和程度上都会更加短浅。

(3) 趋低化。一方面,网络营销使企业的产品开发、促销等成本降低,企业可以进一步降低产品价格;另一方面,由于网络扩展了用户的选择空间,因此,要求企业以尽可能低的价格向用户提供产品和服务。

(4) 弹性化。网络营销的互动性使用户可以与企业就产品的价格进行协商，实现灵活的弹性价格。

(5) 智能化。通过网络，企业不仅可以完全掌握产品对用户的价值，而且可以根据每个用户对产品的不同需求，生产定制产品。由于在产品的设计与制造过程中，数字化的处理机制可以精确地计算出每一件产品的设计制造成本，企业完全可以在充分信息化的基础上建立起智能化的定价系统，实现根据每件产品的定制要求制定相应价格。

2. 定价特点

(1) 全球化。"全球性"网络营销市场是面对全球化的市场，这使得产品定价必须考虑目标市场范围的变化给定价带来的影响，必须采用全球化和本地化相结合的原则进行定价。

(2) 低价位定价。互联网使用者的主导观念"是网上的信息产品是免费的、开放的、自由的"。但如果面对的是工业组织市场中高新技术的新产品，网上顾客对产品的价格就不太敏感。顾客主要关心服务方便和产品新潮，就不一定要求低价定价。

(3) 顾客主导定价。顾客主导定价是指为满足顾客的需求，顾客通过充分的市场信息来选择购买或者定制生产自己满意的产品或服务，同时希望以最小代价获得这些产品或服务。简单地说，就是顾客的价值最大化，顾客以最小成本获得最大收益。

顾客主导定价的策略主要有顾客定制生产定价和拍卖市场定价。顾客主导定价是一种双赢的发展策略，既能更好地满足顾客的需求，同时企业的收益又不受到影响。

(4) 价格透明化。在网络营销中，买方拥有越来越多的信息优势而卖方不再有信息优势，这是因为互联网提供了丰富的信息资料，顾客只要坐在计算机前，就可以到世界各地相关的网站搜索信息。顾客可以全面掌握同类产品的不同价格信息，甚至是同一产品在不同地区或不同零售商的价格信息。

(5) 价格动态化。根据不同渠道、不同时间、不同精力花销情况下，顾客表现出来的差异性价格承受心理，企业必须开发专门的产品服务组合，根据不同的产品配置、渠道、客户类型和时间，进行区别定价。

参考资料

航空业的区别定价策略

以航空业为例。对同一座位，航空公司的票价或许多达15种不等。不同票价的设置取决于订票时，乘客接受的限制条件或其他多种因素。例如，起飞前14天出票，或一周前出票，都有不同。

在美国，随着顾客旅行时间的不同，民航票价是动态变化的。工作日航班的票价高于周末的价格，晚上和凌晨的航班票价比白天的低，而在登机前"最后1分钟"往往可以买到惊人的折扣机票。在美国的航班上发现邻座的机票只花了250美元，而自己花了1 500美元的事常常发生。在美国，要乘飞机的顾客只有在买票时才能知道确切的票价是多少。

航空公司大多对不同价位、不同种类的机票实行限量配给制，并通过需求形态分析，不断修正定价策略，从而实现不同渠道间收益的最大化。

思考一下，软件厂商增加了成本做出软件的限制版，但售价却比完整版低，这种定价合理吗？

7.3 网络营销定价具体策略

尽管网络营销产品定价的原理并不复杂，但是网络营销定价的策略却更加具有灵活性，厂商要根据不同的环境灵活采用。

7.3.1 免费和收费定价策略

网络营销价格策略根据是否收费包括免费定价策略和收费定价策略。免费定价策略可以分为完全免费策略、限制免费策略、部分免费策略和捆绑式免费策略；收费定价策略又可以分为低价定价策略、定制生产定价策略、使用定价策略和拍卖竞价策略等定价策略。

1. 免费定价策略

免费定价策略是网络营销中常用的营销策略，它不仅是一种促销策略，还是一种非常有效的产品和服务定价策略。免费定价策略就是指企业为了实现某种特殊的目的，将产品和服务以零价格形式提供给顾客使用的价格手段，以满足顾客的需求。

免费定价几种策略的具体含义是：完全免费策略(产品和服务完全免费)是指产品或服务从购买、使用和售后服务所有环节都实行免费服务；限制免费策略(产品和服务实行限制免费)是指产品或服务可以被有限次使用，超过一定期限或者次数后就要进行收费；部分免费策略(产品和服务实行部分免费)是指对产品或服务，一部分进行免费定价，如果要得到其他部分的产品就必须付给厂商一定的价格；捆绑式免费策略(产品和服务实行捆绑式免费)是指购买某种产品或服务时赠送其他产品或服务。捆绑销售这一概念在很早以前就已经出现，这种传统策略已经被许多精明的网上企业所应用。网上购物完全可以通过巧妙运用捆绑手段，使顾客对所购买的产品价格更满意。采用这种方式，企业会突破网上产品的最低价格限制，利用合理、有效的手段，去减小顾客对价格的敏感程度。

企业实施免费价格策略的经济学原因如下。

用正规的经济学术语表示，网络经济的外在性定义是：一个产品或服务的价格取决于已经使用该产品或服务的其他人的数量。有的经济学家甚至认为，网络经济的这种"外在性"，是网络经济与传统经济相区别的根本标志。这在名牌消费、信用消费、网络消费中是很明确的现实。除了这种外在性以外，网络经济中还存在经济学家凯文·凯利所称的"反向定价法则"与"慷慨法则"。

"反向定价法则"是指传统经济中，产品质量的提高总会使该产品价格上涨，而网络经济条件下，随着产品质量的提高，该产品的价格每年都在下降。

"慷慨法则"是指传统经济中，需求与供给弹性不大的产品，其价格也很稳定。

企业实施价格策略的目的之一是让用户免费使用，形成习惯后再开始收费。例如，金山公司允许消费者在互联网下载限次使用的 WPS 软件，其目的是想消费者形成习惯后，然后购买正式软件，这种免费策略主要是一种促销策略，与传统营销策略类似。

另一个目的是想发掘后续商业价值，它是从战略发展的需要来制定定价策略的，主要目的是占领市场，然后再在市场上获取收益。例如，雅虎公司通过免费建设门户站点，经过4年亏损后，通过广告收入等间接收益扭亏为盈，但在前4年的亏损经营中，公司却得到飞速增长，主要得力于股票市场对公司的认可和支持，因为股票市场看好其未来的增长潜力，而雅虎的免费策略恰好是占领了未来市场，具有很大的市场竞争优势和巨大的市场盈利潜力。

2．收费定价策略

收费定价策略已经成为网络营销商盈利的重要手段。现在对几种主要的收费策略进行介绍。

1）低价定价策略

借助网络进行销售，比传统销售渠道的费用低廉，因此网络营销商往往采用低价定价策略。由于网络上的信息是公开和易于搜索比较的，因此网络上的价格对于消费者特别重要。低价定价策略容易吸引对价格较敏感的消费者的注意力。具体来说，低价定价策略又可以分为以下几种。

(1) 直接低价定价策略。这是指定价时采用成本加一定的利润定价。

(2) 折扣定价策略。即在原价基础上进行折扣来定价，这种定价方式可以让顾客直接了解产品的降价幅度以促进顾客购买。在实际营销过程中，其主要有如下几种形式：数量折扣策略、现金折扣策略、同业折扣策略、季节折扣策略等。例如，为了鼓励中间商淡季进货，或激励消费者淡季购买，也可采取季节折扣策略。

(3) 促销定价策略。在厂商为了开拓网上市场，但是价格又不具有竞争优势的时候可以采取网上促销定价策略。

实施低价策略时企业应注意的问题如下。

(1) 在网上不宜销售那些顾客对价格敏感而企业又难以降价的产品。

(2) 在网上公布价格时要注意区分消费对象。一般要区分一般消费者、零售商、批发商、合作伙伴，分别提供不同的价格信息发布渠道，否则可能因低价策略混乱导致营销渠道混乱。

(3) 网上发布价格时要注意比较同类站点公布的价格。

2）定制生产定价策略

定制生产定价策略是在企业能够实行定制生产的基础上，利用网络技术和辅助设计软件，帮助消费者选择配置或者自行设计能够满足自己需求的个性化产品，同时承担自己愿意付出的价格成本。

定制生产的形式：一类是面对工业组织市场的定制生产；另一类是针对消费者的定制生产。

3）使用定价策略

所谓使用定价策略就是顾客通过互联网注册后可以直接使用某公司的产品，顾客只需要根据使用次数进行付费，而不需要将产品完全购买。这样就减少了企业为了完全出售产品而进行不必要的大量生产和包装浪费，同时可以吸引过去有所顾虑的顾客使用，扩大市场份额。顾客每次只是根据使用次数付款，节省了购买产品、安装产品、处置产品的麻烦，还可以节省不必要的开销。

采用使用次数定价，一般要考虑产品是否适合通过互联网传输，是否可以实现远程调用。目前比较适合的产品有软件等产品。

另外，采用按次数定价对互联网的带宽提出了很高的要求，因为许多信息都要通过互联网进行传输，如互联网带宽不够，将影响数据传输，势必会影响顾客租赁使用和观看。

4) 拍卖竞价策略

经济学家认为，市场要想形成最合理价格，拍卖竞价是最合理的方式。网上拍卖由消费者通过互联网轮流公开竞价，在规定时间内价高者赢得。网上拍卖竞价主要有3种形式：竞价拍卖、竞价拍买和集体议价。

竞价就是通过市场运营机构组织交易的卖方或买方参与市场投标，以竞争方式确定交易量及其价格的过程。

(1) 竞价拍卖最大量的是C2C的交易，包括二手货、收藏品，普通商品也可以以拍卖方式进行出售。例如，惠普公司将公司的一些库存积压产品放到网上拍卖。

(2) 竞价拍买是竞价拍卖的反向过程。消费者提出一个价格范围，求购某一商品，由商家出价。出价可以是公开的或隐蔽的，消费者将与出价最低或最接近的商家成交。

(3) 在互联网出现以前，集体议价方式在国外主要是多个零售商结合起来，向批发商(或生产商)以数量换价格的方式。

新闻资料

顾客自主定价网站

Priceline.com 是一个由顾客自主定价的网站，这是一个全新的商务网站，主要业务是收集人们愿意承担的飞机票、旅馆房间、汽车和房产抵押的价格，在互联网上公布之后等待最合适的卖主。Priceline.com 于1999年4月初在华尔街上市，一周之内股价从每股16美元上升到80美元，市值达到110亿美元。当然，这种商业模式最终能否获得成功，还有待市场的检验，但这种定价创新在经济学意义上有着很强的优越性。它能够聚合顾客的真实需求，与厂商能提供的供给相对应，达到一种没有浪费的均衡。

目前采取拍卖竞价并不是网络营销厂商的主要选择，因为拍卖竞价可能会破坏企业原有的营销渠道和价格策略的制定。企业一些库存积压产品比较适合进行网上拍卖竞价。

在网络营销进入成熟期，特别是在企业的声誉建立起来后，消费者逐渐认识到企业在提供产品的独特效用的时候，常常使用收费定价策略，如E-mail的收费、短信服务的收费。在互联网发展早期，为了吸引上网者的注意力，E-mail服务都是免费提供，但是随着一些网站知名度的不断提高，各个网站都纷纷实行收费策略，在这方面263公司是很成功的例子。

新闻资料

263 免费 E-mail 向收费转型

经过早期的免费邮件阶段后，2000年11月24日，263公司打出了"263 mail 天下邮"(见图7.1)的全新整合形象，包括个人免费业务(免费邮箱)和 E-mail 客户端软件(263 快信 Wing Box)。这标志着 263 涉入收费 E-mail 服务领域。在确定了收费电子会成为新的盈利模式后，2002 年 3 月 18 日，263 网络集团对外宣布，263 电子邮件将于 2002 年 5 月 21 日起全面升级为收费邮件服务，届时将停止免费邮件。收费 E-mail 服务标志着 263 在"全面保障"的邮件服务发展策略上迈出了坚实的一步。这次推出了全新的"三零服务"承诺，即 60 天无条件退款(零购买风险)、全时保用高性能邮件服务(零使用风险)、非用户原因故障赔偿(零责任风险)。作为 263 "全面保障"邮件服务的基石，263 对 E-mail 平台在深度和广度上进行了全面升级。在深度上，263 依托超级 E-mail 系统，建立了全系统双机备份、多重安全加密、独享带宽、反垃圾邮件等系统应用环境，保证了 263 用户 E-mail 的安全、高速、稳定；在广度上，263 积极开发新的 E-mail 应用功能，实现了 E-mail 与手机之间的跨平台应用，致力为用户提供最佳的电信级 E-mail 服务。由于 263 提供了快捷、安全和多样化的服务，并且通过手机支付，所以和免费邮件的不稳定和单调形成了鲜明的对比，263 收费邮件服务获得了成功。2005 年，263 个人邮箱现有注册用户超过 400 万人，收费邮箱营业收入占 263 集团营业收入的 20%，占收费邮箱市场的 30%。

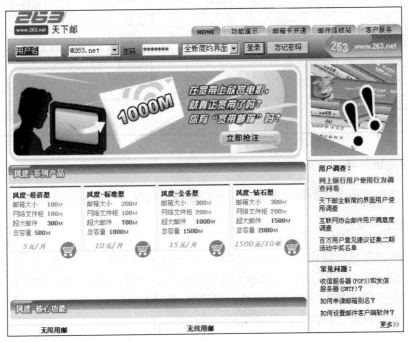

图 7.1 263 天下邮首页

3. 网络免费定价和收费定价策略比较

在现实的网络营销定价中，没有绝对的免费定价策略和收费定价策略，往往都是免费定价策略和收费定价策略结合使用，达到网络营销者的营销目的。在免费定价策略阶段企业耗费的成本，企业通过在收费定价阶段的收费就可以收回。

根据网络营销消费特点、厂商收益特点、主要目标和定价策略机制的考察，对网络营销定价策略进行比较，如表 7-2 所示。

表 7-2　网络免费定价策略和收费定价策略比较

定价策略		消费特点	厂商收益特点	主要目标	定价策略机制
免费定价策略	完全免费策略	完全不受限制使用	通过广告和其他商品获得收益	增大客户基数	促进消费者网络外部性产生
	限制免费策略	用一定次数和时间	免费期后收费	促进顾客了解产品	通过产品的试用，了解产品的功能
	部分免费策略	对产品部分免费使用	通过顾客购买全部产品获得收益	促进顾客了解产品	通过产品的试用，了解产品的功能
	捆绑式免费策略	和其他产品一起消费	通过和免费产品捆绑的其他产品和服务获得收益	通过免费产品促进收费服务和产品	产品的互补性
收费定价策略	低价定价策略	低于传统市场价格	通过广告收益和产品销售	吸引注意力	通过低价，吸引对价格敏感的顾客消费
	定制生产策略	顾客自主选择生产	产品销售	满足消费者的个性消费	差别定价
	使用定价策略	按照使用次数和时间收费	使用收入	消除顾客疑虑，扩大销售额	通过使用，与顾客进行产品质量功能信息的交流
	拍卖竞价策略	集中竞价	产品销售	吸引注意力	有效价格比较

7.3.2　其他定价策略

除了免费和收费两大类网络营销定价策略以外，还有一些其他的具体策略。

1. 竞争定价策略

通过顾客跟踪系统经常关注顾客的需求，时刻注意潜在顾客的需求变化，才能保持网站向顾客需要的方向发展。在大多数网上购物网站上，经常将服务体系和价格等信息公开申明，这就为了解竞争对手的价格策略提供了方便。随时掌握竞争者的价格变动，调整自己的竞争策略，时刻保持同类产品的相对价格优势。

2. 自动调价、议价策略

根据季节变动、网络供求状况、竞争状况及其他因素，在计算收益的基础上，建立自动调价系统，自动进行价格调整。同时，建立与消费者直接在网上协商价格的集体议价系统，使价格具有灵活性和多样性，从而形成创新的价格。现在这种集体议价策略已在一些网站中被采用。

3. 特有产品价格策略

特有产品价格策略需要根据产品在网上的需求来确定产品的价格。当某种产品具有很特殊的需求时，不用更多地考虑其他竞争者，只需制定自己最满意的价格即可。这种策略往往分为两种类型：一种是创意独特的新产品，它是利用网络沟通的广泛性、便利性，满足那些品味独特、需求特殊的顾客的先睹为快的心理;另一种是纪念物等有特殊收藏价值的商品,如古董、纪念物等。

新闻摘录

新西兰网上拍卖百年火车

金斯顿蒸汽飞车(The kingston Flyer)(见图 7.2)作为客运列车于 1890 年服役,1971 年成为观光火车,拥有很高人气。

图 7.2　金斯顿蒸汽飞车

2011 年,新西兰的一辆有 120 年历史的蒸汽火车在交易网站"卖我网"(Trade Me)上进行拍卖。

金斯顿蒸汽飞车拖挂有两节木质乘客车厢、一节餐车和几节货运车厢。乘坐它观光曾是新西兰南岛非常有名的旅游项目。据卖家介绍,火车的起拍价格为 95 万新西兰元(约合 450 万元人民币),这还不包括随火车一同出售的 9 英里(约 14km)铁轨、一家酒吧和一个火车站。

据了解,这辆蒸汽火车于 1890 年开始服役,负责运送往来于金斯顿与戈尔镇之间的乘客,于 1957 年退役;1971 年,蒸汽机保护爱好者将它改造成旅游观光火车。在过去的 30 多年当中,金斯顿蒸汽飞车每年都要搭载数千名旅游者往来于金斯顿与费尔莱特镇,沿途美景令这些游客流连忘返,也令蒸汽飞车拥有很高的人气,它还曾作为背景在多部宝莱坞电视广告中出现。

金斯顿以前的拥有者于 2009 年由于经营不善而申请破产抵押,这辆极具历史意义的"老爷火车"作为抵押品被搁置在了位于南岛旅游之都昆士兰 40km 的一块场地内。作为卖家的地产公司介绍说:"金斯顿蒸汽飞车是新西兰铁路史上的骄傲,我们希望有人能够买下它,让它重现辉煌。"

(资料来源:http://news.xinhuanet.com/word/2011-03/31/C_121253389.htm.)

4. 声誉定价策略

企业的声誉成为网络营销发展初期影响价格的重要因素。消费者对网上购物和订货往往会存在着许多疑虑,如在网上所订购的商品质量能否得到保证,货物能否及时送到等。如果网上商店的店号在消费者心中享有声望,则它出售的网络商品价格可比一般商店高些;反之,价格则低一些。

5. 产品循环周期定价策略

每一产品在某一市场上通常会经历介绍、成长、成熟和衰退 4 个阶段，产品的价格在各个阶段通常要有相应反映。网上进行销售的产品也可以参照经济学关于产品价格的基本规律。并且由于对产品价格做了统一管理，能够对产品的循环周期进行及时反映，可以更好地伴随循环周期进行变动。

6. 品牌定价策略

品牌会成为影响价格的重要因素，它能够对顾客产生很大的影响。如果产品具有良好的品牌形象，那么产品的价格将会产生很大的品牌增值效应。名牌商品采用优质高价策略，既增加了盈利，又让消费者在心理上感到满足。对于这种本身具有很大的品牌效应的产品，完全可以对品牌效应进行扩展和延伸，利用网络宣传与传统销售的结合，产生整合效应。

7. 撇脂定价策略

撇脂定价是指在产品或服务初上网络时，定以高价，从而在网络上撇取厚利润这层"奶油"。在如下情况可采用此策略：短期内几乎没有竞争的危险；由于产品具有独特性，所以价格需求缺乏弹性；不同的顾客有不同的价格弹性，企业有足够的时间尽量先让弹性小的顾客充分购买，然后再向弹性大的顾客推销；大规模生产之前，对产品需求的满足极为有限；小产量的单位成本不致高到抵消从交易中得到的利益；行业政策要求尽快收回投入成本。

8. 渗透定价策略

渗透定价是在产品或服务初进网络时定以低价，从而比较容易地进入网络或提高网络占有率。在以下情况可采用此策略：想要确立自己网络的基本地位；阻止新的竞争者进入网络；认准竞争者不会以牙还牙展开价格大战，可借此坐收低价扩大网络的好处；以扩大网络占有率与投资收益率为目的；网络需求对价格极为敏感，低价会刺激网络需求迅速增加；生产和分销单位成本会随着生产的增加而下降。

9. 细分网络定价策略

细分网络定价是指在不同的细分网络上，对同一产品定不同的价格。在顾客能够接受根据产品或服务的细微差别而制定不同价格的时候，这种战略就显得重要。在以下情况可采用此策略：产品在不同细分网络上具有不同程度的价值；产品或服务可略做改变，以适应细分网络的不同需要；不同的细分网络之间不存在竞争。

10. 智能型定价策略

网络零售企业可以通过网络与顾客直接在网上协商价格。例如，一些网站设置洽谈室让买卖双方在网上讨价还价，另有一些拍卖网站则通过网上定价系统来确定价格。

11. 产品组合定价策略

1) 选择产品定价策略

选择产品定价的特点是，在顾客购买相关商品时，提供多种方案以供顾客挑选，但总的来说，各种选择的定价是鼓励顾客多买商品。例如，第一种情况，只买计算机，每台 10 000 元；第二种情况，只买打印机，每台 8 000 元；第三种情况，计算机与打印机一起买，每套 17 000 元。

2) 俘虏产品定价策略

所谓俘虏产品定价，就是把相关产品中的一种商品的价格定得较低以吸引顾客(这种商品称为"引诱品")，而把另一种商品的价格定得较高以赚取利润(这种商品称为"俘虏品")。当顾客以低价买了引诱品后，就不得不出高价来买俘虏品。一般，引诱品应当是使用寿命较长的商品，而俘虏品则应当是易耗品。

12. 秒杀策略

秒杀(SecKill)就是以压倒性优势一招致命，在极短时间(如一秒)内解决对手，或者称瞬秒(瞬间秒杀)。它来自网络游戏，形容一瞬间杀死一个游戏角色。

现在秒杀成为网上竞拍的一种新方式。所谓秒杀，就是网络卖家发布一些超低价格的商品，所有买家在同一时间网上抢购的一种销售方式。由于商品价格低廉，往往一上架就被抢购一空，有时只用一秒。目前，在淘宝等大型购物网站中，"秒杀店"的发展可谓迅猛。

 新闻资料

你今天秒了吗?

不知不觉，秒杀成为了年度经济词，热度直追一度成为网上热门的"偷菜"。

什么是秒杀？如果你这样提问的话，马上会有人说"如果你还不懂'秒杀'，那么，你已经 OUT 了！"

据介绍，秒杀最早来源于网络游戏，后来被网上购物一族用为了口头禅，秒杀在网购领域就是一种限时抢购的方式，一些热门商品被放到网上后，谁先在指定时间形成订单，谁就获得商品。

某购物网站推出了"1元秒杀房子"的活动，再次让大众见识了秒杀的威力，随之而来的除了热情的参与和热烈的讨论之外，质疑之声也开始蔓延。

1. 秒杀升级，1 元买百万房产

1 元买到价值百万元的一套房子，这本来是一桩完全不可能的事，却因为"秒杀"而成为现实。2009 年 12 月 28 日晚 8 时，浙江树人大学大二的一名普通学生小杨成为幸运者。

2009 年 12 月 7 日，一网站推出的"我为房狂"的活动吸引了众多网友的目光。当日，小杨左右手同时开工，左手一直负责按 F5 键刷新页面，右手拿鼠标，开始在心里倒数时间，数到"1"时，按 F5 键刷新，竟然出现了"立即购买"页面，直到购买成功时，他还不敢相信自己的眼睛。第一次秒杀经历，用时 11 秒，第五名，拥有了最终的秒杀资格。经过 12 月 28 日的终极对决，倒数计时、刷新页面、点击购买，10 秒后，小杨第一个"秒"杀到了这套房子。

1 元可以买到百万元的房产，这样令人艳羡的幸运，也将秒杀"一夜暴富"式的强大吸引力释放得淋漓尽致。

2. 秒杀成为商家聚人气的法宝

小杨无疑是幸运的，而小杨背后，是成千上万的失意者。也正是这种空前的聚集人气的能力，使商家越来越钟情拿秒杀制造文章。

某购物网络举行秒杀促销活动,曾在 6 天内吸引了 18 亿人次参加,平均每天参加秒杀活动的人数达到 3 亿人次,不管是总参与人数,还是高峰期瞬间流量,在电子商务领域都是史无前例的。秒杀这种极具网购特色的促销活动越来越为商家看重。

在当当、淘宝、易趣等购物网站,其主页面上很醒目地出现"限时狂抢"、"1 元秒杀"等购物宣传。不少数码产品、服装饰品都打出了"1 元起拍"的旗号。

3. 秒杀急功近利,灰色问题随之而生

秒杀是一种新兴的网络营销方式。其最早仅仅是卖家个人的促销行为,逐渐上升为网站为了吸引人气的造势手段。而伴随秒杀产生的是源源不断地遭到来自网友的各种质疑,包括卖家作弊、买家使用"秒杀器"等,"秒房"活动自然不能例外。尽管主办方一再强调,为了应对参加秒杀的网民热情,他们做了应对大流量的准备。秒杀全程都是公平、公正的,但是仍有不少声音质疑称幸运者是内定的、主办方操控过程等。

除了难以把控的公正性之外,秒杀来的商品的质量等问题,也成为买家的隐忧。不少网友渐渐发现这种网络购物其实暗含许多猫腻,有些网友秒杀来的物品是旧货、过季货。尽管商品非常便宜,但是质量不是很好。

而社会学者则关注到了这种购物方式背后对于购物者心态和世界观等的影响:"正是因为和现实经济利益的纠葛,秒杀折射出的网络心态超越了游戏的单纯。秒杀族对打折、赠品趋之若鹜,甚至发展出盈利模式。在'秒杀宣言'中,他们不仅露骨地追求利益,还说踏实工作不如'一通抢'来得痛快、来得实在。这些都刺痛了朝九晚五的上班族。"

(资料来源:http://b2b.toocle.com/detail--4951038.html.)

13. 团购策略

团购就是团体购物,指的是认识的或者不认识的消费者联合起来,来加大与商家的谈判能力,以求得最优价格的一种购物方式。根据薄利多销、量大价优的原理,商家可以给出低于零售价格的团购折扣和单独购买得不到的优质服务。团购作为一种新兴的电子商务模式,通过消费者自行组团、专业团购网站、商家组织团购等形式,提升用户与商家的议价能力,并极大程度地获得商品让利,引起消费者及业内厂商,甚至是资本市场的关注。团购的商品价格更为优惠,尽管团购还不是主流消费模式,但它所具有的爆炸力已逐渐显露出来。现在团购的主要方式是网络团购。

总之,企业的网络营销最终选择何种定价策略,是与其全部的网络营销和生产组合相联系的。在网络竞争日益激烈的环境下,企业为了求得生存和发展,必须主动采取价格手段以提高企业竞争力,必须对竞争者的价格变动做出正确的反应。实际上,随着经济环境的变化和竞争者、顾客行为的变化,不同的企业都有不同的选择。企业在选择定价策略时,要采用适合本企业的、系统的、合乎逻辑的方法。

 即问即答

网上哪些产品的价格可以体现出声誉定价和特有产品定价策略?

7.4 网络动态定价策略

网络技术的飞速发展使企业获得消费者信息的成本大幅下降,在信息管理技术日趋完善的网络营销环境下,微观经济学中传统的差别定价进一步发展成为动态定价。动态定价是指企业根据单个交易水平的供给状况即时确定购买(出售)产品或服务的价格。动态定价方法之所以能吸引大多数企业,是因为它能及时根据单个消费者购买意愿制定价格,在满足消费者需求的同时,将全部或部分消费者剩余转化成厂商剩余。由于网络市场比传统市场的信息更透明,传播速度更快,以及企业和消费者的信息搜索成本都大幅降低等特点,网络动态定价过程中企业利润与风险并存,这一点在本章的案例研究中就可以发现。

7.4.1 动态定价的风险和优势

1. 网络动态定价的优势

随着电子商务和网络经济的发展,对产品进行动态定价是不可扭转的发展趋势,其优势如下:①价格测试功能:企业通过网上动态定价,能直接迅速地得到消费者需求信息,避免了因错误预测需求而制定过高或过低的价格;②减少过多存货的风险:企业网络动态定价系统加快消费者需求信息、竞争者信息和产品信息的流动,很大程度上降低了信息的不完全性,有助于压低存货储存;③提高竞争能力:企业的网络动态定价增加了竞争对手监督企业产品价格变化的难度,使价格紧随策略也很难实施。在竞争中,企业的动态定价系统是在考虑了包括竞争者因素的众多因素后,才计算得到产品的最优价格,因而具备了其他企业不具备的优势。

2. 网络动态定价的风险及对策

虽然网络动态定价可以帮助企业获取尽可能多的利润,但在具体实践中,定价过程中的困难和风险也不能小觑,如图 7.3 所示。

图 7.3 网络营销动态定价风险极大

(1) 消费者抵触与个性化服务。企业应让消费者了解网络动态定价，把定价过程建立在信任的基础上，给消费者自我选择的机会。这可以通过多种途径来实现，其中个性化服务更能体现网络营销的顾客主导性，因为它强调的是顾客对产品价值的认定。个性化服务不仅使核心产品更具个性化，还能使企业通过消费者的交易记录和资信程度向每个渠道消费者索取最合理的个性化价格，有效避免套利行为的发生。

(2) 营销渠道混乱及其对策。虽然网络动态定价的菜单成本低廉，但是价格的适时更新会影响企业已建立的营销渠道。由于营销渠道的相应调整存在较大的时滞，因此网络动态定价容易造成企业营销渠道的混乱。为了避免营销渠道的混乱，首先，企业要注意区分消费者对象，分别提供不同的价格信息发布渠道。其次，企业还可以将多渠道定价策略与网络动态定价策略结合运用，只对网络渠道的特定产品采取动态定价的策略。

(3) 生产能力的局限与流程再造。传统营销环境下企业的生产模式已不能有效地适应网络营销，网络营销强调的速度、个性化和动态定价策略等都要求生产柔性化，这就要求企业的生产、组织结构和会计等系统与之相适应。因此，建立企业的网络动态定价系统并非一朝一夕可以完成，它涉及了整个企业的生产过程。

7.4.2 动态定价的实现

1. 实现的基本条件

网络动态定价的实现首先需要下列基本条件：①快速收集、处理消费者信息的技术，企业的网站引擎应具有用户友好界面与可用性，企业的动态定价系统应能迅速分析数据与信息的变化，正确进行消费者细分；②定价维护技术，企业的动态定价系统必须能综合运用各种定价策略，尽可能适时刷新产品价格；③网络安全技术消费者对网络消费存在顾虑的一个重要原因是网络的安全性，强劲的网络安全技术是企业网络营销成功的重要因素。

2. 网络动态定价策略

企业基本的定价方法与网络技术的结合给传统的定价策略增添了新的内涵，同时，创新的网络动态定价工具的不断涌现，也大大丰富了企业定价决策的选择。

(1) 时基定价策略。时基定价策略是根据不同时间消费者所能承受的价格相异来实施的。高峰负荷定价和清理定价是两种最为常见的时基定价策略。高峰负荷定价较适合供应缺乏弹性的产品。此时，供应商完全能预测需求的增长，因而能够进行系统化的价格上调，如电信公司为不同时段的服务收取不同的资费。而清理定价则适合需求状况不确定和贬值的产品，如生命周期较短的计算机等电子产品。企业应适时降低价格，及时清理多余库存，加快资金的回收。

(2) 消费者价值定价策略。在传统市场交易中，供方企业处于主导地位，而在网络交易中，顾客处于主导地位，他们认定的产品价值将成为企业为产品定价的基础与关键。

(3) 动态推销策略。企业通过网络进行市场研究的成本与便捷是传统营销望尘莫及的，动态推销策略根据供应情况和库存水平的变化，迅速、频繁地实施价格调整，为顾客提供不同产品、各种促销优惠、多种交货方式及差异化的产品定价。这种策略与潜在消费者需求紧密结合,企业可以根据登录文件和点击流中的信息跟踪每位消费者的点击流,适时提供特别服务,与更多的潜在消费者实现交易。例如,自从航空公司可以自行定价以来,出现了收益管理的收入最大化的新方法。这个复杂的系统包括了多种管理策略,通过分析消费者信息动态定价,尽可能用固定能力来匹配各细分市场的潜在需求,实现以最大盈利方式分配一趟航班的座位的目标。

网络营销中的定价策略创新不会停止,但其改变应对交易双方都是有利的。企业在定价过程中仍需要不断结合传统的定价方法与策略,单独实施某一策略,或进行策略组合,使企业在定价过程中的巨大投入得到足够的回报。

3. 网络动态定价的实现过程

企业网络营销中的动态定价要从收集与分析信息开始,根据内外部制约条件,为企业产品制定最优价格,但与传统营销中的定价过程不同,通过网络动态系统制定的产品价格是随着市场供求、促销活动等因素的变化而实时变化的,产品价格始终处于不断调整的过程中。网络动态定价过程在产品销售周期中循环往复地进行着。

新闻摘录

三大拍卖标志中国房地产从网络营销走向电子商务

2011 年 4 月 23 日,SOHO 中国进行商铺网上无底价竞买,这次拍卖被 SOHO 中国和某知名网站解释为两者在房地产电子商务领域战略合作的发端。无独有偶,由伟业我爱我家集团联手淘宝房产打造的海南三亚湾克拉码头豪华一线海景公寓的"1 元起拍"活动也于 28 日正式举行,活动空前爆响,而早在 4 月初,伟业我爱我家集团便宣布与淘宝网旗下的淘宝房产启动全面战略合作,共同探索房地产交易的电子商务化。4 月 27 日,某网站宣布 314 城联动,在全国范围内正式启动"0 元起拍,限价封顶"大型新房拍卖活动,首批竞拍放心房源于 5 月 1 日正式上线接受竞拍,竞拍报名热线火热开启。

短短 1 个月之内,三大房产拍卖同时举行,这究竟是房地产企业面对调控后的市场困局做出的应对动作,还是房地产领域大举进军电子商务的创新之举呢?对此,伟业我爱我家集团副总裁胡景晖认为,过去十年,中国房地产与互联网的结合还是停留在网络营销层面,而未来十年,中国房地产与互联网将联手向电子商务挺进。

胡景晖说,未来十年与过去十年有三大差别。

(1) 过去十年是以网络广告为主,而未来十年将逐步发展为实际交易。以往的房地产开发企业或经纪机构与网络合作,基本还是以发布广告和资讯为主,而未来,更多的房地产交易流程和动作将被移植到线上,从而提高交易效率,降低交易成本,提升购房人的服务体验。

(2) 过去十年房地产网络营销突出的是信息的海量,而未来十年房地产与网络的再度结合将以信息"真实"为要点。随着房地产行业监管的日趋严格,不论是新房,还是二手房,虚假信息、虚假房源将越来越被网络环境所屏蔽,而真实的信息发布和诚信的交易行为将伴随着房地产交易的电子商务化而蔚然成风。

(3) 过去的十年,房地产网络营销的重心偏向于 B 端,即开发商,定价权不在购房人手中。而未来十年,房地产电子商务的重心将转向 C 端,即购房人,定价权也将向购房人手中偏移。一方面,在战略城市和大中城市,二手房交易将逐步取代新房交易成为市场的主流,个人之间的交易量将大幅提升;另一方面,随着供求关系和交易模式的变化,购房人在市场中的主动权将逐步提升,因此,购房人个人在房地产电子商务化中的地位将有所提升。

对于中国房地产电子商务化的未来,胡景晖说,由于不动产交易金额高、标的物本身不可移动、产权转移方式特殊等原因,目前完全搬到线上还不可能,但是,房地产交易的电子商务化是大势所趋,随着技术的进步和模式的创新,未来的发展前景将是美好和光明的。

(资料来源:http://house.focus.cn/news/2011-04-28/1282364.html。)

亚马逊公司的差别定价实验

1994年,杰夫·贝索斯在西雅图创建了亚马逊公司,该公司从1995年7月开始正式营业,1997年5月股票公开发行上市。从1996年夏天开始,亚马逊成功地实施了联属网络营销战略,在数十万家联属网站的支持下,亚马逊迅速崛起成为网上销售的第一品牌。但是,亚马逊的经营也暴露出不小的问题。虽然亚马逊的业务在快速扩张,亏损额却也在不断增加,在2000年第一个季度中,亚马逊完成的销售额为5.74亿美元,较1999年同期增长95%;第二季度的销售额为5.78亿美元,较1999年同期增长了84%。但是,亚马逊第一季度的总亏损达到了1.22亿美元,相当于每股亏损0.35美元;而1999同期的总亏损仅为3 600万美元,相当于每股亏损为0.12美元。亚马逊2000年第二季度的主营业务亏损仍达8 900万美元。

亚马逊公司的经营危机也反映在它股票的市场表现上。亚马逊的股票价格自1999年12月10日创下历史高点106.687 5美元后开始持续下跌,到2000年8月10日,亚马逊的股票价格已经跌至30.438美元。在业务扩张方面,亚马逊也开始遭到一些老牌门户网站,如美国在线、雅虎等的有力竞争。在这一背景下,亚马逊迫切需要实现盈利,而最可靠的盈利项目是它经营最久的图书、音乐唱片和DVD,实际上,在2000年第二季度,亚马逊就已经从这3种商品上获得了1 000万美元的营业利润。

作为一个缺少行业背景的新兴网络零售商,亚马逊不具有巴诺公司那样卓越的物流能力,也不具备像雅虎等门户网站那样大的访问流量,其最有价值的资产就是拥有的2 300万注册用户,亚马逊必须设法从这些注册用户身上实现尽可能多的利润。因为网上销售并不能增加市场对产品的总的需求量,为提高在主营产品上的赢利,亚马逊在2000年8月中旬开始了著名的差别定价实验。亚马逊选择了68种DVD进行动态定价实验。实验当中,亚马逊根据潜在客户的人口统计资料、在亚马逊的购物历史、上网行为以及上网使用的软件系统,确定对这68种DVD的报价水平。例如,名为《泰特斯》的DVD对新顾客的报价为22.74美元,而对那些对该DVD表现出兴趣的老顾客的报价则为26.24美元。通过这一定价策略,部分顾客付出了比其他顾客更高的价格,亚马逊因此提高了销售的毛利率。但是好景不长,这一差别定价策略实施不到一个月,就有细心的消费者发现了这一秘密。通过在虚拟社区的交流,成百上千的DVD消费者知道了此事,那些付出高价的顾客当然怨声载道,纷纷在网上以激烈的言辞对亚马逊的做法进行口诛笔伐,有人甚至公开表示以后绝不会在亚马逊购买任何东西。更不巧的是,由于亚马逊公布了它对消费者在网站上的购物习惯和行为进行的跟踪和记录,因此,这次事件曝光后,消费者和媒体开始怀疑亚马逊是否利用其收集的消费者资料作为其价格调整的依据。这样的猜测让亚马逊的价格事件与敏感的网络隐私问题联系在了一起。

为挽回不利影响,亚马逊的首席执行官只好亲自出马做危机公关,并向消费者公开道歉。他指出亚马逊的价格调整是随机进行的,与消费者是谁没有关系,价格实验的目的仅仅是为测试消费者对不同折扣的反应，亚马逊"无论是过去、现在或未来，都不会利用消费者的个人资料进行动态定价。"不仅如此，亚马逊答应给所有在价格测试期间购买这 68 部 DVD 的消费者以最大的折扣。据不完全统计，至少有 6 896 名没有以最低折扣价购得 DVD 的顾客，已经获得了亚马逊退还的差价。

至此，亚马逊价格试验以完全失败而告终，亚马逊不仅在经济上蒙受了损失，而且声誉也受到了严重的损害。

亚马逊差别定价策略失败的原因究竟何在？亚马逊这次差别定价试验从战略制定到具体实施都存在严重问题，现分述如下。

1) 战略制定方面

(1) 亚马逊的差别定价策略同其一贯的价值主张相违背。在亚马逊公司的网页上，亚马逊明确表述了它的使命：要成为世界上最能以顾客为中心的公司。在差别定价试验前，亚马逊在顾客中有着很好的口碑，许多顾客认为亚马逊不仅提供最多的商品选择，还提供最好的价格和最好的服务。亚马逊的定价试验彻底损害了它的形象，即使亚马逊为挽回影响进行了及时的危机公关，但亚马逊在消费者心目中已经不会像从前那样值得信赖了。

(2) 亚马逊的差别定价策略侵害了顾客隐私，有违基本的网络营销伦理。亚马逊在差别定价的过程中利用了顾客购物历史、人口统计学数据等资料，但是它在收集这些资料时是以为了向顾客提供更好的个性化的服务为幌子而获得顾客同意的。显然，将这些资料用于顾客没有认可的目的是侵犯顾客隐私的行为。即便美国当时尚无严格的保护信息隐私方面的法规，但亚马逊的行为显然违背了基本的商业道德。

(3) 亚马逊的行为同其市场地位不相符合。亚马逊违背商业伦理的行为曝光后，不仅自己的声誉会受到影响，整个网络零售行业都会受到牵连，但因为亚马逊本身就是网上零售的市场领导者，占有最大的市场份额，所以它无疑会从行业信任危机中受最大的打击。由此可见，亚马逊的策略是极不明智的。

2) 具体实施方面

亚马逊的差别定价实验实施上的重大错误是使它迅速失败的直接原因。

(1) 从微观经济学理论的角度看，差别定价未必会损害社会总体的福利水平，甚至有可能导致帕累托更优的结果。但同时，基本的经济学理论认为一个公司的差别定价策略只有满足以下 3 个条件时才是可行的：①企业是价格的制定者而不是市场价格的接受者；②企业可以对市场细分并且阻止套利；③不同的细分市场对商品的需求弹性不同。

DVD 市场的分散程度很高，所以从严格的意义上讲，亚马逊不是 DVD 价格的制定者。但是，假如考虑到亚马逊是一个知名的网上零售品牌，以及亚马逊的 DVD 售价低于主要的竞争对手，亚马逊在制定价格上有一定的回旋余地。当然，消费者对 DVD 产品的需求弹性存在着巨大的差别，所以亚马逊可以按照一定的标准对消费者进行细分，但问题的关键是亚马逊的细分方案在防止套利方面存在着严重的缺陷。亚马逊的定价方案试图通过给新顾客提供更优惠价格的方法来吸引新的消费者，但它忽略的一点是：基于亚马逊已经掌握的顾客资料，虽然新顾客很难伪装成老顾客，但老顾客却可以轻而易举地通过重新登录伪装成新顾客实现套利。至于根据顾客使用的浏览器类别来定价的方法同样无法防止套利。因为无法阻止套利，所以从长远角度，亚马逊的差别定价策略根本无法有效提高盈利水平。

(2) 亚马逊歧视老顾客的差别定价方案同关系营销的理论相背离。亚马逊的销售主要来自老顾客的重复购买，重复购买在总订单中的比例在 1999 年第一季度为 66%，一年后这一比例上升到了 76%。亚马逊的策略实际上惩罚了对其利润贡献最大的老顾客，但它又没有有效的方法锁定老顾客，其结果必然是老顾客的流失和销售与盈利的减少。

(3) 亚马逊还忽略了虚拟社区在促进消费者信息交流方面的巨大作用，消费者通过信息共享显著提升了其市场力量。的确，大多数消费者可能并不会特别留意亚马逊产品百分之几的价格差距，但从事网络营销研究的学者、主持经济专栏的作家及竞争对手公司中的市场情报人员会对亚马逊的定价策略明察秋毫，他们可能会把他们的发现通过虚拟社区等渠道广泛传播。这样,亚马逊策略很快就露了底,并且迅速引起了传媒的注意。

比较而言,在亚马逊的这次差别定价实验中,战略上的失误是导致实验失败的根本原因,但实施过程中的各种问题也是导致试验失败的原因。

(资料来源:郑亚琴,郑文生."亚马逊"的网络营销分析. 中国信息导报. 2002(10): 56-57.)

讨论题

1. 差别定价策略的实施将会面临许多困难,亚马逊遇到了哪些困难?
2. 通过亚马逊试验失败的案例,我国进行网络营销的企业最大的启示是什么?

本 章 小 结

消费者到网上查找产品和服务的价格,其目的不外乎两个:挤干虚高价格中的水分和寻找更加低的价格。对于消费者来说,这两个目的是有联系的,经常无心插柳,本来想找市场标准价,结果查到了促销价。对于企业来说,网络降低了企业的成本,但不一定就提高了产品的利润,因为网络同时也使价格的透明度变高。本章所研究的是网络营销定价策略,目的就是要帮助企业和消费者在价格问题上达到双赢。

边际成本定价和歧视定价是价格策略的基本原理,但是企业不能因此就在价格上乱"歧视"一气,使得消费者会反过来歧视产品。企业掌握了网络定价的特点之后,就可以根据企业的目标,灵活利用定价策略组合,制定合理的价格体系。要注意,免费和动态的原则是非常重要的。专注在价格上面的两种网络营销策略——动态定价策略和网上拍卖策略,都值得企业和政府认真去研究。

复 习 题

一、单选题

1. 对不同市场和用户采用不同的定价策略是( )。
    A. 零价位策略   B. 差别定价策略
    C. 竞价策略   D. 捆绑定价策略
2. 在折扣定价策略中,( )不是对所有商品都适合。
    A. 数量折扣   B. 季节性折扣   C. 现金折扣   D. 商业折扣
3. 在产品刚进入市场时,采用高价位策略,以便在短期内尽快收回投资,这种定价方法称为( )。
    A. 渗透定价   B. 品牌定价   C. 撇脂定价   D. 竞争定价
4. ( )不属于网络营销定价的特点。
    A. 固定商品配置定价   B. 全球性
    C. 低价位定价   D. 顾客主导定价

5. ( )是指利用网络互动性的特征,根据消费者对产品外观颜色等方面的具体需求,来确定商品价格的一种策略。
　　A．个性化定价策略　　　　　　　　B．自动调价策略
　　C．声誉定价策略　　　　　　　　　D．网络促销定价策略
6. 根据在产品销售的不同时期而采用不同的定价策略是( )。
　　A．产品生命周期定价策略　　　　　B．品牌定价策略
　　C．竞价策略　　　　　　　　　　　D．捆绑定价策略

二、多选题

1. 网络营销的低成本优势表现在( )。
　　A．没有店面租金成本　　　　　　　B．没有商品库存压力
　　C．没有调研成本　　　　　　　　　D．没有营销成本
2. 免费价格的形式有( )。
　　A．完全免费　　　　　　　　　　　B．限制免费
　　C．部分免费　　　　　　　　　　　D．捆绑式免费
3. 网络营销价格策略有( )。
　　A．自动调价、议价策略　　　　　　B．个性化定价策略
　　C．竞争定价　　　　　　　　　　　D．折扣定价
4. 传统的折扣定价策略包括( )。
　　A．数量折扣　　　B．现金折扣　　　C．季节折扣　　　D．商业折扣
5. 网上竞价的交易模式有( )。
　　A．正向竞价　　　　　　　　　　　B．逆向竞价式的竞价拍卖
　　C．逆向竞价式的集体议价　　　　　D．自由竞价

三、判断题

1. 在网络市场中,成本导向定位方法将逐渐被强化,网络营销面对的是开放的和全球化的市场。( )
2. 免费价格策略主要用于促销和推广产品,这种策略一般是短期的和临时性的。( )
3. 拍卖竞价方式是一种最市场化的方法,个体消费者是目前拍卖市场的主体。( )
4. 产品的价格仍然是影响网上消费者购买的主要因素。( )
5. 数量打折是指企业根据顾客购买的数量给予不同的折扣,购买量越小,折扣越大。
( )

四、问答题

1. 网络环境下,价格歧视定价原理发生了哪些变化?
2. 免费策略和收费策略的优势和劣势各是什么?
3. 网络动态定价的风险是什么?实现的策略有哪些?
4. 我国网络拍卖面临哪些问题,你有什么对策?

第 8 章　网络营销渠道策略

教学目标

通过本章的学习，理解网络营销渠道的基本概念，了解网络营销渠道的特点和职能，掌握网络渠道结构策略及网络营销渠道冲突，同时，掌握网络营销渠道的 3 种策略等。

教学要求

知识要点	能力要求	相关知识
网络营销渠道概述	(1) 理解网络营销渠道的定义 (2) 了解渠道结构 (3) 了解渠道的特点和职能	(1) 网络营销渠道定义 (2) 网络营销渠道结构 (3) 网络营销渠道特点 (4) 网络营销渠道职能
网络渠道结构策略	理解 4 种网络营销渠道结构策略	(1) 直接渠道策略 (2) 间接渠道策略 (3) 混合渠道策略 (4) 多渠道策略
网络营销渠道冲突	(1) 了解网络营销与传统营销渠道冲突的区别 (2) 了解渠道冲突协调的对策	(1) 冲突分析 (2) 冲突协调
网络营销渠道策略	理解 3 种网络营销渠道策略	(1) 双道策略 (2) 创新策略 (3) 信息中介策略

基本概念

网络营销渠道　分销渠道　直接渠道　渠道冲突　间接渠道　混合渠道

第 8 章　网络营销渠道策略

导入案例

李宁公司如何实施网络营销渠道

2010 年，李宁公司对体系内的网店进行了统一规划，所有经销商都能拥有李宁网店专用的 CI、VI。每个季度的推广主题，都会做成故事包发给网店。李宁公司甚至专门开发了特定的网络产品，一款名为"囧鞋"的产品在短短两个月内就销售了 10 万双。2011 年，李宁公司推出一些更为超前的功能，如手机支付或发送手机折扣券等。

李宁公司在网络营销渠道选择上，刚开始在自己对网络营销渠道不是很了解的情况下，主要是通过利用现有的网络营销渠道资源，对一些网络店铺进行授权、整合，纳入自己的渠道范畴内，同时也积极在各大商城上开设自己的网络直营店，接着在此基础上推出了自己的网络直销平台。

名为"李宁官方商城"的电子商务网站自 2008 年 4 月上线运营后，很快就成为这家中国本土头号体育用品制造商新的增长亮点，销售额在一年内增长了 12 倍。截至 2011 年年中，商城会员人数超过 6 万人。这个虚拟专卖店的魅力在于，它把在传统渠道中旗舰店的购物快感和线上浏览阅读产品的乐趣相结合，一些时髦但并不常见的产品均可以在这里找到，如售价高达 1 250 元的李宁代理的 Lotto 牌马可波罗珍藏版球鞋，以及与中国国家队球员使用的同款羽毛球拍。这些热门货品常常成为李宁互动论坛里的话题焦点。

1. 网络直接营销渠道的实施

随着我国服装行业网络直销的兴起，在网络经济环境下，网络消费者对服装的个性化需求快速提升。

网站是服装企业通向互联网的大门，网络消费者在网络购买服装时是通过网络来了解服装企业的信息，通过文字、图片和文字、图片和视频来了解服装产品的相关特性，网站建设者应该重视消费者在观赏网站时的视觉和心理感受和服装产品图色的色彩、搭配。

2. 功能系统的实现

1) 信息系统

信息系统主要是传递李宁公司和服装产品的信息发布、活动公告、消费者信息采集等。通过网站的信息系统，网站获得了网络消费者的个人注册信息，并在线向消费者推广了企业开展的各种优惠活动内容等，从而在美化网站前台基础上，完成了信息的流通和对消费者信息的采集。

2) 购物系统

购物系统主要提供给消费者服装产品、方式等信息，记录购物车信息、消费者选择支付和配送信息。购物系统是服装企业实施网络直接营销渠道的核心部分，网络消费者在进入购物系统后，吸引消费者的首先是其服装产品的色彩和款式，所以此时服装的图片布局和效果都非常重要。

3) 数据库系统

数据库系统主要是有机记录系统传递的信息，负责与外部接口(银行系统、认证机构、物流配送中心)的连接，同时将实时数据传送至企业内部各个系统，供企业实施内部管理、客户资源管理等。

种种因素促使李宁这样的制造商品牌开始大胆进入网络零售市场，尽管这已较某些公司晚了近 10 年。除了令人惊喜的销售数字以外，李宁公司还发现，这一尝试事实上使其有效接触到另一个颇具吸引力的消费群体——长时间工作而没有时间购物的中高收入者。正如亚当·斯密所指出的，经济活动的起源来自于交易，而所有交易成本的高低都与信息的获取成本及交易达成的运输成本有关。而网络购物正好满足了这两个条件。

(资料来源：http://www.51fashion.com.cn/Business News/2011-3-9/291469.html。)

8.1 网络营销渠道概述

所谓分销渠道，是指将所有权从生产者到消费者转移的过程中涉及的所有的组织和个人的总和。企业建立分销渠道是为了使消费者能够方便地得到所需的产品。在这里，中间商的作用就在于将厂商和消费者更好地连接在一起，从而推动产品的销售。

网络营销渠道是通过互联网的作用，与公司外部关联的、达到公司分销目的的经营组织。首先，"外部"意味着网络营销渠道存在于公司的外部。换言之，它不是公司组织内部机构的一部分。其次，关联组织是指那些将产品或服务从厂商传递到最终消费者，并涉及转让职能的企业各组织和个人。最后，通过互联网的作用及产品的传送而达到分销目标。

8.1.1 网络营销渠道结构

每一个渠道成员都是分销渠道中的一部分，在将产品从生产者销售给消费者的过程中，他们要参与谈判。谈判包括购买、售卖、物权的转移等行为。对于大多数产品，有4种主要的渠道成员：①厂商，负责产品的生产；②批发商，专门购买产品，然后再转手销售，可分为一级批发商和二级批发商；③零售商，购买产品并将产品售卖给最终的用户；④消费者，出于个人或家庭使用的目的购买产品。这些渠道成员的不同组合可以构建不同的渠道架构。

按流通环节的多少，可将分销渠道划分为直接分销渠道与间接分销渠道；间接分销渠道又分为短渠道与长渠道。

1. 直接分销渠道与间接分销渠道

直接分销渠道指生产企业不通过中间商环节，直接将产品销售给消费者。直接分销渠道是工业品分销的主要类型。例如，大型设备、专用工具及技术复杂需要提供专门服务的产品，都采用直接分销类型，有部分消费品也采用直接分销类型，如鲜活商品等。

间接分销渠道指生产企业通过中间商环节把产品传送到消费者手中。间接分销渠道是消费品分销的主要类型，工业品中有许多产品(如化妆品等)采用间接分销类型。

直接分销渠道和间接分销渠道的区别在于有无中间商。

2. 短渠道和长渠道

分销渠道的长短一般按流通环节的多少来划分，具体包括以下4层。
(1) 零级渠道，即制造商—消费者。
(2) 一级渠道，即制造商—零售商—消费者。
(3) 二级渠道，即制造商—批发商—零售商—消费者；或者是制造商—代理商—零售商—消费者，多见于消费品分销。
(4) 三级渠道，即制造商—代理商—批发商—零售商—消费者。

与传统市场营销相比较，网络营销的渠道表现为单一层次，其作用、结构和费用诸方面有很大的变革和进步，如图8.1所示。

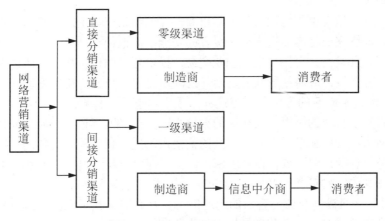

图 8.1 网络营销渠道的主要结构

从图 1.1 可知,网络营销渠道的作用主要表现在:网络营销渠道既是营销的通路,又是信息发布的渠道,提供信息服务的途径,企业间洽谈业务、开展商务活动及对客户进行技术培训和售后服务的场所。

网络营销渠道的主要结构比起传统市场营销渠道要简单得多,主要分为直接分销渠道和间接分销渠道,其中,间接分销渠道只有一级分销渠道,即只有一个信息中介商,而信息中介商是依靠互联网来运作的。这就是所谓的去中介化和再中介化。

不论是直接分销渠道,还是间接分销渠道,企业都可借助网络及网络商品交易中心,通过互联网强大的信息传递功能,完全承担起信息中介机构的作用,同时利用其在各地的分支机构承担起批发商和零售商的作用,使商品流通的费用降低到最低限度。

8.1.2 网络营销渠道特点

(1) 电子商务是网络营销渠道的一种主要销售方式,包括两种模式,即 B2B 模式和 B2C 模式。这两种模式下的营销渠道有不同的特点。

B2B 模式下企业与企业的交易有购货批量大、频率低、客户面小、客户关系稳定的特点,物流能够达到规模经济,企业与客户相互之间比较了解和信任,资金流和信息流能顺畅地流动,是相对容易实现的电子商务。即使由于客观环境和企业自身条件的限制,物流和资金流不能完全电子化和网络化,也能继续沿用传统的渠道实现。因为现在的 B2B 企业大多是将原有客户的交易平台搬到网上,交易的内容和程序没变,还是订货、支付定金、发货、验收、结清余款,资金流、物流在时间上和空间上仍是分离的。而且企业与客户之间已经建立起成熟的资金和货物流通的渠道,所以在条件不具备时,资金流和物流可先沿用原有的渠道,首先实现信息流的电子化。

与 B2B 的特点相对应,B2C 购物批量小、频率高、客户面广、客户关系不稳定。在传统的 B2C 模式中是三流合一的,双方一手交钱,一手交货;而在电子商务的 B2C 模式中多是三流分离的,消费者网上订货,支付货款,然后等待若干天后,货物才被送到自己手里。这种模式下的渠道建设难度较大。现有的 B2C 主要有两种形式:一种是生产企业直接面对最终消费者销售产品,如 Dell 电脑,这样,生产企业与消费者的零级渠道代替了生产企业—一级批发商—二级批发商—零售商的多级渠道;另一种是以亚马逊等为代表的新型网上零售商。从本质上说,他们与传统零售商一样,都是充当上游企业和最终消费者之间的联系纽带,最终完成将产品销售给消费者的功能。但他们在功能的实施上呈现出新的特点,如可能绕开批发商,直接与生产企业交易,提供更多的价格折扣,通过客户注册能掌握更多的消费者资料,从而便于开展定制营销,发展与消费者的长远关系。

(2) 互联网带来崭新的数字化渠道选择。数字渠道是一种崭新的渠道,它为厂商接触潜在购买者搭建了有效的桥梁。与传统的渠道相比,互联网渠道为产品的分销提供了某种优势。互联网为顾客增加了以下几个方面的价值:①适应顾客需求的定制化接触;②提供了广泛的参考信息源,如网页、搜索引擎、购买代理商、新闻组、聊天室和 E-mail;③全天候业务运作开放,购买者可以每天 24 小时接触这些网站。

(3) 利用互联网提高企业与客户的沟通能力。互联网提升了厂商营销沟通和传播的能力。互联网具有很好的互动性和引导性,能为顾客提供实时、最新、低成本的信息,是互联网战略最突出的特征。用户可以在几秒之内,整个数据资料的修改、更新和添加等工作便可完成,并且可以与世界各地购买者分享信息。同时,用户可以通过互联网在企业的引导下对产品和服务进行选择和提出要求,企业再根据要求及时进行生产并提供服务。互联网技术发展到目前这个极为复杂的阶段,为用户提供了全面的交易服务,从信息搜集、购买商品、浏览商品、服务诊断、支付货单到安全付款等,全部都可以在这个系统平台上完成。互联网提高了企业的生产效益和营销效益。传统的促销是以企业为主体,通过一定的媒体或工具对顾客进行强迫式促销,顾客是被动地接受,缺乏双向沟通,同时促销的成本很高。而互联网上的营销是一对一和交互式的,顾客可以参与到公司的销售活动中来,因此互联网更能加强与顾客的沟通和联系,了解顾客的需求,也就更容易得到顾客的认同。网络营销是一对一的分销渠道,是跨越时空进行销售的,顾客可以随时随地利用互联网订货和购买产品,可直接利用 E-mail 进行线上购物,可通过电汇或信用卡付款,由企业通过邮局邮寄或送货上门进行货物交割,方式灵活简便。

(4) 通过网络技术,满足特定客户群高层次的需求。和传统营销渠道相比,互联网是更具先进性的一种网络技术。传统的以纸质为基础的方法不能满足顾客更高层次的需求,而电子商务却能做到,电子商务的每一个发展阶段或水平层次都代表着一种与顾客交互方式的改进。当然,在多数情况下,互联网沟通仅仅是购买者与售卖者之间个人沟通的一种补充:复杂产品需要针对特定顾客的工程设计和定制化,或非常高成本的商品需要广泛的谈判和长期的契约安排。对许多销售辅助材料、标准件和修理件等产品的企业来讲,电子商务为降低成本、提升营销沟通的效率和有效性提供了巨大的可能性。

8.1.3 网络营销渠道职能

分销渠道的职能是必须履行的,不管由哪位中间商来履行。互联网极大地促进了市场解构——使分销渠道职能与通常执行它们的渠道参与者脱离并重新加以构建。中间商执行许多职能,可以被广义地描述为交易职能、物流职能和便利职能。

1. 交易职能

交易职能是指与买方接触并采用营销传播策略使之意识到产品。它还包括使产品与买方需求相符、协商价格并处理交易。

1) 与买方接触

互联网为与买方接触提供了一条新的渠道，在接触过程中可以根据买方的需求实现客户化，如本田汽车的网站就会使用户在所在地区找到一家经销商完成购买；互联网还提供了大范围的资料来源；互联网每天 24 小时、每周 7 天时刻为商务敞开大门。

2) 营销传播

有效的营销传播要借助渠道资源来筹划和执行，互联网以以下几种方式增加了营销传播职能的价值：①过去需要体力劳动(如粘贴和填写上千封广告信件)的职能现在能够实现自动化；②与客户的联系可以被密切追踪且每分钟都可以变动，对于网页上无效的链接，消费者可以随时提出异议；③追踪用户行为的软件可以向某用户提供具有高度针对性的联系；④提高了中间商的促销协作化。厂商在网站上发布促销内容，所有渠道伙伴都可以在任何时间看到。

3) 使产品与买方需求相符

使产品与买方需求相符是网络的过人之处。给定有关买方需求的一般描述，购物代理商就能推出一系列满足买方需求的产品。购物代理商通过在网络上面建立庞大的产品数据库，来满足消费者的需求。而在传统环境下，使产品与需求相符的努力往往是劳动密集型的，并且随着交易量的增加而将遭受惨败。

4) 协商价格

真正的协商价格包括买方和卖方间的报价和还价，涉及双向对话。在网上，购物代理商帮助消费者按最优价格优先的顺序排列公司，某种程度上压低了价格。另外，网上招标也是买方向所有供应商提供了平等的投标机会，具有扩大供应商阵营的作用，因而能加强竞争并降低价格。

5) 处理交易

网络渠道大幅度降低了处理交易的成本。

2. 物流职能

物流职能包括实体分销(如运输、存储存货)与集中产品。物流职能经常外包给第三方物流提供者。

1) 实体分销

网上销售的大部分产品仍然是通过传统渠道分销的。但数字化产品都可以直接由厂商从网上传给消费者。数字化产品的网上分销相比实体分销(做成 CD 和纸质媒体)的成本要低很多。

2) 集中产品

供应商喜欢提供品种少，但是数量大的产品。消费者更喜欢购买品种多样、数量有限的产品。网络使得渠道中间商可将很多产品和消费者的个性需求结合在一起。

3) 外包物流

物流问题是协调两个冲突的目标：及时发送产品与维持较少的存货。一个好的解决方案就是将存货放到第三方物流提供者处，第三方是相对于发货和收货的两方而言的。网络正在帮助物流提供者提高物流的效率。

第四方物流

"第四方物流是利用一个调配和管理组织自身的及具有互补性服务提供商的资源、能力与技术,来提供全面的供应链解决方案的供应链集成商。"埃森哲公司最早提出了第四方物流的概念。

在实际的运作中,第三方物流公司缺乏对整个供应链进行运作的战略性专长和真正整合供应链流程的相关技术。第四方物流正日益成为一种帮助企业实现持续运作、成本降低和区别于传统外包业务的真正的资产转移。它依靠业内最优秀的第三方物流供应商、技术供应商、管理咨询顾问和其他增值服务商,为客户提供独特且广泛的供应链解决方案。这是任何一家公司所不能单独提供的。

3. 便利职能

便利职能包括有关买方的市场调查和筹资购买。

1) 市场调查

市场调查是分销渠道的一个主要职能,在第 4 章中详细地研究了市场调查策略。在此不做过多讨论。

2) 筹资购买

筹资购买是消费者和企业市场的一项重要的便利职能。中间商为了完成销售,最大可能地方便消费者支付。在网上,消费者可以比较方便地利用信用卡购物或者分期付款,尽管现在网上的安全措施还不太完善。

 即问即答

有人说网络营销渠道就是去中介化,你认为正确吗?

8.2 网络渠道结构策略

一旦厂商进行网络营销,就必须改变自己的渠道结构策略。下面我们将讨论 4 种渠道结构策略。这些策略与互联网这种渠道资源的利用各有侧重,这种策略是直接分销渠道策略、间接分销渠道策略、混合分销渠道策略及多渠道策略。

8.2.1 直接分销渠道策略

渠道结构中有一种称为直接分销渠道,制造商将产品在线直接销售给消费者,而无须中介的介入。网络直销不仅节约了大量的交易成本,而且产品的制造和运输更容易进行电子化协调。例如,我国有些传统制造企业,通过自己建立互联网站点,赋予网站销售功能,亲自从事网上直销。

8.2.2 间接分销渠道策略

间接分销渠道中包含中间媒介。在线间接渠道中有一些中间商,他们依赖其他在线成员的公司，从众多制造商那里获得各种产品，并负责与消费者的交往。一般来说，除非产品可以通过数字化进行搬运、集中、分类和运输，否则完全地依赖于互联网在线的间接分销渠道几乎是不可能的，许多的职能还是必须由离线的渠道成员来完成。

当当网就是间接分销渠道的一个典型例子。在当当网在线购买图书时，这些书籍最早是源于某个出版社，然后由批发商将其买下。当当网的工作只是通过它的互联网网站收集整理消费者的订单，然后将收集整理后的订单发给批发商处理。批发商如能供货，则将书发到当当网公司的仓库里。接着在当当网公司的仓库里，批发商发来的书籍经过分装后，再通过物流公司最后递送到消费者手里。在这个过程中，离线的渠道成员从事出版与经销活动，而当当网公司则负责在线的零售工作。

8.2.3 混合分销渠道策略

混合分销渠道是指在与消费者的交易过程中有多个渠道成员的参与。尤其是硬件和软件相结合的技术产品，往往有几个公司生产，要将这种集成的产品在一次交易中就完全提供给消费者，就只能靠混合渠道来完成。使用互联网来分销产品和服务的混合渠道通常是通过战略联盟的形式来进行管理的。例如，Dell 公司在网上出售个人计算机，在销售硬件的同时，往往捆绑销售了 Windows 操作系统。

8.2.4 多渠道策略

多渠道策略是指使用一种以上的分销渠道去完成分销目标。例如，生产商既可以将产品通过产品目录推荐给消费者，或者通过离线零售商网络直接销售给消费者，也可以通过别的机构组织的网站来进行销售。多渠道策略在传统市场环境下是相当普遍的，有些传统零售企业建立自己的网上直销站点。例如，北京的零售企业西单商场建立了网上商城（www.igo5.com），经销图书、期刊、音像制品、摄影器材、家用电器、通信产品、日用品、化妆品等十几类商品。世界著名的零售巨头沃尔玛连锁超市也建立了自己的网上商店。

8.3 网络营销渠道冲突

8.3.1 冲突分析

网络营销改变传统营销渠道的静态和单向特征，带来渠道组织结构的巨大变革，使其具有直销人员减少、组织结构扁平化、渠道缩短、流通过程虚拟化等特征。网络营销的实施会与传统营销渠道形成明显的冲突，在很大程度上增加企业营销环节的不稳定性。在西方渠道行为理论中，渠道冲突被定义为这样一种状态：一个渠道成员意识到另一个渠道成员正在阻挠或干扰自己实现目标或有效运作；或一个渠道成员意识到另一个渠道成员正在从事某种伤害、威胁其利益，或者以损害其利益为代价来获取稀缺资源的活动。渠道冲突的实质是利益冲突。各种各样的渠道冲突最终归结为一点，那就是利益的分配和对利益的追求。渠道冲突内容通常体现在区域争夺、价格冲突和渠道控制三大方面。从横向看，渠道冲突表现为经销商与经销商之间的冲突、分公司与经销商之间的冲突，以及零售终端与批发商之间的冲突，冲突内容主要集中在品种搭配、价格差异和销售区域上。从纵向来讲，渠道冲突主要表现为供应链不同环节间的冲突，冲突内容主要集中在价格水平、利润分配、促销力度、费用支付和渠道控制问题上。

按照西方渠道行为理论，导致渠道冲突的主要原因有目标的不一致性、资源稀缺、认识差异、期望差异、决策领域无共识、沟通不足等。具体表现在网络营销与传统营销的渠道冲突则有更为明显的特征。

1. 目标的不一致性

在如何实现渠道的整体目标上，或者说在渠道的运作过程中，网络营销渠道与传统营销渠道间存在明显差异。网络营销渠道因为节省很多费用给消费者带来一些传统营销方式所不能带来的方便，但是因为产品策略的差异与传统渠道间出现明显冲突，破坏了传统营销渠道的固定客户群。严重的会对传统营销渠道形成致命性伤害，破坏其苦心经营的已有营销格局。

2. 资源稀缺

面对同样的消费者群体，两种营销渠道会带来资源和发展空间的争夺。相对稀缺的消费需求总会给两种渠道间的分配形成一定的矛盾和冲突。

3. 认识差异

通常传统营销方式从生产商、分销商到零售商，涉及环节很多，整体性的协调基本上是基于多方磨合的结果，整个营销渠道的维系和相关关系的调整都带有明显的动态性。而网络营销方式则因中间环节较少，使其渠道维系过程都较为简单，故而渠道内容易形成整体性调整。两种渠道面对同样的市场会因为成员间的认识和整体性目标差异形成系统性冲突，在很大程度上影响到特定市场营销活动的效率。

4. 期望差异

网络营销因为直接应对消费者的需求变化，导致企业管理层对市场形成新的发展预期，并因此影响到传统渠道的营销战略调整，引发网络渠道与传统渠道的冲突。

5. 决策领域无共识

围绕着产品价格、品种搭配、促销力度和销售区域等问题，网络渠道与传统渠道的决策者和主要参与者之间没能形成有效共识，导致决策混乱和营销渠道冲突。

6. 沟通不足

两种渠道对应不同的信息传递方式和信息传递质量，各成员间利用信息进行判断的结果也存在差异。如果两种渠道间不能有效地建立起沟通，围绕产品价格和促销力度等细节问题会形成一定冲突。

8.3.2 冲突协调

网络营销与传统营销的互补与冲突关系，使得企业如何有效地实现两种渠道的充分协调，避免出现冲突和资源内耗成为当前营销规划制定和实施的重要任务。

渠道协调涉及3种不同方式的综合运用，即渠道隔离、隐性整合、显性整合。所谓渠道隔离是指明确划分两种营销方式所适应的地区范围和产品范围，严格避免其产品和销售区域间出现竞争和冲突。很多企业为避免网络营销伤害传统营销渠道所建立起的稳定市场而很少大规模进行网络营销的事例也不鲜见。隐性整合是指决策部门采用相关的措施引导两种渠道的参与人员间相互沟通，建立起渠道间较为稳定的协调关系，避免出现产品价格、促销方式、控制权利等方面的冲突。显性整合是指通过有效的营销战略和实施规划，引导网络营销渠道和传统营销渠道间建立起合理的资源协调与匹配模式，实现渠道间的充分支持和沟通。

通常，不同的协调方式因为存在不同的实施条件和成本，因而适应不同的发展战略需要。渠道隔离较为便捷，实施成本较小，可以很快达成实施目标。显性整合的实施最具难度，实施成本较高且实施周期较长。隐性整合则介于两者之间。下面从企业营销战略的特点和市场状态可以给出大致的适应范围。渠道隔离适应于产品市场规模非常稳定，销售产品处于成熟期的企业。市场渗透战略相对成为比较重要的营销战略。如何维持稳定的营销关系格局并尽可能地发挥现有渠道作用，吸引更多的消费者购买本产品成为关键。进行渠道隔离，避免网络渠道对现有传统渠道的格局冲突便成为一种聪明之举。隐性整合适应于正处在市场开发时期，产品市场规模还不稳定，销售产品处于成长期的企业。充分实现两种渠道间的关系整合对于企业在以后获得最大限度的销售资源具有非常重要的作用。但在此时期，渠道间的协调问题并不具有紧迫性，可以通过较为持久的关系培育和导向过程实现两种渠道间的协调。显性整合属于一种企业战略性行为，对于准备进行产品开发战略和一体化成长战略的企业而言，实施两种渠道间的充分协调则可以起到非常重要的作用。尽管两者短期协调的实施成本较高，但进行战略性控制的作用还是非常明显的。

协调冲突的对策如下。

(1) 进行全方位的营销目标管理。当制造商面对市场竞争，准备实施全面的营销战略时，树立超级目标进行全方位的目标管理是团结渠道各成员的关键。超级目标是指渠道成员之间通过能力协调与专业化分工，形成长期的互利合作关系，然后在优势互补的基础上实现多个部门的整体性目标。全方位营销目标管理的内容主要包括渠道控制、市场定位、顾客服务等。在渠道间出现冲突时，共同实现超级目标有助于冲突的解决。

(2) 稳定价格体系。企业可以根据市场消费规模和当地的消费水平制定较为系统的产品价格体系，进行合理的产品价格管理，避免由于不同渠道间因为价格差异形成直接冲突。此价格体系建立的步骤具体包括：①细分化、明确定位分销渠道的各种形式；②根据各种渠道形式的特点和相关要求进行定位和选择，构建具有清晰层次特点的销售网络；③制定相应的价格体系与之相匹配，确保产品销售渠道与产品价格体系间的动态平衡。

(3) 进行产品差异化设计和包装。进行产品的差异化设计和包装可以从根源上避免渠道间出现产品的价格竞争，充分开发不断细分的目标市场，提高销售利润。

(4) 通过合理的管理杠杆协调渠道冲突。管理渠道冲突的杠杆类型包括经济杠杆(如奖罚、限量供货、断货、停销等)，管理杠杆(如确立共同的愿景、加强信任等)，契约杠杆(如协商、谈判、区域划分等),法律杠杆(如仲裁、诉讼)。一般情况下,渠道冲突管理杠杆选取的是一个杠杆组合。

(5) 进行合理的渠道设计。这其中包括:进行网络营销渠道的创新性设计,构造合理的新型营销渠道。进行促销方案的设计,对具体的促销形式、人力与资金投入、地域分布等进行设计。进行网络渠道与传统渠道各层次间的整体匹配设计,提高整体的协调性,避免资源过度浪费。

(6) 构建有效的渠道沟通机制。渠道成员之间的相互沟通可以有效解决由于认识或观念上的不一致而导致的渠道冲突。构建有效的渠道沟通机制,通过一系列沟通措施,包括进行必要的人员交流及制造商对分销商进行培训等,来强化其主观认识的趋同性,降低上述各种差异导致的渠道冲突。

8.4 网络营销渠道策略

8.4.1 双道策略

在选择网络销售渠道时还要注意产品的特性,有些产品易于数字化,可以直接通过互联网传输,而对大多数有形产品,还必须依靠传统配送渠道来实现货物的空间移动;对于部分产品依赖的渠道,可以通过对互联网进行改造以最大限度地提高渠道的效率,减少渠道运营中的人为失误和时间耽误造成的损失。在西方众多企业的网络营销活动中,双道策略是最常见的方法,是企业网络营销渠道的最佳策略。所谓双道策略,是指企业同时使用网络直接销售渠道和网络间接销售渠道,以达到销售量最大的目的。在买方市场条件下,通过两条渠道销售产品比通过一条渠道更容易实现"市场渗透"。

8.4.2 创新策略

企业在应用过程中应不断完善和创新网络营销渠道,以吸引更多的消费者。创新策略包括以下几种。

(1) 结合相关产业的公司,共同在网络上设点销售系列产品。

(2) 在企业网站上设立虚拟店铺,通过三维多媒体设计,形成网上优良的购物环境,并可进行各种新奇的、个性化的、随一定时期、季节、促销活动、消费者类型变化而变化的店面布置,以吸引更多的消费者进入虚拟商店购物。

(3) 企业在渠道改进方面,只有不断地站在市场前沿进行思考,才会有创新的想法:一是创意奇,即用最简化的程序,来体现一种全新的概念;二是可示范,即一套好的促销方案要求创意好,还要能示范,以便更好、更快地在更广泛的范围内执行;三是可执行,即一套好的方案还必须可执行。

(4) 网络营销渠道再造,可分成价格入市、运作分销商、复合渠道、终端管理、渠道促进5个基本部分。在渠道再造时,要不断建立科学、完整和系统的网络营销渠道。

8.4.3 信息中介策略

使用互联网来作为分销渠道,可能会出现无中介和二次中介。无中介比较好理解,二次中介是指由于互联网管理需要增加的渠道成员,以及去中介化,很多渠道成员都"下岗"了,很多渠道商也视互联网为洪水猛兽。但现实是,由于互联网中的信息量太大、太复杂,厂商的网络推广成本和消费者的信息成本都很高,两者直接谈判效率太低。因此就催生了网络中介,又称信息中介。首先,信息中介不拥有产品的物权;其次,他们对于产品分销只起到了促进作用;最后,企业去掉传统渠道成员,形成无中介,但可能还需要信息中介,即二次中介。目前,互联网上信息中介的日益普及说明网络信息中介的服务在渠道策略配制中已经占据了更中心的位置。信息中介有3种形式:信息经纪人、交易经纪人及市场召集人。

1. 信息经纪人

信息经纪人的作用在于提供消费者产品价格和产品供给的信息。但是信息经纪人并不能通过他们的网络站点使消费者完成交易,消费者必须亲自去销售点完成最终的交易。例如,小熊在线(www.beareyes.com.cn)始终提供大范围IT硬件的产品描述和评价,也可以链接到销售点的网站,但是它不提供任何自己的产品。

2. 交易经纪人

交易经纪人的作用在于促进购买和销售。交易经纪人建立起购买者与销售者之间的连接,起到了类似传统零售商的服务作用,但是他不承担拥有产品的风险。例如中国连锁加盟网(www.biz178.com),这类网站都是来连接销售者和购买者的互联网交易经纪人。

3. 市场召集人

市场召集人也是市场中介,他将从大量卖者那里收集的产品信息集中在一个地方(见图8.2)。消费者可以通过这个网站进行购买,也可以去某个零售网站直接购买。也就是网站也支持在线交易。例如,淘宝网、易拍网和金银岛这类的网站,都是市场召集人。

图 8.2 渠道商的新出路

企业在进行网络营销的时候,采用怎样的渠道策略要根据自身情况而定,但信息中介策略几乎是每个企业都要仔细考虑的。

即问即答

有的公司认为网络渠道和传统渠道"水火不容"而不敢发展网络渠道,你是如何理解的?

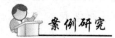

强生公司网络营销渠道策略分析

美国强生公司是世界上最大的、综合性的医药保健公司,也是世界上产品多元化的公司之一。公司成立于1886年,目前已在世界60个国家设有250多家分公司,全球共有员工115 000多名,产品畅销全球175个国家。

策划强生这类企业的网站要比策划通用、Dell等企业的网站难得多。因为设计单一产品企业网站时,当以纵横捭阖为旨;而建立多种产品企业网站时,则以聚敛收缩为要。这有点类似于书法要诀中"小字贵开阔,大字贵密集"的辩证关系。

面对旗下众多的企业、产品和品牌,强生网站如果不厌其烦地一味穷举,就可能做成"医疗保健品大全"之类。所以,强生以"有所为,有所不为"为建站原则,以企业"受欢迎的文化"为设计宗旨,明确主线,找准切入点后便"咬住青山不放松",将主题做深、做透,从而取得极大成功。

管理学者素来对强生公司的"受欢迎的文化"推崇备至。该企业文化的内涵体现在公司信条中,这是自其成立之初就奉行的一种将商业活动与社会责任相结合的经营理念:首要目标就是公司需对使用其产品和服务的用户负责。公司首先考虑:网上"受欢迎"的是什么,千百万网民实际需求和关注的是什么,而且这种满足必须是与互联网媒体特性、企业现有产品相结合,同时在网上还要具有特色的、别人难以模仿的新颖服务项目。

明确这些边界条件后,强生就选择婴儿护理品为其网站的形象产品,选择"您的宝宝"为站点主题,整个站点就成了年轻网民的一部"宝宝成长日记",所有的营销流程自然就沿着这本日记悄然展开。

将一家拥有百年历史,位居《财富》500强企业的站点建成"您的宝宝"网站,变成一部"个人化的、记录孩子出生与成长历程的电子手册",这一创意是否太离谱了?但是,只要遵照网站操作流程,就会发现这的确是个"受欢迎"和充满"育儿文化"气息的地方。

在这里,强生就像一位呵前护后的老保姆,不时提醒着年轻父母们该关注宝宝的睡眠、饮食、哭闹、体温,如何为他洗澡……年轻父母们会突然发现,身边确实需要这类角色的人的不断指点。尽管随着孩子的成长,这位老保姆会时时递来"强生沐浴露"、"强生安全棉"、"强生尿片"、"强生围嘴"、"强生2合1爽身粉"及其他几十种产品。

这份"育儿宝典"会告诉消费者这些用品正是孩子现在所必需的。而且这时的网站又成了科学与权威的代言人,每种产品都是研究成果的结晶,还有各项最新研究报告证明网站指导的权威性,只能说网站取得巨大成功。

进入强生网站,每页可见的是各种肤色婴儿们的盈盈笑脸和其乐融融的年轻父母,这种亲情是化解人们对商业站点敌意的利器。首页上"如您的宝宝××时,应怎样处理?","如何使您的宝宝××?"两项下拉菜告诉来访者,这是帮人们育儿答疑解难的地方。

整个网页色调清新淡雅,明亮简洁。设有"宝宝的书"、"宝宝与您及小儿科研究院"、"强生婴儿用品"、"咨询与帮助中心"、"母亲交流圈"、"本站导航"、"意见反馈"等栏目。育儿宝典的服务是从孕期开始的,其中有孕期保健、孕期胎儿发育、娱乐与情绪控制、旅行与工作、产前准备、婴儿出生、母婴保健……然后是初生婴儿的1周、2周、3周、……4月、5月等,使用者按此时序记录婴儿发育进展时，站点就不断提供各类参考文章，涉及婴儿的知觉、视觉、触觉、听力系统，对光线的反应、如何晒太阳、疾病症状等。网站的细致认真彰显其"对服务负责"信条的威力。

促进人们的交流是互联网的主导功能，强生参与运作了一个"全美母亲中心协会"的虚拟社区。"全美母亲中心协会"是分布于各州的妇女自由组织，目的是"使参加者不再感到孤立无助，能展示其为人之母的价值，交流夫妇在育儿方面的经验，共同营造出一个适合孩子生长的友善环境"。

面对庞大的企业群和无数产品，强生网站若按一般设计，可能就会陷入"前屏页面查询加后台数据库"的检索型网站的流俗格局。从网络营销角度上看，这类企业站点已呈"鸡肋"之颓势。这就如同各种典籍类工具历来都有，但任何时候都不会形成阅读热潮和建立起忠实的顾客群体，且对强生来说，那样做还无助于将其底蕴深厚的企业文化传统发挥出来。

如今，企业站点在设计上做了大胆的取舍，毅然放弃了所有品牌百花齐放的方案，为旗下每家公司注册了独立域名，并能从站点目录中方便地查到，只以婴儿护理用品为营销主轴线。选择"您的宝宝"为站点主题，精心构思出"宝宝的书"为其与客户交流及开展个性服务提供了的场所。

借助于互联网，强生开辟了丰富多彩的婴儿服务项目；借助于婴儿服务项目，强生建立了与网民家庭的长期联系；借助于这种联系，强生巩固了与这一代消费者间的关系，同时又培养出了新一代的消费者。强生这个名字，必然成为最先占据新生幼儿脑海的第一品牌，该品牌可能将从其记事起，伴随其度过一生。网络营销做到这一境界，已十分成功。

讨论题

结合自身体验，分析强生公司的网络营销渠道策略的成功之处有哪些？

本 章 小 结

本章对网络营销渠道进行了详细介绍，首先给出了网络营销渠道的概念，网络营销渠道是通过互联网的作用，与公司外部关联的、达到公司分销目的的经营组织。网络营销渠道与传统营销相比有自身的特点。网络渠道的主要职能有交易职能、物流职能和便利职能。网络渠道的出现，激化了渠道冲突，协调冲突必须加强各方的沟通，以多赢为目的。企业的网络渠道策略有很多种，要结合自身实际，选用不同的策略组合。但有3个基本策略是要注意的：双道策略、创新策略和信息中介策略。

复 习 题

一、单选题

1. 关于网络营销渠道与传统营销渠道的区别，下列说法中错误的是(　　)。
   A．传统营销渠道的功能比网络营销渠道功能更为多样
   B．网络营销渠道较之传统营销渠道有效地降低了成本
   C．网络营销渠道是信息发布的渠道
   D．用户可从网上直接选购自己所需的商品，并通过网络支付款项
2. 网络直接销售的优点是多方面的，其中不包括(　　)。
   A．促成了生产者和消费者直接见面

B. 使得中间商这一职业几乎消失
C. 营销人员可利用网络工具随时了解用户的愿望和需要
D. 企业能通过网络及时了解到用户对产品的意见和建议
3. 关于网络间接销售渠道的作用说法中，错误的是(   )。
 A. 中介机构简化了市场交易过程
 B. 不利于平均订货量的规模化
 C. 实现了网上交易活动的常规化
 D. 便利了买卖双方的信息收集过程
4. 订货功能、结算功能和(   )功能共同组成一个完善的网上营销渠道所具有的三大功能。
 A. 服务　　　　　B. 配送　　　　　C. 显示　　　　　D. 信息
5. 关于网络商品交易中介机构的存在，说法中不正确的是(   )。
 A. 降低了交易成本　　　　　　B. 消除了时间的限制
 C. 降低了交易成功率　　　　　D. 减少了运输费用
6. 关于网络营销渠道，以下说法中正确的是(   )。
 A. 开展网络营销的企业只有网络直接分销渠道
 B. 开展网络营销的企业只有网络间接分销渠道
 C. 开展网络营销的企业最佳方案是双道策略
 D. 开展网络营销的企业不需营销渠道

二、多选题

1. 从总体上看，网络营销渠道的类型有(   )。
 A. 单一销售渠道　　　　　　　B. 多元销售渠道
 C. 中转销售渠道　　　　　　　D. 直接销售渠道
2. 网上营销渠道的组成部分包括(   )。
 A. 销售方式　　　B. 销售环节　　　C. 销售推广　　　D. 销售价格
3. 网络营销渠道的功能包括(   )。
 A. 订货功能　　　B. 结算系统　　　C. 配送系统　　　D. 定价系统
4. 企业网站是有效的网络营销工具和网上销售渠道，它能(   )。
 A. 使外界了解企业　　　　　　B. 树立企业形象
 C. 增进企业竞争力　　　　　　D. 提供客户服务
5. 网络间接渠道的作用包括(   )。
 A. 中介机构简化了市场交易过程
 B. 有利于平均订货量的规模化
 C. 实现了网上交易活动的常规化
 D. 便利了买卖双方的信息收集过程

三、判断题

1. 网络营销渠道依据有无仓库分为直接分销渠道和间接分销渠道。　　(   )

2. 直接分销渠道是一种直销方式，指生产者直接将产品卖给最终顾客。　（　）
3. 网络营销渠道和传统营销渠道一样，起点是消费者。　（　）
4. 网络营销渠道比传统营销渠道结构复杂。　（　）
5. 一般来说，间接分销渠道一般适合于大宗商品及生产资料的交易，而直接分销渠道一般适合于小批量商品及生活资料的交易。　（　）

四、问答题

1．网络营销渠道的特点有哪些？
2．传统分销渠道的结构有哪些？网络分销渠道的结构与之相比有什么不同？
3．网络渠道的职能是什么？
4．无中介和二次中介是如何有机结合在一起的？
5．网络营销渠道冲突的内容有哪些？如何协调冲突？
6．你认为厂商应该注意采用哪些网络渠道策略？

第 9 章　网络营销促销策略

教学目标

通过本章的学习，了解网络促销的概念、特点及功能，网络广告的策略，网络广告的特征、发布途径和计价方式，网络公关的概念和特点，掌握网络促销的基本实施程序、网络广告策划的操作过程、网络广告效果评估的基本内容与方法及网络公共关系策略。

教学要求

知识要点	能力要求	相关知识
网络营销促销概述	(1) 概括和理解网络营销促销 (2) 实施网络营销促销	(1) 网络营销促销的含义 (2) 网络营销促销与传统营销促销的区别 (3) 网络营销促销的形式
网络广告概述	(1) 理解网络广告 (2) 实际运用网络广告策略	(1) 网络广告的定义 (2) 网络广告的发布途径 (3) 网络广告创意
网络营销站点推广	(1) 理解网络营销站点推广 (2) 实际运用网络营销站点推广	(1) 网络营销站点推广的内涵 (2) 网络营销站点推广的具体方法
网络销售促进策略	(1) 理解网络销售促进策略 (2) 实际运用网络销售促进策略	(1) 网络销售促进策略的内涵 (2) 网络销售促进策略的方式
网络营销公关策略	(1) 理解网络营销公关策略 (2) 实际运用网络营销公关策略	(1) 网络营销公关策略的内涵 (2) 网络营销公关与网络广告的区别 (3) 网络营销公关的常用策略

基本概念

网络促销　网络广告　站点推广　网络公关

第 9 章 网络营销促销策略

导入案例

国风中文域名网站的网络促销

3721 网站是一个为使用汉语的网民推出的域名管理系统，它可以直接用中文代替英文域名，简单好用而且容易记忆。例如，对一些著名的网站，如新浪、搜狐、网易、《人民日报》等网站只需要直接在地址栏输入对应汉字即可，当然需要安装中文域名支持软件。任何人都可以直接从网上进行下载，而且安装简单，使用方法不变，可以说是互联网本地化的典范之作，构建了中文域名的标准。由于操作简单和免费下载，许多国内著名的 ISP/ICP 纷纷注册中文域名，并在其主页显著位置设立下载中文软件的链接，同时 3721 网站推出有奖注册使用等一系列促销活动，使得 3721 网站在短短两个月内已经被广大的网民认可和接受。

点评： 对于网站来说，建设一个好的网站，并不等于有了一个知名的网站。要想获得站点知名度和站点的访问量，就必须重视网站的促销推广。

第一，好的名字等于节省一半广告费用；第二，采用免费策略；第三，网站有丰富的内涵；第四，网站推广方面采用"借船出海"的营销战略；第五，采用有奖参与方式；第六，通过与计算机厂商合作，在品牌计算机上预装中文域名软件，通过计算机销售推广中文域名的使用。

9.1 网络营销促销概述

网络营销促销和传统营销促销都是让消费者认识、了解和熟悉本企业的产品，最终引导消费者的兴趣，激发他们的购买欲望，并付诸行动。网络营销促销在时间和空间、信息传播模式及顾客参与程度方面与传统营销促销相比发生了巨大变化。网络营销促销是传统营销促销在网络环境下的继承、发展和创新。

9.1.1 网络营销促销的含义

网络营销促销是指利用计算机及网络技术向虚拟市场传递有关商品和劳务的信息，以引发消费者需求，唤起购买欲望和促成购买行为的各种活动。网络营销促销的核心问题是如何吸引消费者，为其提供具有价值诱因的商品信息。它有如下突出的特点。

(1) 网络营销促销活动通过网络传递商品和服务的有关信息。多媒体技术提供了用于现实交易过程中的商品表现形式，双向、快捷的信息传播模式将互不相见的交易双方意愿表达得淋漓尽致，也给对方充分的思考时间，传统营销促销方法显得软弱无力。这种建立在计算机与现代通信技术基础上的促销方式还将随着技术的发展而改进。从事网络营销促销的营销者不仅要熟悉传统营销知识和技巧，而且需要具备相应的计算机网络技术知识。

(2) 网络营销促销活动在互联网这个虚拟市场上进行。企业面对全球的消费者，融合了多种生活和消费理念，显现出全新的无地域时间限制的电子时空观。在这种环境下，消费者行为发生了很大的变化，他们普遍实行大范围的选择和理性消费，许多消费者还直接参与生产和流通的循环。从事网络营销促销的人员必须分清虚拟市场和实体市场的区别，跳出实体市场的局限性。

(3) 网络营销促销活动在一个世界统一的市场上进行。互联网虚拟市场的出现，使得传统区域性市场的小圈子正在被逐步打破，全球性的竞争迫使每个企业都必须学会在全球统一的大市场上做生意。

9.1.2 网络营销促销与传统营销促销的区别

虽然传统营销促销和网络营销促销都是让消费者认识产品，引导消费者的注意和兴趣，激发他们的购买欲望，并最终实现购买行为，但由于互联网强大的通信能力和覆盖面积，网络营销促销在时间和空间观念上，在信息传播模式及顾客参与程度上都与传统营销促销活动发生了较大的变化。区别主要表现在以下方面。

1) 时空观念的变化

以产品流通为例，传统的产品销售和消费者群体都有一个地理半径的限制，网络营销大大地突破了这个原有的半径，使之成为全球范围的竞争；传统的产品订货都有一个时间的限制，而在网络上，订货和购买可以在任何时间进行。这就是最新的电子时空观(Cyber Space)。企业的营销促销人员必须认识到这种时空观念的变化，调整自己的促销策略。

2) 信息沟通方式的变化

在网络上这种沟通是十分丰富的。在网上可以传输多种媒体的信息，它提供了近似于现场交易过程中的产品表现形式；同时这种双向的、快捷的、互不见面的信息传播又能够将买卖双方的意愿表达得淋漓尽致，也留给对方充分的时间思考。

3) 消费群体和消费行为的变化

在网络环境下，消费者的概念和客户的消费行为都发生了很大的变化。上网购物者是一个特殊的消费群体，具有不同于消费大众的消费需求。上网购物者直接参与生产和商业流通的循环，他们普遍进行理性的购买。

网络营销促销虽然与传统营销促销在促销观念和手段上有较大差别，但由于它们推销产品的目的是相同的，因此，整个促销过程的设计具有很多相似之处。所以，对于网络营销促销的理解，一方面应当站在全新的角度去认识这一新型的促销方式，理解这种依赖现代网络技术、与顾客不见面、完全通过 E-mail 交流思想和意愿的产品推销形式；另一方面则应当通过与传统营销促销的比较去体会两者之间的差别，吸收传统营销促销方式的整体设计思想和行之有效的促销技巧，打开网络营销促销的新局面。

9.1.3 网络营销促销的作用

网络营销促销的作用主要表现在以下几个方面。

(1) 告知功能。网络营销促销能够把企业的产品、服务、价格等信息传递给目标公众，引起他们的注意。

(2) 说服功能。网络营销促销的目的在于通过各种有效的方式，解除目标公众对产品或服务的疑虑，说服目标公众坚定购买决心。例如，在同类产品中，许多产品往往只有细致的差别，用户难以察觉。企业通过网络营销促销活动，宣传自己产品的特点，使用户认识到本企业的产品可能给他们带来的特殊效用和利益，进而使其乐于购买本企业的产品。

(3) 反馈功能。网络营销促销能够通过 E-mail 及时地收集和汇总顾客的需求和意见，迅速反馈给企业管理层。由于网络营销促销所获得的信息基本上都是文字资料,信息准确,可靠性强,对企业经营决策具有较大的参考价值。

(4) 创造需求。运作良好的网络促销活动,不仅可以诱导需求,而且可以创造需求,发掘潜在的顾客,扩大销售量。

(5) 稳定销售。由于某种原因,一个企业的产品销售量可能时高时低,波动很大。这是产品市场地位不稳的反映。企业通过适当的网络营销促销活动,树立良好的产品形象和企业形象,往往有可能改变用户对本企业产品的认识,使更多的用户形成对本企业产品的偏爱,达到稳定销售的目的。

9.1.4 网络营销促销的形式

传统营销促销形式主要有 4 种:广告、宣传推广、销售促进和人员推销。

网络营销是在网上市场开展的促销活动,相应形式也有 4 种,分别是网络广告、站点推广、销售促进和关系营销,其中网络广告和站点推广是主要的网络营销促销形式。网络广告已经形成了一个很有影响力的产业市场,因此企业的首选促销形式就是网络广告。

1) 网络广告

网络广告类型很多,根据形式不同可以分为横幅广告、E-mail 广告、电子杂志广告、新闻组广告、公告栏广告等。

网络广告主要是借助网上知名站点(如 ISP 或者 ICP)、免费 E-mail 和一些免费公开的交互站点(如新闻组、公告栏)发布企业的产品信息,对企业和产品进行宣传推广。网络广告作为有效且可控制的促销手段,被许多企业用于网络促销,但花费的费用也不少。

2) 站点推广

网络营销站点推广就是利用网络营销策略扩大站点的知名度,吸引上网者访问网站,起到宣传和推广企业及企业产品的效果。站点推广主要有两大类方法:一类是通过改进网站内容和服务,吸引用户访问,起到推广效果;另一类是通过网络广告宣传推广站点。前一类方法费用较低,而且容易稳定顾客访问流量,但推广速度比较慢;后一类方法可以在短时间内扩大站点知名度,但费用不菲。

3) 销售促进

销售促进就是企业利用可以直接销售的网络营销站点,采用一些销售促进方法,如价格折扣、有奖销售、拍卖销售等方式,宣传和推广产品。

4) 关系营销

关系营销是通过借助互联网的交互功能吸引用户与企业保持密切关系,培养顾客忠诚度,提高企业收益率。

9.1.5 网络营销促销的实施

对于任何企业来说,如何实施网络营销促销都是一个新问题,每一个营销人员都必须摆正自己的位置,深入了解产品信息在网络上传播的特点,分析网络信息的接收对象,设定合理的网络营销促销目标,通过科学的实施程序,打开网络营销促销的新局面。

根据国内外网络营销促销的大量实践,网络营销促销的实施程序可以由以下几个方面组成。

1) 确定网络促销对象

网络营销促销对象是针对可能在网络虚拟市场上产生购买行为的消费者群体提出来的。随着网络的迅速普及，这一类群体也在不断膨胀。这一类群体主要包括 3 部分人员：产品的使用者、产品购买的决策者、产品购买的影响者。

2) 设计网络营销促销内容

网络营销促销的最终目标是希望引起购买。这个最终目标是要通过设计具体的信息内容来实现的。消费者的购买过程是一个复杂的、多阶段的过程，促销内容应当根据购买者目前所处的购买决策过程的不同阶段和产品所处的生命周期的不同阶段来决定。

3) 决定网络营销促销组合方式

网络营销促销活动主要通过网络广告促俏和网络站点促销两种促销方法展开。但由于企业的产品种类不同，销售对象不同，促销方法与产品种类和销售对象之间将会产生多种网络促销的组合方式。企业应当根据网络广告促销和网络站点促销两种方法各自的特点和优势，根据自己产品的市场情况和顾客情况，扬长避短、合理组合，以达到最佳的促销效果。

网络广告促销主要实施"推战略"，其主要功能是将企业的产品推向市场，获得广大消费者的认可。网络站点促销主要实施"拉战略"，其主要功能是将顾客牢牢地吸引过来，保持稳定的市场份额。

4) 制定网络营销促销预算方案

在网络营销促销实施过程中，使企业感到最困难的是预算方案的制定。在互联网上促销，对于任何人来说都是一个新问题。所有的价格、条件都需要在实践中不断学习、比较和体会，不断地总结经验。只有这样，才可能用有限的精力和有限的资金收到尽可能好的效果，做到事半功倍。

首先，必须明确网络营销促销的方法及组合的办法；其次，需要确定网络营销促销的目标；最后，需要明确希望影响的是哪个群体、哪个阶层，是国外的还是国内的。

5) 衡量网络营销促销效果

网络营销促销的实施过程到了这一阶段，必须对已经执行的促销内容进行评价，衡量促销的实际效果是否达到了预期的促销目标。

9.2 网络广告概述

9.2.1 网络广告的定义

网络广告是指互联网发布的以数字代码为载体的各种经营性广告，是广告主以付费方式运用互联网劝说公众的一种信息传播活动。它以 GIF、JPG 等格式建立图像文件，定位在网页中，大多用于表现广告内容，同时还可以使用 Java 等语言使其产生交互性，用 Shockwave 等工具增强表现力。

时至今日，网络广告已经是最为流行且成本最低的宣传方式。与传统的三大媒体(报刊、广播、电视)广告及户外广告相比，网络广告具有得天独厚的优势，是实施现代营销媒体战略的重要部分。网络广告的五大要素包括：①广告主，即发布网络广告的企业、单位或个人；②广告媒体，即网络；③广告受众，即网络广告指向的广告对象或称网络广告的接受者；④广告信息，即网络广告的具体内容；⑤广告费用。

 知识链接

网络广告的兴起

1994 年，Wired 杂志(连线杂志)在其网站(www.hotwired.com)上为 AT&T 公司投放了第一条横幅广告，使网络正式成为营销工具。1997 年，国内 IT 门户 ChinaByte 出现了第一个网络广告。在我国，网络广告从其诞生起就一直是网络营销应用的主要领域，其营业额也成为了网站的主要收入来源。

9.2.2 网络广告的特征

不同的媒体有不同的特色及功能，网络广告不能完全取代传统的平面媒体，真正的网络广告是要充分利用网络媒体，填补长期以来广告市场的空白，建立与消费者之间真正的互动关系，追求"一对一"式的高度细分的个性化服务。互动性网络广告的重心应在互动信息的传递，而不是传统广告的印象创建与说服。网络广告的主要作用应能根据顾客的需要提供相应的信息，这也是由网络本身信息共享的特点决定的。

(1) 传播范围广。网络广告的传播范围极其广泛，不受时间和空间的限制，可以通过国际互联网把广告信息 24 小时不间断地传播到世界各地。

(2) 交互性强。在网络上，广告受众在对某一产品发生兴趣时，可以通过点击进入该产品的主页，详细了解产品的信息。

(3) 针对性明确。网络广告目标群确定，由于点阅讯息者即为有兴趣者，因此可以直接与潜在的用户交流，并可以为不同的受众推出不同的广告内容。

(4) 统计性准确。在互联网上可通过权威公正的访客流量统计系统精确统计出每个客户的广告被多少个用户看过，以及这些用户查阅的时间分布和地域分布。这样借助分析工具，有助于正确评估广告效果。

(5) 灵活，成本低。一家网站打出的广告价格为，条幅广告，每千次收视 300 元；横幅广告，每千次收视 280 元。甚至在网站上做一年的广告，在报纸上只够一个月，而在电视上可能只够一周。

(6) 感官性强。它包括了 2D 及 3D 的 Video(影)、Audio(音)、Java、动画等动态效果。

(7) 新的计费模式。目前，比较流行的计费模式有 CPM、CPC 和包月方式。

(8) 实时性与持久性的统一。网络媒体具有随时更改信息的功能，广告主可以根据需要随时进行广告信息的改动，24 小时调整产品价格、商品信息，可以即时将最新的产品信息传播给消费者。

网络广告与传统广告区别如表 9-1 所示，其主要的沟通模式如图 9.1 所示。

表 9-1　网络广告与传统广告的比较

比较方面 \ 比较对象	纸介媒体	电视	互联网网站
时间	制作周期长，播报时间限制大	制作周期长，播报时间限制大	制作周期短，24 小时无间断接纳读者，突破时间限制
空间	版面限制大	画面限制大	突破空间限制，自由度大
反馈效果	及时反应能力弱	及时反应能力弱	交互式服务，反馈手段便利及时，可提供细致的追踪报告
检索能力	差	无	独特的检索手段，保证资源多次独特的检索手段，保证资源多次利用
宣传形式	文字，画面	画面，声音	多媒体技术，文字、画面、声音相结合，实现动态、有趣的宣传
读者群素质	一般	泛而杂	大专以上学历近 80%
读者投入度	一般	一般	高度集中
可统计性	不强	不强	强，统计结果及时、准确
价格	中	高	低

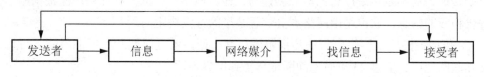

图 9.1　网络广告的沟通模式

9.2.3　网络广告的类型

网络广告的表现形式丰富多彩，现在还在发展过程中。目前，在国内外的网站页面上常见的网络广告形式大致有以下几种。

1) 文字链接广告

文字链接广告(见图 9.2)采用文字标示的方式，通常放置在热门站点的 Web 页上，一般是企业或产品的名称，单击后链接到相关的页面上。它一般出现在网站的分类栏目中，其标题显示相关的查询字，所以也可称为商业服务专栏目录广告。这种广告非常适合于中小企业，因为它不但可以产生不错的宣传效果，而且花费不多。用户可以直接访问其他站点的链接，通过对热门站点的访问，吸引一部分流量到链接的站点上去。

2) 按钮广告

按钮广告(见图 9.3)是网络广告最早和最常见的形式。它显示的只是公司、产品或品牌的标志，单击它可以链接到公司的主页或站点。按钮广告通常有 4 种形式，即 125×125、120×90、120×60、88×31，单位为像素。其不足在于被动性和有限性，它要求浏览者主动点选，方能了解有关企业或产品的信息。

第 9 章　网络营销促销策略

图 9.2　文字链接广告　　　　　图 9.3　按钮广告

3) 横幅广告

横幅广告(见图 9.4)又称旗帜广告、网幅广告，是在页面的顶端或其他地方出现长条状广告。它通常有 4 种形式：全幅，尺寸为 468×60 像素；全幅加直式导航条，尺寸为 392×72 像素；半幅，尺寸为 234×60 像素；直幅，尺寸为 120×240 像素。横幅广告允许客户用极简练的语言、图片介绍企业的产品或宣传企业形象。横幅广告在制作上经历了静态向动态的演变。动态横幅广告利用多种多样的艺术形式进行处理，往往做成动画形式，非常具有吸引力。此种广告重在树立企业形象，扩大企业的知名度。

图 9.4　横幅广告

4) 弹出窗口式广告

在打开一个网页时，会自动弹出一个小窗口用于展现广告。这种新窗口可大可小，窗口内可展现文字、图片或动画。

5) 跑马灯式广告

跑马灯是在网页上出现的不断移动的小图片，运用跑马灯来进行广告宣传可以吸引浏览者的注意力，通过点击链接到广告主的站点上。

6) 直邮广告

利用网站电子刊物服务中的 E-mail 列表，将广告加在读者所订阅的刊物中，发放给相应的邮箱所属人。直邮广告的特点是传输速度快，各种 E-mail 软件都能接收；其缺点是表现方式较为单调。

9.2.4　网络广告的发布途径

(1) 主页形式。这不但是一种企业形象的树立，也是宣传产品的良好工具。

(2) ICP。ICP 由于提供了大量的互联网用户需要的、感兴趣的、免费的信息服务，因此网站的访问量非常大，是网上最引人关注的站点。国内有许多这样的 ICP，如新浪、搜狐、网易、Chinabyte 等都提供大量的新闻、评论、生活常识、财经等内容的信息。目前这些网站是网络广告发布的主要阵地。

(3) 利用邮件列表、新闻组、BBS 发布广告等。

9.2.5 网络广告的计价方式

(1) 千人印象成本(Cost Per Mille，CPM)。例如，一个广告横幅的单价为 1 元/CPM 的话，意味着每一千个人次看到这个横幅广告就收费 1 元，依此类推，10 000 人次访问主页的费用就是 10 元。

(2) 每次点击成本(Cost Per Click-Through，CPC)。以每点击一次计费。

(3) 每行动成本(Cost Per Action，CPA)。按广告投放实际效果，即按回应的有效问卷或订单来计费，而不限广告投放量。

(4) 每购买成本(Cost Per Purchase，CPP)。广告主为规避广告费用风险，只有在网络用户点击广告并进行在线交易后，才按销售笔数付给广告站点费用。

(5) 包月方式。无论是 CPA 还是 CPP，广告主都要求发生目标消费者的"点击"，甚至进一步形成购买后才肯付费；CPM 则只要求发生"目击"(或称"展露"、"印象")，就产生广告付费。相比而言，CPM 和包月方式对网站有利，而 CPC、CPA、CPP 则对广告主有利。

9.2.6 网络广告创意和策略

网络广告创意及策略选择是影响广告效果的关键一环。这里不仅要确定广告所要传达的信息，而且还要确定其表现形式。要根据网络广告的目标和选择的目标群体，进行全面的综合分析和创意设计，确定网页的内容主题、旗帜主题、诉求及表现方法等。具体来说应注意以下问题。

1) 要有明确有力的标题

广告标题是一句吸引消费者的带有概括性、观念性和主导性的语言。明确有力的广告标题作用很大，特别是在网络广告中。根据统计，上网者在一个网络广告版面上所花的注意力和耐性不会超过 5 秒。因此，一定要在这短短的时间内吸引人潮进入目标网页，并树立良好的品牌形象。这时广告标题的设计就显得十分重要。

2) 要有简洁的广告信息

在网络上，强烈清晰的文案比制作复杂的影音文件更能吸引上网者点击。这是由于带宽的限制，图像过多的广告(如动画设计)传输速度较慢，上网者往往会放弃。网络广告应该确保出现的速度足够快，通常在 10～20KB(依不同媒体和版面而异)，这是一般网络媒体接受的图像大小，也是上网者能够接受的传输速度。所以，网络广告信息在目前互联网上发布时应力求简洁，多采用文字信息。

3) 发展互动性

随着网络技术的开发，今后网络广告必定朝着互动性的方向发展。这是体现网络广告优势的必由之路。如在网络广告上增加游戏活动功能，将大大提高上网者对广告的阅读兴趣。

4) 合理安排网络广告发布的时间因素

网络广告的时间策划是其策略决策的重要方面，它包括对网络广告时限、频率、时序及发布时间的考虑：时限是广告从开始到结束的时间长度，即企业的广告打算持续多久，这是广告稳定性和新颖性的综合反映；频率即在一定时间内广告的播放次数，网络广告的频率主要用在 E-mail 广告形式上；时序是指各种广告形式在投放顺序上的安排；发布时间是指广告发布是在产品投放市场之前还是之后。根据调查，消费者上网活动的时间多在晚上和节假日。针对这一特点，可以更好地进行广告的时间安排。网络广告的时间策略形式可分为持续式、间断式、实时式。网络广告时间策略的确定除了结合目标受众群体的特点外，还要结合企业的产品策略和企业在传统媒体上的广告策略。好的广告时间策略不仅能提高广告的浏览率，还能节省广告费用。

5) 正确确定网络广告费用预算

对大部分上网企业而言，互联网仅仅是其整体营销沟通计划的一部分。公司首先要确定整体促销预算，再确定用于网络广告的预算。整体促销预算可以运用财务能力法、销售百分比法、竞争对等法或目标任务法来确定。而用于网络广告的预算则可依据目标群体情况及企业所要达到的广告目标来确定，既要有足够的力度，也要以够用为度。

6) 设计好网络广告的测试方案

在网络广告策略策划中，根据广告活动所要选择的形式、内容、表现、创意、具体投放网站、受众终端机等方面的情况，设计一个全方位的测试方案是至关重要的。在广告发布前，要先测试广告在客户终端机上的显示效果，测试广告信息容量是否太大而影响其在网络中的传输速度，测试广告设计所用的语言、格式在服务器上能否被正常处理，以避免最后的广告效果受到影响。

总之，网络广告创意及策略选择是网络广告策划的重要内容，这一过程是一个众多因素综合平衡、协调选择的策划体系，其复杂性是十分明显的。

 知识链接

窄　告

窄告是一种新型的网络广告模式，不仅适合于各行各业推广宣传品牌、产品等，而且适合各种规格的网络广告发布商。窄告就是"窄而告之"、"专而告之"，指客户投放的窄告直接投放到与之内容相关的网络媒体上的文章周围，同时还会根据浏览者的偏好、使用习性、地理位置、访问历史等信息，有针对性地将窄告投放到真正感兴趣的浏览者面前。

窄告以其特有的优势，使得投放力度大大增强，传播范围扩大，同时，窄告可以直接面对有效的客户，使得广告的回报率提高，节约了更多资源。同时，窄告的投放对投放商来说是一个可控的过程，投放商可以根据窄告的效果、自己的业务需求，随时改变窄告的投放方式，包括宣传目标、文字、画面等。除此之外，窄告作为一种新生的服务，在向客户提供服务的同时，也提供了一套专业、完善的服务，因此，窄告是目前广告投放商另一个最佳的宣传途径。

9.3　网络营销站点推广

9.3.1　站点推广概述

作为企业在网上市场进行营销活动的阵地，网络营销站点能否吸引大量流量是企业开展网络营销成败的关键，也是网络营销的基础。站点推广就是通过对企业网络营销站点的宣传吸引用户访问，同时树立企业网络品牌形象，为企业的营销目标的实现打下坚实的基础。站点推广是一个系统性的工作，它与企业营销目标是相一致的。

网站推广与传统的产品推广一样，需要进行系统安排和计划，需注意如下几个问题。

(1) 注意效益/成本原则。即增加一千个访问者带来的效益与成本费用的比较，当然效益包括短期利益和长期利益，需进行综合考虑。

(2) 稳妥慎重原则。宁慢勿快，在网站还没有建设好而且不够稳定时，千万不要急于推广网站，第一印象是非常重要的，网民所给的机会只有一次，因为网上资源大量而丰富，这就是通常所说的网上特有的"注意力经济"。

(3) 综合安排实施原则。因为网上推广手段很多，不同方式可以吸引不同的网民，所以必须综合采用多种渠道以吸引更多的网民到网站上来。

9.3.2 站点推广方法

1) 搜索引擎注册

调查显示，网民找新网站主要是通过搜索引擎来实现的，因此在著名的搜索引擎进行注册是非常必要的，而且在搜索引擎进行注册一般都是免费的。

2) 建立链接

与不同站点建立链接，可以缩短网页间的距离，提高站点的被访问概率。一般建立链接有下面几种方式。

(1) 在行业站点上申请链接。如果站点属于某些不同的商务组织，而这些组织建有会员站点，应及时向这些会员站点申请一个链接。

(2) 申请交互链接。寻找具有互补性的站点，并向它们提出进行交互链接的要求(尤其是要链接上到站点的免费服务，如果提供这样的服务的话)。为通向其他站点的链接设立一个单独的页面，这样就不会使访问者流失到其他站点上去。

(3) 在商务链接站点申请链接。特别是当站点提供免费服务的时候，可以向网络上的许多小型商务链接站点申请链接。只要站点能提供免费服务，就可以吸引许多站点建立链接。寻找链接伙伴时，通过搜索寻找可能为站点提供链接的地方，然后向该站点的所有者或主管发送 E-mail，告诉他们可以链接的站点名称、URL 及 200 字的简短描述。

3) 发送 E-mail

E-mail 的发送费用非常低，许多网站都利用 E-mail 来宣传站点。利用 E-mail 来宣传站点时，首要任务是收集 E-mail 地址。为防止发送一些令人反感的 E-mail，收集 E-mail 地址时要非常注意。一般可以利用站点的反馈功能记录愿意接受 E-mail 的用户 E-mail 地址。另外一种方式是租用一些愿意接受 E-mail 信息的通信列表，这些通信列表一般是由一些提供免费服务的公司收集的。

4) 发布新闻

及时掌握具有新闻性的事件(如新业务的开通)，并定期把这样的新闻发送到行业站点和印刷品媒介上，将站点在公告栏和新闻组上加以推广。互联网使得具有相同专业兴趣的人们组成成千上万的具备很强针对性的公告栏和新闻组。比较好的做法是加入这些讨论，让邮件末尾的"签名档"发挥推广的作用。

5) 提供免费服务

提供免费资源，在时间和精力上的代价都是昂贵的，但其在增加站点流量上的功效可以得到回报。应当注意，所提供的免费服务应与所销售的产品密切相关，所吸引来的访问者同时也就可以成为良好的业务对象。

同时可以在网上开展有奖竞赛，会招徕大量访问者。如果在站点上开展有奖竞赛或者抽奖活动，可以产生很大的访问流量。

6) 发布网络广告

利用网络广告推销站点是一种比较有效的方式。比较廉价的做法是加入广告交换组织，广告交换组织通过不同站点的加盟后，在不同站点交换显示广告，起到相互促进的作用。另外一种方式是在适当的站点上购买广告栏发布网络广告。

7) 使用传统的促销媒介

使用传统的促销媒介来吸引访问站点也是一种常用方法，如一些著名的网络公司纷纷在传统媒介发布广告。这些媒介包括直接信函、分类展示广告等。对小型工业企业来说，这种方法更为有效。应当确保各种卡片、文化用品、小册子和文艺作品上包含公司的URL。

9.3.3 提高站点访问率的方法

目前网站主要分为以下几类。

(1) 内容信息类网站：主要为访问者提供各种信息、知识等有价值的内容，如新浪提供的新闻服务，搜狐提供的网站搜索服务。

(2) 中介服务类网站：主要通过网站架设桥梁为访问者提供某种服务，如网易提供的虚拟社区信息交流服务，3721网站提供的中文域名服务。

(3) 电子商务类网站：主要是通过互联网作为开展商务活动的平台。对于电子商务类站点，一般有两种方式，一种是纯粹的网上电子商务企业，另一种是传统企业将其业务拓展到电子商务，如8848网站属于前种，北京图书大厦网站属于后种。

(4) 其他网站：一般不以赢利为目的，如个人网站、组织机构网站等，它们一般是结合自己的具体情况，开展网上信息交流活动。

不同类型的网站要增加访问回头率需要采取不同的策略。对于内容信息类网站，它的目标就是起到一个媒体的作用，要扩大访问量主要是通过提供及时的信息和大容量的数据库检索服务；对于中介服务类网站，它的关键是要提供有特色的别的网站所不具备，同时又是网民需要的服务；对于电子商务类网站，它的关键是为网民提供更便捷的网上购物渠道、更丰富的产品和更优惠的价格。对于传统企业将业务拓展到电子商务的站点，要注意遵循互联网的规律，传统市场优势品牌在网上不一定能吸引大量访问量，必须提供网上用户需要的一些服务，如产品知识、网上直销、免费增值服务等。

9.3.4 利用搜索引擎推广

1) 搜索引擎的作用

搜索引擎是对搜索引擎和搜索目录(Search Directory)的统称，是通过互联网进行网络营销的重要途径。目前,全世界的网站总数已经超过了3 000万个,并且还在不断增加。因此,搜索引擎对于那些在互联网上游弋、寻找信息的人们来说已经变得非常重要了。

2) 搜索引擎索引网站的方法

与搜索引擎的类型相对应,其索引网站的方式也基本分为以下两种。

(1) 使用蜘蛛程序对网站进行索引。当要推广的站点向搜索引擎提交网站后,蜘蛛程序就会对整个网站进行索引。

(2) 目录索引。依靠用户提交注册信息并依赖搜索引擎的管理人员来增加索引的数目,又称分类数据库(Category Database)。大部分的目录索引在把用户的站点增加到索引中时,只是连接用户的主页而不是把网站的全部网页进行索引,如雅虎、搜狐等。

3) 搜索引擎排名优先级标准

搜索引擎排名优先级标准有时也可被称为"相关分数"(Probable Relenance Scoring)。搜索引擎主要是通过蜘蛛程序或用户提交的申请来增加自己的数据库(即索引)的。当用户访问Lycos、雅虎、AltaVista或其他的搜索引擎时,只要输入搜索的关键字,就可以简单地进行数据库查询。为了确定是哪一个文档或网站返回了这个特定关键字搜索,每一个搜索引擎必须有其自己规定的文档优先级的标准。

4) 增强搜索引擎注册广告效果

增强搜索引擎注册的广告效果,主要是访问者在使用搜索引擎时能在显著位置找到用户的站点。搜索引擎的使用方式有两种方式,一种是分类目录式查找,另一种是按关键字检索查找。对于第一种情况,就是在网站注册时就要将网站排名在前面,如通常说的Top 10和Top 20,一般说来在页首的网站的访问率比后面要高,这就要求在搜索引擎注册时要了解搜索引擎是如何排名的,如搜狐网站的排名是按照网站名称的字典序来进行排列的,即根据网站名称在计算机内编码大小排序的;对于第二种情况,一般说来就是提供足够多的关键字,以便于访问者在访问时能检索到网站,同时还要了解网站的检索排序算法,尽量按搜索引擎的算法来排列关键字,不过许多搜索引擎的排序算法是不公开的,所以需要不断尝试。

5) 搜索引擎注册

根据国外研究,搜索引擎能够检索的网站还不到所有网站的30%,因此企业为推广网站一般要在多个搜索引擎进行注册。

在多个搜索引擎进行注册时,首先要确定选定哪些搜索引擎进行注册,一般说来能同时在8个重要的搜索引擎进行注册就足够了。注册过多搜索引擎,一方面时间代价比较大,另一方面大多数搜索引擎使用者少,主要集中在少数上面。在多个搜索引擎注册时,有多种方式,一种方式是利用专业软件代理注册;另一种方式是利用专业服务公司代理注册。

9.4 网络销售促进策略

销售促进主要是用来进行短期性的刺激销售。互联网作为新兴的网上市场,网上的交易额不断上涨。网络销售促进就是在网上市场利用销售促进工具刺激顾客对产品的购买和消费使用。根据促销对象的不同,网络促销可分为消费者促销、中间商促销和零售商促销。本节主要是针对消费者的网络促销策略。

9.4.1 网络折扣促销

折价又称打折、折扣,是目前网上最常见的一种促销方式。由于网上销售商品不能给人全面直观的印象,也不能试用、触摸,再加上配送成本和付款方式的复杂性,使得网上商品价格都要比传统方式销售要低,以吸引人们购买,而较大幅度的折扣可以促进消费者尝试网上购物。

折价券是直接价格打折的一种变化形式。有些商品在网上直接销售有一定困难,商家便结合传统营销方式,顾客可从网上下载、打印折价券,到指定地点购买商品时可享受一定优惠。如图9.5所示为麦当劳的电子优惠券。

图 9.5 麦当劳的电子优惠券

9.4.2 网络赠品促销

在新产品推出试用、产品更新、对抗竞争品牌、开辟新市场的情况下利用赠品促销可以达到比较好的效果。

赠品促销的优点:提升品牌和网站的知名度;鼓励人们经常访问网站以获得更多的优惠信息;能根据消费者索取赠品的热情程度而总结分析营销效果和产品本身的反映情况,等等。

9.4.3 网络抽奖促销

抽奖促销是网上应用较广泛的促销形式之一,是大部分网站乐意采用的促销方式。抽奖促销(见图9.6)是以一个人或多数人获得超出参加活动成本的奖品为手段的商品或服务促销。网络抽奖活动主要附加于调查、产品销售、扩大用户群、推广某项活动等。消费者通过填写问卷、注册、购买产品或参加网上活动等方式获得抽奖机会。

图 9.6 网络抽奖促销

9.4.4 积分促销

积分促销在网络上的应用比起传统营销方式简单且更易操作。网上积分很容易通过编程和数据库等来实现,并且可信度很高,操作也简便。积分促销一般设置价值较高的奖品,消费者通过多次购买或参加某项活动来增加积分以获得奖品。

积分促销可以增加上网者访问网站和参加活动的次数,增加上网者对网站的忠诚度,提高活动的知名度等。

9.4.5 网络联合促销

由不同商家联合进行的促销活动称为联合促销。联合促销的产品或服务可以起到一定的优势互补,相互提升自身价值等效应。例如,网络公司可以和传统商家联合,以提供网络上无法实现的服务,如网上销售汽车和润滑油公司联合。

以上5种是网络销售促进活动中比较常见的方式,其他,如假日促销、事件促销都可以与以上几种促销方式进行综合应用。

9.5 网络营销公关策略

公共关系是一种重要的促销工具,它通过与企业利益相关者(包括供应商、顾客、雇员、股东、社会团体等)建立良好的合作关系,为企业的经营管理营造良好的环境。网络公共关系(Public Relations On Net)又称E公关,与传统公共关系功能类似,只不过是借助互联网、计算机通信和数字交互式媒体作为沟通渠道来实现公共目标,影响公众行为。其核心是一种行为活动,它帮助企业解决与社会大众之间的各种关系。

网络公关较传统公关更具有一些优势,所以网络公共关系越来越被企业一些决策层所重视和利用。一般说来,网络公共关系有下面一些目标。

(1) 与新闻媒体建立良好合作关系。它将企业有价值的信息通过网上媒体进行宣传,以引起消费者对企业的兴趣,同时通过互联网树立企业良好的社会形象。

(2) 网络宣传和推广产品。

(3) 通过互联网建立良好的沟通渠道，包括对内沟通和对外沟通，让企业利益相关者充分了解企业，巩固老顾客关系，同时与新顾客建立联系。

9.5.1 网络公关与网络广告的区别

企业通过网络媒体提高知名度和美誉度，主要方式是网络广告和网络公关。两者无论从营销目标还是战略上看，都是密切联系的。然而在具体操作中尤其是对网络公关活动的操作中，必须认清两者的区别。其区别主要体现在以下方面。

(1) 目的不同。网络广告的目的是在线推销产品或服务，最终体现的是企业销售收入的增加；而网络公关是为了争取网络受众的理解，树立良好的企业形象，是更大价值意义的管理追求。

(2) 信息网络传播途径不同。传统广告是单向的传播和灌输，而网络广告则是双向的交流和沟通。从网民的需求出发开始整个公关过程，并且坚持不断地与公关客体(网民)交互作用，每一个网络公关的策略都要从受众需求出发，以受众反馈为依据。

(3) 表现力和影响力不同。网络广告使受众产生认同心理的表现方式是对广告中诉求点(产品或服务优势)的认同；而网络公关则是以丰富的表现手法创造某种氛围，在这种氛围中表明组织的愿望、爱心、对公益事业的关注等，使受众产生感情认同。就影响力而言，前者是短期影响，后者产生长期效应。

(4) 活动的场所不同。网络公关活动的主要场所是互动性比较强的板块，有各类网络论坛、新闻组、邮件清单等。而网络广告活动的主要场所范围较广，主要是由网络广告内容的主题和网站的相关度来决定的。

9.5.2 网络公关的实施

网络公关的渠道总体上有两种：一是建立组织自身的网站，二是利用其他新闻服务商和媒体。网络公关有如下 4 种形式：发送新闻、论坛、新闻组、E-mail。此外，组织可以通过网络开展一些公关活动、公益性活动：公关活动，如举办网上新闻发布会或网上年会等；公益活动，如帮助网络社区成员解决问题，以提高组织形象、建立组织的网上信誉；为社区成员安排一些有意义的娱乐抽奖和相关比赛活动，吸引网民。

一般来说，网络公关在具体实施的时候，主要包括 4 个步骤：①确定公共关系活动目标；②选择公关信息和工具；③制作和发布信息；④评价公关活动效果。

与其他媒体公关的传播过程相同，网络公关也需要解决"传播什么、向谁传播、在何处传播" 3 个问题，即包含以下 3 个方面内容：确定传播内容，确定传播对象，选择合适媒体。

9.5.3 网络公关的常用策略

要想使网络公关能够发挥自身的优势，达到既定的目标，必须采用一些有效的策略。

1) 加强与网络新闻媒体的合作

网络新闻媒体一般有两大类：一类是传统媒体在网上实现；另一类是新兴的真正的网

上媒体。无论哪种媒体，都可通过互联网加强企业与新闻媒体的合作，可以充分利用互联网的信息交互特点，更好地进行沟通。

企业可以通过互联网定期或不定期地将企业的信息和有新闻价值的资料，通过互联网直接发给媒体，与媒体保持密切的联系。

2）通过多种网络工具宣传产品

宣传和推广产品是网络公共关系的重要职能之一。互联网上建设了许多类似社区性质的新闻组和公告栏。企业在利用一些直接促销工具的同时，采用一些软性的工具，如讨论、介绍、展示、即时通信等方法来宣传推广产品，效果可能会更好。

在利用BBS、新闻组、网络论坛、博客、播客、RSS和即时通信工具(如QQ、MSN)来宣传和推广产品时，要注意"有礼有节"，要遵守网上虚拟社区的网络礼仪；同时，发布信息时要注意方式，最好以讨论和介绍形式，以免引起社区成员的反感，结果适得其反。

3）建立多样化的网络沟通渠道

企业网络营销站点的一个重要功能就是为企业与企业相关者建立沟通渠道。企业通过网站的交互功能，可以与目标顾客直接进行沟通，了解顾客对产品的评价和顾客提出的还没有满足的需求，保持与顾客的紧密关系，维系顾客的忠诚度。

同时，企业通过网站对企业自身及产品、服务的介绍，让对企业感兴趣的群体可以充分认识和了解企业，提高企业在公众中的透明度。企业通过互联网与消费者建立沟通渠道的方式很多，如Web页面展示、网上虚拟社区、公告栏、新闻列表、博客、即时通信工具等。

4）积极应对网络公关危机问题

在进行网络公关之前，企业设置一套预警系统是必不可少的。在这个系统中，我们可以设想一下企业可能会发生什么样的危机，并在其中做相应的预防准备。有了这个系统，企业便能面对突如其来的公关危机，有条不紊地拿出应对策略，使组织迅速摆脱危机。

9.5.4 网络公关应注意的问题

(1) 注意网络"虚拟性"带来的弊端。

(2) 要防止因不利信息的快速传播而形成"公关危机"。这里的不利信息主要来自两个方面：一是网络上的恶意攻击行为，二是组织负面事件形成的不利信息。

(3) 防止网络技术方面的问题。这方面的主要问题是指有针对性的网络犯罪活动。

 知识链接

百度被黑事件的危机公关

2010年1月12日早上7：00左右，www.baidu.com开始突然出现无法访问的故障，域名无法正常解析。至9：30，太原、天津、郑州、烟台、长沙、成都、沈阳等全国各地均出现百度无法正常访问的现象。10：45，百度官方表示：由于baidu.com的域名在美国域名注册商处被非法篡改，导致百度不能被正常访问，公司有关部门正在积极处理，www.baidu.com.cn能够正常被访问。自11：00起，各地网络开始恢复对百度的正常访问。

12:51，对于百度被黑事件，百度CEO李彦宏在百度贴吧上，"史无前例"地表达了自己对于事件的震惊。1月12日下午6:00，百度发表正式声明，称目前已经解决了大部分登录问题。对于部分中国网友基于义愤报复性攻击其他外国网站的做法，百度称："我们并不鼓励这样的做法，请大家保持冷静。"

宝洁公司网络促销分析

宝洁公司至今已建立了近百家高度细分的家族网站，这些网站几乎涵盖了宝洁旗下300多个产品。宝洁的这些网站不仅树立了品牌形象，而且还从消费者那里获取相当有价值的信息，最新的产品也可以在网上发送，进行测试。除此之外，宝洁与women.com和bolt.com等网站进行紧密的市场合作，利用宝洁的风险投资孵化器和互联网风险基金来建设开发有前途的互联网初创公司(如Plumtree Software和yet2.com)等。此外，宝洁还与行业巨头联合利华、可口可乐及雀巢集团联合建立了一个在线B2B市场transora.com。宝洁洗发水的市场定位主要是中青年消费市场、大中学生市场、中等收入阶层市场、具有较高文化水准的职业层市场，针对不同的群体、不同的需求，推出不同的产品。我们可用AIDA模型来分析宝洁的网络促销。

(1) A——宝洁促销以其丰富的表现形式、准确的投放地点、强烈的感官视觉引起消费者注意。例如，在我们打开搜狐、新浪的网页时，醒目的潘婷、飘柔、海飞丝广告就会映入眼帘。

(2) I——宝洁洗发水促销通常以其具体的产品功能介绍、相关洗发护发知识讲解、互动活动宣传及其附加利益(如奖励等)来激发消费者兴趣。

(3) D——在激发购买欲望的时候，顾客会综合考虑其货币成本、时间成本、精力成本、体力成本，因此，宝洁通过降价、保证产品质量、提高服务质量、简化沟通的途径来达到此目的。

(4) A——当顾客决定购买宝洁产品时，可以选择进行线下购买，或者通过一些网上商店直接进行在线购买。当顾客决定参加宝洁举行的有关活动时，就可以直接参与或在线报名。

1. 网络广告

网络广告形式多样，有横幅广告、按钮广告、文字链接广告、互动游戏广告等。例如，我们打开新浪、搜狐等大型门户网站及时尚、美容等行业性网站，都可以看到海飞丝、飘柔、沙宣的广告映入眼帘；宝洁公司充分利用网络媒体的优势，结合网页、横幅广告、弹出窗口式广告在一些网站推广"飘柔自信学院"活动，以求飘柔这一品牌进一步深入人心。另外在推出润妍产品的时候，宝洁也在一些网站用浮动Logo加鼠标触动这种新颖的形式刊登广告，在网页上出现的是一张徐徐飘下的信封，信封上有邀请函的字样，动画效果极其逼真。邀请函飘动的效果与浮动Logo的形式完美地结合，做到了真正的形式与内涵的统一。在内容方面，不同的产品有不同的主题，如海飞丝一直倡导去屑的信念，以蓝色为基调突出干净清爽的效果；飘柔历来以如丝般长发的画面来深化飘逸柔顺的效果；潘婷以秀发护养专家来帮助人们实现"主角"的梦想。

2. 公共关系

宝洁在公共关系方面可以说做得相当出色。它的两种主要方式是线下活动、线上新闻和直接在线活动。我们在网站上常可以看到有关宝洁的活动新闻。例如，开展以"飘柔点燃希望，黑发更添自信"为主题的"烛光工程——飘柔首乌助教计划"，以及宝洁出资资助的公关活动项目已深入中国社会的许多重要团体，如在一些重点大学设立奖学金，成立中国科学院宝洁科教基金，向中国希望工程捐款1 250万元后，网上各大媒体争先报道；宝洁公司旗下的洗护发品牌海飞丝在深圳"明思克"号航空母舰上隆重举行了一场名为"冲击头屑的航母"的大型晚会，庆祝其又一突破性技术成果——全新海飞丝在中国市场的闪亮登场，此时在网站上，除了对此次活动进行介绍外，还向消费者解释了新海飞丝的4种不同配方。在线上互动方面，宝洁推出了"飘柔自信学院"、Flash 闪客大赛、与 tom.com 合作的海飞丝吸引力测试活动等；此外，它还推出各种线上服务，如在线诊断发质、头发健康知识的咨询、沙宣专业美发讲解等。

3. 营业推广

网上折价销售、网上变相折价销售、网上赠品促销、网上抽奖促销、网上积分促销、网上众多商家联合促销是宝洁常用的其他促销手段。例如，海飞丝与 tom.com 合作的海飞丝吸引力测试活动后，对在抽奖活动中中奖的幸运儿赠送明星签名的海报；或是当你在网上关注了宝洁洗发水推出新产品广告时，如果填写了自己的地址就有可能获赠宝洁送出的试用品。

讨论题

1. 什么是 AIDA 模型？
2. 宝洁公司的网络营销促销主要从哪些方面着手？分别有什么作用？
3. 对于宝洁公司现有的网络促销情况，你有什么发展建议？

本 章 小 结

本章主要介绍了网络营销促销的概念、特点及功能。网络营销促销是在网上市场开展的促销活动，相应形式也有4种，分别是网络广告、销售促进、站点推广和关系营销。通过对网络广告的策略，网络广告的特征、发布途径和计价方式，网络公关的概念和特点的学习，掌握网络营销促销的基本实施程序、网络广告策划的操作过程、网络广告效果评估的基本内容与方法及网络公共关系策略。

复 习 题

一、单选题

1. 不属于网络广告特点的是(　　)。
   A. 传播范围广　　　　　　　　B. 受众数量准确统计
   C. 选择余地大　　　　　　　　D. 交互性强
2. (　　)指企业利用各种信息传播手段刺激消费者的购买欲望，促进产品销售的方式来实现其营销目标。
   A. 产品策略　　B. 定价策略　　C. 分销策略　　D. 促销策略
3. 网络站点促销主要实施(　　)。
   A. 推拉结合战略　　B. 拉战略　　C. 挤战略　　D. 推战略
4. 网络广告促销的主要实施战略是(　　)。
   A. 拉战略　　B. 推战略　　C. 扩战略　　D. 缩战略
5. 成长期的网络营销策略有(　　)。
   A. 改善产品品质　　　　　　　B. 改变促销重点
   C. 择机调整价格　　　　　　　D. 创造名牌产品

6．网络广告的核心是( )。
   A．广告客户　　　　B．内容　　　　C．互联网　　　　D．市场定位
7．免费资源促销的主要目的是( )。
   A．占领市场　　　B．提高服务质量　　C．获取利润　　　D．推广网站
8．关于网络营销促销说法中，错误的是( )。
   A．网络营销促销活动主要分为网络广告促销和网络站点促销两大类
   B．网络广告促销指通过一些门户网站进行广告宣传，开展促销活动
   C．网络站点促销指利用企业自己的网络站点树立企业形象，宣传产品，开展促销活动
   D．网络广告促销的特点是宣传面广、影响力大，费用比网络站点促销低

二、多选题

1．下面属于网络营销促销形式的是( )。
   A．人员推销　　　B．网络广告　　　C．站点推广　　　D．宣传推广
2．网络营销促销策略主要有( )。
   A．网络广告促销　　　　　　　　B．利用搜索引擎促销
   C．提供免费资源与服务促销　　　D．有奖促销
3．网络营销促销的特点包括( )。
   A．网络营销促销是在互联网这个虚拟市场环境下进行的
   B．互联网虚拟市场的出现，将所有的企业都推向了一个统一的全球大市场
   C．网络营销促销通过网络传递商品和服务的存在、性能、功效及特征等信息
   D．网络营销者不仅要熟悉传统的营销技巧，而且需要掌握相应的计算机和网络技术知识
4．按照网络信息发布和网络促销方式，可以将网络营销促销分为( )。
   A．网络邮件促销　　　　　　　　B．电子杂志促销
   C．网络广告促销　　　　　　　　D．网络站点促销
5．网络营销促销的功能包括( )。
   A．告知功能　　　　　　　　　　B．说服功能
   C．反馈功能　　　　　　　　　　D．创造需求功能

三、判断题

1．网络营销促销活动主要分为网络广告促销和网络站点促销两大类。　　( )
2．网络营销促销组合指的是网络广告、站点推广、人员推销与网上关系营销。( )
3．网络广告的核心思想是引起用户的关注和点击。　　　　　　　　　　( )
4．销售促进主要是用来进行长期性的刺激消费。　　　　　　　　　　　( )
5．网络营销促销不仅需要营销者熟悉传统的营销技巧，而且需要相应的计算机和网络技术知识，包括各种软件的操作和某些硬件的使用。　　　　　　　　( )

四、问答题

1. 网络营销促销的特点和作用是什么？
2. 网络营销促销活动和传统营销促销活动有何区别？
3. 网络营销促销活动有哪些形式？
4. 网络广告有哪些类型？
5. 网络促销推广有哪些具体方法？如何提高站点访问率？
6. 网络销售促进有哪些形式？

第三篇 网络营销实践

第10章 网络营销站点

教学目标

通过本章的学习,了解网络营销站点的功能和分类,以及网络营销站点规划。掌握网络营销站点的创建步骤中,如何注册域名、如何选择网站服务器硬件、如何选择站点开发工具、网页设计等。

教学要求

知识要点	能力要求	相关知识
网络营销站点的功能和分类	了解网络营销站点的功能及类型	(1) 网络营销站点的功能 (2) 网络营销站点的类型
网络营销站点的规划与建设	(1) 掌握网络营销站点规划的方面 (2) 掌握网络营销站点建设的步骤	(1) 网站目的规划 (2) 网站功能规划 (3) 域名的规划 (4) 网站内容及风格的规划 (5) 网站技术解决方案的规划 (6) 注册域名 (7) 选择网站服务器硬件 (8) 选择站点开发工具 (9) 准备站点资料 (10) 网页设计 (11) 站点的测试和发布
网络营销站点的管理与维护	了解网络营销站点管理和维护的相关内容	(1) 网站内容的更新及维护 (2) 网站版面风格的更新及维护 (3) 网站域名、主机(服务器)、企业邮局的管理与维护 (4) 网站安全及资料备份服务 (5) 网站流量统计报告服务

基本概念

网络营销站点　站点规划　站点建设　域名注册　网页设计　站点的测试和发布　选择站点开发工具　准备站点资料　风格维护

中国宝洁(www.pg.com.cn)

宝洁公司始创于1837年,是世界上最大的日用消费品公司之一。每天,在世界各地,宝洁公司的产品与全球160多个国家和地区消费者发生着40亿次亲密接触。在全球80多个国家设有工厂及分公司,所经营的300多个品牌的产品畅销160多个国家和地区。

1988年,宝洁公司在广州成立了在中国的第一家合资企业——广州宝洁有限公司,从此开始了其中国业务发展的历程。三十多年来,宝洁在中国的业务发展取得了飞速的发展。

宝洁以对高质量产品的不懈追求闻名于世,在管理上更是精明练达,独具风格。在众多的企业网站中,宝洁始终是抢眼夺目的。宝洁中国(http://www.pg.com.cn)成功的网站源于成功的企业,但成功的企业却未必都有成功的网站,经营固有经营之道,上网亦有上网之道,两道相结合互为增益;反之,则欲益反损。宝洁的网络营销堪称经典。

点评: 网络营销的头把利剑——企业网站建设

企业网站就相当于一个企业的网络名片,不但对企业的形象是一个良好的宣传,同时可以辅助企业的销售,甚至可以通过网络直接帮助企业实现产品的销售。企业网站的作用就是为展现公司形象,加强客户服务,完善网络业务,还可以与潜在客户建立商业联系。

10.1 网络营销站点的功能和分类

网站是企业向互联网用户提供信息的一种方式,其中包括企业提供的产品或服务,是企业开展电子商务和网络营销的工作平台。实际上网站就是一个虚拟企业,就像真实企业有其物理的组织结构一样,网站由许多网页组成,这些网页也应有一定的组织结构。网页的内容要将企业的组织、形象、产品、资源等信息完全展示出来,同时要通过互动的特点将本企业的网站与互联网上相关的资源链接起来,以便将企业与客户更紧密地联系在一起。

10.1.1 网络营销站点的功能

一个结构完善、设计合理的网络营销站点可以让用户方便、及时地从企业的营销站点获取信息,订购商品和寻求售后服务。一般包括企业信息发布、信息收集、信息互动交流、网上销售、售后服务等。

1. 企业信息发布

企业信息发布属于站点最基础的功能,主要包括企业概况的介绍、企业产品信息或服务的信息介绍、企业的新闻、经营活动及企业重大事件信息、人员招聘信息等。因此，拥有一个网站就拥有了一个强有力的宣传工具。例如，海尔网站中的产品介绍、服务专区、新闻中心、企业简介、人才招聘等栏目都是宣传工具，如图 10.1 所示。

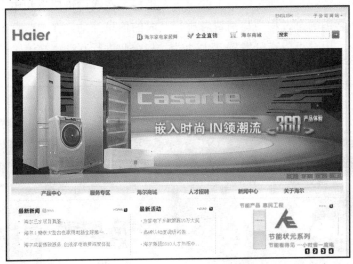

图 10.1　海尔网站主页

2．信息收集

企业上网后除了建设网站开展直接的网上营销以外，对有价值的商业信息的收集，也是企业网站经营的重要任务之一。企业可以利用网站对消费者的消费特点、行为习惯等信息进行收集。一方面，可以通过用户注册来收集消费者的资料，如在淘宝网中，消费者通常需要进行用户注册成为其会员后才能享受网上购物或销售的服务，如图 10.2 所示；另一方面，网络营销站点还可以利用在线调查、开设论坛等形式收集消费者信息。此外，在许多网站中，消费者在浏览网页的时候，网站会通过特定软件将消费者浏览行为记录下来。通过使用这种方法，可以收集大量的消费者资料，并充分了解消费者的购买习惯，从而有针对性地开展营销活动。

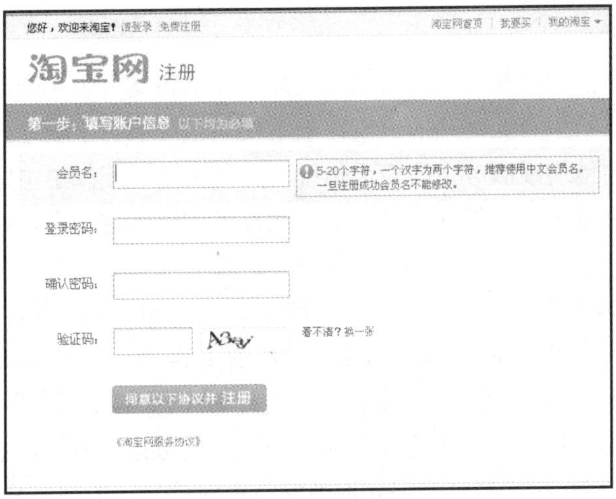

图 10.2　淘宝网注册页面

3. 信息互动交流

互联网最大的优点就是可以进行双向沟通，这对客户服务非常重要，有助于企业实现全程营销的目标。企业可以通过网站上的电子布告栏、在线讨论广场和电子函件等方式，以极低的成本在营销的全过程中与消费者进行及时的信息互动，在一些营销网站中会有与用户互动的模块，用户可以充分发挥其主动性，与企业进行互动、交流，也可以对企业的经营提出建议。图10.3所示为李宁公司网站中的主页中的"互动社区"。

图 10.3　李宁公司页面

4. 网上销售

在发布企业产品信息的基础上，增加网上接受订单和支付的功能，网站就具备了网上销售的条件。网上直销型企业网站的价值在于不仅为企业节省了场地、库存等费用，还直接与消费者沟通产品销售或服务，改变了传统的分销渠道，减少了中间流通环节，从而降低了总成本，增强了竞争力。但并不是每个企业都可以做到这一点，网上销售也不一定适合所有类型的企业。

Dell公司在1994年就建立了自己的企业网站www.dell.com，并在1996年加入了电子商务功能，现在该网站包括80个国家的站点，如图10.4所示。在Dell公司中文网站首页上，可以看到一个非常简洁的界面，最醒目的就是针对中国市场4类不同用户(家庭与个人、小型企业、公共事业、大型企业)进行了产品目录简介的链接，所有详细的产品介绍和在线订单处理程序(放心在线购买)都恰到好处地被安排在应该出现的地方。

第 10 章　网络营销站点

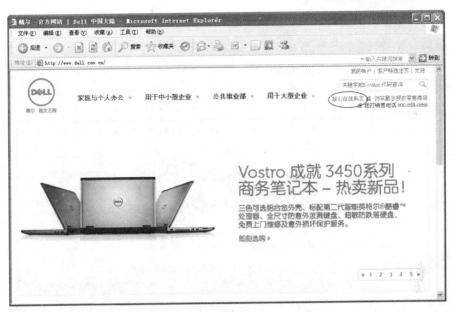

图 10.4　Dell 中文网站首页

10.1.2　网络营销站点的类型

通常情况下，企业建设网站的目的各不相同：一些企业建设网站是为了发布信息、宣传企业等，而有些企业则是为了开展网站销售活动，还有些企业则是为了吸引大量的消费者访问，从而获得利润等。总结目前互联网上众多的网络营销站点，根据网站具有的功能及企业建立网站的目的，可以分为以下 4 种类型。

1. 门户型网站

门户(Portal)，原意是指正门、入口，而门户网站是指提供互联网信息资源及信息服务的网站。目前门户网站的业务包罗万象，成为网络世界的"百货商场"或"网络超市"，它主要提供新闻、聊天室、BBS、免费邮箱、影音资讯、电子商务、网络社区等。在我国，典型的门户网站有新浪、网易和搜狐等。图 10.5 所示为新浪网的主页。

2. 在线销售型网站

在线销售网站将店面放在互联网上，将自己的产品以图片和文字的形式介绍给消费者，并进行一些促销活动，促使消费者购买产品。消费者购物后，该网站就安排这些产品的运送等。通常情况下，这类网站都通过专门的物流公司配送公司产品。这类网站中比较典型的是 Dell 公司和当当网，它们都通过自己的网站向消费者直接销售计算机，将消费者的产品委托专业物流公司进行运送。图 10.6 所示为当当网主页。

3. 服务型网站

服务型网站与上述在线销售型网站不同，它依靠在线提供服务来获取收入。例如，金山网站提供金山杀毒软件、金山词霸等软件服务；盛大网络提供网络游戏等娱乐服务；腾讯提供网上聊天等服务；携程网则为消费者提供网上订票等业务，如图 10.7 所示。

网络营销

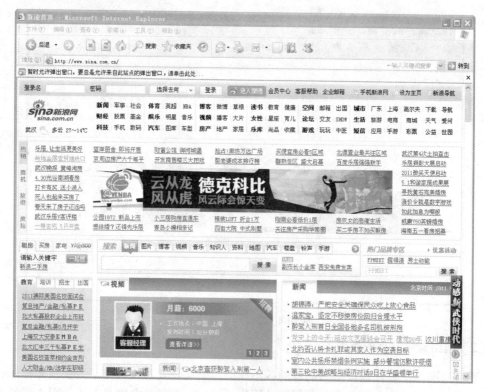

图 10.5　新浪网主页

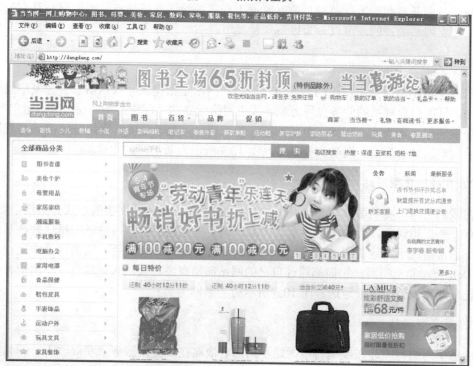

图 10.6　当当网主页

第 10 章　网络营销站点

图 10.7　携程网主页

4. 商务平台型网站

商务平台型网站为企业或个人提供商业交往的平台和支持服务，当交易完成后从中提取一定的佣金来获取收入。例如，阿里巴巴为全球各地的商人提供了一个交易的平台；而易趣等拍卖网站则为消费者之间提供了一个进行交易的场所，同时网站也对交易双方的信用和安全问题做出保证，甚至提供网上支付的方式。图 10.8 所示为阿里巴巴主页。

图 10.8　阿里巴巴主页

10.2 网络营销站点的规划与建设

作为企业在网络市场进行营销活动的阵地,网络营销站点能否吸引大流量的顾客是企业开展网络营销成败的关键,也是网络营销的基础。在着手企业网络营销站点建设之前,必须确定好企业网络营销站点目标,规划好站点应具备的功能和风格。建立自己的网站并非易事,它不仅仅只是拥有技术和产品就可以了,作为一项复杂的系统工程,建设网站必须有一个全盘的设计目标,在建设过程中,要先有规划和创意,再将规划和创意通过相关软件、硬件及网络设备进行实现。

10.2.1 网络营销站点的规划

根据不同的需要和侧重点,网站的功能和内容会有一定差别,但网站规划的基本步骤是类似的,一般来说,我们在规划网站时,应该考虑下列方面。

1. 建立网站目的的规划

这是网站规划中的核心问题,需要非常明确和具体。建立网站的目的也就是一个网站的目标定位问题,网站的功能和内容,以及各种网站推广策略都是为了实现网站的预期目的。网站类型的选择、内容功能的筹备、界面设计等各个方面都受到目的性的直接影响。所以网站必须首先具有明确的目的和目标群体。网站是面对客户、供应商、消费者还是全部?主要目的是为了介绍企业、宣传某种产品还是为了试验电子商务?如果目的不是唯一的,还应该清楚地列出不同目的的轻重关系,如从事直接网上销售、作为产品信息发布工具、信息中介服务、教育和培训等。对于不同目的的网站,其表达方式和实现手段是不一样的。建立网站的目的应该是经过成熟考虑的,包含以下几大要素。

(1) 目的应该是定义明确的,而不是笼统地说要做一个平台。要运用电子商务,应该清楚主要希望谁来浏览,具体要做到哪些内容,提供怎样的服务,达到什么效果。

(2) 目标是在当前的资源环境下能够实现的,而不能脱离了自身的人力、物力、互联网基础及整个外部环境等因素盲目制定目标。尤其是对外部环境的考虑通常容易被忽略,结果只能成为美好的一厢情愿。

(3) 如果目标比较庞大,应该充分考虑各部分的轻重关系和实现的难易度。想要一步到位的做法通常会导致投入过大且缺少头绪,不如分清主次一步一步实现。

2. 网站的主要功能规划

在确定了网站目标之后,就要设计网站的功能了。网站功能是战术性的,是为了实现网站的目标。网站的功能是为用户提供服务的基本表现形式。一般来说,一个网站有几个主要的功能模块,如品牌形象模块、产品/服务展示模块、信息发布模块、顾客服务模块、顾客关系模块、网上调查模块、网上销售模块等,这些模块体现了一个网站的核心价值,都是为网站的目标服务的。图 10.9 所示为联想网站主页中的会员、商城、产品等模块。

第 10 章 网络营销站点

图 10.9 联想网站主页

在进行网站的功能规划时，要注意如下方面。

(1) 网站提供的功能服务应该切合浏览者实际需求且符合企业特点。例如，网络银行提供免费 E-mail 和个人主页空间就既不符合浏览者对网络银行网站的需求，又不能发挥银行的优势，提供这样的功能服务不但会削弱浏览者对网站的整体印象，而且浪费了企业的资源投入，有弊无利。

(2) 网站提供的功能服务必须保证质量，具备人性化特点，操作简单方便。

3. 域名的规划

无论在网上开展什么活动，都要以域名开始。一个易于推广的域名是成功的第一步。域名在网上是产品质量、信誉和可靠程度的象征，是企业和产品在网上的综合代表，是吸引消费者的重要手段，具有很强的商业价值，因此域名的选择十分重要。如果域名选择恰当，会节省许多网站推广的开支，同时吸引消费者主动访问，达到招徕商机、创造利润的目的。

在进行域名选择时需要注意如下 3 个方面：首先，域名要商业含义明确，令人一目了然。企业应留意域名尽量与企业的名称、品牌整合在一起，构成一个完美的企业形象标志。如果企业本身具有较高的知名度，同时企业的缩写为人熟知，那么域名要简短、形象，选择企业名称缩写比较恰当。其次，在域名命名之前，应该考虑未来网站的服务对象侧重哪一类群体。如果企业主要面对的是国外的用户，或者国内的顾客普遍受过高等教育、熟识英语，那么根据企业的特色，采用寓意准确的英文词汇来组合域名比较恰当，防止误用中式思维的英语,使企业形象受损,甚至国外的顾客难以检索到,错过商机。最后,域名要尽量简短易记。如果对企业感兴趣的人们能够猜到企业的域名,这样可以节省一些网站的宣传推广费用。只有顾客可以准确记忆的域名,访问才成为可能,网站所承载的功能才能实现。

4. 网站内容及风格的规划

网络营销站点的内容建设不能背离了建站目的,不同类别的网站,在内容方面的差别很大,因此,网站内容规划没有固定的格式,需根据不同的网站类型来制定。例如,一般信息发布型网络营销站点内容应包括公司简介、新闻资讯、产品信息、服务内容、价格信息、联系方式、互动区域、招聘等。一般来说,对网络营销站点的内容建设,有如下的要求,如图10.10所示的农夫山泉主页正体现了上述要求。

图 10.10　农夫山泉主页

(1) 对外介绍企业自身,最主要的目的是向外界介绍企业的业务范围、性质和实力,从而创造更多的商机。

(2) 如果提供行业内的信息服务,则这些信息服务应具备这些特征:全面性、专业性、时效性、独创性,并且所提供的信息是容易检索的。

(3) 如果企业的客户、潜在客户包含不同语系,应该提供相应的语言版本,如中文简、繁体,至少应该提供通用的英语版本。

5. 网站技术解决方案的规划

根据网站的功能确定网站技术解决方案,应重点考虑下列几个方面。
(1) 是采用自建网站服务器,还是租用虚拟主机。
(2) 选择操作系统,用 UNIX、Linux 还是 Windows 2000/NT 分析投入成本、功能、开发、稳定性和安全性等。

(3) 采用系统性的解决方案，如 IBM、惠普等公司提供的企业上网方案、电子商务解决方案，还是自行开发。

(4) 网站安全性措施，防黑、防病毒方案。

(5) 相关程序开发，如网页程序 ASP、JSP、CGI、数据库程序等。

10.2.2 网络营销站点的创建步骤

在确定好企业网络营销站点的目标，规划好站点的功能和风格后，就可以着手企业网络营销站点的建设了。企业网络营销站点建设包括从设计到计算机的硬件和软件配置、通信网络、网络营销站点域名申请、网络营销站点资料的准备、网站内容设计与制作，以及网站的测试发布、推广和维护等一系列工作。

1. 注册域名

在网络营销站点规划中已经了解了域名的规划及原则，在这里我们来了解域名的注册。注册域名需要遵循先申请先注册原则。每一个域名的注册都是独一无二且不可重复的。企业可以直接向互联网域名委员会申请注册。在注册之前，首先要确认所使用的域名是否已经被他人注册，可以登录域名频道网站(www.dns110.com)进行查询，如图 10.11 所示。如果经过查询没有被注册，便可在此网站中申请此域名，并填写用户的相关资料，在购物订单中确认，提示域名注册成功后，缴纳一定的域名费用后，即可开通使用。

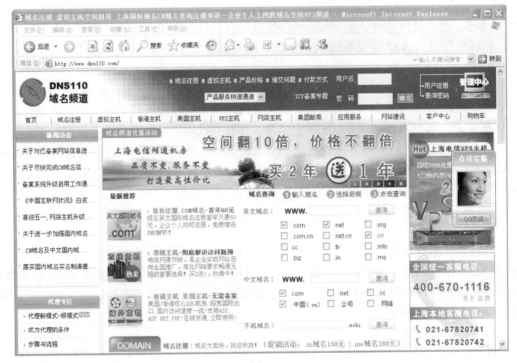

图 10.11 域名频道网站

2. 选择网站服务器硬件

企业建设自己的 Web 服务器需要投入很多资金，包括架设网络、安装服务器，运转时也需要投入很多资金租用通信网络线路。因此，对资金并不充裕的一般中小企业，大多采用服务器托管、虚拟主机等方式创建企业站点。

1) 服务器托管

服务器托管是企业建设自己的网站，拥有自己独立的网络服务器和 Web 服务器，只不过服务器托放在 ISP 公司，由 ISP 公司代为日常运转管理。企业维护服务器时，可以通过远程管理软件进行远程服务。服务器可以租用 ISP 公司提供的服务器，也可以自行购买服务器。采取这种方式建设的服务器，企业可以拥有自己独立的域名，可以节省企业架设网络和租用网络的费用。

2) 虚拟主机

虚拟主机则是利用专业的互联网服务提供商(Intemet Service Provider，ISP)提供的主机为企业开设一个网站。该网站在外界看起来就如同企业自己建立的一样，但花费低廉，而且拥有高速的网络出口。采用这种方式，公司的网页将具有独立的域名。ISP 负责域名服务器的建立和域名的解析。域名可以由 ISP 代理申请，也可由用户自己申请。虚拟主机的数据上载、更新等日常维护工作由用户来完成，用户可以自主维护网页。

3. 选择站点开发工具

自行开发设计网站时，必须准备相关的工具软件进行开发设计。一般来说，需要这样几种工具软件：主页设计工具软件，如 Dreamweaver、FrontPage；图像处理软件，如 Photoshop；声音处理软件，如 Audition；影视处理软件，如 Premiere；交互式页面程序设计，如微软公司的 ASP 开发系统、支持 CGI 的 Peri 开发系统等。

4. 准备站点资料

当选择好 Web 服务器和站点开发工具后，网络营销站点建设的重点是根据站点规划设计 Web 主页，可以通过站点开发工具来实现。在开发过程中需要准备以下资料，如公司简介、产品资料、图片、价格等需要反映在网上的信息，然后准备一些公司提供增值服务的信息资料。准备资料时，要注意到网站上的网页是多媒体的，它可以包含文字、图像、动画、声音、影视等信息。

5. 网页设计

网页设计本身就是一门内容丰富的课程，本书从网络营销需要的角度，简要介绍与网络营销密切相关的部分设计原则，以及在设计过程中应该注意的问题。作为网络营销人员，即使不直接参与网站规划和网页设计，也应该对网页设计中的要点有比较清楚的认识，以便向有关人员提供修改建议。

1) 网页设计的原则

(1) 结构清晰并且便于使用。许多网站缺乏针对性和方便的导航系统，难以找到链接到相关网页的路径，访问者很难找到需要的页面，这类网站是不会受到访问者青睐的，这就是网页设计的失败。让访问者明确网页所能提供的产品或服务并让他们非常方便地找到需要的内容是设计网站并获得成功的重要因素。

（2）快速的下载时间。很多浏览者不会进入需要等待 5 分钟下载时间才能进入的网站，在互联网上 30 秒的等待时间与我们平常 10 分钟等待时间的感觉相同。因此，建议在网页设计中尽量避免使用过多的图片及体积过大的图片。网页设计者通常要与客户合作，将主要页面的容量控制在 50KB 以内，平均 30KB 左右，确保普通浏览者页面等待时间不超过 10 秒。

（3）保持系统正常运行。系统正常运行包含两方面的含义，一方面是网站服务器的正常工作，另一方面是网站内容及功能的正常运行。网站的正常运行是保证用户能够正常访问及获得用户信任的基础条件。例如，在一个购物网站，当辛辛苦苦地找到了自己所需的商品，并一一放入购物车，到最后提交订单的时候，得到的是"发生内部错误"或者"服务器正忙，请您稍候再来"之类的反馈信息，这种网站会使顾客十分恼火。

（4）无错误链接。网页上的错误链接常常是人们对网站抱怨的主要因素之一。我们时常可以看到"该网页已被删除或不能显示"、"File not found"等由于无效链接而产生的反馈信息，这种情况往往让人觉得难以忍受，同时也会影响用户对网站的信心。要想完全避免这样的情况可能会有一些困难，但如果每一个 Web 站点都很注意这一点，情况可能就会大为改观。

（5）不要收集不必要的用户信息。除了对个人信息保护比较在意之外，用户也不愿意填写过多的信息。为了让用户感觉使用方便，在要求用户登记信息时尽量不要收集不必要的信息。有些网站要用户回答的问题可能多达几十项，其中很多问题是没有必要的，如很多用户注册表单中都包含最高学历这项内容。尽管对于人口统计信息来说，学历很重要，但作为市场细分的要素，很少有按照学历来进行细分的，收集到这样的信息对企业也就没有多少实际价值。在涉及一些敏感信息时尤其需要注意，如电话号码、证件号码、家庭住址等，除非十分必要，尽量不要要求用户提供过多的个人信息。

（6）注意视觉效果。设计 Web 页面时，一定要用 1024×768 和 1280×1024 两种分辨率来分别观察。许多浏览器使用 1024×768 的分辨率，尽管在 1280×1024 高分辨率下一些 Web 页面看上去很具吸引力，但在 1024×768 的模式下可能会黯然失色。并且必须要在几种不同类型的浏览器下测试网站，查看兼容性。

（7）增强艺术性，建立具有鲜明行业特色的网页艺术效果。网页创作从某种意义上来说可以称为"eye ball work"，其要达到吸引眼球的目的，再结合界面设计的相关原理，就形成了一种独特的艺术。网站的外观是给浏览者的第一印象，往往先入为主地在浏览者中形成"专业与否"的概念，是一个成功网络营销站点的主要成功元素之一。不同的人对于"美"的欣赏角度均有所不同，但在网络营销站点的网页设计中应该强调行业特色的艺术性。例如，建筑行业的网络营销站点需要在网页上体现恢弘、有实力的感觉，而法律行业的网站设计风格则是公正、公平。

（8）易操作性。内容的编排和整合应紧密结合用户的浏览习惯，方便用户的操作。网络营销站点需要条理清晰的结构，表现为网站模块划分的合理性，模块的划分应该有充分的依据并且是容易理解的。网站的信息重在让用户了解并承认企业的实力和信誉，在内容的梳理整合上更要紧密结合用户的浏览习惯。强调主次分明、简化操作流程，让用户用最简单的方式得到自己的目标内容。

(9) 可拓展性。它为今后网站的发展留下了广阔的空间。网站的维护也是网站内容不断完善和功能服务不断拓展的过程，所以网站在结构上应为今后的服务拓展留有余地，便于日后增加栏目内容的同时仍能维持网站原有的风格。在网站结构设计上，采用各个模块相对独立的结构，使在以后的维护和更新中易于拓展或删除。

2) 网站内容设计注意事项

Web 网站是由众多的 Web 页面组成的，这些页面设计的好坏，直接影响到这个站点能否受到用户的欢迎。判断一个主页设计的好坏，要从多方面综合考虑，不能仅仅看它设计得是否生动漂亮，而应该看这个站点能否最大限度地替用户考虑。下面是 Web 主页设计时应考虑到的问题。

(1) 提供联系地址。如果一位用户对企业网站相关信息感兴趣，想与企业相关人员进行联系，这时，如果网站上没有相关的联系方式，企业就相当于失去了一个和客户沟通的机会。现在许多企业都把联系方式留在企业网站上，方便客户联系企业，带来更多的商机。

(2) 加强页面内容的针对性。站点上的每一个页面都应该完成某一项工作。在来访者所见到的每一个页面上提供有用的内容，删除没有用的页面。在高一层的页面中应展示尽可能多的内容，以简洁方式提供文本信息，并为动态变化的内容提供浏览提示。

(3) 注意页面色彩协调。在设计页面时应尽量避免选择使页面难以阅读的背景颜色，页面内容的色彩应该与背景颜色协调一致。现在一些主页的最常见问题是使用彩色文本与黑色背景，这种页面可视效果很差。还有一些页面甚至采用黑色的文本和黑色的背景，让用户根本无法浏览。产生这种问题的原因并不一定在设计时就能想到，只可能是操作系统或浏览器间的差异性。因此，在编写一个主页后，要先将其放到各种操作系统、各种浏览器环境中去试用，以便检测会不会出现这方面的问题。

(4) 注意页面的通用性。许多 Web 页面中都大量使用了非标准的和只有某种特定的浏览器能够支持的一些新特性，这样做的结果往往使得 Web 主页在许多系统中都失去了原来的浏览效果。由于互联网是开放式的，许多不同类型的计算机和软件都可以在互联网上使用。因此，设计主页时应充分考虑到不同型号的计算机和不同的软件都可以访问到本网站。为保证通用性，最好不要采用非标准技术。有一些 Web 设计人员在设计主页时非常喜欢使用最新的技术，这当然不能说不好，但要看这种新技术是否能在各种流行的浏览器中得到支持。

(5) 注意页面的图片使用。一是避免使用雷同的图片，如果一个 Web 站点中使用的图片曾经有许多站点都使用过，那么访问者必然对其感到厌烦，这个站点就很难产生吸引力。二是使用无用图片。一般而言，放到 Web 主页上的图片应该尽量小一些，这样可以节省用户的下载时间。如果一个图片大小超过了 100KB 的话，一般就很难被人接受了。在使用图片时还要考虑到另外一个问题，即由于受线路速度的限制，现在许多访问者在浏览时都关闭了自动下载图片的功能，所以应该把每个页面上所有图片大小控制在 30KB 以内。同时，应使用现有的技术使页面的访问时间尽量缩短。

(6) 注意页面质量。页面设计中经常出现的错误是拼写和语法错误。如果一个 Web 站点上有拼写和语法错误的话，肯定会给访问者留下不好的印象。这个问题虽小，但却经常出现。因此，Web 站点的内容也应该像报纸、杂志的出版那样，要有专门的人进行文字的校对工作，这样才能最大限度地避免此类问题。另外，还应该通过测试每一个链接，校验 HTML 文档的语法和结构，减少页面的链接错误和语法错误，保持网站良好的形象。

(7) 注意网络礼仪。作为虚拟社区的互联网有着自己的一套价值观和网络礼仪。在设计网页时，要注意不要对人进行侮辱或是自我炫耀，不要发表未经所有者授权的具有版权的材料，不要随便发布通向没有经过同意发布的页面链接，要提供一些建设性的反馈意见交流园地。在互联网上，访问者特别注重保护自己的隐私，因此不要随便公开访问者的注册信息。

(8) 注意网页设计对网络营销效果的影响。严格说来，网页设计中的所有问题对网络营销效果都会产生影响，无论是网页布局、网页下载速度，还是导航系统的方便性等，对用户的浏览效果会产生直接影响，从而影响到网站在访问者心目中的形象。也就是说，网页设计效果会影响到一个网站的品牌形象和直接营销效果。一个非常直接的证据是，网页设计还影响到一个网站在搜索引擎中的表现，最明显的是网页使用框架结构及网页标题和Meta 标签。另外，网页下载速度和导航系统对网络营销同样具有非常直接的影响。所以，这也是将网站设计中的部分内容作为网络营销的基本环节的主要原因。

① 框架结构对搜索引擎及用户的影响。为了美化网页布局，许多设计人员喜欢使用框架结构来定位，尤其是一些内容相对较少的网站。但是，将一个页面划分为多个窗口时，因为破坏了网页的基本用户界面，很容易产生一些意想不到的情况，在采用这种方法时，需要特别小心。采用框架结构，不能为每个网页都设置一个标题(Title)，更为糟糕的是，有些搜索引擎对框架结构的页面不能正确处理，会影响到搜索结果的排列名次。从网络营销的角度考虑，尽量不要使用框架结构。其实，只要简单地分析一下一些知名网站的设计，就不难发现，真正优秀的网站很少采用框架结构。

② 网页标题和 Meta 标签。网页标题和 Meta 标签对搜索引擎产生最为直接的影响，然而许多网站并没有对此加以关注并认真对待，因此我们在许多网站会看到一些网页为"Untitled Document"，一些网站甚至连主页都是这种情况，给人的感觉不仅仅是网站设计不够专业，最重要的是影响在搜索引擎结果中的排名。由于网上同类的网页总是很多，每个网站都希望自己能在搜索引擎中的排名靠前，最好能在第一页中，而排名在第三页之后的网页几乎没有被看到的可能，因为用户不可能有足够的耐心，也不会有大量的时间来查看每一个搜索结果，往往只查看前 3 页的内容。其实，为每个网页设置一个标题，并完善 Meta 标签并不复杂，但是对于网站的推广具有非常重要的意义。

③ 产品分类与查询。对于大部分电子商务网站来说，合理的产品分类和方便的产品查询系统是至关重要的。但实际上，并非每个网站的设计都很完善，有些网上购物者甚至很难找到自己所需要的商品。如果用户找不到合适的目录或者查询没有结果的话，也许很快会离开这个网站，前往竞争者的网站，这是网站经营者最不愿意看到的结果。

④ 产品说明。产品的详细说明对顾客的购买决策非常重要，网上零售类的网站更应该给予高度重视。当选定一件产品后，仔细查看说明是必不可少的步骤，即使是一本书，顾客通常也会看一下内容提要、作者简介、目录之类的内容，如果是一件价值较高的产品，想必更希望了解详细的资料，如外观、功能、体积、质量、品质等。同样的道理，对于其他类型的网站，当对自己的产品和服务进行介绍时，应尽可能的详细，在网页上说明用户所希望了解的一切问题，不要指望用户遇到疑问时再咨询，得到满意回答之后才选择本公司的产品和服务，因为在网上的同类网站可能很多，用户很快会到其他网站寻找相应信息。

6. 站点的测试和发布

网站在发布之前一定要经过专家测试和用户测试。前者是指由专家针对网站功能进行的测试，测试重点是设计和制作中容易出现技术问题的环节；后者则是指由消费者对网站的可用性进行测试，同时征求消费者的改进意见等。通常主要测试内容包括：①网站服务器的稳定性、安全性；②各种插件、数据库、图像、链接等是否工作正常；③在不同接入速率情况下的网页下载速度；④网页对不同浏览器的兼容性；⑤网页在不同显示器和不同显示模式下的表现等。

10.3 网络营销站点的管理与维护

很多企业在完成网站建设的工作后，就等待访问者来浏览，甚至预期订单接踵而至。但这种想法过于理想化，而且也不是所有的公司都知道应该如何定期更新、管理和维护自己的网站。只有对网站不断地更新、管理和维护，才能留住已有的浏览者并且吸引新的浏览者。因而网站维护应该成为一个经常性的工作。

许多企业在网站建成后不会及时更新，造成这种结果主要有两个方面的原因：一是企业管理不完善，管理层还没有充分意识到网络营销的市场潜力；二是技术原因，由于网站维护是一项技术性较强的工作，因此应由专门机构负责。企业必须给予足够的资金与技术支持，及时更新最新的产品信息，才能充分发挥网站的市场功能。一般来说，网站维护要做好下述几个方面的工作。

10.3.1 网站内容的更新及维护

对于新产品和退出市场的旧产品，要及时给予更新，这样才能配合产品的销售。有些企业新产品出厂已经一年了，可是在企业的网站上却难觅芳踪，这无疑削弱了产品的销售。这时要对网站中产品的内容(如文字、图片、数据)进行更新。

10.3.2 网站版面风格的更新及维护

如果一个网站几年来版面风格都没有变化，就会感觉这个网站不是很好，即容易产生审美疲劳。因此网站的版面风格最好每隔一段时间更换一次，但同时要注意，在更换的时候，前后应有一定的衔接，如果跳跃性太大，也会引起浏览者的反感。这时要对网站的页面整体结构的排版、颜色、网页风格进行重新创意包装。

10.3.3 网站域名、主机(服务器)、企业邮局的管理与维护

很多网站在开始一段时间运行得比较良好，可是过一段时间后，人们通过搜索引擎进行访问时，却发现该企业网站的网址链接的是彩票销售网站。因而在这些方面，需要专人进行管理。再者，服务器系统要进行经常性的维护，防止病毒的侵入，企业邮局要及时进行检查，邮箱的增减要形成制度。

10.3.4 网站安全及资料备份服务

网站的数据可以说是网站最宝贵的财富。有些网站做了很长时间，可是因为一次病毒入侵或者硬件损坏而导致数据全部丢失。这样的错误对网站来说是一种毁灭性的打击。所

以在做好病毒防范的同时要注意网站资料的备份。要做到这一点并不难，用刻录光盘或者硬盘备份均可，重要的是管理人员要勤于备份。

10.3.5 网站流量统计报告服务

评价网站质量的重要指标就是看访问人数的多少。这个数据可以从网站的浏览量中看出来。分析流量对后期的网络营销有很大帮助。定期提交网站流量报告也是网站维护人员的一项职责。

某企业网站建设案例

某企业网站是一个比较典型的以企业形象与产品和服务宣传为主，兼顾收集客户留言与订购信息的企业网站，其主题明确。它的整体布局以企业产品为核心，产品图片与主要信息放在中心位置，企业徽标和企业名称放在网站显著位置的上部，主要宣传和营销的栏目齐全，具备基本的企业网上宣传和营销功能，与网络数据库链接流畅，日期和星期显示、动态新闻、留言板、计数器，以及最新消息、联系方式、公司与网站管理员 E-mail 等栏目和功能基本能满足一般企业网站网络营销的要求。这种企业网站要开展网络营销工作，还必须同传统的营销渠道相结合，收款、产品送达、售后服务不能完全离开企业传统的营销方式。它的实训思路为：企业网站是企业开展网络营销的基础，企业网络营销又是企业开展电子商务的基础，是企业开展电子商务的初级阶段。所以，要根据企业类型、规模、产品和服务的特点建设企业网站，要进行深入细致的调查分析，充分考虑企业客户群的特点和网站的规模、主题、布局、栏目、功能，还要考虑企业网站便于系统管理员进行及时更新维护，然后设计制作网页，选择 ISP，申请企业网站的域名和空间，最后完成网站上传。

此网站的实施步骤为：统一组织，统一规划，分工协作，实用可靠。

(1) 企业要求调查：召开企业负责人、各职能部门经理及有关专业人员座谈会，征询企业要求，收集企业名称、徽标、各类文档资料、图片资料，并进行筛选、整理，根据企业实际情况和企业网站的具体要求，确定企业网站的主题、布局。

(2) 域名和空间申请：选择知名度高、信誉好的 ISP，向其申请注册企业的网站域名和空间。申请虚拟网站服务器是目前中小型企业符合实际的上网方式之一，企业网站的域名由企业根据自己的意愿按规则命名，如 www.tzyy.net 和 www.tzyy.com 等。企业的申请被受理之后，ISP 会给企业一个用户名和上传密码，按照这个用户名和上传密码，企业就可以把预先制作好的网站网页上传到互联网上。之后，打开 IE 浏览器就可以浏览企业的网站了。在运行过程中如果发现问题，或者需要改动，系统管理员可以随时加以改正、维护和更新。

(3) 确定网页布局：网页的布局实际上就是网页版面的设计，特别是主页的布局设计一定要精心组织、合理安排、突出行业特点。可以先设计出草图草案，进行粗略布局，最后再经过充分论证、对比，确定最终方案。其他链接次页一般要和主网保持基本一致，也可以有各自的风格和特点，但一定要便于网站管理员更新维护。主页上不宜放置太多或太大的图片、动画，功能模块、主要栏目、产品展示要分别按主次位置和内容安排。

(4) 规划网站栏目：企业网站栏目是网站实质内容的大纲索引，规划网站栏目要做到合理安排、突出重点、方便浏览且有实质性内容。在内容划分上要分清主次、类别，条理清楚。在考虑主次关系和逻辑关系的前提下，不同的内容安排在不同的层，网站的主要内容一般安排在浅层，链接层一般设计在 3 层左右，不能太深。对于网站上与客户互动沟通的栏目一般安排设计在介绍企业情况和产品之后的显著位置上，如 E-mail、BBS 等便于客户发表意见和建议的地方，以密切企业与客户之间的融洽关系。

(5) 建站细节说明：在建站前要设计一个网站目录结构图，以便具体设计时思路清楚，也便于各类文件的分类管理、查找、维护。不要将所有文件都放在根目录下，否则会造成文件管理混乱，并影响文件上传的速度，最好能按栏目和功能建立子目录。由于图片文件占用空间大，影响网页打开速度，一般情况下将网站上的图片文件存放在系统自动产生的 images 子目录下，这也便于系统管理员管理和维护。建设企业网站时对每一个文件、图片、栏目、功能，都要按统一的命名规律命名，不能随意命名或由系统自动命名，以免在网站集成时产生混乱和相互覆盖。

(6) 网站测试调试：设计完成网站主页和各个链接网页之后，要先在网下对网站进行测试和调试，主要测试可靠性、完整性，使链接可用、显示正常、指针指向地址正确无误。对在网下测试过程中出现的问题，要分清原因，及时调整修正。有些打不开或此页无法显示，以及某些功能不可用的情况有可能是没有上传或没有链接引起的，可以在网站上传以后再进行测试和调试修正。

总结：建设企业网络营销网站是一项繁杂而具体的系统工程，企业网站建设必须考虑企业的具体情况和建站目的，要结合实际需要和技术可能设计和实施。先从网站的整体规划布局入手，不要急于具体设计网页，要防止网页之间链接混乱，防止文件名和图片名重叠覆盖。只有从总体到具体，按步骤、按次序扎扎实实地设计制作，才能开发设计出一个具有专业水平和商业交付标准的企业网站。

讨论题

1. 请分析在建设网站过程中各环节的重要性。
2. 如果你是网站的规划工程师，你认为在案例各个环节中有什么不足之处？
3. 请通过案例分析网站测试的重要性。

本章小结

通过本章的学习，读者可以了解网络营销站点运行的全过程：首先从网络营销站点的功能和分类开始，其次是网络营销站点的规划与建设，最后是网络营销站点的管理与维护。学习企业网站建设的总体设计要求、域名和空间申请，了解日常维护和更新，具体培养学生的职业技能水平。在网络营销站点的功能中，学习网络营销站点的企业信息发布、信息收集、信息互动交流、网上营销等功能。在网络营销站点规划与建设中，学习规划的目的、功能、域名、内容风格等，以及网络营销站点建设的具体步骤及注意的事项。在网络营销站点的管理与维护中，读者可以了解企业将会从网站内容方面，网站版面风格方面，网站域名、主机(服务器)、企业邮局方面，网站安全及资料备份服务、网站流量统计报告服务方面对网络营销站点进行维护。

复习题

一、单选题

1. 关于无站点网络营销方法，说法错误的是(　　)。
   A. 可以在一些网站上免费发布供求信息
   B. 通过 E-mail 直接向潜在客户发送信息
   C. 加入专业经贸信息网或者行业信息网
   D. 尽快建设网站

2. "通过企业网站上的在线调查表，或者通过 E-mail、论坛、实时信息等方式征求消费者意见，可以获得有价值的反馈信息"，这描述了企业网站的(　　)功能。
   A．消费者关系　　　　B．网上调查　　　　C．资源合作　　　　D．网上销售
3. 企业网站的网络营销功能中，不包括(　　)。
   A．展示品牌形象　　　　　　　　　　　B．产品/服务展示
   C．为消费者提供服务　　　　　　　　　D．生产产品
4. 提高网站访问量的有效办法是(　　)。
   A．把内容做好，内容为主　　　　　　　B．把客户服务做好，口口相传
   C．与其他网站互换链接　　　　　　　　D．包括以上所有方式
5. 下面关于域名的表述中，错误的是(　　)。
   A．域名是企业在网络上的地址体现
   B．域名相当于在网上的一种企业商标
   C．原则上域名的选择可随意
   D．网络上可能存在两个相同的域名

二、多选题

1. 企业网站的网络营销功能包括(　　)。
   A．品牌形象　　　　B．产品/服务展示　　　　C．信息发布　　　　D．顾客服务
2. 企业网站的特点包括(　　)。
   A．企业网站具有自主性和灵活性
   B．企业网站是主动性与被动性的矛盾同一体
   C．企业网站的功能需要通过其他网络营销手段才能体现出来
   D．企业网站的功能具有相对稳定性
3. 企业网站的类型包括(　　)。
   A．门户型网站　　　　　　　　　　　　B．在线销售型网站
   C．服务型网站　　　　　　　　　　　　D．商务平台型网站
4. 常见的两个网站之间资源合作的方式有(　　)。
   A．互换链接　　　　　　　　　　　　　B．互换广告
   C．内容共享　　　　　　　　　　　　　D．用户资源共享

三、判断题

1. FAQ 的全称是常见问题解答。(　　)
2. 网络营销站点推广就是利用网络营销策略扩大站点的知名度，吸引网上访问流量，起到宣传和推广企业产品的效果。(　　)
3. 信息发布是企业网站最基本的功能。(　　)
4. 小企业应选择主机托管方式接入互联网。(　　)
5. 企业网站的域名如何选择并不重要，因为它只不过是一些符号而已。(　　)

四、问答题

1. 试分析企业网站在企业网络营销中的作用。
2. 网络营销站点有哪些功能？
3. 网络营销站点有哪些分类？
4. 如何进行网络营销站点规划？
5. 制作网络营销站点时，网页设计的原则是什么？

第 11 章 搜索引擎营销

教学目标

通过本章的学习，了解中国搜索引擎营销的发展历程和发展趋势；了解搜索引擎的概念、种类；充分理解搜索引擎营销的基本原理，掌握搜索引擎营销的常用手段和目标层次。

教学要求

知识要点	能力要求	相关知识
搜索引擎概述	(1) 明确搜索引擎的功能 (2) 了解搜索引擎的工作原理	(1) 搜索引擎的功能 (2) 搜索引擎的分类 (3) 主要搜索引擎的介绍 (4) 信息搜索的方法 (5) 搜索引擎的工作原理
搜索引擎营销的基本原理	(1) 了解搜索引擎营销的含义 (2) 熟悉搜索引擎营销的常用手段	(1) 搜索引擎营销的含义 (2) 实现搜索引擎营销的任务 (3) 搜索引擎营销的常用手段 (4) 搜索引擎营销的目标层次
搜索引擎营销的发展	(1) 熟悉中国搜索引擎营销的发展历程 (2) 了解搜索引擎营销的发展趋势	(1) 中国搜索引擎营销的发展历程 (2) 搜索引擎营销的发展趋势

基本概念

搜索引擎　信息搜索　全文搜索引擎　分类目录搜索引擎　高级搜索　特殊搜索　爬行　抓取　预处理　正向索引　倒排索引　搜索引擎优化

导入案例

北大青鸟搜索引擎广告策略

北大青鸟在 IT 培训领域具有较大影响力，北大青鸟的搜索引擎广告策略也具有典型意义，在新竞争力的专题研究《教育行业搜索引擎营销策略研究报告》中，将北大青鸟的搜索引擎广告策略作为典型案例进行了分析，得出的研究结论是：北大青鸟关键词推广策略的成功因素可以归纳为 3 个方面：在多个搜索引擎同时投放广告；覆盖尽可能多的关键词；集群优势对竞争对手造成巨大威胁。

在选择样本时发现，各地北大青鸟分支机构在 IT 培训类关键词检索结果中占很大比例，北大青鸟的搜索引擎关键词推广在教育行业具有一定的典型性，因此在《教育行业搜索引擎营销策略研究报告》中将北大青鸟作为案例进行分析。

对用户检索行为的相关调查分析得到，用培训机构名称检索的关键词比例不到5%，在计算机和软件培训领域，北大青鸟有较高的知名度，但由于各地加盟企业很多而且互相之间竞争激烈，因此即使是北大青鸟这样的知名品牌，用户在通过搜索引擎获取 IT 培训相关信息时仍然很少采用精确的搜索方式。

为了分析北大青鸟关键词推广的投放情况，搜狗网络营销专家们专门选择出一组与计算机和软件培训相关的关键词(其中既有广告主数量较多的热门关键词，也有不太热门的词汇)，通过收集这些关键词推广中北大青鸟所占的比例、广告显示位置等相关信息，分析北大青鸟的关键词推广策略特点及其成功的原因。

经调查发现，在全部 120 个关键词推广中，有 60% 的广告主为北大青鸟体系企业，而且在搜索结果页面中，排在广告第一位的 9/10 都是北大青鸟体系。

北大青鸟体系网站(www.accp-teem.com.cn)的搜索引擎广告已经成为值得关注的案例。据了解，北大青鸟在搜狗等搜索引擎大规模进行关键词推广取得了显著的效果，在 IT 培训方面确立了核心地位，通过以搜索引擎营销为主的网络营销策略，超越了竞争者。

综合分析北大青鸟关键词推广策略，其成功因素可以归纳为下列几个方面。

1. 在多个搜索引擎同时投放广告

除了搜狗搜索引擎之外，对比检索百度等其他搜索引擎，同样可以看到部分北大青鸟企业的推广信息(由于价格等因素，在其他搜索引擎的广告信息不像在搜狗那样密集)，即北大青鸟将搜狗作为重点推广平台，在每次点击广告价格相对较低的搜索引擎密集投放广告，同时也兼顾其他搜索引擎推广。

2. 覆盖尽可能多的关键词

相关调查数据显示，在每个关键词搜索结果中，北大青鸟的广告都占了大多数。覆盖尽可能多的关键词是北大青鸟搜索引擎广告策略的特点之一。进一步检索发现，几乎每个和 IT 类培训相关的关键词检索结果中都可以发现北大青鸟的广告，除了各种专业培训通用词汇之外，还包括区域搜索关键词和一些专用关键词。在搜索引擎投放广告与其他网络广告或者传统媒体广告不同的是，满足了用户获取信息的分散性特征，但不需要额外增加成本，只需要在对用户行为分析的基础上设计合理的关键词组合即可。显然，北大青鸟在关键词选择方面是比较成功的。

3. 集群优势对竞争对手造成巨大威胁

搜索引擎广告的集群优势是北大青鸟体系企业的独特之处。由于北大青鸟体系各地分支机构很多，众多青鸟体系企业同时投放广告，并且几乎控制了竞价最高(广告显示排名第一)的所有相关关键词搜索结果，其他靠前的广告位置也大多被北大青鸟体系网站占据，大大挤占了竞争对手的推广空间。这种集中广告投放形成了庞大的集群优势。当用户检索 IT 培训相关信息时，看到的大多是北大青鸟的推广信息，对于整个北大青鸟体系的品牌提升产生了巨大作用，同时也为各地分支机构带来了源源不断的用户。

(资料来源：http://b2b.toocle.com/detail--4869569.html.)

点评：

用户在检索信息所使用的关键字反映出用户对该产品的关注，这种关注是搜索引擎之所以被应用于网络营销的根本原因。

尽管北大青鸟体系有其特殊之处，但是北大青鸟的成功经验对于其他分散性行业仍然有借鉴意义，尤其是拥有全国性分支机构，或者产品线比较长的企业，都可以在制定搜索引擎广告策略时参考。

如果把新闻、娱乐、购物、商务等基于互联网的多彩应用比做一颗颗璀璨珍珠的话，那么搜索引擎就是串起这条华贵珠链的主线。现在，这根主线的价值已超过珍珠本身，用户对搜索框的强大黏性和应用惯性将成为网上世界的最大卖点。

面对网络上浩如烟海的信息，不管是购物、交友还是寻找心仪的电影、游戏，网民只能借助搜索引擎，寻找、辨别和应用相关的信息。搜索引擎是互联网时代的一大奇迹，它带给人们的不仅是方便的网络畅游，更重要的是催生搜索引擎广告这种新的商业赢利模式，成为网络经济新的增长点。搜索引擎广告有受众广泛、针对性强等特点，受到越来越多的企业的认可。根据中国互联网络中心《第27次中国互联网络发展状况统计报告》，搜索引擎已经成为互联网第一大应用。搜索引擎用户规模3.75亿人，使用率达到81.9%，跃居网民各种网络应用使用率的第一位，成为网民上网的主要入口，而互联网门户的地位也由传统的新闻门户网站转向搜索引擎网站。

新闻摘录

从营销产品到促进就业，百度搜索营销释放巨大"势能"

现代营销学之父菲利普·科特勒曾说过，"营销在于使销售变得没有必要"。如今这一预测或者说愿景正在逐步变成现实。越来越多的公司依靠百度搜索营销缩短了生产流通的过程。更加让人意想不到的是，营销方式的演变也影响到企业、行业的方方面面。例如，百度搜索引擎不仅在帮助企业产品推广方面显示了强大的营销力，在推动新兴行业人才培养及促进就业等方面，同样释放出了巨大的"势能"。

一直以来，百度搜索营销就凭借着针对性强、自主灵活、覆盖面广、按效果付费、投入少、效果好等诸多优点得到越来越多企业的青睐。以东莞市顺力工业设备有限公司为例，在使用百度推广之后，公司的网站流量增长了80%，同时咨询电话增长40%，咨询邮件增长45%，新增的客户80%以上来自百度推广。北京东创金辉科技发展有限责任公司创始人孟庆东也表示："借力搜索营销之后，公司'小吃车'销量从之前的每月10余台飞升到每月500～600台，全年实现毛利润约100万元。"

作为一种新兴的营销方式，搜索营销对企业的专业岗位设置及配套的网上销售、网站运维等方面都提出了新的要求。这一点上，百度无疑走在了行业的前列，其不仅在服务超过40万名客户的工作中帮助企业掌握搜索营销知识和技巧，而且启动了一系列的搜索营销人才培养计划，包括蓝计划、与高校合作、发布搜索营销标准等众多内容。

其中，在高校合作方面，百度先后与北京大学光华管理学院、MBA校友会举办搜索营销沙龙；在中山大学国际商学院本科生中开设搜索营销选修课；在湖南大学、北京师范大学等高校举办短期培训班；此外，百度还在山东大学、吉林大学、西安电子科技大学、云南大学等开设MBA专题课程等，这些活动都取得了很好的效果，受到了学校和学生的热烈欢迎，加快了我国搜索营销人才的培养。

(资料来源：http://tech.ifeng.com/internet/detail_2011_04_27/6005385_0.shtml.)

11.1 搜索引擎概述

11.1.1 搜索引擎的含义

搜索引擎是指根据一定的策略、运用特定的计算机程序从互联网上搜索信息,在对信息进行组织和处理后,为用户提供检索服务,将用户检索相关的信息展示给用户的系统。用户可以很方便地通过输入关键词查找任何所需的资料,包括各种产品及服务信息。

11.1.2 搜索引擎的功能

对企业和经营管理人员来说,搜索引擎的功能和作用主要有两个方面:一是作为市场信息发现的工具,二是作为信息传播的工具。

1. 市场信息发现的工具

从营销和信息查询的角度看,搜索引擎是一种重要的市场信息发现工具。企业对搜索引擎的利用能力,决定了企业的信息发现和市场运用能力。从信息查询角度看,企业对搜索引擎的利用主要体现在以下几方面:①搜索供货商和原材料货源信息;②搜索市场供求信息、会展信息、相关商务信息;③搜索设备、技术、知识等信息;④搜索企业、人员、机构、咨询等相关信息等。

2. 信息传播的工具

目前搜索引擎产业已经相当发达,任意一个搜索请求,查到的内容往往都会数以万计(甚至数以百万计)。任何一个搜索引擎所采用的搜索技术、信息分类方式等都会有所不同,这都会影响到信息查询的效率。一般情况下,搜索能力会受到 3 个方面的影响:①所选择搜索引擎链接的信息资源的多少和信息源的选择范围;②所设想的关键词与系统预先设定的信息资源分类方式是否一致;③系统自身技术水平和信息搜索能力。

随着上网人数的增加,越来越多的人采用网络和搜索作为信息获取的首选方式,企业做好搜索引擎营销(Search Engine Marketing,SEM)会大大提高企业信息的传播速度。高效的站内搜索可以让用户快速、准确地找到目标信息,从而更有效地促进产品或服务的销售;而通过对网站访问者搜索行为的深度分析,对于进一步制定更为有效的网络营销策略具有非常重要的作用。

11.1.3 搜索引擎的分类

目前在网络运行的各类搜索引擎为数众多,而且各自的特点、技术、模式和目标对象都不尽相同。在此我们将从工作原理、使用特点、地域范围和搜索方法等几个角度来进行归类。

1. 按工作原理划分

按照工作原理的不同,搜索引擎分为两个基本类别:全文搜索引擎和分类目录搜索引擎。

1) 全文搜索引擎

全文搜索引擎通过自动的分析方式分析网页的超链接，依靠超链接和 HTML 代码分析并获取网页信息内容，并按事先设计好的规则分析、整理，形成索引，供用户查询。全文搜索自动建立网页的索引。全文搜索引擎一般由信息采集(Web Crawling)、索引(Indexing)和搜索(Searching)这 3 个部分组成。

(1) 信息采集。信息采集的工作由搜索器和分析器共同完成，搜索引擎利用称为"网络爬虫"(Crawlers)、"网络蜘蛛"或"网络机器人"(Robots)的自动搜索机器人程序来查询网页上的超链接。

"机器人"实际上是一些基于 Web 的程序，它把采集到的网页添加到网页数据库中。"机器人"每遇到一个新的网页，都要搜索它内部的所有连接，所以从理论上讲，如果是为"机器人"建立一个适当的初始网页集，从这个初始网页集出发，查遍所有的链接，"机器人"将能够采集到整个 Web 空间的网页。搜索机器人有专门的搜索链接库，在搜索相同超链接时，会自动化比对新旧网页的内容和大小，如果一致，则不采集。

(2) 索引。搜索引擎整理信息的过程称为"建立索引"。搜索引擎不仅要保存搜集起来的信息，还要将它们按照一定的规则进行排序。索引可以采用通用的大型数据库，如 Oracle、Sybase 等，也可以自己定义文件格式进行存放。索引是搜索中较为复杂的部分，涉及网页结构分析、分词和排序等技术，好的索引能极大地提高检索速度。

创建索引需要很长的时间，搜索引擎会定期更新索引，因此从爬虫来过，到人们能在页面上搜索到，会有一定的时间间隔。

(3) 检索。用户向搜索引擎发出查询信息，搜索引擎接受查询信息并向用户返回资料。有的系统在返回结果之前对网页的相关度进行了计算和评估，并根据相关度进行排序，将相关度大的放在前面，相关度小的放在后面；也有的系统在用户查询前已经计算了各个网页的网页登记，返回查询结果时将网页等级高的放在前面，网页等级低的放在后面。

不同搜索引擎有不同的排序规则，因此在不同的搜索引擎中搜索相同关键词，排序是不同的。主要的全文搜索引擎有 Google 和百度等。

2) 分类目录搜索引擎

分类目录搜索引擎的整个工作过程也同样分为信息采集、索引和检索 3 部分，只不过分类目录搜索引擎的信息采集和索引两部分主要依靠人工完成。分类目录一般都有专门的编辑人员，负责收集网站的信息。随着收录站点的增多，现在一般都是由站点管理者递交自己的网站信息给分类目录，然后由分类目录的编辑人员审核递交的网站，以决定是否收录该站点。如果该站点审核通过，分类目录的编辑人员还需要分析该站点的内容，并将该站点放在相应的类别和目录中。所有这些收录的站点同样被存放在一个"索引数据库"中。用户在查询信息时，可以选择按照关键词搜索，也可按照分类目录逐层查询。如以关键词搜索，返回的结果跟全文搜索引擎一样，也是根据信息关联程度排列网站。需要注意的是，分类目录的关键词查询只能在网站的名称、网址和简介等内容中进行，它的查询结果也只是被收录网站首页的 URL 地址，而不是具体的页面。分类目录就像一个电话号码簿一样，按照各个网站的性质，把其网址分门别类地排在一起，大类下面套着小类，一直到各个网站的详细地址。一般还会提供各个网站的内容简介，用户不使用关键词也可以进行查询，只要找到相关目录，就完全可以找到相关的网站。

主要的分类搜索引擎有雅虎中国分类目录(cn.yahoo.com、www.altavista.com)等。

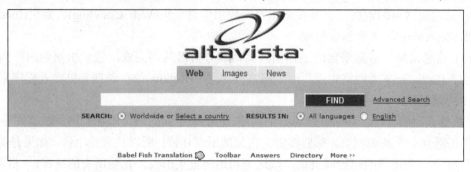

图 11.1　AltaVista 搜索引擎界面

2．按使用特点划分

搜索引擎从使用特点和用途上可分为如下几类。
(1) 大型综合类搜索引擎，如百度、雅虎、Google 等。
(2) 专用搜索引擎，如查视像、音乐、娱乐、企业资讯等。
(3) 购物搜索引擎，如查商品、餐饮、价格比较等。
(4) 用于手机或网络 PDA 的搜索引擎等。

3．按地域范围划分

搜索引擎从地域范围上可分为如下几类。
(1) 国际综合大型搜索引擎：如 Google、雅虎、MSN、WebCrawler 等。
(2) 中国大陆/简体中文(GB 码)搜索引擎：如百度、中搜、慧聪、搜狗、3721 等。
(3) 中国台湾繁体中文(Big5 码)搜索引擎：如 Yam、Todo、Whatsite 等。
(4) 中国香港繁体中文(Big5 码)搜索引擎：如 Search、HongKong.com 等。

4．按搜索方法划分

搜索引擎从搜索方法上可分为如下几类：①垂直搜索引擎；②关键词搜索引擎；③前置词搜索引擎；④迂回搜索引擎；⑤延伸搜索引擎；⑥强化搜索引擎；⑦重复搜索引擎；⑧搜索群搜索引擎；⑨只能对接搜索引擎；⑩发布和查寻对应搜索引擎。

11.1.4　国内外主要搜索引擎的介绍

1．中文搜索引擎

1) 简体中文搜索引擎

当前简体中文搜索引擎有很多，如百度、Google、搜狗、雅虎、搜搜等。图 11.2 是常用的中文搜索引擎列表。

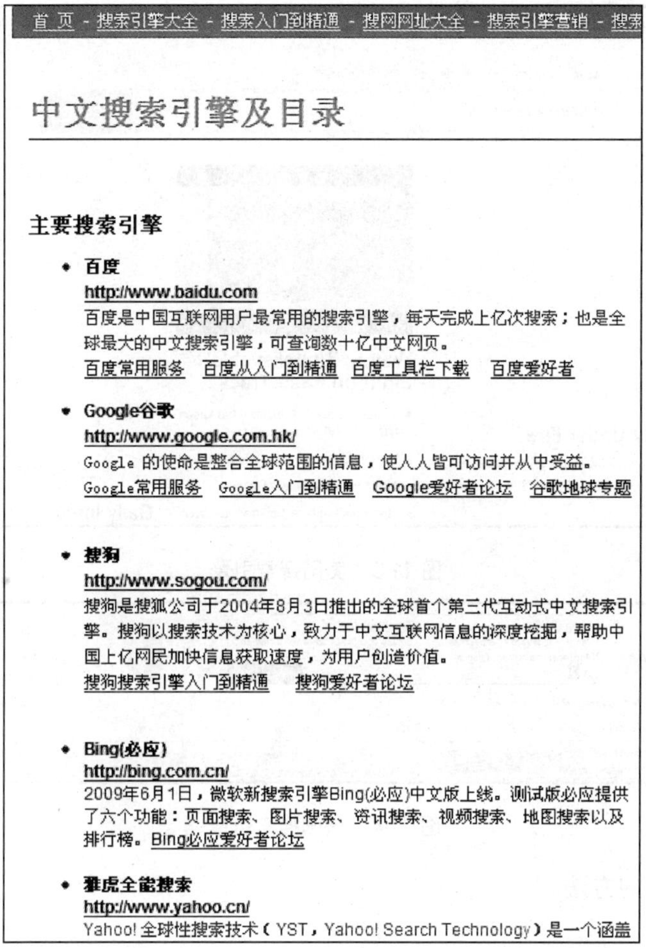

第 11 章　搜索引擎营销

图 11.2　中文搜索引擎列表

2）繁体中文搜索引擎

目前，中国香港、中国台湾、马来西亚等地的网站一般采用繁体搜索引擎进行搜索。

台湾现在著名的搜索引擎有梦想家、Coo 台湾索引、奇摩站 kimo!、雅虎台湾、诺贝尔搜寻、番薯藤、中华电信等。

香港现在著名的搜索引擎有巴辣香港、香港搜索、香港中心搜索、香港安利搜索、gowhere、Tom.com 等。

2. 外文搜索引擎

许多国家有自己非常著名的搜索引擎，许多商业搜索引擎是了解该国的窗口。这里介绍美国搜索引擎(www.aol.com)和法国搜索引擎(www.abondance.com)窗口，如图 11.3 和图 11.4 所示。

图 11.3　美国搜索引擎

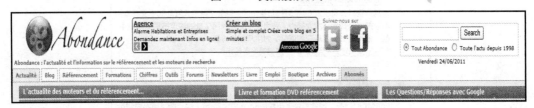

图 11.4　法国搜索引擎

11.1.5　信息搜索的方法

1. 简单搜索

简单搜索应遵从以下规则。

(1) 只搜索到指定语言的 Web 站点，其他语言的 Web 站点将被排除掉。

(2) 在搜索中输入关键词时，往往出现不确定是用大写还是小写字母的情况。每当这时一律输入小写字母即可以。

(3) 要灵活地使用通配符"*"，放在关键词后面使用，可以增加和扩大查找的范围。

2. 高级搜索

高级搜索不仅包含一般搜索的全部功能和特性，而且具有按关键词排序和对搜索的时间、范围、进行限定等功能。特别是它采用一些特殊的符号。

3. 特殊搜索

特殊搜索是指搜索引擎不只支持文本信息的一般搜索，往往还具有许多其他功能。例如，可以在指定的域中查找 Web 页，在标题中查找含制定文本的 Web 页，等等，这些功能对网络营销有非常大的帮助。

第 11 章　搜索引擎营销

11.1.6　搜索引擎工作原理简介

搜索引擎的工作过程大体上可以分为 3 个阶段：爬行和抓取、预处理、排名。

1. 爬行和抓取

爬行和抓取完成的是数据收集的任务，是搜索引擎工作的第一步。

1) 蜘蛛

搜索引擎用来爬行和访问页面的程序被称为蜘蛛或者机器人。

搜索引擎蜘蛛程序访问网站页面时类似于普通用户使用的浏览器。蜘蛛程序发出页面访问请求后，服务器返回 HTML 代码，蜘蛛程序把收到的代码存入原始页面数据库。搜索引擎为了提高爬行和抓取速度，都使用多个蜘蛛程序并分布爬行。

蜘蛛访问任何一个网站时，都会先访问网站根目录下的 robots.txt 文件，如果文件禁止搜索引擎抓取某些文件或目录，蜘蛛将遵守协议，不抓取被禁止的网站。

和浏览器一样，搜索引擎蜘蛛也有标明自己身份的代理名称，站长可以在日志文件中看到搜索引擎的特定代理名称，从而辨识搜索引擎蜘蛛。

2) 跟踪链接

为了抓取网上尽量多的页面，搜索引擎蜘蛛会跟踪页面上的链接，从一个页面爬到下一个页面。由于网站及页面链接结构异常复杂，蜘蛛程序需要采用一定的爬行策略才能遍历网上所有页面。最简单的爬行遍历策略有深度优先和广度优先两种。

深度优先是指蜘蛛程序沿着发现的链接一直向前爬行，直到前面再也没有其他链接，然后返回第一个页面，沿着另一个链接再一直往前爬行。

如图 11.5 所示，蜘蛛跟踪链接，从 A 页面爬行到 A1、A2、A3、A4，到 A4 页面后，已经没有其他链接可以跟踪就返回 A 页面，顺着页面上的另一个链接，爬行到 B1、B2、B3、B4。在深度优先策略中，蜘蛛一直爬到无法再向前，才返回爬另一条线。

广度优先指的是蜘蛛在一个页面上发现多个链接时，不是顺着一个链接一直向前，而是把页面上所有第一层链接都爬一遍，然后再沿着页面上发现的链接爬向下一层页面。如图 11.6 所示，蜘蛛从 A 页面顺着链接爬行到 A1、B1、C1 页面，直到 A 页面上的所有链接都爬行完，然后再从 A1 页面发现的下一层连接，爬行到 A2、A3、A4……页面。

在实际操作中，深度优先和广度优先通常是混合使用的，这样既可以照顾到尽量多的网站，也能照顾到一部分网站的内页。

3) 抓取重要页面

通常认为，蜘蛛程序判断一个网页是否重要，有以下几个影响因素。

(1) 网站和页面的权重。质量高、资格老的网站被认为权重比较高，这种网站上的页面被爬行的深度也会比较高，所以会有更多内页被收录。

(2) 页面更新速度。蜘蛛程序每次爬行都会把页面数据存储起来。如果第二次爬行发现页面与第一次收录的完全一样，说明页面没有更新，蜘蛛程序也就没有必要经常抓取；如果页面内容经常更新，蜘蛛程序就会更加频繁地访问这种页面，页面上出现的新链接，也自然会被蜘蛛程序更快地跟踪，抓取新页面。

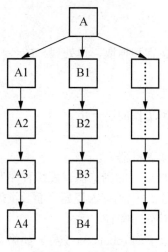
图 11.5　深度优先

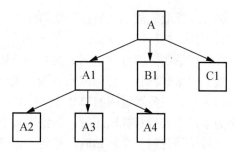
图 11.6　广度优先

(3) 导入链接。无论是外部链接还是同一个网站的内部链接，要被蜘蛛程序抓取，就必须有导入链接进入页面，否则蜘蛛程序根本没有机会知道页面的存在。高质量的导入链接也经常使页面上的导入链接被爬行深度增加。

(4) 与首页点击距离。一般来说网站上权重最高的是首页，大部分外部链接是指向首页的，蜘蛛程序访问最频繁的也是首页。离首页点击距离越近，页面权重越高，被蜘蛛程序爬行的机会也越大。

4）地址库

为了避免重复爬行和抓取网址，搜索引擎会建立一个地址库，记录已经被发现还没有抓取的页面，以及已经被抓取的页面。

地址库中的 URL 有如下几个来源。

(1) 人工录入的种子网站。

(2) 蜘蛛程序抓取页面后，从 HTML 中解析出新的链接 URL，与地址库中的数据进行对比，如果是地址库中没有的网址，就存入待访问地址库。

(3) 站长通过搜索引擎网页提交表格提交进来的网址。

蜘蛛程序按重要性从待访问地址库中提取 URL，访问并抓取页面，然后把这个 URL 从待访问地址库中删除，放进已访问地址库中。

大部分主流搜索引擎都提供一个表格，让站长提交网址。不过这些提交来的网址都只是存入地址库而已，是否收录还要看页面重要性如何。搜索引擎所收录的绝大部分页面是蜘蛛程序自己跟踪链接得到的，可以说提交页面基本上是毫无用处，搜索引擎更喜欢自己沿着链接发现新页面。

5）文件存储

搜索引擎蜘蛛抓取的数据存入原始页面数据库。其中的页面数据与用户浏览器得到的 HTML 是完全一样的。每个 URL 都有一个独特的文件编号。

6）爬行时的复制内容检测

蜘蛛程序在爬行和抓取文件时会进行一定程度的复制内容检测。遇到权重很低的网站上大量转载或抄袭内容时，很可能不再继续爬行。

2. 预处理

搜索引擎蜘蛛抓取的原始页面,并不能直接用于查询排名处理。用户输入搜索词后,由于搜索引擎数据库中页面数量很多,因此必须对抓取来的页面进行预处理。

1) 提取文字

现在的搜索引擎还是以文字内容为基础。蜘蛛抓取到的页面中的 HTML 代码,除了用户在浏览器上可以看到的可见文字外,还包含大量的 HTML 格式标签、JavaScript 程序等无法用于排名的内容。搜索引擎预处理首先要做的就是从 HTML 文件中去除标签、程序,提取出可以用于排名处理的文字内容。

除了可见文字,搜索引擎也会提取出一些特殊的包含文字信息的代码,如 Meta 标签中的文字、图片替代文字、Flash 文件的替代文字等。

2) 中文分词

分词是中文搜索引擎特有的步骤。搜索引擎存储和处理页面及用户搜索都是以词为基础的。英文等语言单词与单词之间有空格分隔,搜索引擎索引程序可以直接把句子划分为单词的集合。而中文词与词之间没有任何分隔符,一个句子中的所有字和词都是连在一起的。搜索引擎必须首先分辨哪几个字组成一个词,哪些字本身就是一个词。

中文分词方法基本上有两种:一种是基于词典匹配,一种是基于统计。

基于词典匹配的方法是指,将待分析的一段汉字与一个事先造好的词典中的词条进行匹配,在待分析汉字串中扫描到词典中已有的词条则匹配成功。

基于统计的分词方法指的是分析大量文字样本,计算出字与字相邻出现的统计概率,几个字相邻出现越多,就越可能形成一个词。基于统计方法的优势是对新出现的词反应更快速,也有利于消除歧义。

基于词典匹配和基于统计的分词方法各有优劣,实际使用的分词系统都是混合使用两种方法的,快速高效,又能识别生词、消除歧义。中文分词的准确性往往影响搜索引擎排名的相关性。

3) 去停止词

无论是英文还是中文,页面内容中都会有一些出现频率很高、却对内容没有任何影响的词,如"的"、"地"、"得"之类的助词,"啊"、"哈"、"呀"之类的感叹词,"从而"、"以"、"却"之类的副词或介词,这些词被称为停止词。去掉停止词,使索引数据主题更为突出,从而减少无谓的计算量。

4) 消除噪声

绝大部分页面上还有一部分内容对页面主题页面没有什么贡献,如版权声明文字、导航条等,这些网站上大量重复出现的区块都属于噪声,对页面主题只能起到分散作用。搜索引擎需要识别并消除这些噪声。消除噪声的基本方法是根据 HTML 标签对页面分块,区分出页头、导航、正文等区域。对页面消除噪声之后,剩下的才是页面主体内容。

5) 去重

搜索引擎还需要对页面进行去重处理,也就是识别和删除重复内容。去重的基本方法是从页面主题内容中选取最有代表性的一部分关键词,通常是出现频率最高的关键词。

6) 正向索引

经过提取文字、中文分词、去停止词、消除噪声、去重之后,搜索引擎把得到的内容提取关键词,记录关键词出现的频率、出现次数、位置、格式。搜索引擎索引程序将页面及关键词形成词表结构存储进索引库,如表 11-1 所示。

表 11-1 简化的索引词表结构

文件 ID	内容
文件 1	关键词 1,关键词 7……
文件 2	关键词 2,关键词 70……
……	

每个文件都对应一个文件 ID,文件内容被表示为一串关键词的集合,实际上在搜索引擎索引库中,关键词也已经转化为关键词 ID。这样的数据结构称为正向索引。

7) 倒排索引

正向索引还不能直接用于排名。假设用户搜索关键词 2,如果只存在正向索引,排名程序需要扫描所有索引库中的文件,找出包含关键词 2 的文件,再进行相关性计算。此计算量无法满足实时返回排名结果的要求。所以搜索引擎会将正向索引数据库重新构造为倒排索引,把文件对应到关键词的映射转换为关键词到文件的映射,如表 11-2 所示。

表 11-2 倒排索引结构

关键词	文件
关键词 1	文件 1,文件 2,文件 15……
关键词 2	文件 1,文件 3,文件 5……
……	

8) 链接关系计算

链接关系计算也是预处理中很重要的一部分。现在所有的主流搜索引擎排名因素中都有包含网页之间的链接流动信息。搜索引擎在抓取页面内容后,必须事前计算出页面上有哪些链接指向哪些页面,每个页面有哪些导入链接等。

3. 排名

经过搜索引擎蜘蛛抓取页面,索引程序计算得到倒排索引后,搜索引擎就可以随时处理用户搜索了。

1) 搜索词处理

搜索引擎接收到用户输入的搜索词后,需要对搜索词做一些处理,才能进入排名过程。搜索词处理包括中文分词、去停止词、指令处理、拼写错误纠正、整合搜索触发。

2) 文件匹配

搜索词经过处理后,搜索引擎得到的是以词为基础的关键词集合。文件匹配阶段就是找出含有关键词的文件,倒排索引使得文件匹配可以快速完成。

3) 相关性计算

选出初始子集后,对子集中的页面计算关键词相关性。影响相关性的主要因素包括关键词常用程度、词频及密度、关键词位置及形式、关键词距离、链接分析及页面权重。

4) 排名过滤及调整

选出匹配文件子集、计算相关性后,大体排名就已经确定了。之后搜索引擎可能还有一些过滤算法,对排名进行轻微调整,其中最重要的过滤就是施加惩罚。

5) 排名显示

所有排名确定后,排名程序调用原始页面的标题标签、说明标签、快照日期等数据,将其显示在页面上。有时搜索引擎需要动态生成页面摘要,而不是调用页面本身的说明标签。

6) 搜索缓存

用户搜索的关键词有很大一部分是重复的,如果每次搜索都重新处理排名可以说是很大的浪费。搜索引擎会把常见的搜索词存入缓存,用户搜索时直接从缓存中调出,而不必经过文件匹配和相关性计算,这样大大提高了排名效率,缩短了搜索反应时间。

7) 查询及点击日志

搜索用户的 IP 地址、搜索的关键词、搜索时间和点击了哪些结果页面,搜索引擎都记录形成日志。这些日志文件中的数据对搜索引擎判断搜索结果质量、调整搜索算法、预期搜索趋势等都有重要意义。

即问即答

说出你所熟悉的几种搜索引擎,如何根据你的搜索内容确定适当的搜索引擎?

11.2 搜索引擎营销的基本原理

在当代激烈竞争的环境下,企业生产出来的产品要向需求转换,才能实现企业价值。而在这个转换过程中,营销信息与市场沟通非常重要。在茫茫人海中如何寻找到自己产品的目标客户,如何让有需求的客户很方便地找到自己,这些都直接关系到企业的命运。在传统环境下,大企业可采用大规模广告投放方法,只要达到一定覆盖率,总会将营销信息传递到目标客户。但这种做法耗费财力,且效率越来越低。对没有这种财力的中小企业来说,根本无力实施,只能派推销员四处奔波、劳民伤财。相比之下,搜索引擎营销更主动。企业信息被搜索引擎收录后,就有可能被用户发现,增加用户了解企业产品信息的机会,因而网站优化设计已经成为搜索引擎营销策略的基本内容。此外,搜索引擎营销还包括各种形式的付费关键词广告和分类目录等。近年来,搜索引擎营销的应用更为普及,其效果也获得广泛认可,已成为企业开展网络营销的首要方法。

11.2.1 搜索引擎营销的含义

搜索引擎营销就是根据用户使用搜索引擎的方式,利用用户检索信息的机会,尽可能将营销信息传递给目标用户。简单来说,搜索引擎营销就是基于搜索引擎平台的网络营销,利用人们对搜索引擎的依赖和使用习惯,在人们检索信息的时候尽可能将营销信息传递给目标客户。搜索引擎目前仍然是主要的网站推广手段之一，尤其是基于自然搜索结果的搜索引擎推广。

搜索引擎营销的基本思想是让用户发现信息，并通过点击进入网站/网页，进一步了解其所需要的信息。搜索引擎营销主要实现方法包括竞价排名、分类目录登录、搜索引擎登录、付费搜索引擎广告、关键词广告、TMTW来电付费广告、搜索引擎优化(搜索引擎自然排名)、地址栏搜索、网站链接策略等。

11.2.2 实现搜索引擎营销的任务

实现搜索引擎营销的任务如下。

1) 构造适合搜索引擎检索的信息源

信息源被搜索引擎收录是搜索引擎营销的基础，由于用户检索之后还要通过信息源获取更多的信息，因此企业网站的构建不仅要搜索引擎友好，而且应该用户友好。网站优化不仅仅是搜索引擎优化，而且包含3个方面，即对用户、搜索引擎、网站管理维护的优化。

2) 创造网站/网页被搜索引擎收录的机会

网站建设完成并发布到互联网上并不意味着可以达到搜索引擎营销的目的。无论网站建设多么精美，如果不能被搜索引擎收录，用户便无法通过搜索引擎发现网站中的信息，也就无法实现网络营销信息传递的目的。因此，让尽可能多的网页被搜索引擎收录是网络营销的基本任务之一，也是搜索引擎营销的基本步骤。

3) 在搜索结果中排名靠前

企业信息如果出现在靠后的位置，通常无法吸引用户的注意力，被发现的机会就会降低，也就无法保证搜索引擎营销的效果。因此，搜索引擎营销希望企业信息在搜索结果中排名靠前。

4) 为用户获取信息提供方便

企业营销的最终目的是将浏览者转化为顾客，用户点击搜索结果进入网站，并不意味着已经成为了购买者，还要取决于产品本身的质量、价格等因素。在这个阶段，搜索引擎营销与网站信息发布、顾客服务、网站流量统计分析等工作有着密切的联系，应对浏览者感兴趣的信息进行深入的研究，在为用户获取信息提供方便的同时，与用户建立密切的关系，使其成为产品或服务的购买者。

11.2.3 搜索引擎营销的常用手段

1. 竞价排名

竞价排名顾名思义就是网站付费后才能出现在搜索结果页面，付费越高者排名越靠前；竞价排名服务是由客户为自己的网页购买关键字排名，按点击计费的一种服务。对于某一重要的关键词，如果众多企业都希望在它下面做广告，则可通过竞价拍卖的方式。客户可以通过调整每次点击付费价格，控制自己在特定关键字搜索结果中的排名，并可以通过设定不同的关键词捕捉到不同类型的的目标访问者，如国内的百度、雅虎等。值得一提的是，即使是做了按照点击付费(Pay Per Click，PPC)付费广告和竞价排名，最好也应该对网站进行搜索引擎优化设计，并将网站登录到各大免费的搜索引擎中。

在搜索引擎营销中，竞价排名的特点包括以下几点。

(1) 按效果付费，费用相对较低。

(2) 出现在搜索结果页面，与用户检索内容高度相关，增加了推广的定位程度。

(3) 竞价结果出现在搜索结果靠前的位置，容易引起用户的关注和点击，因而效果显著。

(4) 搜索引擎自然搜索结果排名的推广效果是有限的，尤其对于自然排名效果不好的网站，采用竞价排名可以很好地弥补这种劣势。

(5) 企业可以对用户点击情况进行统计分析。

2. 购买关键词广告

关键词是指用户搜索产品或信息时使用的特定的词，购买关键词广告就是在搜索结果页面显示广告内容，实现高级定位投放。由于客户的浏览行为时常会发生变化，竞争者也在不断更新他们的站点，为了使自己的搜索引擎营销策略能够保持一定的效用，用户可以根据需要更换或删除不适合的关键词。公司的商标、域名、主题、行业术语等都可以作为关键词来使用。

3. 搜索引擎优化

搜索引擎优化(Search Engine Opitimization，SEO)就是通过对网站的优化设计，使得网站在搜索结果中靠前。搜索引擎优化又包括网站内容优化、关键词优化、外部链接优化、内部链接优化、代码优化、图片优化、搜索引擎登录等。

4. PPC

例如，"TMTW 来电付费"，就是根据有效电话的数量进行收费。购买竞价广告也被称为 PPC。

11.2.4 搜索引擎营销的目标层次

在不同的发展阶段，搜索引擎营销具有不同的目标，最终目标在于将浏览者转化为真正的顾客，从而实现销售收入的增加。图 11.7 描述了搜索引擎营销的目标层次结构，从下到上目标依次提高。

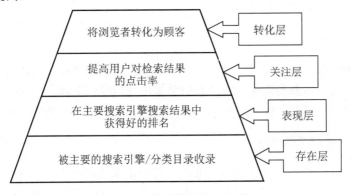

图 11.7　搜索引擎营销的目标层次

第一层：存在层，其目标是被主要的搜索引擎/分类目录收录。搜索引擎登录包括免费登录、付费登录、搜索引擎关键词广告等形式。

第二层：表现层，目标是在被搜索引擎收录的基础上尽可能获得好的排名。因为用户关心的只是搜索结果中靠前的少量内容。如果利用主要的关键词搜索时，网站在搜索结果中的排名不理想，那么有必要利用关键词广告、竞价广告等形式来使排名靠前。

第三层：关注层，指的是通过搜索结果点击率的增加来达到提高网站访问量的目的。仅仅做到被搜索引擎收录并且在搜索结果中排名靠前是不够的，还要从整体上进行网站优化设计，并充分利用关键词广告等有价值的搜索引擎专业服务。

第四层：转化层，指的是用户访问量的增加最终转化为企业现实收益的提高。从各种搜索引擎策略到产生收益，是网站的功能、服务、产品等因素共同作用的结果。转化层在搜索引擎营销中属于战略层次，前3个层级的目标属于策略范畴。

11.3 搜索引擎营销的发展

11.3.1 中国搜索引擎营销的发展历程

搜索引擎营销的发展是紧随搜索引擎的发展而发展的。1994年，以雅虎为代表的分类目录型搜索引擎相继诞生，并逐渐体现出网络营销价值，于是搜索引擎营销思想开始出现。新的检索技术不断改进，使搜索引擎营销策略不断向着针对性更强、更精准的方向发展。

1. 自然搜索引擎营销阶段

我国在2000年之前的搜索引擎主要以人工编辑分类目录为主，搜索引擎营销需要做的工作包括网站描述、准备关键词等基本信息，免费提交给各个搜索引擎，并保持跟踪。一旦提交成功，就基本不需要对Meta标签等进行修改了，因为搜索引擎收录的网站信息等内容不会因为网站的修改而改变。

2. 简单搜索引擎营销阶段

我国在2001年之前，搜索引擎营销以免费分类目录登录为主要方式。2001—2003年，由于出现了按点击付费的搜索引擎关键词广告，带来了收费问题。加上网络经济环境因素，搜索引擎营销市场进入了调整期，传统网络分类目录的推广作用日益减弱，甚至有人预言其将消失。

2003年后期开始，以Google为代表的第二代搜索引擎渐成主流，网站建成后不需人工提交，于是，基于自然检索结果的搜索引擎优化开始得到重视。同时，搜索引擎广告进入了快速增长时期，出现了以Google AdSense为代表的基于定位内容的搜索引擎广告。

3. 专业化搜索引擎营销阶段

从2004年开始，新的搜索引擎不断出现，搜索引擎营销效果逐渐被企业机构认可，搜索引擎广告进入快速成长时期，搜索引擎全面引领着互联网经济，企业机构开始普遍认可搜索引擎营销的价值。随着网站数量的快速增长，优质的搜索引擎推广资源成为企业机构争夺的对象。同时，国内外多家搜索引擎都看准中国搜索引擎营销服务市场。人们对搜索引擎认识的逐步加深使搜索引擎营销逐渐发展成具有专业化的知识体系。

11.3.2 搜索引擎营销的发展趋势

1. 搜索引擎营销服务深度增加

随着我国搜索引擎运营商逐步开放 API 数据，第三方公司将开发大量搜索引擎营销技术工具，广告主可以在本地系统中完成统计、分析、修改等管理功能，无须访问 Web 用户界面，自动智能体系取代人工方式，应用深度增加。

2. 搜索引擎营销得到广泛认同

随着搜索引擎用户的不断增长，搜索引擎将逐渐成为细分覆盖最高的媒体。虽然还是有企业把网络营销、搜索引擎营销和传统营销在经营思想上分开处理，但是无论中小型企业还是大型企业，都在关注网络营销和搜索引擎营销，它们积极与技术先进的第三方公司合作，完善其搜索引擎营销服务体系，共同驱动未来中国的搜索引擎市场。

3. 搜索引擎营销逐渐成为营销战略组成部分

信息化和网络营销得到企业重视的程度加深，越来越多的企业不仅仅购买搜索引擎广告或者优化搜索引擎，更是将搜索引擎营销作为企业营销战略的一个组成部分。搜索引擎营销可能发展成为网络营销一个相对完整的分支，这种产业化的趋势将创造更多的市场机会。

目前我国搜索引擎营销市场已经进入起步阶段，深化搜索引擎营销服务是中国搜索引擎市场发展的必需，而有效的搜索引擎营销策略也需要专业化经营和管理。搜索引擎营销专家认为，随着企业间搜索营销竞争的加剧，搜索引擎营销知识和技巧的欠缺已成为制约搜索营销效果的关键。因此，搜索引擎营销技巧的推广将提升搜索引擎营销的应用层次，同时成熟的企业用户也有利于搜索引擎营销行业的健康发展。

本 章 小 结

本章从搜索引擎的功能入手，介绍了搜索引擎对于网络营销的重要意义，阐述了几种常见的搜索引擎营销方式，最后介绍了搜索引擎的发展历程及发展趋势。搜索引擎的功能和作用主要有两个方面：一是作为市场信息发现的工具，二是作为信息传播的工具。目前在网络运行的各类搜索引擎为数众多，而且各自的特点、技术、模式和目标对象都不尽相同。根据不同的方法，搜索引擎的分类也不同。搜索引擎营销的基本思想是让用户发现信息，并通过点击进入网站/网页，进一步了解其所需要的信息。搜索引擎的目标层次由低到高分为被主要的搜索引擎收录、在主要搜索引擎结果中获得好的排名、提高用户对检索结果的点击率、将浏览者转化为顾客。搜索引擎营销的服务深入不断增加，得到了广泛的认同，搜索引擎营销逐渐成为企业营销战略的重要组成部分。

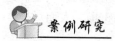

案例研究

阿里巴巴网站的搜索引擎优化

阿里巴巴是国内最早进行搜索引擎优化的电子商务网站,到目前为止也是网站优化总体状况最好的大型 B2B 电子商务网站之一。阿里巴巴的搜索引擎优化水平远远高于行业平均水平。

阿里巴巴中国站(china.alibaba.com)被 Google 收录的中文网页数量 2012 年 8 月份数据为 28 200 000,不仅从被收录的网页数量上来说,要远远高于同类网站的平均水平,更重要的是阿里巴巴的网页质量比较高,潜在用户更容易通过搜索引擎检索发现发布在阿里巴巴网站的商业信息,从而为用户带来更多的商业机会,阿里巴巴也因此获得更大的网站访问量和更多的用户。

一个网站被搜索引擎收录网页数量对网络营销有多大意义?单从网站被搜索引擎收录网页的数量来说,并不能反映该网站的搜索引擎营销水平。根据搜索引擎营销目标层次原理,因为被搜索引擎收录尽可能多的网页数量只是搜索引擎营销的第一个层次;在此基础上,当用户通过相关关键词检索时,这些网页在搜索结果中要有好的表现,比如排名位置靠前、网页标题和摘要信息对用户有吸引力,这样才能引起用户对该网页的点击,这是搜索引擎营销的第二个层次;第三个层次是,当用户点击来到一个网站/网页时可以获得对自己有价值的信息,这样才能为搜索引擎营销的最高目标(促成用户转化)奠定基础。所以,如果一个网站被搜索引擎收录的网页数量很少,或者根本没有被收录,那么可以肯定其搜索引擎营销是失败的。在网页被收录数量多的基础上,如果同时保证网页质量高,这样才是比较理想的状况。

在进行相关研究时发现到这样一个现象,利用多个行业的产品为关键词在 Google 等主流搜索引擎检索,甚至是很生冷的产品名称,阿里巴巴的商业信息网页内容都会出现在搜索结果前面。这就意味着,通过搜索引擎,潜在用户可以发现阿里巴巴网站上企业发布的供求信息,也就是说阿里巴巴充分利用了搜索引擎营销策略为用户直接带来价值,在这方面,比其他同类网站是远远超前的。这就是阿里巴巴的搜索引擎优化水平较高的表现。从具体表现形式来说,阿里巴巴网站在保证尽可能多的网页被搜索引擎收录的基础上,还做到让每个被收录网页在搜索引擎中都有良好的表现。

阿里巴巴之所以能做到较高质量的搜索引擎优化水平,主要方法包括:网站栏目结构层次合理、网站分类信息合理、动态网页做静态化处理、每个网页均有独立标题、网页标题中含有有效的关键词、合理安排网页内容信息量及有效关键词设计等,另外,每个网页还有专门设计的 META 标签,这些工作对增加搜索引擎友好性是非常重要的。这些其实并没有什么神秘之处,都是网络营销导向的网站设计的基础工作,正是将这些看似简单的细微之处做到专业化,阿里巴巴的网页无论从被搜索引擎收录的数量还是质量,都远高于其他同类网站。从这个方面来看,可以说,阿里巴巴的专业性已经深入到每个网页、每个关键词,甚至每个 HTML 代码。

对于 B2B 电子商务来说,网站优化策略已经成为网站经营策略的重要组成部分,这方面阿里巴巴已经做出了表率,其他 B2B 网站有必要对阿里巴巴的搜索引擎优化策略进行深入、系统的研究。

讨论题

1. 为什么说阿里巴巴的搜索引擎营销策略要远远超前于其他同类型网站?
2. 做好搜索引擎优化对网站的价值体现在哪里?

第11章 搜索引擎营销

复 习 题

一、单选题

1．必须依靠强大的数据库作为后盾，能够提供完整的文献和信息检索，查全率很高，对检索技术的要求很高。这种搜索引擎是(   )。
  A．全文数据库检索软件   B．非全文数据库检索软件
  C．主题指南类检索软件   D．元搜索引擎

2．搜索引擎营销目前常见的方式中，不包括(   )。
  A．登录分类目录   B．搜索引擎优化
  C．关键词广告   D．病毒式营销

3．百度所属类别和主要特点是(   )。
  A．搜索引擎/免费登录   B．搜索引擎/竞价广告
  C．分类目录/竞价广告   D．分类目录/免费登录

4．竞价排名的服务模式是(   )。
  A．按照为客户带来的访问量付费
  B．联合众多知名网站，共同提供服务
  C．限制用户注册的产品关键字数量
  D．让用户注册属于自己的产品关键字

5．"让尽可能多的网页被搜索引擎收录"，这属于搜索引擎营销的目标层次中的(   )。
  A．存在层 B．表现层 C．关注层 D．转化层

6．关于搜索引擎的说法中，错误的是(   )。
  A．目前互联网上著名的搜索引擎有Google、百度和新浪
  B．搜索引擎站点已成为目前网上访问量最高、人气最旺的站点
  C．企业在向搜索引擎注册时，如何选择合适的"关键词"是至关重要的
  D．"竞价排名"是企业使用搜索引擎推销网站的常用做法

二、多选题

1．按照信息搜索方法的不同，搜索引擎系统可分为(   )。
  A．目录搜索引擎   B．机器人搜索引擎
  C．分类式搜索引擎   D．元搜索引擎

2．搜索引擎注册的主要步骤包括(   )。
  A．确定要注册的页面   B．准备材料
  C．发注册申请函   D．进行注册

3．关键词广告的特点有(   )。
  A．采取按年收费的计价模式   B．可以随时查看流量统计
  C．关键词广告可以方便地进行管理   D．关键词广告的形式比较复杂

4．竞价排名作为一种营销方式的突出特点是( )。
   A．针对性　　　　　　B．实时性　　　　　　C．准确性　　　　　　D．公平性
5．搜索引擎按其工作方式主要可分( )。
   A．定期搜索　　　　　　　　　　　　B．全文搜索引擎
   C．目录索引类搜索引擎　　　　　　　D．元搜索引擎
6．搜索引擎营销在网络营销中的作用体现在( )。
   A．对网站推广的价值　　　　　　　　C．对产品促销的作用
   B．对网络品牌的价值　　　　　　　　D．对网上市场调研的价值

三、判断题

1．机器人搜索引擎以某种策略手动地在互联网中搜集和发现信息。　　　　　　　　( )
2．目前，引擎可以按分类、网站和网页来进行搜索，其中按分类只能粗略查找，按网页虽然可以比较精确地查找，但查找结果较多，故搜索最多的还是按网站搜索。( )
3．关键词广告是搜索引擎营销的常见方式。　　　　　　　　　　　　　　　　　　( )
4．搜索引擎优化不可能在网站建设过程中全部完成。　　　　　　　　　　　　　　( )
5．关键词广告可以随时查看流量统计。　　　　　　　　　　　　　　　　　　　　( )
6．竞价排名是由客户为自己的网页购买网站的排名，按点击计费的一种服务。( )

四、问答题

1．搜索引擎在网络营销中有哪些作用？
2．简述搜索引擎营销的基本原理。
3．什么是关键词广告？
4．简述搜索引擎营销的目标层次。
5．企业如何才能提高在搜索引擎中的排名？

第12章 博客网络营销

教学目标

通过本章的学习,了解网络时代博客营销的特点和主要作用,掌握博客这种网络应用形式开展网络营销的要点。同时,掌握企业博客、营销博客、企业营销、微博等博客营销主要应用方式。

教学要求

知识要点	能力要求	相关知识
博客营销概述	(1) 网络营销与博客营销的关系 (2) 明确博客营销的优势	(1) 博客营销的本质和特点 (2) 博客营销价值体现 (3) 博客营销的法则 (4) 博客营销效果判断标准 (5) 博客互动性的效果
博客营销的策略	(1) 博客营销的分析 (2) 博客营销的优化和推广	(1) 博客营销的具体策略 (2) 建立自己的博客系统 (3) 利用博客来推动关键词的排名
博客营销的类型	(1) 专业的企业博客的特点 (2) 博客营销文章写作技巧	(1) 博客营销的技巧和方法 (2) 如何提高博客流量
微博营销的实施		中国博客营销的未来

基本概念

博客营销 网络营销 企业博客

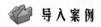

> **导入案例**
>
> ### 可口可乐的博客营销与市场机会
>
> 　　可口可乐公司的博客营销策略,可谓具有前沿性,其目的是把握市场机会。目前,美国不少企业为了在传统营销的基础上增加博客网络营销计划,尝试雇佣兼职和全职博客人员宣传企业活动。博客营销有多种不同的模式,在企业博客营销研究专题文章"企业博客营销的基本形式和操作模式"中,认为企业博客营销有3种基本形式。
>
> 　　(1) 利用第三方博客平台的博客文章发布功能开展的网络营销活动。
>
> 　　(2) 企业网站自建博客频道,鼓励公司内部有写作能力的人员发布博客文章,以吸引更多的潜在用户。
>
> 　　(3) 有能力运营维护独立博客网站的个人,可以通过个人博客网站及其推广,达到博客营销的目的。
>
> 　　显然,第三方博客营销专业服务方式,实际上属于企业将博客营销外包给专业公司来操作。从可口可乐等大型企业的博客营销策略,以及其他有关企业博客营销实践应用模式中可以看出,博客营销作为一种独立的第三方专业服务是可行的,博客营销服务的市场机会开始显现。同时,第三方的博客营销服务将可能作为网络营销服务市场又一发展领域,由于博客营销服务模式在很大程度上类似于传统公关公司的运作方式,因此,博客营销服务也可能成为公关公司涉足网络营销服务的一个突破口。
>
> (资料来源:http://www.wana.com.cn/.)
>
> **点评**:博客营销已成为网络营销的一种重要手段。
>
> 　　企业博客营销的产生为传统营销模式注入了一股新鲜血液,使企业以一种新颖的方式将自身营销出去。企业通过博客,可以更好地宣传自己的企业文化和思想观念,大大提高个人品牌和公司的知名度。

12.1　博客营销概述

　　2002年,博客概念在国内出现后,以博客为代表的 Web 2.0 网站获得快速发展,不仅带动了 Web 2.0 概念的广泛传播,同时 Web 2.0 技术已经被应用于企业营销活动中,尤其是博客营销在网络营销中获得更快的发展,对博客营销的研究已经成为电子商务网络营销中的关键领域之一。

12.1.1　博客营销的定义

　　要了解什么是博客营销,首先要知道什么是博客。博客最初的名称是 Weblog,由 Web 和 Blog 两个单词组成,英文单词为 Blog(Web Log 的缩写),按字面意思就是网络日记,后来喜欢新名词的人把这个词的发音故意改了一下,读成 Weblog。由此,Blog 这个词被创造出来。

　　博客这种网络日记的内容通常是公开的,自己可以发表自己的网络日记,也可以阅读别人的网络日记,因此博客可以理解为一种个人思想、观点、知识等在互联网上的共享。由此可见,博客具有知识性、自主性、共享性等基本特征。正是博客的这种性质决定了博客营销是一种基于包括思想、体验等表现形式的个人知识资源,它通过网络形式传递信息。博客营销是利用博客这种网络应用形式开展网络营销的工具。

与博客营销相关的概念还有企业博客、营销博客等，这些都是从博客具体应用的角度来描述的，主要区别于那些出于个人兴趣甚至个人隐私为内容的个人博客。其实无论称为企业博客也好还是营销博客也好，一般来说博客都是个人行为，只不过在写作内容和出发点方面有所区别：企业博客或者营销博客具有明确的企业营销目的，博客文章中或多或少会带有企业营销的色彩。

总之，博客营销是通过博客网站或博客论坛接触博客作者和浏览者，利用博客作者个人的知识、兴趣和生活体验等传播商品信息的营销活动。

12.1.2 博客营销的优势

成功博客的前提条件：博主必须对某个领域的知识进行学习、掌握并有效利用。

博客对于营销功能作用体现在以下方面：发布并更新企业、公司或个人的相关概况及信息；密切关注并及时回复平台上客户对于企业或个人的相关疑问及咨询；帮助企业或公司零成本获得搜索引擎的较前排位，以达到宣传目的。所以说博客平台是公司、企业或者个人均可利用的信息传播方式。

博客营销的优势具体体现在以下方面。

1) 细分程度高，广告定向准确

博客是个人网上出版物，拥有其个性化的分类属性，因而每个博客都有其不同的受众群体，其读者也往往是一群特定的人，细分的程度远远超过了其他形式的媒体。而细分程度越高，广告的定向性就越准。

2) 互动传播性强，信任程度高，口碑效应好

博客在广告营销环节中同时扮演了两个角色，既是媒体又是人，既是广播式的传播渠道又是受众群体，能够很好地把媒体传播和人际传播结合起来，通过博客与博客之间的网状联系扩散开去，放大传播效应。每个博客都拥有一个相同兴趣爱好的博客圈子，而且在这个圈子内部的博客之间的相互影响力很大，可信程度相对较高，朋友之间互动传播性也非常强，因此可创造的口碑效应和品牌价值非常大。虽然单个博客的流量绝对值不一定很大，但是受众群明确，针对性非常强，单位受众的广告价值自然就比较高，所能创造的品牌价值远非传统方式的广告所能比拟。

3) 影响力大，引导网络舆论潮流

多起"博客门"事件的陆续发生，证实了博客作为高端人群所形成的评论意见影响面和影响力度越来越大，博客渐渐成为了网民们的意见领袖，引导着网民舆论潮流，他们所发表的评价和意见会在极短时间内，在互联网上迅速传播开来，对企业品牌造成巨大影响。

4) 大大降低传播成本

口碑营销的成本由于主要集中于教育和刺激小部分传播样本人群上，即教育、开发口碑意见领袖，因此成本比面对大众人群的其他广告形式要低得多，且结果也往往能事半功倍。如果企业在营销产品的过程中巧妙地利用口碑的作用，必定会达到很多常规广告所不能达到的效果。例如，博客规模赢利和传统行业营销方式创新，都是当下社会热点议题之一，因而广告客户通过博客口碑营销不仅可以获得显著的广告效果，而且还会因大胆利用

互联网新媒体进行营销创新而吸引更大范围的社会人群、营销业界的高度关注,引发各大媒体的热点报道,这种广告效果必将远远大于单纯的广告投入。

12.1.3 博客营销的本质和特点

博客营销的本质在于通过原创专业化内容,进行知识分享,争夺话语权,建立起信任权威,形成个人品牌,进而影响消费者的思维和购买行为,扩大知名度,促进企业产品的销售。

事实上,博客营销的本质是公关行为,简单可以概括为:以网络信息传递形式表现个人思想;以网络信息传递形式表现个人体验;以网络信息传递分享个人知识资源。

首先来看互联网的世界是怎么构成的。互联网世界由两部分组成,第一部分是组织把控的网站。这些网站包括水平的门户网站,也包括垂直的专业网站,它们有一个共同的特点是存在"把关人"。第二部分是没有组织把控的网站,也就是非常时髦的"Web 2.0"世界,博客当然是其中非常重要的一部分,BBS 其实也是,特别是一些中型以下规模的论坛。

以博客为例,博客之间的互动回应接龙,可以被视为博客圈中发生的事情。这就像一群人在某一个地方开会,进行热烈的讨论或者互动。博客营销就像现实社会中发生的一起社会事件,这起社会事件的表现形式是一场讨论。而公关的目的,也就是制造一起事件。例如,在美国人休斯撰写的《口碑营销》一书中,开篇第一个案例就是一次经典的公关手法运用:一个网站成功说服了美国一个小镇将镇名改为这个网站的名字。而后来媒体铺天盖地的宣传,不过是因为这件事在当时实在是值得大肆报道一番罢了。

事实上,博客营销就是一种公关工具。利用博客营销的人必须很清楚这样一个事实:与其说博客是一种媒体的话,不如说它是互联网虚拟存在的"人"。有理由相信,从来没有任何一个品牌希望现实生活中的人在脑门上贴一块品牌的 Logo 标志来做广告,所有品牌都希望现实中的人在口耳相传时多说说自己品牌的好话,多参与自己的品牌所策划的各种事件活动,从而引发媒体的报道,达到宣传效果。这就是"人"属性和"媒体"属性的差别。

同时,博客营销有五大特点:①博客是一个信息发布和传递的工具;②与企业网站相比,博客文章的内容题材和发布方式更为灵活;③与门户网站发布广告和新闻相比,博客传播具有更大的自主性,并且不需直接费用;④与供求信息平台的信息发布方式相比,博客的信息量更大,表现形式灵活,而且完全可以用"中立"的观点来对自己的企业和产品进行推广;⑤与论坛营销的信息发布方式相比,博客文章显得更正式,可信度更高。

12.1.4 博客营销价值体现

博客的发展,归根结底是其本身体现的商业价值,企业完全是基于降低网络产品推广成本的需求,因此,博客营销必须有相符合的价值体现。

(1) 博客可以直接带来潜在用户。博客内容发布在博客托管网站上,这些网站往往拥有大量的用户群体,有价值的博客内容会吸引大量潜在用户浏览,从而达到向潜在用户传递营销信息的目的。用这种方式开展网络营销,是博客营销的基本形式,也是博客营销最直接的价值表现。

(2) 博客营销的价值体现在降低网站推广费用方面。网站推广是企业网络营销工作的基本内容。大量的企业网站建成之后都缺乏有效的推广措施，因而网站访问量过低，降低了网站的实际价值。通过博客的方式，在博客内容中适当加入企业网站的信息(如某项热门产品的链接、在线优惠券下载网址链接等)，以达到网站推广的目的，这样的"博客推广"也是极低成本的网站推广方法，降低了一般付费推广的费用，或者在不增加网站推广费用的情况下，提升了网站的访问量。

(3) 博客文章内容为用户通过搜索引擎获取信息提供了机会。多渠道信息传递是网络营销取得成效的保证。通过博客文章，可以增加用户通过搜索引擎发现企业信息的机会，其主要原因在于，一般来说，访问量较大的博客网站比一般企业网站的搜索引擎友好性要好，用户可以比较方便地通过搜索引擎发现这些企业的博客内容。所谓搜索引擎的可见性，也就是让尽可能多的网页被主要搜索引擎收录，并且当用户利用相关的关键词检索时，这些网页出现的位置和摘要信息更容易引起用户的注意，从而达到利用搜索引擎推广网站的目的。

(4) 博客文章可以方便地增加企业网站的链接数量。获得其他相关网站的链接是一种常用的网站推广方式，但是当一个企业网站知名度不高且访问量较低时，往往很难找到有价值的网站来链接，通过自己的博客文章为本公司的网站做链接则是顺理成章的事情。拥有博客文章发布的资格增强了网站链接的主动性和灵活性，这样不仅可能为网站带来新的访问量，也增加了网站在搜索引擎排名中的优势。

(5) 可以实现更低的成本。当博客内容比较受欢迎时，博客网站也成为与用户交流的场所，可以在博客文章中提出问题，读者可以发表评论，从而可以了解读者对博客文章内容的看法，作者也可以回复读者的评论。当然，也可以在博客文章中设置在线调查表的链接，便于有兴趣的读者参与调查，这样扩大了网站上在线调查表的投放范围，同时还可以直接就调查中的问题与读者进行交流，使得在线调查更有交互性，其结果是提高了在线调查的效果，也就意味着降低了调查研究费用。

(6) 博客是建立权威网站品牌效应的理想途径之一。作为个人博客，如果想成为某一领域的专家，最好的方法就是建立自己的博客。如果坚持不懈，所营造的信息资源将带来可观的访问量。在这些信息资源中，也包括收集的各种有价值的文章、网站链接、实用工具等，这些资源为自己持续不断地写更多的文章提供了很好的帮助，形成良性循环。这种资源的积累实际上并不需要多少投入，但其回报却是可观的。对企业博客也是同样的道理，只要坚持对某一领域的深度研究，并加强与用户的多层面交流，就会为获得用户的品牌认可和忠诚提供有效的途径。

(7) 博客减小了被竞争者超越的潜在损失。2007 年，博客在全球范围内已经成为热门词汇之一，不仅参与博客写作的用户数量快速增长，浏览博客网站内容的互联网用户数量也在急剧增加。在博客方面所花费的时间成本，实际上已经从其他方面节省的费用得到补偿。例如，为博客网站所写作的内容，同样可以用于企业网站内容的更新，或者发布在其他具有营销价值的媒体上。反之，如果因为没有博客而被竞争者超越，那种损失将是不可估量的。

(8) 博客让营销人员从被动的媒体依赖转向自主发布信息。在传统的营销模式下，企业往往需要依赖媒体来发布企业信息，不仅受到较大局限，而且费用相对较高。当营销人员拥有自己的博客园地之后，就可以随时发布所有希望发布的信息，只要这些信息没有违反国家法律，并且对用户是有价值的。博客的出现，对市场人员营销观念和营销方式带来了重大转变。在博客中，每个企业、每个人都有自由发布信息的权利，如何有效地利用这一权利为企业营销战略服务，则取决于市场人员的知识背景和对博客营销的应用能力等因素。

 即问即答

网络的普及使得博客数量庞大，你认为博客营销价值主要体现在哪里？请举例说明。

12.1.5 博客营销的法则

正如同经典的公关行为目的一样，博客营销的目的，并非是看重这些卷入的博客本身作为媒体的影响力，重要的是，真正的媒体，对于互联网这个虚拟社会中所发生的一起事件，能吸引多少眼球，因此，博客营销是典型的"眼球经济"，必须具有相应的实施法则。

1) 交互性

许多博客作者在写作时只考虑自己，所以很少有人留下有效的评论。所以要想获取有效回复，最重要的一点是把读者放在首位。

2) 简约性

达·芬奇曾经说过"简单是美的极致"。不要把博客加上过多的装饰品，既显得凌乱，又没有用处。所需要做的，就是让读者尽可能方便地查看你的内容。

3) 可读性

这是博客的根本所在。在博主设计字体颜色、大小、样式之前，首先要考虑好可读性。没有人喜欢看一个字很小、颜色暗淡，而且杂乱无章的博客。

4) 简明扼要

博客写作虽然不需要像出版物那样考虑文章篇幅限制，但读者的时间是宝贵的。读者通常会阅读许多内容，如果博主不直接说出自己的观点，他们是不会再看这个博客的。

5) 新闻价值

博客需要有新闻价值，有趣、有用和幽默。

6) 有用性

有新闻价值，但"有用"是最重要的。人们喜欢有趣的事物，但这种有趣并不会驱使他们订阅博客。人们订阅博客的主要原因，是博客内容对他们的日常工作、生活有用。

7) 方便性

虽然人们订阅了大量的博客，但没有时间每天都全部阅读，所以需能够让他们快速浏览，很快抓住文章主旨。使文章便于快速浏览的最好方法是列表，人们只需大体浏览就能了解其主要观点。

8) 标题具有吸引力

标题需要简练并且具有吸引力。好标题是一篇博客引人入胜的关键，标题要有吸引力且尽量概括文章主旨。当然，博客文章内容要和标题相符。

9) 第一人称

这可能是博客写作与其他写作的最大区别。在一般的出版物中,惯例是保持作者中立。但博客不同,要明确表达出自己的观点。

10) 延续链接

博客虽然在网络门户里独立并自成体系,但也是互联网的一部分。应该充分利用这个好处,让其他文章为自己的文章提供知识背景,让读者通过链接继续深入阅读,尽量为他们提供优质的链接。

11) 做好编辑

满篇错别字、排版不工整会使读者厌烦,甚至质疑博主的水平。和其他写作不同,写博客需要博主自己校对,应该认真地逐字、逐句校对,甚至重写。

12.1.6 博客营销效果判断标准

博客营销效果如何,需要一个判断标准。做博客就是做营销。既然把博客作为一种营销工具,把博客营销作为一种重要的网络营销,那么就一定要对博客营销的效果有一个判断标准,以指导博客营销。

1. 博客营销的效果标准应该贯穿博客营销过程的始终

博客营销是一种营销方法,是把博客作为营销工具。博客营销作为网络营销的手段之一,有着其他网络营销方法无法比拟的优势。但优势再大,对于博客营销的个体,也应该有一个判断的标准,而且这个标准应该贯穿整个博客营销过程的始终,用博客营销的效果标准来指导博客活动,会让博客营销活动始终围绕着利于自己的利益来展开,会让博客营销更有侧重点。

2. 博客营销的效果标准是最大限度地追求赢利

作为一种网络营销手段,博客营销的最终目的是最大限度地获利。博客营销作为网络营销手段之一,不管采取什么样的方式,都要投入一定的人力、财力,要投入相当的时间和精力。在一定的投入下是否获利、获利多少、是否具有持续性都是值得博客营销人经常考虑的问题。

3. 发挥与网站相结合的优势

企业博客往往是以软文的形式传播其信息,而侧重点是思想交流,带有情感的成分,并且更新快、灵活性强。而企业网站注重的是企业简介、产品情况等,较为严肃、固定。这是网站和博客固有的定位,两者如果合二为一,互相弥补,自然显示出企业营销的完整性。将博客与网站相结合,一方面可以使大量客户通过博客的灵活性,而去浏览、点评严肃的网站,另一方面也增加了网站在搜索引擎排名中的优势。

4. 博客与论坛社区的吸引力

论坛社区作为一种网络营销方式,以联盟形式为主,增加了人脉。线下社区活动集众家之智，聚大家之力，尤其是使虚拟转化为现实。博客需要人脉，人脉意味着订单概率，博客更需要论坛社区活动，因为它是博客从思想交流转化为现实的重要渠道。

5. 博客互动性的效果

互动性是博客营销区别于传统营销的实质所在，也是发现潜在客户的关键，是连接客户或接单的重要方式和环节。互动主要包括阅读博文(尤其是业内的博客)、点评博文、旺旺沟通、建立博客圈、参与论坛商盟、QQ 交流以及线下的商盟活动等，是一个综合的概念。

AMD 公司以博客营销为主导的网络营销方式

2006 年 6 月，全球著名的微处理器厂商 AMD 公司正式宣布签约国内著名演员徐静蕾，并在其博客投放广告，具有"中华第一博"美誉的徐静蕾，正式成为 AMD 公司大中华区移动计算技术品牌的形象代言人。而 AMD 看中徐静蕾的，除了其作为演员的知名度之外，更看中其在博客上的超高人气。一向以创新作为企业竞争法则的 AMD 公司，开展了一场以博客营销为主导的网络营销方式。徐静蕾超过 1 000 万次的博客点击率，已经使得她成为个人化媒体中最引人注目的明星，她同时也拥有一大批忠诚的网络读者，而这些读者大都是素质高、文化水平高，同时具有一定小资气质的人士，这一批人正是 AMD 所要影响的消费群。

截至 2008 年 11 月 7 日，中国博客数量已达到 1.07 亿个，网民拥有博客的比例高达 42.3%。而世界上最大的博客搜索引擎 Technorati 公布的一份有关博客的报告显示，这种新兴网络文化正以强劲势头挺进人们的现代生活。报告指出，全球平均每天新增博客 12 万个，即每秒新增 1.4 个；博客上每天新增文章 150 万篇，即每秒 17 篇；全球最受欢迎的 100 家网站中有 22 家为博客网站。当全民写作成为一种时尚、一种潮流、一种趋势时，其所蕴藏的巨大信息爆发力及舆论影响力，是任何一家平面媒体所无法比拟的。

这场类似于 14 世纪欧洲文艺复兴的博客流，正在不断推动着民间思想及文化进入百花齐放的时代。而对于整个商业社会及企业而言，博客的意义远非个人话语权利的自由释放如此简单。它所带来的信息传播、话题引导，以及可能带来潜在的舆论危机，正在深刻改变着商业运行规则，而 AMD 等具有敏锐触觉的企业正是看中博客流背后强大的话语力量。

AMD 选择徐静蕾博客进行营销推广，不仅仅是开创了一种全新的营销模式，更是精准地圈定了一批特定消费群，这种精准化的营销正是许多企业希望达到的。可以说，博客营销的不断深入及应用范围的不断扩张，开辟了一个全新的营销平台。这个营销平台强调的是互动、意图、身份识别和精准。而它的核心内容就是与传统意义上"广泛传播"相对应的"小众传播"，即所谓的精准营销。AMD 开展博客营销的目的，就是希望把营销的本质回归到口口相传的口碑式营销上来，强调互动传播，强调小众传播影响大众传播，让传播的效应从数字上转移到传播的质量上来。

12.2 博客营销的策略

博客的目的要通过网络推广实现，博客营销必须优化营销的实用技巧，以此来提高博客网站的排名和流量，只有这样才能达到吸引网络"眼球"的效果。

12.2.1 博客营销的优化和推广

网站优化和网站推广对一个站长来说都极其重要。在此只谈博客推广的影响,以及怎样利用博客来推动关键词的排名,给网站带来流量。

1. 域名的填写

博客一般采用二级域名制,格式为:博客官方名/自己博客名称。虽然博客不是一级域名,但是由于博客主站的权重,对其域名的收录也会很快的。所以域名尽量选择靠近主关键词对优化排名是有很大好处的。

2. 标题和描述的填写

能对博客修改的只有标题和描述,博客的标题和描述等同于网站的标题和描述,是很重要的。博客的标题大部分是有首页文字链接的,这对博客关键词排名有好处。

3. 选择关键词

建立博客的目的主要是为主站服务的,所以在选择关键词的时候要与主站相吻合。选择主关键词,然后在百度搜索出与之相关的一些长尾关键词,然后再按照搜索量分布到博客的标题、描述、文章类别和标签里。

4. 个人资料

要想有很好的人气,如果是女孩子最好,如果是男孩子,最好改一下性别,传几张漂亮图片,不要用明星图片,要尽量看起来真实。让人对你产生好感,进而对你的文章产生阅读兴趣,那么你的博客才有价值。

5. 文章分类

根据文章内容,按照前面找的长尾关键词对文章进行分组。最好选一些产品词和搜索量高的长尾关键词,可以增加一个小知识的模块,使博客不至于太过死板,这样做还可以增加收录,提高用户黏度。

6. 模块调用

设置首页,显示文章数目、格式、文章分类、最新文章、博链、标签和友情链接。这些都是很重要的模块,可以根据用户浏览、模拟蜘蛛程序抓取页面等要求合理安排顺序。

7. 文章发布

在文章中可以给文字和图片添加链接。由于一切都是为了主站,大部分的链接都是链向主站的,因此既增加了引导性阅读,又提高了关键词的排名。

8. 友情链接

友情链接首先链接的是自己的主站,使用1～3个主关键词链接到自己的网站,这对其主站的排名有利。博客的互链也有一定的效果,一方博客访问量提高,另一方网站也会间接受到影响。

9. 博链

博链是博客的 RSS,如果主站有 RSS 订阅功能的话,建议使用。这样别人在浏览博客时可以通过此途径进入主站,扩展浏览者的阅读面。

10. 博客的维护和推广

博客的内容尽量围绕主站主题,如果主站最近有活动和消息,都要及时地在博客中贴出,并且标明出处和文章来源地址。适当地在相册中添加主站图片,也可以带来流量。在回访别人时,尽量提供自己主站的信息给对方。

12.2.2 博客营销的具体策略

1. 选择博客托管网站,注册博客账号

选择博客托管网站、注册博客账号,即选择功能完善、稳定,适合企业自身发展的博客系统、博客营销平台,并获得发布博客文章的资格。选择博客托管网站时,应选择访问量比较大而且知名度较高的博客托管网站。可以根据全球网站排名系统等信息进行分析判断。对于某一领域的专业博客网站,不仅要考虑其访问量,而且还要考虑其在该领域的影响力。对于影响力较高的博客托管网站,其博客内容的可信度也应较高。

2. 选择优秀的博客

在营销的初始阶段,用博客来传播企业信息首要条件是拥有具有良好写作能力的博主。博主在发布自己的生活经历、工作经历和某些热门话题的评论等信息的同时,还可附带宣传企业,如企业文化、产品品牌等。特别是当发布文章的博客是在某领域有一定影响力的人物时,所发布的文章更容易引起关注,吸引大量潜在用户浏览,通过个人博主文章内容为读者提供了解企业信息的机会。这说明具有营销导向的博主需要以良好的文字表达能力为基础,企业的博客营销需要以优秀的博主为基础。

3. 创造良好的博客环境

企业应坚持长期利用博客,不断地更换其内容,这样才能发挥其长久的价值和应有的作用,吸引更多的读者。因此进行博客营销的企业有必要创造良好的博客环境,采用合理的激励机制,激发博客们的写作热情,促使企业博客们有持续的创造力和写作热情。同时,企业应鼓励他们在正常工作之外的个人活动中坚持发布有益于公司的博客文章,这样经过长期的积累,企业在网络上的信息会越积越多,被潜在用户发现的机会也就会大大增加。可见,利用博客进行营销是一个长期积累的过程。

4. 协调个人观点与企业营销策略之间的分歧

从事博客写作的是个人,但网络营销活动属于企业营销活动,因此博客营销必须正确处理两者之间的关系。如果博客所写的文章都代表公司的官方观点，那么博客文章就失去了其个性特色，也就很难获得读者的关注，从而失去信息传播的意义。但是，如果博客文章只代表个人观点，而与企业立场不一致，就会受到企业的制约。因此，企业应该培养一些有良好写作能力的员工进行写作，他们所写的东西既要反映企业，又要保持自己的观点和信息传播性，这样才会获得潜在用户的关注。

5. 建立自己的博客系统

当企业在博客营销方面开展得比较成功时，就可以考虑使用自己的服务器，建立自己的博客系统，向员工、客户及其他外来者开放。博客托管网站的服务是免费服务。服务方不承担任何责任，所以服务是没有保障的，如果中断服务，企业通过博客积累的大量资源将可能毁于一旦。如果使用自己的博客系统，则可以由专人管理，定时备份，从而保障博客网站的稳定性和安全性。而且开放博客系统将引来更多同行、客户来申请和建立自己的博客，使更多的人加入企业的博客宣传队伍中来，在更大的层面上扩大企业影响力。

即问即答

在网络时代，博客的目的是吸引网民注意力，那么你认为博客营销的具体策略有哪些？博客营销推广成功的要素是什么？

12.3　博客营销的类型

互联网上有了博客以后，尤其博客不再是个人日志后，它成为了一种营销工具，具备广告等其他营销方式所不能具备的互动功能。很多企业开始意识到博客的妙用，并积极尝试使用博客，为自己的企业目标服务。

12.3.1　博客写手

专业的企业博客一般由以下4类人来作为博客写手。

1. 企业家

企业家写博客，许多直接表现为写产品文化，是一种在高层次上推介产品的办法。这类博客能够呈现出公司元老的最初见解，具有人性化的一面。如果经营得当，其能够成功营造出和谐氛围与信赖感，传达公司的重要信息，对产业话题做出回应，让大家了解公司的状况。

2. 企业员工

很多企业的博客是由不同职业的员工来写，在博客写手中是比较有代表性的。这样的博客写手一般对公司的某一些方面比较专业，如软件开发人员、律师、会计师、营销专家等，所以当他们传播消息时，会引起人们注意。他们不仅传播知识，还会揭示信息含义。例如，当微软还在测试新的搜索引擎以前，MSN 搜索小组的博客写手便使用博客发布产品信息，坦诚哪些地方还需要再改进，并告诉人们产品的开发方向，让人们对产品产生信赖感与期待。

3. 企业聘用的写手

英式剪裁公司是一家专门使用博客做营销的公司，是由知名营销专家博客写手帮忙打造的，它帮伦敦裁缝师托马斯·马洪掀起了一股热潮。事实上，他因为个人博客而成为萨维尔街有史以来媒体曝光率最高的裁缝，曾接受过数十家杂志与报纸的专题访问。

4. 消费者

当然企业也在后面推波助澜。例如，世界500强之一的美国宝洁公司，它的博客在全世界有2 000万名注册客户。宝洁公司投放了大量的奖券，鼓励长远客户在宝洁的博客里为新产品叫好，而奖券让他们在世界各地购买宝洁产品的时候得到大折扣。不管是谁写的博客，最后的结果是产品和公司形象得到了传播。把博客当成营销的工具，就是让大家在公开的场合呈现真实的自我，通过展示自我，从而达到营销的目的。

不同行业、不同规模企业的博客营销模式不尽相同。事实上，博客营销可以有多种不同的模式。从目前企业博客的应用状况来看，企业博客营销有下列6种常见形式：企业网站博客频道模式；第三方博客服务托管商(Blog Service Provider，BSP)公开平台模式；建立在第三方企业博客平台的博客营销模式；个人独立博客网站模式；博客营销外包模式；博客广告模式。

12.3.2 博客营销文章写作技巧

博客营销的文章写作技巧分3个方面。

1. 以营销自己为目的

这类博客，博主的目标是通过博客的写作，给自己带来人气、名气，最终能为自己带来名利。当然，这类博主刚开始写博客的时候并没有目的性，只是随着时间的推移，发现了博客有营销自己的功能。

2. 以营销公司文化和品牌为目的

这类博主都是公司的老板或者高层管理人员，主要看好博客这种营销手段，希望通过博客建立沟通平台，更好地为公司管理、销售服务。这类博客营销要做好，最关键的不是博客文章，而是整体的管理策划和引导。

3. 以营销产品为目的

这类博客目的很简单，通过博客文章的写作，达到销售产品和拿到订单的目的。这类博主一般都是小型企业的老板或者销售主管，就是想通过博客营销为自己公司的电子商务服务。由于这类博主的目的简单明了，博客文章的写作对他们才是最实用的。

12.3.3 博客营销的技巧和方法

明确目标之后，了解客户和潜在客户想知道的问题及想了解的情况，在博客文章中有所体现，潜移默化地影响客我在户。

当然要做到这些，需掌握一定的技巧和方法。

1. 专业而不枯燥

博客营销文章要包含一定的专业水平或者行内知识。每一个销售人员都应该有这种水平，很难想象一个不懂得自己产品的人，没有产品专业知识的人能做好销售工作。整体博客文章要始终不渝地为自己的目的服务。营销博客要围绕自己的产品来布局博客文章，博客文章的布局一定要从不同的文章题材中体现专业知识。也就是博文的知识水平要专业，能得到行内人士认可。事实上，用一般人看得懂的语言写出来的专业文章才是好的博客文章，才能达到营销的目的，这也就是要增加专业的趣味，让人喜欢看是非常重要的。追求博文"专"的同时，不要让博文枯燥得令人昏昏欲睡，读起来味同嚼蜡，那样的话就是失去"专"的意义，也更起不到营销的效果。

2. 巧妙地广而告之

很多博主简单地认为博客营销就是利用博客来做广告，让更多的人来了解自己的产品，于是只是在自己的博客里写些广告语，而无人问津，还有的人把博客营销文章写成了产品说明书，写成了产品资料。博客营销文章的写作，虽然要达到广而告之的目的，但一定要有巧妙的方法。

(1) 产品功能故事化。博客营销文章要学会写故事，更要学会把自己的产品功能写到故事中去。通过一些生动的故事情节，自然地让产品功能自己说话。

(2) 产品形象情节化。当宣传自己的产品时，总会喊一些口号，这样做虽然也能达到一定的效果，但总不能使自己的产品深入人心，打动客户，感动客户。因此最好的方法就是把对产品的赞美情节化，让人们通过感人的情节来感知、认知自己的产品。这样，客户记住了瞬间的情节，也就记住了产品。

(3) 行业问题热点化。在博客文章写作过程中，一定要抓行业的热点，不断地提出热点，才能引起客户的关注，才能通过行业的比较显示出自己产品的优势。要做到这些也就要求博主要了解竞品情况。

(4) 产品发展演义化。博客营销文章要赋予产品以生命，从不同的角度、不同的层次来展示产品。可以以拟人的形式进行诉说，也可以是童话，可以无厘头，可以幽默等。越有创意的写法，越能让读者耳目一新，读者也就记忆深刻。

(5) 产品博文系列化。这一点非常重要，博客营销不是立竿见影的电子商务营销工具，需要长时间的坚持不懈。因此，在产品的博文写作中，一定要坚持系列化，就像电视连续剧一样，不断有故事的发展，还要有高潮，这样产品的博文影响力才大。

(6) 博文字数精短化。博客不同于传统媒体的文章，既要论点明确、论据充分，又要短小耐读；既要情节丰富、感人至深，又不必花太多的时间。所以，一篇博文最好不要超过 1 000 字，坚持短小精悍是博客营销的重要法则。

3. 重在给予和分享

博客营销文章真正能起到营销作用的精髓在于能给予读者、客户哪些实惠。营销博客和其他博客的最大区别就在此，其他博客可以抒发情感，可以随心所欲。但营销博客不仅要保证每篇博文带来应有的信息量,还要有知识含量,要有趣味性,要有经验的分享,让客户每次从博客中都有所收获。这是黏住客户最好的方法。

这种经验的给予和分享是博客营销最大的技巧,比其他方法都重要。由于电子商务还是一个正在发展的新事物,因此,博友间互相交流经验学习将十分有效。

4. 切磋与交流

与博客写作需要分享的观点类似,与业内人士进行切磋与交流,也是博客文章选题和写作的较好方法。不仅要自己写作和发布博客文章,也要经常关注同行业内人士的观点,这样不仅扩大了自己的知识面,也获得了更多的博客写作素材。同时,与读者分享与交流,也决定了企业博客文章在发布之后还需要了解用户的反馈,对于用户的咨询还有必要做出回复。因此,一篇受用户欢迎的博客文章,可以在很长时间内发挥其影响,这是一般的企业新闻所不具备的优点之一。

阅读资料

亚马逊的博客营销

为了鼓励用户为网站创作内容(User-generated Content),全球最大的网上零售网站亚马逊发布了一个新程序 The Amazon Connect,为所有的书籍作者开通博客。其目的在于增进读者与作者之间、读者与亚马逊网站之间的接触和沟通。同时,书籍作者博客不仅为作者提供了一个推广自己书籍产品的渠道和机会,也给予那些购买了书籍的访问者再次访问亚马逊网站的理由。

亚马逊的书籍作者博客营销策略非常高明,在很多电子商务网站还没有将博客与营销策略产生联想时,亚马逊已经将博客营销运用自如了。亚马逊鼓励作者写博客,实际上是亚马逊网站在不用自己付出额外努力和投入的情况下,让作者加入书籍网络营销的行列,通过作者与顾客的互动达到更好的在线销售效果。

12.3.4 如何提高博客流量

提高流量即增加访问量。访问人就是受众,访问量增加,几乎同时意味着影响力增加,也就意味着营销效果越好。

(1) 访问量的关键是高质量的内容。内容总是最能吸引注意力的。

(2) 站点的定位。定位不清很难吸引固定的用户群,甚至因此妨碍已经到来的用户。为了营销的最终效果,有时候放弃部分不合适的用户是必要的。例如,定位是在新闻和媒体,这样即使爱好诗词,也应该放弃因诗词而到来的朋友。

(3) 保持适当的更新频率。更新频率不可太频繁,也不应该很久都不更新。更新频率和博客性质相关,如果是评论,一天或者两天一篇是不错的频率。

(4) 吸引读者回复和交互。提出疑问是引发讨论最好的方式,除此之外,还可以设计隐含的话题,或者故意发表有争议的意见。

12.4 微博营销的实施

12.4.1 微博的概念

微博，即微博客(MicroBlog)的简称，是一个基于用户关系的信息分享、传播及获取平台，用户以 140 字以内的文字随时随地分享所见所闻，图片、链接、文字等均可通过互联网、短信、彩信、3G 手机完成，不需标题和文章构思，瞬间的灵感即可便捷地发布，并被病毒传播似地分享。

微博鼻祖 Twitter 是全球最火暴的微博网站，拥有着众多的铁杆粉丝。福布斯、百思买、福特汽车、可口可乐、星巴克、肯德基等 500 强企业的纷纷入驻，使得微博成了公关营销中不可缺少的利器。

微博必须与其他企业网络资源进行整合。虽然微博拥有诸多优点，但它的功能不能满足我们的全部需要。学会整合其他的网络资源，才能实现营销效果的最大化。

(1) 与企业官网/博客的整合。将企业新闻和品牌故事浓缩成 140 字以内的概要，然后在该条微博最后附上网址，便于对内容感兴趣的消费者进一步了解新闻，并且能为企业官网带来更多的流量和关注度。

(2) 与淘宝网店的整合。可以组织一些针对微博用户的秒杀、优惠活动，将微博的关注转化成实际的销售额。

微博营销是一项长期的活动，如果希望获得好的效果，一定要坚持更新微博内容，保证日常的微博对话，并形成制度化、正常化；与消费者互动，品牌形象建设是潜移默化的过程，切忌半途而废。

12.4.2 博客营销与微博营销

由于博客概念的普及，人们对微博的认识和接受也就顺理成章了。显然，微博的普及要比博客容易得多。由于博客营销的价值已经被广泛认可，作为企业营销人员，很快也就把注意力集中到微博营销上来。每当一种新的互联网应用成为大众化的工具，都会相应地产生新的网络营销模式。

微博营销与博客营销的本质区别，可以从下列 3 个方面进行简单的比较。

1) 信息源的表现形式差异

博客营销以博客文章(信息源)的价值为基础，并且以个人观点表述为主要模式，每篇博客文章表现为独立的一个网页，因此对内容的数量和质量有一定要求，这也是博客营销的瓶颈之一。微博内容则短小精练，重点在于表达现在发生了什么有趣(有价值)的事情，而不是系统的、严谨的企业新闻或产品介绍。

2) 信息传播模式的差异

微博注重时效性，同时，微博的传播渠道除了相互关注的好友(粉丝)直接浏览之外，还可以通过好友的转发向更多的人群传播，因此是一个快速传播简短信息的方式。博客营销除了用户直接进入网站或者 RSS 订阅浏览之外，往往还可以通过搜索引擎搜索获得持续的浏览。博客对时效性要求不高的特点，决定了博客可以获得多个渠道用户的长期关注，因此建立多渠道的传播对博客营销是非常有价值的，而对于未知群体进行没有目的的"微博营销"通常是没有任何意义的。

3) 用户获取信息及行为的差异

用户可以利用计算机、手机等多种终端方便地获取微博信息，发挥"碎片时间资源集合"的价值，也正因为是信息碎片化及时间碎片化，使得用户通常不会立即做出某种购买决策或者其他转化行为，因此微博作为硬性推广手段只能适得其反。

12.4.3 微博的优势

传统的企业口碑营销偏重认识的人之间的口碑，但现在，越来越多的年轻人相信网络社区上网友的评价。因此，赢得网友的口碑，对企业而言十分重要。不同的是，使用微博营销的成本可以忽略不计。从注册到使用都是完全免费的(最起码现在是这样)，需要的仅仅是人工维护，这点对于中小型企业来说特别具有诱惑力。

微博的出现丰富了企业网络营销的手段，帮助企业"赢得"了陌生人的口碑。它的使用更加简单，用户所付出的单位成本、精力投入更少，写作门槛更低，用户扩展更为迅速，传播速度更快，关注的人更多，时效性更强。

微博上有许多信息是在传统媒体上看不到的，而公众对公共话题天生有一种关注心态。在微博上，企业和客户之间不再是单纯的买卖关系，能在用户中培养出超越买卖的情感关系，构建与用户沟通的渠道和平台。

1. 品牌宣传

利用微博，企业可以向消费者宣传企业新闻、品牌故事，让消费者对企业的品牌具有更高的忠诚度。微博独特的交流方式可以让品牌具有更多的形象。

2. 产品销售

通过微博，可以向消费者发送新品、优惠折扣等信息，将关注转化成实际的、持续的销售额。

3. 客户服务

借助微博，企业可以在第一时间了解和处理消费者对产品的意见和建议。使用微博搜索功能，可以对与品牌、产品相关的话题进行监控，方便及时进行危机公关。

12.4.4 微博实施步骤

1. 实施的准备工作

1) 规划微博营销

首先要对微博营销有一个大概的规划，如微博发布哪些内容、由谁负责更新等。寻找灵感最简单的方法就是学习其他企业微博正在做什么。

2) 注册专属企业微博

以新浪微博为例。登录新浪微博首页，按照提示一步一步注册微博账号，建议使用品牌名称作为微博昵称。注册完成后，补充个人资料，如把品牌 Logo 作为微博头像，在个人介绍里面填写品牌介绍，等等。尽量申请新浪微博的"身份认证"，这样会获得更多的信任和关注。

3) 寻找消费者，建立粉丝群

由于微博营销是分众的，所以，当企业在微博上建立自己的账号时如果没有"粉丝"，则无法实现任何营销目的。因此，微博注册好之后，第一个要解决的问题是建立粉丝群。

4) 投放广告与搜索工具

要赢得关注，首先要学会主动出击。一是通过微博的搜索功能。例如，一家化妆品企业可以搜索"祛斑"、"美白"等关键词，来寻找潜在客户。二是在一些门户类网站、百度推广等平台发布企业微博的广告，增加普通网民的关注度。三是邀请企业内部员工、客户、潜在用户，使用指定的链接注册，之后其会自动关注企业微博。当在短时间内增加企业微博的大量粉丝，关注用户增多之后，就有可能在微博平台的首页曝光，以吸引更多的用户跟随。

5) 开展有奖活动

提供免费奖品是一种推广手段，很多人喜欢这种方式，因为可以在短期内获得一定的用户。

6) 特价或打折信息

提供限时的商品打折活动，也是一种有效的推广方法。例如，快捷宾馆的企业微博，可以定期发布一些特价房，能以低廉的折扣价入住，可以带来不错的传播效果。

7) 情感营销

利用微博进行售后服务，获得粉丝并增进彼此间的情感，提高用户忠实度。以前企业售后服务是一对一的，现在可以通过微博进行一对多的沟通来解决问题，赢得更多粉丝的关注。

8) 帮助用户解决问题

帮助用户解决问题是赢得企业粉丝的重要方式。当然这需要持续的投入，把用户真正当成朋友，赢得其信赖和好感。

2. 实施的互动与沟通

1) 信息发布

能不能发布恰当的信息是微博营销的关键，所以要掌握一定的技巧，如不要发布单纯的企业新闻、广告和与产品有关的常识。一家销售胃药的企业，可以发一些护胃养胃的健康小贴士，每条微博用产品的照片做图片。定期选择一些有价值的顾客对产品的感受发到微博上，可以引起潜在消费者的兴趣。为了提高微博粉丝的数量和活跃度，可以组织一些优惠活动，如新品免费试用、产品购买优惠折扣等。要适当控制发布频率，每天有 10 条左右的更新。不要使用自动更新的方式，而是人为选择一些让消费者感兴趣的话题进行更新。为了增加个性特色，可以选择一个个性的头像。

2) 反馈和交流

微博的魅力就在于互动性，所以一定要及时回复消费者的意见和建议，对于消费者提出的问题，在了解到详情后，给予及时的解决。

12.4.5 微博营销的误区

博客营销的作用，似乎众所周知。然而，现实却往往是事与愿违。许多企业通过博客营销并没有得到更多的订单，于是对其产生困惑，甚至持怀疑的态度，这是很正常的事情。不过，必须明确的是，博客营销作为一种营销方式是客观存在的，它不以人的意志而转变。至于运用效果的好坏，往往与我们的思想观念和操作技巧有着直接的关系。

1. 只看不说

微博特点之一就是互动，如果把微博单纯理解成发布企业新闻和品牌信息的地方，必将收效甚微。因此要善于从粉丝处获得建议，并及时反馈。

2. 内容生硬

如果微博上只有一些广告，这也是不合时宜的。不要仅仅使用微博来推广广告，不要使用微博来记录日常的流水账，要确保博客内容有分享价值、有娱乐性。

广告主试图通过单一地发布品牌硬性广告进行微博营销，这不仅对品牌内涵的深化和宣传毫无作用，还会影响用户的浏览体验，导致他们从品牌的粉丝圈中流失，显然，这对于微博营销的最终目标——聚拢最多的品牌消费者，是一种背离。

3. 信息不透明

遭遇产品负面消息，不可贸然发表回复或者声明，应该先检索相关留言，了解情况后再联系相关客户，切勿引发争辩。信息一定要透明、真实，包括优惠信息或危机信息。

Stormhoek 麻雀变凤凰

有一个名不见经传的小葡萄酒品牌，通过博客进行了一次成功的**营销**，使得自己的产品迅速扩大了销量和知名度。

2004 年，马尔在南非的 Doolhof 谷买了 80 公顷葡萄园开始了他的新事业——Stormhoek 葡萄酒公司，其产品是 "Freshness Matters" 牌葡萄酒，该厂家的葡萄酒在英国的 Asda、Threshers、Waitrose、Majestic、Sainsbury's 和 Oddbins 等大小商场均有销售。

"新西兰有最好的酿造白葡萄酒的技术，但南非的葡萄比较好"，**Stormhoek** 的葡萄酒据称就是这两者的结合。但不久他就陷入了困境，马尔深信这里肥沃的土壤一定能生产出好酒，但酒厂的位置偏僻，他的品牌如何才能越过南非的崇山峻岭，赢得英国消费者的关注，并与超市签订大宗销售合同呢？Stormhoek 是家小企业，没多少钱，因而也没有在英国投放任何广告。

马尔产生了一个看似不可能的想法——利用INTERNET。

2005年5月，也就是Stormhoek葡萄酒诞生后的六个月，马尔给英国最热门的150名博客每人寄了一瓶中等价位的葡萄酒。

只要博客满足以下两个条件就可以收到一瓶免费的葡萄酒：

1. 住在英国、爱尔兰或法国，此前至少三个月内一直写博。读者多少不限，可以少到3个，只要是真正的博客。

2. 已届法定饮酒年龄收到葡萄酒并不意味着你有写博义务——你可以写，也可以不写；可以说好话，也可以说坏话。

马尔给他的一份公告起了一个吓人的题目"Stormhoek：微软真正的竞争对手"。他在里面写道，如果你口袋里装着400美元无所事事，你可以有多种选择，你既可以买一台微软的Xbox 360主机，也可以买一箱葡萄酒。发放免费葡萄酒的公司都希望网上赞誉如潮，但Stormhoek品牌的不凡之处在于通过虚拟世界的闲聊引发了现实世界的销量攀升。

马尔的到来并未引来众博客们的攻击，他说，"我们很诚实，我们没有声称自己是南非最好的葡萄酒，我们只是告诉人们这里的酒品质不错，价格合理，然后请人们说出自己的看法。"

博客们开始工作了，他们敲出了葡萄酒的优点。估计全世界范围内有1 500万～3 000万博客，每天诞生8万页博客日记。去年六月在Google搜索引擎里键入Stormhoek这个词，会弹出500条结果，但到上周这个数字变成了85 000条。而在这两个月中，他们自己估计有30万人通过Blog开始知道这家公司，写酒的博客包括伦敦皇家学院的天体物理学家安德鲁亚弗博士和微软的技术专家罗伯特斯考伯。

Stormhoek通过博客发动的病毒营销，产生的滞后效应还很难具体估量。但Stormhoek发现，在过去不到一年的时间里，他们的葡萄酒销量翻倍了，达到了"成千上万箱"的规模。从去年夏天至今，Stormhoek的月销售量翻了一番，这个品牌已经得到了Sainsbury超市和Majestic葡萄酒公司的订单。因特网上的对话也引爆了零售市场的巨大需求，零售商Asda和Threshers都和马尔进行过网络对话，现在他们也在销售Stormhoek的产品。

在英国5英镑以上的瓶装酒市场，Stormhoek占了南非葡萄酒销售量的五分之一强。马尔说，我们这些年取得了辉煌的成绩，博客对此功不可没，一些消费者告诉葡萄酒商店和超市的售货员，他们是通过博客知道Stormhoek品牌的。博客不仅使我们销量飙升，而且彻底改变了我们的行为方式。

Stormhoek的公司网站本身就是一个博客。Stormhoek在自己公司的博客上，发布一些关于Stormhoek葡萄酒的产品信息和最新的市场活动信息。举例说来，当Stormhoek去年决定改变瓶子上的商标时，公司把这个消息发到了博客上，公司还通过博客举行了评酒会。

当然，博客日记上也有一些尖酸的评价。马尔说，博客的伟大之处在于我们能看到别人的评价，能够回复评价，"公司能和他们的顾客进行双向交流。"马尔说，博客世界能迅速传递信息，但如果以傲慢的态度行走江湖就会遭到众人攻击，立刻损失惨重。现在马尔所面临的挑战是让博客们对葡萄酒保持兴趣。

资料来源：http://lolita657632.blog.sohu.com

讨论题

1. Stormhoek公司博客营销采取的策略是什么？
2. 此案例为我们开展博客营销提供了哪些有价值的信息？

本 章 小 结

本章对博客营销进行了介绍。博客营销是利用博客这种网络应用形式开展网络营销的工具。公司、企业或者个人利用博客这种网络交互性平台，发布并更新企业、公司或个人的相关概况及信息,并且密切关注并及时回复平台上客户对于企业或个人的相关疑问及咨询,并通过较强的博客平台帮助企业或公司零成本获得搜索引擎的较前排位,以达到宣传目的。与博客营销相关的概念还有企业博客、营销博客等,这些也都是从博客具体应用的角度来界描述。其实无论称为企业博客也好还是称为营销博客也好,一般来说博客都是个人行为(当然也不排除有某个公司集体写作同一博客主题的可能),只不过在写作内容和出发点方面有所区别:企业博客或者营销博客具有明确的企业营销目的,博客文章中或多或少会带有企业营销的色彩。

复习题

一、单选题

1. 博客营销就是利用博客这种( )形式开展网络营销。
   A. 网络应用　　　　B. 网络广告　　　　C. 网上聊天　　　　D. E-mail
2. 关于博客的说法中,错误的是( )。
   A. 博客是英文 Blog 的中文名称,意思为"网络日记"
   B. 博客与 BBS 没有太大区别
   C. 博客的内容通常由简短且经常更新的文章构成
   D. 越来越多的企业开始利用博客进行网络营销活动
3. ( )是博客与博客营销的桥梁。
   A. 超级链接　　　　B. 搜索引擎　　　　C. 博客文章　　　　D. 广告

二、多选题

1. 博客具有多方面的网络营销价值,博客营销就是利用博客开展网络营销,其基本表现形式有( )。
   A. 利用第三方博客平台的博客文章发布功能开展网络营销活动
   B. 企业网站自建博客频道,鼓励公司内部有写作能力的人员发布博客文章以吸引更多的潜在用户
   C. 有个人运营维护独立博客网站能力的个人,可以通过个人博客网站及其推广,达到博客营销的目的
   D. 以上 3 种都是
2. 以下( )是病毒性营销的基本要素。
   A. 搜索引擎优化
   B. 提供有价值的产品或服务
   C. 提供不需努力地向他人传递信息的方法
   D. 信息传递范围很容易从小规模向大规模扩散
3. 博客营销常见的形式有( )。
   A. 企业网站自建博客频道　　　　　　B. 第三方企业博客平台
   C. 博客营销外包模式　　　　　　　　D. 个人独立博客网站模式

三、判断题

1．网摘与博客最大的不同在于网摘里面收集的都是网上摘取的不同的文章链接。
（   ）

2．开展博客营销，其前提是拥有对用户有价值的、用户感兴趣的知识，而不仅是广告宣传。（   ）

3．利用别人的资源是病毒性营销的基本要素。（   ）

4．病毒性营销只适合于大型企业。（   ）

5．利用病毒式营销推广网站可能会引起计算机病毒的传播。（   ）

四、问答题

1．简述博客网络营销的基本原理。
2．博客网络营销的优势有哪些？
3．博客营销的价值包括哪些方面？
4．分析博客营销在网络营销中的主要作用。
5．博客营销的具体策略是什么？
6．你认为互联网时代，微博营销的基本要素有哪些？

第 13 章　E-mail 营销

教学目标

通过学习本章，深刻理解 E-mail 营销的定义，了解 E-mail 营销的功能和分类，掌握开展 E-mail 营销的条件和一般过程，重点掌握内部列表 E-mail 营销和外部列表 E-mail 营销的基本方法，理解 E-mail 营销效果评价的常用指标。

教学要求

知识要点	能力要求	相关知识
E-mail 营销概述	(1) 理解 E-mail 营销的定义 (2) 理解 E-mail 营销功能和分类	(1) E-mail 营销的起源 (2) E-mail 营销的定义 (3) E-mail 营销的功能 (4) E-mail 营销的分类
开展 E-mail 营销的基础条件与一般过程	(1) 理解 E-mail 营销基础条件 (2) 实际运用开展 E-mail 营销的一般过程	(1) 开展 E-mail 营销的基础条件 (2) 开展 E-mail 营销的一般过程
E-mail 营销的主要形式	(1) 理解和应用内部列表 E-mail 营销 (2) 理解和应用外部列表 E-mail 营销	(1) 内部列表 E-mail 营销的基本方法 (2) 外部列表 E-mail 营销的基本方法
E-mail 营销效果评价	(1) 理解 E-mail 营销效果评价内容 (2) 灵活运用 E-mail 营销效果评价指标	(1) 获取和保持用户资源的评价指标 (2) 邮件信息传递的评价指标 (3) 用户对信息接受过程的评价指标 (4) 用户回应的评价指标

基本概念

E-mail 营销　许可 E-mail 营销　垃圾邮件　内部列表 E-mail 营销　外部列表 E-mail 营销　E-mail 营销效果

第13章　E-mail 营销

导入案例

优衣库的 EDM 营销

优衣库(Uniqlo)是日本零售业排名首位和世界服装零售业名列前茅的跨国服装企业。2002 年优衣库进驻中国，2007 年优衣库中国区销售额同比翻了一倍。2010 年，优衣库中国门店迅速扩展至 65 家。

随着国内网民规模的急剧扩大，网络购物正逐步成为年轻一代的购物主流。为了加强对国内二、三线城市的覆盖，2009 年 4 月 23 日，优衣库淘宝旗舰店正式上线。优衣库进驻淘宝网的当天，销售额即突破 30 万元；至 6 月底，优衣库的网络总销售额已达到 1 800 万元；11 月 2 日，优衣库的单日网络销售额更是达到了惊人的 114 万元。短短的半年，优衣库迅速成为服装企业网络销售的领头羊。

在全球经济危机的浪潮中，消费环境委靡不振，优衣库独树一帜，网络销售额持续增长。除了其令人信服的品质和适宜的价格，更是由于优衣库采用了高效的网络营销方式——EDM 营销。

2009 年，优衣库将在中国的市场推广工作全面委托给大宇宙咨询(上海)有限公司。此公司经过专业的分析和比较后，选择了上海亿业网络科技发展有限公司为优衣库量身定制 E-mail 营销的解决方案，将 E-mail 打造成优衣库重要的营销渠道。上海亿业网络科技发展有限公司 2004 年正式成立于美国加利福尼亚州，是目前中国领先的许可邮件营销服务提供商。通过发送 E-mail 邀请函，其将对优衣库感兴趣的淘宝会员，转化为优衣库的活跃用户。定期向新老会员发送电邮杂志，开展 EDM 营销，定期向客户推荐新产品，提高客户的品牌忠诚度。经过半年的 EDM 运营，优衣库的活跃用户增长近 70%，E-mail 营销渠道产生了约 20%的销售额，E-mail 已成为优衣库重要的网络营销渠道。

(资料来源：http://b2b.toocle.com/detail--4973356.html。)

点评：E-mail 营销是互联网时代的制胜利器。

E-mail 营销是一种精准高效、低成本的市场推广手段，是互联网重要的营销方式之一。E-mail 营销最大的优势在于：有助于刺激无明确需求的消费，且较搜索引擎和在线广告而言成本更低，目标更精准。今后，将会有更多的企业采用 E-mail 开展产品的网络推广和客户的维护服务,精准的 EDM 营销是互联网时代的制胜利器。

13.1　E-mail 营销概述

E-mail 营销是以 E-mail 作为平台与企业和顾客进行联系的新型营销。尽管 E-mail 诞生至今已有 40 多年的历史，但真正将 E-mail 大量用于商业活动，尤其作为一种营销工具，则仅仅是近几年的事情。直到目前，E-mail 营销仍然是一个崭新的领域，无论理论研究还是实际应用，还都处于初步阶段，但我们却无法忽视 E-mail 营销的巨大价值和迅猛的发展趋势。作为信息化时代的产物，E-mail 不仅被广泛地应用到私人通信，连政府和公司都需要它来维持正常的业务联系。而作为以 E-mail 为载体的 E-mail 营销有着得天独厚的优势，但 E-mail 营销环境仍不完善，在应用方面也并没有完全正规化，不仅相关的法律法规很不完善,而且企业在应用 E-mail 营销时也存在大量误区,这在很大程度上制约了 E-mail 营销价值的发挥,给规范的 E-mail 营销带来了严重影响,也造成了一定的混乱现象。因此,有必要对 E-mail 营销进行较深入、系统的分析,从认识和方法上加深对 E-mail 营销的了解。

13.1.1 E-mail 营销的起源

大约是在 1971 年秋季,美国马萨诸塞联邦剑桥的博尔特·贝拉尼克·纽曼研究公司(BBN)的工程师雷·汤姆林森,通过网络把电子文档从一台计算机传送向另一台计算机,E-mail 由此诞生。当时,它是如此的不起眼,没有人预料到它的未来。然而 40 多年后的今天,这一发明已成为人们生活中不可或缺的一部分,并由此带来人类通信史上革命性的变革。

从 E-mail 的诞生到将其运用于营销领域,经历了一个比较长的时期。最早的 E-mail 营销起源于垃圾邮件,最著名的事件是"律师事件"。1994 年 4 月 12 日,美国亚利桑那州一对非常有商业头脑的律师夫妇劳伦斯·坎特和玛莎·西格尔发送了一封主题为"绿卡抽奖"的邮件,这是有史料记载的第一封广告信。他们发送的目标是可以在网上找到每个人。后来,他们在 1996 年合作写的一本书——《网络赚钱术》中介绍了这次辉煌经历,他们总共不过花费了 20 美元的上网通信费用,当即却有 25 000 个客户对此表示出非凡的兴趣,第一次足不出户地赚到了 10 万美元"巨资"!他们的成功宣告了一个新的邮件营销时代的开始。这次事件使人们对 E-mail 营销有了系统的认识,所以广泛认为 E-mail 营销诞生于 1994 年。然而这种以未经用户许可而"滥发"邮件的行为并不能算是真正的 E-mail 营销。

E-mail 营销得到系统研究,是从对"未经许可的电子邮件"的研究开始的。在"律师事件"发生的同一年,internet.com 公司的创始人罗伯特·雷赤对 E-mail 营销进行了比较系统的研究。他在 1994 年撰写的一篇论文"未经许可的电子邮件",在互联网领域产生了重要影响。文中将亚利桑联邦两位律师"成功地将信息以低廉的费用传送给数千万消费者"的方法称为"用户付费的促销",因为信息发送者将互联网作为直接的促销渠道向用户传递信息,却不考虑用户的意愿和为此付出的费用,与现实世界中广告商承担所有信息传递费用的方式不同,这对于用户是不公平的。因为用户接收和自己无关的 E-mail 要花费较长的上网时间,并且要支付昂贵的上网费用,而邮件发送者并不需要支付太多的费用。

虽然普遍的观点认为 E-mail 营销诞生于 1994 年,此后也对未经许可的 E-mail 进行了系统研究,而将 E-mail 营销概念进一步推向成熟的,是"许可营销"理论的诞生,此时 E-mail 营销思想才开始逐步获得广泛认同。

"许可营销"理论由营销专家塞思·戈丁在《许可营销》一书中最早进行系统的研究,这一概念一经提出就受到网络营销人员的普遍关注,并得到广泛应用。许可 E-mail 营销的有效性也已经被许多企业的实践所证实。

第 13 章　E-mail 营销

新闻摘录

Gmail 之父：E-mail 不会消亡

据国外媒体报道，FriendFeed 联合创始人、Gmail 缔造者保罗·布克海特(见图 13.1)表示，E-mail 可能永远不会消亡。

图 13.1　Gmail 缔造者保罗·布克海特

保罗·布克海特在旧金山表示，尽管目前出现了一些有趣的新事物，帮助扩展人们的交流方式，但目前我们还无法离开 E-mail。实际上，虽然现在有了 Twitter 和 Facebook 等社交服务，但仍然需要 E-mail 获得关于新关注者及新信息的通知。

社交服务公司 Threadsy 正试图将 E-mail 和 Twitter 等其他服务进行整合，推动人们交流方式的转变，但人们依然依赖 E-mail 获得有关社交服务的通知。即便是 Google Wave 也不可能成为 "E-mail 杀手"，因为当用户接到新信息的时候，依然需要通过 E-mail 获知。

保罗·布克海特表示，他尚未使用过 Google Wave，也不认为 Google Wave 能取代 E-mail，抑或是 Twitter 和 Facebook。保罗·布克海特承认，Google Wave 似乎更是一个协作工作，他认为一项技术要成熟至少需要数年的时间。

(资料来源：http://www.cnbeta.com/articles/98316.htm.)

13.1.2　E-mail 营销的定义

E-mail 并非为营销而产生，但当 E-mail 成为大众的信息传播工具时，其营销价值也就逐渐显示出来。"E-mail 营销"这一概念听起来并不复杂，但将 E-mail 作为专业的网络营销工具，实际上并非那么简单，不仅仅是将邮件内容发送给一批接收者，而是要了解 E-mail 营销的一般规律和方法，研究营销活动中遇到的各种问题，还应遵循行业规范，讲究基本的网络营销道德。但是，目前的网络空间中却充斥着大量的垃圾商业邮件，而最早的 E-mail 营销也来源于垃圾邮件(尽管当时没有垃圾邮件这个概念)。那么，什么才是真正的 E-mail 营销呢？

真正意义上的 E-mail 营销也就是许可 E-mail 营销(Permission E-mail Marketing，PEM)(简称"许可营销")。按照塞思·戈丁的观点，许可营销的原理其实很简单，就是企业在推广其产品或服务的时候，事先征得顾客的许可。得到潜在顾客的许可之后，通过

E-mail 的方式向顾客发送产品/服务信息。许可营销的主要方法是通过邮件列表、新闻邮件、电子刊物等形式,在向用户提供有价值信息的同时附带一定数量的商业广告。在传统营销方式中,由于信息沟通不便,或者成本过于高昂,许可营销很难行得通,但是互联网的交互性使得许可营销成为可能。

基于用户许可的 E-mail 营销与垃圾邮件不同,许可营销比传统的推广方式或未经许可的 E-mail 营销(Unsolicited Commercial E-mail,UCE)具有明显的优势。例如,可以减少广告对用户的滋扰,增加潜在客户定位的准确度,增强与客户的关系,提高品牌忠诚度,等等。许可 E-mail 营销是网络营销方法体系中相对独立的一种,既可以与其他网络营销方法相结合,也可以独立应用。

综合有关 E-mail 营销的研究,本书对 E-mail 营销是这样定义的:E-mail 营销是在用户事先许可的前提下,通过 E-mail 的方式向目标用户传递有价值信息的一种网络营销手段。

在 E-mail 营销的定义中强调了 3 个基本因素:基于用户许可、通过 E-mail 传递信息、信息对用户是有价值的。3 个因素缺一不可,否则都不能称之为有效的 E-mail 营销。

 知识链接

什么是垃圾邮件

"垃圾邮件"现在还没有一个非常严格的定义。一般来说,凡是未经收件人许可就强行发送到用户邮箱中的任何 E-mail 都可视做垃圾邮件。垃圾邮件的主要危害在于占用宝贵的网络资源、浪费收件人的时间及精力,有的垃圾邮件还可能夹带病毒、木马、恶意程序,或包含色情、反动等有害信息,严重危害网络安全。

垃圾邮件一般具有批量发送的特征。其内容包括赚钱信息、成人广告、商业或个人网站广告、电子杂志、散播谣言及其他方面的信息等。垃圾邮件可以分为良性垃圾邮件和恶性垃圾邮件。良性垃圾邮件是各种宣传广告等对收件人影响不大的信息邮件。恶性垃圾邮件是指具有破坏性的 E-mail,如带有病毒木马或者进行网络钓鱼诈骗的垃圾邮件。

 即问即答

垃圾邮件给 E-mail 营销带来了哪些不利影响?

13.1.3 E-mail 营销的功能

如果将 E-mail 营销仅仅理解为利用 E-mail 来开展促销活动,显然是片面的,实际上 E-mail 营销的功能有很多,主要表现在 8 个方面:品牌形象、产品推广/销售、顾客关系、顾客服务、网站推广、资源合作、市场调研、增强市场竞争力。

1. 品牌形象

E-mail 营销对于企业品牌形象的价值,是通过长期与用户联系的过程中逐步积累起来的,规范的、专业的 E-mail 营销对于品牌形象有明显的促进作用。品牌形象的树立不是一朝一夕可以完成的，不可能通过几封 E-mail 就能实现，因此，利用企业内部列表开展经常性的 E-mail 营销具有更大的价值。

2. 产品推广/销售

产品推广/销售是 E-mail 营销主要的目的之一，正是因为 E-mail 营销的出色效果，使得 E-mail 营销成为主要的产品推广手段之一。一些企业甚至用直接销售指标来评价 E-mail 营销的效果，尽管这样并没有反映出 E-mail 营销的全部价值，但也说明营销人员对 E-mail 营销带来的直接销售有很高的期望。

3. 顾客关系

与搜索引擎等其他网络营销手段相比，E-mail 首先是一种互动的交流工具，然后才是其营销功能，这种特殊功能使得 E-mail 营销在顾客关系方面比其他网络营销手段更有价值。与 E-mail 营销对企业品牌的影响一样，顾客关系功能也是通过与用户之间的长期沟通才发挥出来的，内部列表在增强顾客关系方面具有独特的价值。

4. 顾客服务

在电子商务和其他信息化水平比较高的领域，E-mail 不仅是顾客沟通的工具，同时也是一种高效的顾客服务手段。通过内部会员通信等方式提供顾客服务，可以在节约大量的顾客服务成本的同时提高顾客服务质量。

5. 网站推广

与搜索引擎相比，E-mail 营销在网站推广上有自己独特的优点：网站被搜索引擎收录之后，只能被动地等待用户去检索并发现自己的网站，通过 E-mail 则可以主动向用户推广网站，并且推荐方式比较灵活，既可以是简单的广告，也可以通过新闻报道、案例分析等方式出现在邮件的内容中，获得读者的高度关注。

6. 资源合作

经过用户许可获得的 E-mail 地址是企业宝贵的营销资源，可以长期重复利用，并且在一定范围内可以与合作伙伴进行资源合作，如相互推广、互换广告空间。企业的营销预算总是有一定限制的，充分挖掘现有营销资源的潜力，可以进一步扩大 E-mail 营销的价值，让同样的资源投入产生更大的收益。

7. 市场调研

利用 E-mail 开展在线调查是网络市场调研中的常用方法之一，具有问卷投放和回收周期短、成本低廉等优点。E-mail 营销中的市场调研功能可以从两个方面来说明：一方面，可以通过邮件列表发送在线调查问卷。将设计好的调查表直接发送到被调查者的邮箱中，或者在 E-mail 正文中给出一个网址链接到在线调查表页面，如果调查对象选择适当且调查表设计合理，往往可以获得相对较高的问卷回收率。另一方面，也可以利用邮件列表获得第一手调查资料。一些网站为了维持与用户的关系，常常将一些有价值的信息以新闻邮件、电子刊物等形式免费向用户发送，通常只要进行简单的登记即可加入邮件列表。将收到的邮件列表信息定期处理是一种行之有效的资料收集方法。

8. 增强市场竞争力

E-mail 营销在对信息的传递上最直接、最完整，可以在很短的时间内将信息发送到列表中的所有用户，这种独特的功能在风云变幻的市场竞争中显得尤为重要。E-mail 营销对于市场竞争力的价值是一种综合体现，也可以说是前述七大功能的必然结果。充分认识 E-mail 营销的真正价值，并用有效的方式开展 E-mail 营销，是企业营销战略实施的重要手段。

13.1.4 E-mail 营销的分类

文中关于 E-mail 营销的定义强调了 3 个基本因素：基于用户许可、通过 E-mail 传递信息、信息对用户是有价值的。但在 E-mail 营销实际应用中还存在着大量的不规范现象，不同形式的 E-mail 营销也有不同的方法和规律，所以首先应该明确有哪些类型的 E-mail 营销。下面按照不同的要素构成，将 E-mail 营销进行分类。

1. 按照发送信息是否经过用户许可分类

按照发送信息是否事先经过用户许可来划分，可以将 E-mail 营销分为许可 E-mail 营销和未经许可的 E-mail 营销。未经许可的 E-mail 营销也就是通常所说的垃圾邮件，正规的 E-mail 营销都是基于用户许可的，如无特别说明，本书所讲的 E-mail 营销均指许可 E-mail 营销。

2. 按照 E-mail 地址资源的所有权分类

潜在用户的 E-mail 地址是企业实施 E-mail 营销的重要资源，根据对用户 E-mail 地址资源的所有权归属，可将 E-mail 营销分为内部 E-mail 营销和外部 E-mail 营销，或者称为内部列表和外部列表。内部列表是一个企业/网站利用一定方式获得用户自愿注册的资料来开展的 E-mail 营销，而外部列表是指利用专业服务商或者具有与专业服务商一样可以提供专业服务的机构提供的 E-mail 营销服务，自己并不拥有用户的 E-mail 地址资料，也无须管理维护这些用户资料。

3. 按照营销计划分类

根据企业的营销计划，可将 E-mail 营销分为临时性的 E-mail 营销和长期的 E-mail 营销。前者包括不定期的产品促销、市场调查、节假日问候、新产品通知等；长期的 E-mail 营销通常以企业内部注册会员资料为基础，主要表现为新闻邮件、电子杂志、顾客服务等各种形式的邮件列表，这种列表的作用要比临时性的 E-mail 营销更持久，其作用更多地表现在顾客关系、顾客服务、企业品牌等方面。

4. 按照 E-mail 营销的功能分类

根据 E-mail 营销的功能，可将 E-mail 营销分为顾客关系 E-mail 营销、顾客服务 E-mail 营销、在线调查 E-mail 营销、产品促销 E-mail 营销等。

5. 按照 E-mail 营销的应用方式分类

开展 E-mail 营销需要一定的营销资源，获得和维持这些资源要投入相应的经营资源，当资源积累达到一定的水平，便拥有了更大的营销价值，不仅可以用于企业本身的营销，也可以通过出售邮件广告空间直接获得利益。按照是否将 E-mail 营销资源用于为其他企业提供服务，E-mail 营销可分为经营型 E-mail 营销和非经营型 E-mail 营销两类。当以经营性质为主时，E-mail 营销实际上已经属于专业服务商的范畴了。

在实际应用中面对的往往不是单一形式或者单一功能的 E-mail 营销，而是一些复合类型的 E-mail 营销。企业可能既要建立自己的内部列表，又需要采用专业服务商的服务等。

在本章后面的内容中，将根据 E-mail 地址资源的所有权——内部列表和外部列表对 E-mail 营销的方法进行详细介绍。

13.2 开展 E-mail 营销的基础条件与一般过程

E-mail 营销重要的不是理论有多么完善，关键在于实际应用，如果没有可操作性，谈论 E-mail 营销便失去了意义。将 E-mail 营销从概念应用到实践中去，首先要明确开展 E-mail 营销的基础条件及一般过程。

13.2.1 开展 E-mail 营销的基础条件

开展 E-mail 营销需要一定的基础条件，尤其内部列表 E-mail 营销，是网络营销的一项长期任务。在 E-mail 营销的实践中，企业最关心的问题是：E-mail 营销首先要获得用户的许可，许可 E-mail 营销如何实现？获得用户许可的方式有很多，如用户为获得某些服务而注册为会员，或者用户主动订阅的新闻邮件、电子刊物等。也就是说，许可营销是以向用户提供一定有价值的信息或服务为前提。可见，开展 E-mail 营销需要解决 3 个基本问题：向哪些用户发送 E-mail，发送什么内容的 E-mail，以及如何发送这些邮件。

这里将这 3 个基本问题进一步归纳为 E-mail 营销的三大基础。

(1) E-mail 营销的技术基础：从技术上保证用户加入、退出邮件列表，并实现对用户资料的管理，以及邮件发送和效果跟踪等功能。

(2) 用户的 E-mail 地址资源：在用户自愿加入邮件列表的前提下，获得足够多的用户 E-mail 地址资源，是 E-mail 营销发挥作用的必要条件；

(3) E-mail 营销的内容：营销信息是通过 E-mail 向用户发送的，邮件的内容对用户有价值才能引起用户的关注，有效的内容设计是 E-mail 营销发挥作用的基本前提。

只有具备了上述 3 个基础条件，E-mail 营销才能真正开展，其营销效果才能逐步表现出来。

13.2.2 开展 E-mail 营销的一般过程

开展 E-mail 营销的过程，也就是将有关营销信息通过 E-mail 的方式传递给用户的过程。为了将信息发送到目标用户的电子邮箱，应该明确向哪些用户发送这些信息，发送什么信息，以及如何发送信息。

开展 E-mail 营销要经历如下几个主要步骤。

(1) 制订 E-mail 营销计划，分析目前所拥有的 E-mail 营销资源。如果公司本身拥有用户的 E-mail 地址资源，首先应利用内部资源。

(2) 决定是否利用外部列表投放 E-mail 广告，并且要选择合适的外部列表服务商。

(3) 针对内部和外部邮件列表分别设计邮件内容。

(4) 根据计划向潜在用户发送 E-mail 信息。

(5) 对 E-mail 营销活动的效果进行分析总结。

这是进行 E-mail 营销一般要经历的过程，但并非每次活动都要经过这些步骤，并且不同的企业、在不同的阶段，E-mail 营销的内容和方法也都有所区别。一般说来，内部列表 E-mail 营销是一项长期性工作，通常在企业网站的策划建设阶段就已经纳入了计划，内部列表的建立需要相当长时间的资源积累，而外部列表 E-mail 营销可以灵活地采用，因此这两种 E-mail 营销的过程有很大差别。

13.3 E-mail 营销的主要形式

上述关于 E-mail 营销的 5 个步骤为开展 E-mail 营销提供了基本的思路。整个过程看起来似乎很简单，但在实际工作中，仅有想法是不够的，实际的操作方法往往比理论更重要。例如，为潜在顾客提供什么信息才能引起其兴趣并使其愿意加入到许可的列表中来？用什么方式来管理用户数据资料？通过什么手段将信息发送给用户？如何实现 E-mail 营销？因此对 E-mail 营销的实现方法和操作技巧进行深入、系统的研究是十分必要的。

由前面对 E-mail 营销的分类可知，按照 E-mail 地址资源的所有权分类，可将 E-mail 营销分为内部列表和外部列表。由于拥有的营销资源不同，因此，采用内部列表和外部列表两种形式开展 E-mail 营销的内容和方法也存在很大的差别。这里只介绍内部列表和外部列表这两种 E-mail 营销方式的基本方法和技巧。

13.3.1 内部列表 E-mail 营销的基本方法

内部列表是一个企业/网站利用一定方式获得用户自愿注册的资料来开展的 E-mail 营销。利用内部列表开展 E-mail 营销是 E-mail 营销的主流方式。一般情况下，在采用内部列表开展 E-mail 营销时，有时也笼统地称为邮件列表。内部列表开展的 E-mail 营销以电子刊物、新闻邮件等形式为主，是在为用户提供有价值信息的同时附加一定的营销信息。事实上，正规的 E-mail 营销主要是通过邮件列表的方式实现的。

 知识链接

邮件列表

邮件列表的起源可以追溯到 1975 年，是互联网上较早的社区形式之一，也是互联网上的一种重要工具，用于各种群体之间的信息交流和信息发布。早期的邮件列表是一个小组成员通过 E-mail 讨论某一特定话题,一般通称为讨论组。由于早期联网的计算机数量很少,讨论组的参与者也很少,现在的互联网上有数以十万计的讨论组。讨论组很快就发展演变出另一种形式,即有管理者管制的讨论组,也就是现在通常所说的邮件列表,或者称狭义的邮件列表。

讨论组和邮件列表都是在一组人之间对某一话题通过 E-mail 共享信息,但两者之间有一个根本的区别,讨论组中的每个成员都可以向其他成员同时发送邮件;而对于现在通常的邮件列表来说,由管理者发送信息,一般用户只能接收信息。因此也可以理解为,邮件列表有以下两种基本形式。

(1) 公告型(邮件列表):通常由一个管理者向小组中的所有成员发送信息,如电子杂志、新闻邮件等。

(2) 讨论型(讨论组):所有的成员都可以向组内的其他成员发送信息,其操作过程简单来说就是发一个邮件到小组的公共 E-mail,通过系统处理后,将这封邮件分发给组内所有成员。

(资料来源:http://baike.baidu.com/view/179412.htm。)

一个高质量的邮件列表对于企业网络营销的重要性已经得到众多企业实践经验的证实,并且成为企业增强竞争优势的重要手段之一,因此建立一个属于自己的邮件列表是非常有必要的。很多网站都非常重视内部列表的建立。但是,建立并经营好一个邮件列表并不是一件简单的事情,其涉及多方面的问题,主要体现在下面 3 个方面。

(1) 邮件列表的建立通常要与网站的其他功能相结合,涉及技术开发、网页设计、内容编辑等内容,也可能涉及市场、销售、技术等部门的职责,如果是外包服务,还需要与专业服务商进行功能需求沟通。

(2) 邮件列表必须是用户自愿加入的,用户数量需要较长时期的积累。为了获得更多的用户,需要对邮件列表本身进行必要的推广,同样需要投入相当的营销资源。

(3) 邮件列表的内容必须对用户有价值,邮件内容也需要专业制作。

下面将从这 3 个方面来分别介绍内部列表 E-mail 营销的基本方法。

1. 建立/选择邮件列表发行平台

邮件列表发行平台是指利用技术手段实现用户加入、退出及发送邮件、管理用户地址等基本功能的系统,它是邮件列表 E-mail 营销的技术基础。企业采用内部列表 E-mail 营销时,首先要考虑的问题是,是建立自己的邮件列表发行系统,还是选择专业服务商提供的邮件列表发行平台服务?应该说这两种方式都可以实现 E-mail 营销的目的,但是这两种方式各有优缺点,实际中具体采用哪种形式,取决于企业的资源和经营者个人偏好等因素。

建立或者选择第三方的邮件列表发行平台方式如下。

1) 建立邮件列表发行系统

不同类型的邮件列表在基本原理上是相近的,下面以建立一份电子刊物为例来介绍建立邮件列表的主要问题。经营一份电子刊物需要的基本功能一般包括用户订阅(包括确认程序)、退出、邮件发送等。一个完善的电子刊物订阅发行系统则还包含更多的功能,如邮件地址的管理(增减)、不同格式邮件的选择、地址列表备份、发送邮件内容前的预览、用户加入/退出时的自动回复邮件、已发送邮件记录、退信管理等,这些都需要后台技术的支持。

利用技术实现所需的基本功能,一般来说有两种常用方式:如果企业自己的网站具备必要的条件,可以完全建立在自己的 Web 服务器上,实现自主管理;如果订阅人数比较多,对邮件列表的功能要求很高,则可以与邮件列表专业服务商合作,利用专业的邮件发行平台来进行。

用户加入/退出邮件列表的方法，通常有两种方式：一种是通过设置在网页上的"订阅/退出"框，用户输入自己的邮件地址并单击相应按钮即可；另一种是采用发送 E-mail 方式加入/退出。这两种方式可以同时存在，不过后者更适合于在没有网站的情况下经营邮件列表，前者的应用更加普遍。

邮件内容的发送方式，有基于 Web 的方式和基于 E-mail 的方式两种。基于 Web 的发行方法，是将邮件内容粘贴到通过浏览器界面显示的邮件列表内容发行区域中，检查无误后单击"发送"按钮即可。基于 E-mail 的发行方式非常简单(通常利用专业邮件列表发行商的服务)，只需将内容和格式设置好的邮件发送到一个指定的电子邮箱中，然后发行系统会自动将邮件分发到列表中各个用户的邮箱中。

2) 选择第三方邮件列表发行平台

对于专业的邮件列表服务商来说，其发行平台无论从功能上还是技术保证上都会优于一般企业自行开发的邮件列表程序，而且企业可以直接投入使用，减少了自行开发所需的时间。因此与专业邮件列表服务商合作，是大多数网站邮件列表采取的形式。

不同发行商提供的服务方式有所不同，有些发行系统除在网页上完成订阅之外，同时还可以提供利用 E-mail 直接订阅或退订的功能，有的则可以提供自动跟踪和抓取等先进技术，有些则允许为用户提供个性化服务。例如，用户不仅可以自己设定邮件的格式(纯文本格式、HTML 格式、Rich Media 格式等)，而且还可以设定接收邮件的日期，并决定是否允许通过手机通知邮件到达信息，等等。

然而，实践证明采用第三方邮件列表发行平台会存在各种各样的问题。例如，发行商在邮件页面插入自身网址链接，会损害企业形象；用户输入邮件地址，并单击"订阅"或"提交"按钮后，反馈的是发行商服务器上的确认内容；发行商向邮件列表中的用户投放广告，吸引其他网站利用其发行系统；企业管理和编辑订户资料不方便等。因此，企业在选择服务商时需要慎重，要考察服务商的信用和实力，以确保不会泄露自己邮件列表的用户资料，并能保证相对稳定的服务，同时考虑到将来可能会转换发行商，要了解是否可以无缝移植用户资料。

2. 获取 E-mail 营销资源

邮件列表技术平台建立之后，作为内部列表 E-mail 营销的重要环节之一，就是尽可能地引导用户加入，获得尽可能多的 E-mail 地址。E-mail 地址的积累贯穿于整个 E-mail 营销活动之中，是 E-mail 营销的重要内容之一。

争取用户加入邮件列表比邮件列表的技术本身更重要，因为邮件列表的用户数量直接关系到网络营销的效果。首先，一份邮件列表真正能够取得读者的认可，必须要拥有自己独特的价值，为用户提供有价值的内容，这是邮件列表取得成功的基本条件。其次，在获取用户 E-mail 地址的过程中，完善邮件列表订阅流程，注意保护个人信息，将增加用户加入的成功率，并且增强邮件列表的总体有效性。最后，要进行相应的邮件列表推广，网站的访问者是邮件列表用户的主要来源，网站的推广效果与邮件列表订户数量有密切关系，为了避免被动等待用户的加入，可以采取一些推广措施来吸引用户的注意和加入。

1) 充分利用网站的推广功能

网站本身就是很好的宣传阵地，利用自己的网站为邮件列表进行推广，仅仅靠在网站首页放置一个订阅框是远远不够的，同时订阅框的位置对于用户的影响也很大，如果位置不显眼，就很容易被读者忽略，读者加入列表的可能性就很小。因此，除了在首页设置订阅框之外，还有必要在网站主要页面都设置一个邮件列表订阅框，同时给出必要的订阅说明，这样可以增强用户对邮件列表的印象。如果可能，最好再设置一个专门的邮件列表页面，其中包含样刊或者已发送的内容链接、法律条款、服务承诺等，让用户不仅对邮件感兴趣，并且有信心加入。

2) 合理挖掘现有用户的资源

在向用户提供其他信息服务时，不要忘记介绍最近推出的邮件列表服务。

3) 提供部分奖励措施

可以发布信息进行说明，某些在线优惠券只通过邮件列表发送，某些研究报告或者重要资料也需要加入邮件列表才能获得。

4) 可以向朋友、同行推荐

如果对邮件列表内容有足够的信心，可以邀请朋友和同行订阅，获得业内人士的认可也是一份邮件列表发挥其价值的表现之一。

5) 其他网站或邮件列表的推荐

如果一份新的电子杂志能够得到相关内容的网站或者其他电子杂志的推荐，对增加新用户会有一定的帮助。

6) 为邮件列表，提供多订阅渠道

如果采用第三方提供的电子发行平台，且该平台有各种电子刊物的分类目录，不要忘记将自己的邮件列表加入到合适的分类中去，这样，除了在自己网站为用户提供订阅机会之外，用户还可以在电子发行服务商网站上发现自己的邮件列表，这样增加了潜在用户了解的机会。

7) 请求邮件列表服务商的推荐

如果采用第三方的专业发行平台，可以取得发行商的支持，在主要页面进行重点推广。因为在一个邮件列表发行平台上，通常有数以千计的各种邮件列表，网站的访问者不仅是各个邮件列表的经营者，也有大量读者，这些资源都可以充分利用。

获取用户资源是 E-mail 营销中最为基础的工作内容，也是一项长期工作，但在实际工作中往往被忽视，以至于一些邮件列表建立很久，加入的用户数量仍然很少，E-mail 营销的优势也难以发挥出来。可见，在获取邮件列表用户资源过程中，利用各种有效的方法和技巧，才能真正做到专业的 E-mail 营销。

3. 内部列表 E-mail 营销的内容策略

在建立了邮件列表技术平台及拥有一定数量用户资源后，就需要向用户发送邮件内容了。对于已经加入列表的用户来说，他们并不关心邮件列表采用什么技术平台，以及列表中有多少数量的用户，他们只关注邮件内容是否有价值。如果内容和自己无关，即使加入了邮件列表，迟早也会退出，或者根本不会阅读邮件的内容。

一份邮件列表的内容编辑与纸质杂志没有实质性的差别，都需要经过选题、内容编辑、版式设计、配图(如果需要的话)、样刊校对等环节，然后才能向订户发行。但是电子刊物(特别是免费电子刊物)与纸质刊物有个重大的不同，就是电子刊物除了向读者传达刊物本身的内容外，还作为营销工具，肩负着网络营销的使命，这些都需要通过内容策略体现出来。

在 E-mail 营销的三大基础中，邮件内容与 E-mail 营销最终效果的关系更为直接，影响也更明显。如果没有合适的内容，即使有再好的邮件列表技术平台，邮件列表中有再多的用户，仍然无法向用户传递有效的信息。

那么，怎样才能为用户提供有价值的内容呢？尽管在不同的阶段，或者不同的环境变化中，邮件的内容模式也并非固定不变，但仍然可以发现一些一般性的规律，我们将其归纳为邮件列表内容策略的一般原则。

1) 邮件列表内容的 6 项基本原则

(1) 目标一致性。邮件列表内容的目标一致性是指邮件列表的目标应与企业总体营销战略相一致，营销目的和营销目标是邮件内容的第一决定因素。因此，在用户服务为主的会员通信邮件列表内容中插入大量的广告内容，会偏离预定的顾客服务目标，同时也会降低用户的信任。

(2) 内容系统性。邮件列表内容要有一个特定的主题，或者一个明确的方向，使某段时期的邮件内容具有系统性。这样，用户对邮件列表会产生良好的整体印象，培养起用户的忠诚度，由此可以增强 E-mail 营销对于品牌形象提升的功能。

(3) 内容来源稳定性。内部列表营销是一项长期任务，必须要有稳定的内容来源，确保按照一定的周期发送邮件，使用户可以定期接收，保持用户对邮件的关注度。不过应注意的是，邮件列表是一个营销工具，不仅仅是一些文章/新闻的简单汇集，应将营销信息合理地安排在邮件内容中。

(4) 内容精简性。应从用户的角度考虑，邮件列表的内容不宜过分庞大：首先，由于用户的邮箱空间有限，太大的邮件会成为用户删除的首选对象；其次，由于网络速度的原因，接收/打开较大的邮件耗费时间也越多；最后，太多的信息量让读者很难一下接受，反而降低了 E-mail 营销的有效性。因此，要注意控制邮件内容的数量，对于信息量大的，可充分利用链接的功能，在内容摘要后面给出一个 URL，用户可以通过点击链接到网页浏览。

(5) 内容灵活性。对某个企业来说，在不同的时期，邮件列表的作用会有差别，邮件列表的内容也会因此而发生变化。在保证整体系统性的情况下，应根据阶段营销目标对内容进行相应的调整，这也符合邮件列表内容目标一致性的要求。

(6) 最佳邮件格式。邮件内容需要设计为一定的格式来发行，常用的邮件格式包括纯文本格式、HTML 格式和 Rich Media 格式，或者是这些格式的组合。一般来说，HTML 格式和 Rich Media 格式的 E-mail 比纯文本格式具有更好的视觉效果，但同时也存在一定问题，如文件字节数大、用户在客户端无法正常显示邮件内容等。到底选取哪种邮件格式，可根据邮件的内容和用户的阅读特点等因素进行选择。

2) 邮件列表内容的基本要素

尽管每封邮件的内容结构各不相同，但邮件列表的内容有一定的规律可循，设计完善的邮件内容一般应具有下列基本要素。

(1) 邮件主题。邮件主题可以是体现本期邮件最重要内容的语句，或者是通用的邮件列表名称加上发行的期号。

(2) 邮件列表名称。一个网站可能有若干个邮件列表，一个用户也可能订阅多个邮件列表，仅从邮件主题中不一定能完全反映出所有信息，需要在邮件内容中表现出列表的名称。

(3) 目录或内容提要。如果邮件信息较多，给出当期目录或者内容提要是很有必要的。

(4) 邮件内容 Web 阅读方式说明(URL)。如果提供网站阅读方式，应在邮件内容中给予说明。

(5) 邮件正文。本期邮件的核心内容，一般安排在邮件的中心位置。

(6) 退出列表方法。这是正规邮件列表内容中必不可少的内容，退出列表的方式应该出现在每一封邮件内容中。纯文本的邮件通常用文字说明退订方式，HTML 格式的邮件除了说明之外，还可以直接设计退订框，用户直接输入邮件地址进行退订。

(7) 其他信息和声明。如果有必要对邮件列表做进一步的说明，可将有关信息安排在邮件结尾处，如版权声明和页脚广告等。

13.3.2 外部列表 E-mail 营销的基本方法

尽管很多网站都开始有各种类型的邮件列表，但由于用户资源管理等方面的限制，内部列表并不一定完全能够满足开展 E-mail 营销的需要，尤其对于许多中小网站，企业用户资源积累时间比较长，潜在用户数量比较少，不利于迅速扩大宣传。同时由于缺乏专业人员，以及投入的资源限制，即使建立了列表，使用列表的效率也比较低。因此，为了某些特定的营销目的，需要建立外部列表。

外部列表是指利用专业服务商或者其他可以提供专业服务的机构提供的 E-mail 营销服务。采用外部列表 E-mail 营销不要求企业拥有用户的 E-mail 地址资料，也无须管理和维护这些用户资料，而且技术平台也由专业服务商提供。因此，对于外部列表来说，E-mail 营销的基础相应地也就只有专业 E-mail 营销服务商的选择、潜在用户的 E-mail 地址资源的选择和 E-mail 营销的内容设计。

1. 专业 E-mail 营销服务商的选择

专业的 E-mail 营销服务商拥有大量的用户资源，可以根据要求选择定位程度比较高的用户群体，有专业的发送和跟踪技术，有丰富的操作经验和较高的可信度，因而营销效果也有其独到之处。从国内目前的 E-mail 广告市场来看，可供选择的外部列表 E-mail 营销资源主要有免费电子邮箱提供商、专业邮件列表服务商、专业 E-mail 营销服务商、电子刊物和新闻邮件服务商、专业网站的注册会员资料等。专业服务商的重要优势在于拥有 E-mail 营销专家和专门的 E-mail 营销技术方案，专业人员可以为广告用户提供从营销策略制定、用户列表选择、邮件内容设计到邮件发送和跟踪评价的整套建议。

这些服务商及其 E-mail 营销形式各有特点，可根据具体需要选择。如图 13.2 所示，希网网络(www.cn99.com)邮件列表专家提供的邮件列表系统可以方便地创建企业邮件列表，其凭借快速的发信速度和稳定的系统很好地赢得了用户。

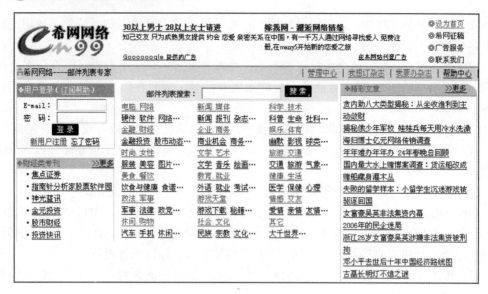

图 13.2　希网网络首页

 知 识 链 接

专业 E-mail 营销服务商的分类

1. EDM 综合服务类

此类服务商设计能力和通道能力都较强。综合服务类的服务商一般拥有自己的邮件管理技术平台和邮件服务器集群系统。由于管理技术平台的开发难度很大，需要很强的技术团队，因此能开发这套系统的企业寥寥无几。目前，拥有这套系统的基本上都是国外企业，如 WebPower、Epsilon、CheetaMail 等，国内有会易科技等。除了拥有通道，这些企业也有很强的客户服务能力，它们一般都采用 4A 广告公司的运营模式，为客户提供完整的服务团队，从邮件设计、发送服务到结果汇报，提供完整的服务。

2. 服务类

此类服务商拥有较强的客户服务能力，但租用别人通道。其主要服务集中在邮件内容设计上，也是采用服务项目组的模式，为客户提供 EDM 邮件设计，重点在于页面设计，如何提高用户打开页面的满意度，如何提高重点信息的点击率等内容。由于在通道技术开发上的不足，或业务重心的不同，其租用其他服务商的通道。这类企业以国内为主，如中邮通、微玛等。

3. 数据服务类

此类服务商依托数据库展开 EDM 工作。数据类服务商实际上是数据库营销企业，他们用 EDM 手段展开数据库营销工作。因此，他们针对企业的服务是围绕数据库而展开的，如 SinoBase。这类企业的服务方式也是项目组式，租用他人的 EDM 通道，其服务优势在于数据库和邮件设计。

选择专业的 E-mail 营销服务商，需要从几个方面进行考虑：服务商的可信任程度、拥有的用户数量和质量、用户定位程度、服务的专业性、合理的费用和收费模式等。要判断一个服务商是否值得信任，可以通过了解其品牌形象和用户口碑等外在标准来评价，同时还需要确认两个基本要素：首先，用户的 E-mail 地址必须是合法的，也就是经过用户许可(如注册用户的 E-mail 邮箱和采用 Double Opt-In 方式加入的用户)，那些采用自行收集、购买、租用用户 E-mail 地址的公司是不可信任的；其次，服务商自觉维护许可 E-mail 营销的行为准则，绝不发送垃圾邮件。

2. E-mail 营销的内容设计

在选择了合适的专业 E-mail 营销服务商，以及确定了目标用户之后，就需要针对当时的营销目的进行 E-mail 内容的设计。与一般的邮件列表内容一样，专业服务商投放的 E-mail 广告也需要具备 E-mail 的基本要素，即发件人、邮件主题、邮件正文、附加信息等。

邮件主题和邮件正文是 E-mail 营销的核心，因此邮件主题一定要明确。邮件主题直接影响到 E-mail 的开信率，同时也表明了 E-mail 活动的专业水平，邮件主题的设计是 E-mail 营销内容设计中的重要工作。

而发件人和附加信息也对用户是否信任广告内容起到了重要的辅助作用。发件人信息表明该广告邮件来自何处。广告客户委托专业服务商发送邮件，那么发件人应该明确是广告客户还是代理商，因为不同的发件人对用户的信任程度有很大关系。一般来说，如果广告客户的知名度本身已经很高，以客户自己的名字来发送 E-mail，效果会更好一些。因为发件人显示的内容也是一种信息传递方式，即使用户不打开邮件阅读，从发件人名称也可以对该公司的品牌增加一些印象。如果发件人不明确，则直接导致邮件不能回复，或者回复的地址是与广告客户和服务商完全没关系的地址。

内部列表和外部列表在 E-mail 营销的主要阶段有哪些不同？

13.4 E-mail 营销效果评价

E-mail 营销效果评价是对营销活动的总结，也是 E-mail 营销活动的重要内容之一。无论是采用内部列表开展 E-mail 营销，还是选择专业 E-mail 营销服务商的服务，都需要用一定的指标来评价其效果。而 E-mail 营销的特点之一是可以对其效果进行量化评价。在 E-mail 营销活动中，通过对一些指标的监测和分析，不仅可以用来评价营销活动的效果，同时还可以通过这些指标发现 E-mail 营销过程中的问题，根据问题采取一定的措施对 E-mail 营销活动进行控制。

与 E-mail 营销相关的评价指标很多，但目前在实际中并没有非常完善的 E-mail 营销指标评价体系，也没有公认的测量方法，但考虑到某些指标可以在一定程度上反映出 E-mail 营销的效果，这里按照 E-mail 营销的过程将这些指标分为 4 类，每一类又包含一个或多个指标，这 4 类指标分别如下。

(1) 获取和保持用户资源的评价指标：有效用户总数、用户增长率、用户退出率等。

(2) 邮件信息传递的评价指标：送达率、退订率。

(3) 用户对信息接受过程的评价指标：开信率/阅读率、删除率等。

(4) 用户回应的评价指标：直接带来的收益、转化率、点击率、转信率等。

13.4.1 获取和保持用户资源的评价指标

1. 有效用户总数

用户的 E-mail 地址资源是 E-mail 营销的基础。一般来说，企业拥有的用户 E-mail 地址在 500 个以上时才能逐渐发挥 E-mail 的营销价值，如果能维持 5 000 个以上用户的 E-mail 地址资源，那么其价值将会更加明显。而吸引尽可能多的用户加入是一项长期任务，企业不可能马上就拥有很多的用户 E-mail 地址资源，因此要有耐心的积累资源。

2. 用户增长率

对于内部列表 E-mail 营销来说，企业经营时间越长，用户数量积累越多。用户数量的增长在一定程度上反映了用户对企业 E-mail 的认可。用户数量的增长可以用"用户增长率"来衡量，增长率越高，说明 E-mail 营销越有成效。尽管不断有新用户加入，但同时也会有一定数量的用户退出列表，如果增长率为负数，说明 E-mail 营销策略出现了某些问题，用户退出率超过了增长率。

3. 用户退出率

E-mail 营销的基本原则是允许用户自愿加入退出列表，所以一旦 E-mail 信息对用户没有价值，用户随时可以选择退出。对企业来说，当然是希望用户退出率越低越好。

13.4.2 邮件信息传递的评价指标

1. 送达率

邮件送达率显示邮件进入用户邮箱的比例，它是评价 E-mail 营销效果的重要因素。E-mail 营销是向用户发送 E-mail 信息的一种网络营销手段，邮件送达率直接影响着 E-mail 营销的效果。邮件营销的过度滥用，导致服务器对邮件的过滤越来越严格，有些正常的邮件也被视为垃圾邮件过滤掉。邮件送达率的计算公式为

$$邮件送达率＝(邮件送达总数÷邮件发送总数)×100\%$$

其中，邮件送达总数由邮件自动回复系统提供，邮件发送总数由邮件群发系统提供。

需要说明的是，邮件送达率不等于邮件开信率。邮件虽然到达了用户邮箱，但有可能直接进了垃圾文件夹，用户可能只看了标题就删除了。因此，实践中送达率是一个必须知道，但实际意义却比较小的数字，真正用于衡量用户看到邮件的真实情况，邮件的开信率/阅读率更有意义。

2. 退订率

订阅用户点击邮件中的退订链接后，其 E-mail 地址将从数据库中删除，E-mail 营销系统后台应做相应记录。由于很多用户使用免费邮箱或者 ISP 赠送的邮箱，加上邮件服务商

出于自身利益考虑对邮件列表进行屏蔽,造成邮件列表退信率不断增高。邮件退信率的计算公式为

$$邮件退信率=(邮件退信总数÷邮件发送总数)×100\%$$

邮件退信率与邮件送达率的关系为:邮件退信率+邮件送达率=100%。

退订是无法避免的。但退订率如果不正常的话,如达到 20%~30%,这时就必须对发送的邮件进行认真审查了。其实只要邮件内容始终保持高质量,真正对主题感兴趣的用户通常不会轻易退订。

13.4.3 用户对信息接受过程的评价指标

1. 邮件开信率/阅读率

从邮件的开信率/阅读率可以看出邮件营销的效果。由于很多用户将邮件广告等同于垃圾邮件,在不打开的情况下就直接删除。要提高开信率必须避垃圾邮件之嫌。由此可见,邮件的主题词是否有吸引力、是否有垃圾邮件之嫌、邮件是否有针对性等都将直接影响 E-mail 的开信率。另外,有些用户更换电子邮箱,但并未在邮件列表中更新,这也在很大程度上降低了 E-mail 的开信率。邮件开信率的计算公式为

$$邮件开信率=(邮件阅读总数÷邮件送达总数)×100\%$$

其中,邮件阅读总数由邮件服务系统中嵌入的点击统计系统提供。只要用户点击该邮件,系统会自动记录点击行为并进行统计分析。

邮件开信率/阅读率是对发件者了解和信任的一项评估标准,在邮件的标题中使用公司名称或品牌名有助于获得收件人的信任,另外合适的发送频率也有帮助。

2. 删除率

用户打开邮箱以后,未对收到的邮件做任何有利于企业营销的操作,直接选择了删除。如果删除率比较高,企业有必要对邮件内容及用户进行审查和分析,确定是邮件内容本身存在问题还是用户根本不可能成为其潜在用户,从而采取相应的策略,尽量降低删除率。

13.4.4 用户回应的评价指标

1. 直接收益

直接收益往往是企业最愿意接受的 E-mail 营销评估指标,包括营业收入、利润等。企业投资网络营销的最终目的就是赢利,取得直接收益。但是,单方面的用直接收益多少来评估 E-mail 营销效果,既缺乏全面性又会对企业的营销工作产生误导。

影响直接收益的因素很多,客户定位、产品(服务)是否有吸引力、价格竞争优势、交易的便捷程度、企业商务运作能力等,都将直接或间接地影响网络营销企业直接收益的高低。同时,E-mail 营销的收益周期与企业的收益计算周期不完全一致。因此,直接收益只能作为企业 E-mail 营销评估的一个重要指标,但不能作为 E-mail 营销效果评估的唯一依据。

2. 转化率

转化的概念很广,包括网络一般受众转化为潜在用户、潜在用户转化为企业正式用户

等。由于在 E-mail 营销过程中，企业一般采用针对性邮件发送方式，即通过较为准确的客户定位方式向目标用户发送邮件，把 E-mail 的接收者视同潜在用户。因此，我们应更多地研究潜在用户向企业正式用户的转化，即通过 E-mail 的促进，使潜在用户转化为正式用户。客户定位的准确性、产品(服务)是否有吸引力、营销服务质量的高低等都是影响转化率的主要因素。转化率的计算公式为

$$转化率＝(因邮件营销增加的用户总数÷邮件开信总数)×100\%$$

3. 点击率

邮件点击率不是打开邮件，而是要通过邮件访问到网站的比例。在邮件中企业不可避免地会适当推广自己的产品或服务，一般会提供一个指向自己相应网页的链接，吸引用户点击链接来到网站。这是有效评估 E-mail 对企业营销站点或营销页面访问量增加贡献率的重要指标。其计算公式为

$$引导点击率＝(引导点击次数÷邮件开信总数)×100\%$$

其中，引导点击次数由网站流量统计系统提供。同时，邮件点击率的高低直接受邮件送达率和邮件开信率的影响。其数量关系为：邮件送达率＞邮件开信率＞引导点击率。

4. 转信率

邮件转信率主要用于对病毒性 E-mail 营销效果的评价。转信率是指 E-mail 受众在接到 E-mail 后，实施了多少人次的转信行为。影响转信率的因素包括客户定位、产品(服务)是否有吸引力、E-mail 质量的好坏、转信方式的便捷性等。转信率的计算公式为

$$转信率＝(转信人次总数÷邮件开信总数)×100\%$$

以上设计的是可以量化的 E-mail 评估指标，多数企业希望将 E-mail 营销的效果进行量化评估。但是，E-mail 营销的效果是广泛的，除了能产生直接反应外，利用 E-mail 还可以有其他方面的作用，如客户关系维持、企业形象树立、品牌推广等。因此，还需要建立定性的评价指标，用来评估 E-mail 营销所具有的潜在价值，如对增强整体竞争优势方面的价值、对顾客关系和顾客服务的价值、在行业内所产生的影响等方面。在实际应用中，企业最好采取定性与定量相结合的方式，进行 E-mail 营销效果的综合评价。

新闻摘录

E-mail 营销的阅读率问题

现在越来越多的公司和个人使用 E-mail 沟通，信箱中每天都会有非常多的邮件，其中有个人通信邮件，也有许可式营销邮件，更多的可能是让人痛恨的垃圾邮件。对于垃圾邮件，用户通常是未经阅读就直接删除，即使是许可式营销邮件，也不是每封邮件都会被用户阅读，其实营销类邮件的有效阅读率可能并不高，原因有很多，如发送次数过于频繁、邮件内容对用户来说无用等。

一份有关电子刊物有效性的调查报告表明，电子刊物在网络营销中的价值非常显著，甚至超过了网站本身，订阅了电子刊物的用户不需要每天浏览网站，便可以了解到企业的有关信息，对于企

业品牌形象和增进顾客关系都具有重要价值。但是，即使是用户自愿订阅的邮件列表，也不可能达到100%的阅读率，有些用户虽然还在列表上，对于收到的邮件也不一定阅读。该调查表明，大约27%的邮件从未被用户打开，被完全阅读的邮件只有23%，其他50%的邮件只是部分阅读，或者简单浏览一下。

阅读率对邮件营销来说是至关重要的，因此，了解用户阅读习惯，提高E-mail的阅读率，对于E-mail营销具有重要意义。一般来说，邮件主题、发信人、收信人，以及邮件内容本身对于用户的阅读都有重要影响，尤其对于邮件主题和发信人。

(资料来源：http://column.iresearch.cn/u/will_chen/341728.shtml)

案例研究

立邦漆：小鱼带你游星座

立邦漆是全球知名的涂料公司，自1992年进入中国后，一直以美化和保护人们的生活为己任，将消费者、油漆工、立邦公司及千千万万的家庭联系在一起。

立邦漆已在多个大城市建立"配色服务中心"，为客户提供个性化服务。在立邦漆"配色服务中心"，有一个"CCM计算机系统"为消费者调配各种颜色的涂料。消费者只要提供自己喜欢的颜色样本，配色师就能调制出一模一样的乳胶漆和木器漆来。消费者还可以在"配色服务中心"提供的1 000多种颜色中进行选择，并在计算机中看到涂刷以后的效果。而立邦漆所提供的实物分析、计算机调试和配色效果预览等服务全部都是免费的。

为了引起客户对立邦漆"配色服务中心"的关注，以低成本制造出大效应，立邦漆采取邮件营销策略。一封成功的邮件，与受众良好的互动是必不可少的。互动的方式不仅仅是在邮件广告的二级页面留一个电子邮箱、咨询电话、在线聊天方式，以及提供在线购买、售后服务等链接；更重要的是让观赏者能够参与到广告的画面或是情境中来，实现广告与受众之间的沟通与交流，达到集手动、脑动、心动、行动于一体的全面互动效果。

立邦漆这封"小鱼带你游星座"的邮件，就很好地做到了这一点。伴随着轻快柔和的音乐，蔚蓝的星空出现了，十二星座勾勒出了一个代表立邦漆的"N"字(见图13.3)。通过拖动鼠标，画面上的小鱼也会随着鼠标的方向慢慢地进行移动，画面营造出一种宽敞、舒适、悠闲的居家享受，而这种感受正是立邦漆提供的。接着，根据个人的星座，把鼠标移到该星座上，单击"进入"按钮，便到了配色中心的页面，如图13.4所示。当出现"属于双子座的你，绿色将是你的幸运色"时，我们看到，家居的配色完全根据绿色来进行，无论饭厅、客厅还是卧室，都充盈着一种淡淡的绿色，而且深浅不同的绿色完美搭配，绝对不会因为使用同一色系的颜色而使家居配色单调乏味。

如果想与朋友分享这种体验，页面右下角有一个"发给好友"按钮，可以发给朋友，让他们也来体验一下"小鱼带你游星座"的乐趣。

如此生动有趣的邮件，通过动态Flash的设计，让用户享受一种宁静、祥和、温馨、轻松的体验，同时，用户对立邦漆配色中心的认识也在潜移默化中不断加深。

该案例中洞察用户心理是制胜关键。

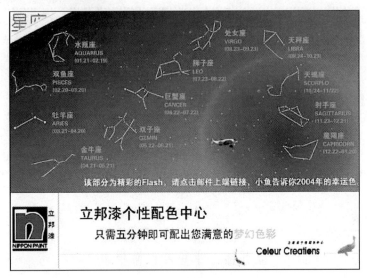

图 13.3　十二星座画面

图 13.4　配色页面

1) 个性化设计

个性化设计是在商品同质化时代令品牌脱颖而出的决定因素。针对我国网络受众年轻化、追求时髦的特点和个性张扬、乐于显示自己及与众不同的心理特征，网络邮件广告在视觉表现上要有冲击力、创意力，求新颖，因此将画面定位于时尚的三维动画、虚拟场景与二维文字相结合或是动感十足的视频等表现形式，使受众对页面内容的关注度始于对页面形式体验的乐趣。这样，邮件传达的信息更容易被受众接受。

2) 星座主题吸引度高

随着中西方文化不断融合，十二星座越来越被年轻人信奉。很多年轻人都相信星座运势、幸运数字、幸运颜色，相信这些东西能给自己带来好运。因此，此举对于一些将要成家的年轻人是极具吸引力的。

(资料来源：林景新. 实战网络营销. 广州：暨南大学出版社，2009.)

第13章 E-mail 营销

讨论题

1. 立邦公司为推广配色服务采用了哪种方式开展 E-mail 营销？
2. 立邦漆"配色服务中心"推广成功的关键因素是什么？
3. 此案例为我们开展 E-mail 营销提供了哪些有价值的信息？

本 章 小 结

本章主要介绍了 E-mail 营销的起源、定义、功能、分类，以及开展 E-mail 营销的基础条件和一般过程，E-mail 营销的主要形式和效果评价等。真正意义上的 E-mail 营销就是许可 E-mail 营销，是在用户事先许可的前提下，通过 E-mail 的方式向目标用户传递有价值信息的一种网络营销手段。E-mail 营销的功能主要介绍了品牌形象、产品推广/销售、顾客关系、顾客服务、网站推广、资源合作、市场调研、增强市场竞争力。E-mail 营销的分类介绍主要按照不同的要素构成分成 5 类。开展 E-mail 营销的基础条件和一般过程主要介绍 E-mail 营销的技术基础、用户的 E-mail 地址资源和 E-mail 营销的内容；开展 E-mail 营销要经历的 5 个主要步骤。E-mail 营销的主要形式主要介绍内部列表和外部列表两种 E-mail 营销方式的基本方法和技巧。E-mail 营销效果评价主要介绍获取和保持用户资源的评价指标、邮件信息传递的评价指标、用户对信息接受过程的评价指标、用户回应的评价指标。

复 习 题

一、单选题

1. E-mail 地址正确的写法是(　　)。
    A. bupt
    B. bupt.126.com
    C. www.bupt.edu.cn
    D. bupt@163.com
2. 系统研究 E-mail 营销是从(　　)开始的。
    A. 互联网的产生
    B. 通信技术的发展
    C. 对"未经许可的电子邮件"的研究
    D. 经许可的电子邮件
3. 利用 E-mail 进行营销的首要任务是(　　)。
    A. 发 E-mail
    B. 获取客户 E-mail 的地址
    C. 订阅电子报
    D. 在报纸上发布新闻
4. 用 E-mail 发布网络信息时，以下说法中不正确的是(　　)。
    A. 可以不受时间限制，任意向顾客发送广告邮件
    B. 信息发布成本低廉，操作简单
    C. 采取主动的方式发布信息，直接让目标客户了解信息的内容
    D. 可以有目的地选择发送对象，使信息发布更有针对性

5. PEM 是指( )。
   A. 垃圾邮件　　　　　　　　　　　B. 选择性加入
   C. 许可 E-mail 营销　　　　　　　　D. 选择性退出
6. 列表有两种基本形式，分别是会员注册型邮件列表和( )。
   A. 服务型　　　　　　　　　　　　B. 信息型
   C. 交互型　　　　　　　　　　　　D. 信息获取型内部列表
7. 以下关于垃圾邮件给 E-mail 营销带来的影响叙述中，有误的是( )。
   A. 降低了用户对 E-mail 营销的信任
   B. 有价值的信息淹没在大量的垃圾邮件中
   C. 邮件服务商屏蔽
   D. 垃圾邮件含有大量有价值信息，是许可邮件营销的有益补充
8. 以下不属于获得用户许可的方法的是( )。
   A. 购买用户信息　　　　　　　　　B. 订阅邮件列表
   C. 用户注册　　　　　　　　　　　D. 用户登录

二、多选题

1. 按照 E-mail 营销的应用方式，E-mail 营销可以分为( )。
   A. 在线调查 E-mail 营销　　　　　　B. 非经营性 E-mail 营销
   C. 顾客服务 E-mail 营销　　　　　　D. 经营性 E-mail 营销
2. E-mail 成为营销工具所应具备的条件是( )。
   A. 一定数量的固定用户
   B. 一定数量的 E-mail 用户
   C. 专业的 E-mail 营销服务商
   D. 用户对于接收到的信息有一定的兴趣和反应
3. 按照 E-mail 地址资源的所有权分类，E-mail 营销可分为( )。
   A. 内部 E-mail 营销　　　　　　　　B. 第三方 E-mail 营销
   C. 外部 E-mail 营销　　　　　　　　D. 公共平台 E-mail 营销
4. 以下各项中，属于垃圾邮件的是( )。
   A. 收件人事先没有提出要求或者同意接收的广告等宣传性的 E-mail
   B. 收件人无法拒收的 E-mail
   C. 隐藏发件人身份、地址、标题等信息的 E-mail
   D. 含有虚假的信息源、发件人、路由等信息的 E-mail
5. 研究发现，造成邮件列表订户减少的主要原因是( )。
   A. 内容订户不再有价值　　　　　　B. 邮件占用空间太大
   C. 利润空间不大　　　　　　　　　D. 采用附件形式的邮件

三、判断题

1. 利用 E-mail 进行营销活动所付出的成本比传统广告要高。　　　　　　　　　( )

第13章　E-mail营销

2．开展内部列表 E-mail 营销应首先获取 E-mail 地址资源。　　　　　（　）

3．E-mail 营销就是用邮址搜索软件搜索尽可能多的 E-mail 地址，然后向它们发送一些企业的广告。　　　　　　　　　　　　　　　　　　　　　　　　（　）

4．外部列表的主要职能在于增进顾客关系、提供顾客服务、提升企业品牌形象等。（　）

5．内部列表 E-mail 营销的目的则以产品推广、市场调研等内容为主，工作重点在于列表的选择和邮件内容设计、营销效果跟踪分析和改进等方面。　　　　（　）

四、问答题

1．简述 E-mail 在网络营销中的作用。
2．简述 E-mail 营销的技术平台。
3．简述许可 E-mail 营销的步骤与基本方法。
4．简述获取内部列表用户资源的基本方法。
5．可以根据哪些标准对 E-mail 营销进行分类？
6．E-mail 营销有哪些类型？

第 14 章 网络营销综合管理

教学目标

通过本章的学习，使学生对网络营销的理论体系有一个系统的了解，对在网络虚拟市场开展营销活动的原理和特点、环境与方法、工具和手段、目标与实施控制等相关内容，有全面的领会和感性认识，并掌握开展网络营销的操作思路和相应的运作技巧。

教学要求

知识要点	能力要求	相关知识
网络营销管理的一般内容	(1) 理解网络营销管理 8 个方面的内容 (2) 理解网络营销管理 8 个方面的含义	(1) 网络品牌管理 (2) 网站推广管理 (3) 信息发布管理 (4) 在线顾客关系管理 (5) 在线顾客服务管理 (6) 网络促销管理 (7) 网络销售管理 (8) 网络市场调研管理
网络营销过程管理	(1) 理解网站设计评价 (2) 理解网站推广评价 (3) 灵活运用网站流量评价指标	(1) 网站设计的评价 (2) 网站推广的评价 (3) 网站流量评价指标
网络营销绩效管理	(1) 理解和应用绩效管理指标选择标准 (2) 理解和应用绩效管理指标体系	(1) 网络营销绩效管理指标选择标准 (2) 网络营销绩效管理指标体系
基于网络营销的客户关系管理	(1) 理解关系营销与传统营销的区别 (2) 理解客户管理在网络营销中的作用 (3) 理解客户关系管理的概念、流程、价值与技术	(1) 关系营销与传统营销的区别 (2) 客户关系管理的概念 (3) 客户关系管理在网络营销中的作用 (4) 客户关系管理的流程 (5) 客户关系管理的价值 (6) 支持客户关系管理的技术

第14章　网络营销综合管理

基本概念

网络营销管理　客户关系管理　在线顾客关系管理　关系营销　网站流量　独立访问者　网站用户转化率　网络营销绩效指标　在线飞行

亚马逊的客户原教旨主义

作为全球最大、访问人数最多和利润最高的网上书店,亚马逊书店的销售收入至今仍保持着1 000%的年增长率。面对着越来越多的竞争者,亚马逊书店保持长盛不衰的法宝之一就是CRM。亚马逊书店采用了Oracle的数据库、互联网技术平台及大量的Oracle电子商务应用程序。亚马逊书店在处理与客户关系时充分利用了CRM的客户智能。当顾客在亚马逊购买图书以后,其销售系统会记录下购买和浏览过的书目,当该顾客再次进入该书店时,系统识别出顾客身份后就会根据他的喜好推荐有关书目。顾客去该书店的次数越多,系统了解得越详细,也就能更好地服务。显然,这种有针对性的服务对维持客户的忠诚度有极大帮助。CRM在亚马逊书店的成功实施不仅给它带来了65%的回头客,也极大地提高了该书店的声誉和影响力,使其成为公认的网上交易及电子商务的杰出代表。

亚马逊总裁贝索斯在回顾创业道路时说:"技术发展的速度比我预期快得多,在这个旋涡中,很多公司消失了,而我们活了下来。还做得不错的原因是,即使在旋涡中,我们也始终低着头专注于客户,我们做的所有事情就是每年不断地改进客户体验。"

亚马逊书店实施CRM的成功给了我们这样的启示:由Oracle等公司所倡导的客户智能战略不仅在技术上被证明是完善的,在商业运作上也是完全可行的。统计数字表明,企业发展一个新客户往往要比保留一个老客户多花费8倍的投入。而CRM的客户智能可以给企业带来忠实和稳定的客户群,也必将带来良好的收益。

(资料来源: http://articles.e-works.cn/CRM/Article 87603_1.htm.)

点评: "在线飞行"提升网络时代的客户管理效果。

现代企业追求"在线飞行"的过程,也一定是一个不断提升和执行"以客户为中心"战略的过程。发展客户导向的企业电子化运营解决方案——通过先进的系统应用和管理变革,企业将增进自身对于客户战略的认识和理解,在经营中充分满足客户需求,从而不仅能提高客户的忠诚度和满意度,更能体现为稳定的市场份额和超额的经营利润,最终让企业在迎接电子商务时代的过程中始终居于主动地位。

在变幻不定的环境里,电子商务发展迅猛,经营企业面临着各种挑战和风险。当周围的一切都在快速改变的时候,就必须用长期的目光发现不变的东西,那就是客户的需求和体验——顾客永远都希望更低的价格、更多的商品、更大的便利。全网全程电子商务时代,企业做的所有的一切,都应该是围绕着"客户"这一原则展开的。

一个企业建立了自己的网站,并且开展了一定的推广之后,如何评价网络营销是否有效?网络营销必不可少的一项工作是对其效果进行评价,可分为事后评价和过程评价。事后评价反映了网络营销活动的综合效果,过程评价则是网络营销目标得以实现的保证,因此,网络营销的评价应该将事后评价与过程评价相结合。

网络营销管理的价值在于让企业网络营销活动有计划、有目地地进行，发现网络营销过程中的问题并进行适当的控制，从而达到提升网络营销总体效果的目的。可见网络营销管理是网络营销活动中必不可少的内容，网络营销管理并不仅仅是一项网络营销活动的阶段性总结，而是应该融入到网络营销活动的整个过程之中。也正是因为如此，网络营销管理的内容体系实际上非常庞大，涉及网络营销各个层面的问题。到目前为止，对于网络营销管理的研究还处于初级阶段，研究范围、研究方法都还很不完善。

传统意义的网络营销已经无法满足企业的发展需求。随着企业网络意识的提高，效果将成为网络营销评估的核心标准，也意味着以效果为导向、以客户为中心的网络营销时代真正来临。网络营销相较于传统营销，呈现出一个最大区别：网络营销模式是有足印的。也就是说，网络营销与线下营销相比，最大的优势之一就是网络营销效果，投入产出都可以正确统计和测量，而大部分线下营销方式很难准确评测营销效果。高效的网络营销足印，优化顾客体验，加强与顾客间的沟通交流，追踪网络营销效果，就成为网络营销举足轻重的部分。也就是说，企业可以根据顾客需求，对网络营销提出更进一步的效果导向和个性化需求，这将直接用来判断企业网络营销是否成功，是否达到原定目标。

这也要求网络营销必须首先解决怎样才能使网站获取流量的成本降低，并且获取的是有效流量，怎样将登门造访的目标客户真正转化为企业的潜在客户等重要问题。使用多种网站优化方式，满足各类企业建站和网络营销需求，使企业网站首先具备良好的搜索引擎表现。同时，在实现网站后台统一管理的基础上，提供整合的客户管理系统，通过良好的用户体验，将网站流量最大化地转化为销量，保证网络营销效果可见、可控、可调整。

 知识链接

Google 的搜索引擎营销效果免费分析管理工具

很多人因为网站在搜索引擎 Google 的排名一落千丈而与 Google 化友为敌，但实际上，Google 一直在为提高各个网站的搜索引擎可见度及搜索引擎营销效果而尽自己的努力。Google 官方网站提供的部分免费网络营销分析管理工具，可以帮助网站管理员了解自己网站在搜索引擎中的表现及网站的访问情况，还可以对竞争者网站的搜索引擎优化状况进行调查分析，根据这些分析可以制定更有针对性的搜索引擎营销策略，为网站带来更多的访问量，提高网站的用户转化率。

以下是 Google 提供的有助于提高搜索引擎营销效果的免费网站分析管理工具，包括免费 Google 网站地图(Google Sitemaps)、Google 网站管理员区(Google Webmaster Section)向网站管理员提供有用的信息、Google 所获取的关于你的网站的信息、Google 网站访问统计(Google Analytics)、Google 顾客转化率大学(Google Convesion University)等。

(1) 免费 Google 网站地图让你的更多网页更快被 Google 发现(www.google.com/webmasters/sitemaps/login)。

Google 网站地图程序将网站通过 XML 或文本形式展示给 Google 爬虫索引，以增加被 Google 收录的机会。

免费 Google 网站地图并非意味着网页将以网站管理员期望的关键词搜索呈现出来，而是网站被 Google 发现所花的时间比人工提交更快而已。免费 Google 网站地图将提供一些基本的网站数据来帮助网站管理员验证结果，如它发现的高频率关键词、网页出错情况及网站上的文件类型。

(2) Google 网站管理员区向网站管理员提供有用的信息(www.google.com/webmasters)。

"Google 向网站管理员提供的信息"是每个网站管理员必须了解的 Google 信息第一站。尤其对于新网站的管理员很有帮助。诸如对"如何将我的网站列在 Google 上"、"我的网页以前列入了索引，但现在却没有"、"我被自己网站的排名弄糊涂了"等问题进行 Google 官方解答。

(3) Google 将告诉网站管理员它所获取的关于该网站的信息。在 Google 中输入命令 info:yoursite.com，将返回一个页面，告知它获取的关于该网站的链接及摘要信息，同时返回更多网站管理员希望了解的网站信息。以新竞争力网站为例：查看 Google 网页快照里 www.jingzhengli.cn 的存档，寻找和 www.jingzhengli.cn 类似的网页，寻找有链接到 www.jingzhengli.cn 的网页，寻找链接至 www.jingzhengli.cn 的网页，寻找包含 www.jingzhengli.cn 的网页。

(4) Google 网站访问统计帮助网站管理员分析网站访问量(www.google.com/analytics)(英文版)。

Google 收购了 Urchin Stats 后，将它的服务整合到 Google 中，为网站管理员提供了一套基于 cookie 统计的、比一般访问统计还更加详细的流量统计工具 Google 网站访问统计。统计数据包括回访率、忠诚用户、单日关键词、访问路径及平均综合浏览量等。

通过 Google 网站访问统计工具，网站运营者可以分析出网站存在的漏洞，为改进网站效果提供支持。不过，由于注册人数太多，目前注册该免费流量统计工具后需要经历漫长的等待。

(5) Google 顾客转化率大学告诉网站管理员如何将更多访问者转化成客户(www.google.com/analytics/conversionuniversity.html)。

在 Google 网站访问统计工具中，提供了一个对外开放的部分，即顾客转化率大学，内容针对那些投放关键词广告用户，不过仔细阅读还是可以从中悟出对自然搜索结果有极大帮助的暗示。推荐其中的访问量驱动"Driving Traffic"及把访问者转化成客户"Converting Visitors"。

此外，Google 还提供了更多的工具或者功能来帮助网站管理员分析、管理自己的网站，提高网站的搜索引擎营销效果，如 Google 关键词广告管理后台中提供的关键词分析工具，Google AdSense 管理后台提供的渠道管理等，都为有效管理网站的搜索引擎优化提供了某些方面的便利。

(资料来源：http://www.jingzhengli.cn/baogao/f20051205.htm。)

14.1 网络营销管理的一般内容

尽管从宏观的网络营销研究角度来看，网络营销管理内容体系辩解还不够清晰，但对于某些具体的问题，已经有比较完善的管理方法，如网站专业性评价诊断、关键词广告效果的管理、网站流量统计分析等。本章在对网络营销管理内容体系进行初步探讨的基础上，对于目前一些比较成熟的网络营销管理内容给予系统介绍，如网站专业型评价、网站范围统计分析管理等。

按照网络营销的 8 项基本职能，可以将网络营销管理划分为：网络品牌管理、网站推广管理、信息发布管理、在线客户关系管理、在线客户服务管理、网络促销管理、网络销售管理、网络市场调研管理。这 8 项网络营销管理包含了网络营销管理的基本内容，因此这一分类方式也将作为网络营销管理分析的主线，在有关网络营销管理的内容中将围绕这一线索来展开，由此我们确立了网络营销管理活动的一般任务，或称为网络营销管理的一般内容。

网络营销管理包括8个方面,其内容和含义如下。

(1) 网络品牌管理。指通过合理利用各种网络营销途径创建和提升品牌,主要内容包括网络品牌策略制定、网络品牌计划实施、网络品牌评价等。

(2) 网站推广管理。网站推广的直接效果表现在网站访问量的增加、品牌形象的提升、用户数量的增长等多个方面,网站推广管理是网络营销管理的基础内容之一,也是最基本的网络营销管理活动,主要包括:网站专业性诊断,网站搜索引擎优化状况诊断,网站推广阶段计划的制订,各种网站推广手段管理,网站推广效果分析评价(如网络广告、E-mail营销、搜索引擎营销等),网站流量统计分析,网站访问量与效果转化分析等。

(3) 信息发布管理。信息发布包括网站的内容策略及内容管理、外部信息发布渠道管理、信息发布的效果管理等。

(4) 在线客户关系管理。包括用户行为研究、用户资料管理和有效利用、客户关系营销策略的效果评价等。

(5) 在线客户服务管理。在线客户服务的基础是有效利用在线服务手段,对各种在线服务手段的特点进行研究并制定适合用户要求的客户服务策略,其构成了在线客户服务管理的基本内容。

(6) 网络促销管理。针对不同产品/服务,制定不同阶段的促销目标和策略,并对在线促销的效果进行跟踪控制。

(7) 网络销售管理。主要内容包括在线销售渠道建设、在线销售业绩分析评价及网络销售与网站推广、网络促销等工作的协调管理。

(8) 网络市场调研管理。包括在线市场调研的目标、计划、调研周期管理,以及调查结果的合理利用和发布管理等。

由上述简单介绍可见,网络营销管理贯穿于整个网络营销活动中,网络营销管理的内容也相当繁多,每一项网络营销职能均包含多种具体的网络营销管理内容。在不同的阶段,网络营销管理的任务和实现手段也会有一定的差别,有些属于阶段性网络营销管理,有些则属于长期性、连续性的管理内容。相对于一般层面上的网络营销方法,网络营销管理的实现显得更有深度,因而需要更深层次的网络营销思想作为指导。

从内容上看,目前对于网络营销管理的应用,主要是在网站推广管理方面相对比较成熟,这也是最直观、最基础的管理活动,如网站流量统计分析,已经广泛应用于网络营销活动之中。大多数网络营销管理都处于朦胧或者刚刚起步的阶段,而网络营销策略的升级和企业对网络营销效果的期望要求对网络营销管理给予更多的重视。

14.2 网络营销过程管理

网络营销过程评价也就是对各种网络营销活动进行及时的跟踪控制,以保证各种网络营销方法可以达到预期的效果,同时对网络营销方案的正确性和网络营销人员的工作成效也是一种检验,因此对网络营销过程评价也是非常重要的,这也是不少企业往往容易忽视的地方。一个完整的网络营销方案包括网站规划和建设及各种网络营销方法的实施,因此,对网络营销过程评价包括网站设计、网站推广、网站流量等方面。

1. 关于网站设计的评价

网站是网络营销的基本工具和根据地，所以，营销功能是企业网站的第一要素，一个企业网站的功能和基本内容是否完善，是评价网站设计的最重要指标。除了功能、风格和视觉设计等取决于网站本身的特定要求之外，在网站的设计方面，有一些通用的指标，主要有主页下载时间(在不同接入情形下)、有无死链接、拼写错误、不同浏览器的适应性、对搜索引擎的友好程度(Meta 标签合理与否)等。

2. 关于网站推广的评价

网站推广的力度在一定程度上说明了网络营销人员为之付出劳动的多少，而且可以进行量化，这些指标主要如下。

(1) 登记搜索引擎的数量和排名。一般来说，登记的搜索引擎越多，对增加访问量越有效果。同时，搜索引擎的排名也很重要，排名靠后的收效甚微。

(2) 被其他网站链接的数量。在其他网站链接的数量越多，对搜索结果排名越有利，而且访问者还可以直接从链接的网页进入自己网站。实践证明，在其他网站做链接对网站推广起到重要作用。

(3) 用户数量。用户数量是一个网站价值的重要体现，在一定程度上反映了网站的内容为用户提供的价值，而且用户也就是潜在的顾客，因此，用户数量直接反映了一个网站的潜在价值。

3. 网站流量评价指标

网站访问统计分析的作用主要表现在下列方面。
(1) 及时掌握网站推广的效果，减少盲目性。
(2) 分析各种网络营销手段的效果，为制定和修正网络营销策略提供依据。
(3) 通过对网站访问数据的分析进行网络营销诊断，包括对各项网站推广活动的效果分析、网站优化状况诊断等。
(4) 了解用户访问网站的行为，为更好地满足用户需求提供支持。
(5) 作为网络营销效果评价的参考指标。

 知识链接

网站流量统计分析成功的 5 个技巧

知名市场研究公司 Forrester Research 发布了一项专题研究"网站流量统计分析成功的 5 个技巧"，进一步阐述了网站流量分析对于企业网络营销的重要价值，并且提出了一些有指导性的建议。Forrester Research 在研究报告 "网站流量统计分析成功的 5 个技巧"中指出：成功应用网站流量统计分析，并基于流量统计分析采取相应的改进措施，可以极大地提升在线销售网站的销售业绩。不过，实施网站统计分析并非易事，它需要花费大量的时间和掌握专业的分析技能，而这是很多网上销售商所欠缺的。

Forrester Research 在报告中对那些希望通过网站流量统计分析获益的公司提出了一些指导性建议，主要包括以下内容。

(1) 将客户行为与商业结果挂钩。列出用户在网站上的主要行为，对实施了这些行为的用户与那些没有实施这些行为的用户的客户转化率进行比较，然后瞄准那些最能产生客户转化的行为，在网站上集中引导用户去实施这些带来高转化率的行为。

(2) 公司定期开会分享流量统计数据。不是只提供分析报告，要确保全体参与员工都获得这些统计数据，并有机会询问相关问题，以更好地理解统计数据。

(3) 对每个重要的统计指标分派专人负责。例如，订单平均值、邮件订阅数量、网站平均逗留时长等，这样各司其职，便于绩效考核和对统计数据采取相应的改进措施。

(4) 建立快速反应机制。对于一些重要的数据滑坡要有预先洞察的能力，而数据一旦下降，要能及时做出改进和调整。

(5) 委派专门团队从事网站统计分析工作。这样做的目的是加强投资回报率。不过企业要弄清楚，是雇佣专人负责流量统计分析还是外包给专业统计分析公司。

(资料来源：http://abc.wm23.com/bennjut/2993.html.)

网站流量评价主要有以下 4 个指标。

1) 独立访问者数量

独立访问者(Unique Visitors)数量指在一定时期内访问网站的人数，每一个固定的访问者只代表一个唯一的用户。

独立访问者数量又称独立用户数量，是网站流量统计分析中的重要数据，并且与网页浏览数分析之间有密切关系。独立访问者数量描述了网站访问者的总体状况，指在一定统计周期内访问网站的数量(如每天、每月)，每一个固定的访问者只代表一个唯一的用户，无论他访问这个网站多少次。独立访问者越多，说明网站推广越有成效，也意味着网络营销的效果卓有成效(虽然访问量与最终收益之间并没有固定的比例关系)，因此是最有说服力的评价指标之一。相对于页面浏览数统计指标，网站独立访问者数量更能体现出网站推广的效果，因此对网络营销管理具有重要意义。

在网站流量分析中，独立访问者数量(独立用户数量)对网络营销主要有下列作用。

(1) 独立用户数量比较真实地描述了网站访问者的实际数量。相对于网页浏览数和点击数等网站流量统计指标，网站独立访问者数量对网站访问量更有说服力，尽管这种统计指标本身也存在一定的问题。一些机构的网站流量排名通常都是依据独立访问者数量，如调查公司 Jupiter Media Metrix 和 Nielsen//NetRatings 每月最大 50 家网站访问量排名就是采用独立访问者数量为依据，统计周期为一个月，不过由于不同调查机构对统计指标的定义和调查方法不同，各个机构对同一网站监测得出的具体数字并不一致。

目前对独立访问者数量的定义，通常是按照访问者的独立 IP 来进行统计的，这实际上和真正的独立用户之间也有一定差别。例如，多个用户共用一台服务器上网，使用的是同一个 IP，因此通过这个 IP 访问一个网站的实际用户数量(自然人)有多少，在网站流量统计中都算做一个用户，而对于采用拨号上网方式的动态用户，在同一天内的不同时段可能使用多个 IP 来访问同一个网站，这样就会被记录为多个"独立访问者"。当然也可以采用更精确的方式来记录独立访问者数量,如用户网卡的物理地址等,或者多种方式综合应用,但由于这些统计方式可能会影响到对访问者其他信息的统计,如用户所在地区、用户使用的 ISP 名称等,因此在网站流量统计中,这种"精确统计"方式并不常用。所以,尽管独立 IP 数量与真正的用户数量之间可能存在一定差别,但实际统计中仍然倾向于采用 IP 数量的统计。

(2) 网站独立访问者数量可用于不同类型网站访问量的比较分析。通过每个访问者的页面浏览数变化趋势分析网站访问量的实际增长时,需要用到独立访问者数量统计指标,因为对于不同的网站,用户每次访问的网页数量差别可能较大。对于新闻、专题文章等内容的网站,用户可能只是浏览几个最新内容的网页,而对于一些娱乐性的网站(如音乐、图片等),则很可能每次访问会浏览几十个甚至更多的网页,这样仅仅用网页浏览数量就很难比较两个不同类别网站的实际访问者数量。因此独立用户数量是一个通用性的指标,可以用于各种不同类型网站之间进行访问量的比较。

(3) 网站独立访问者数量可用于同一网站在不同时期访问量的比较分析。与不同网站的用户平均页面浏览数有较大差别,同一个网站在不同时期的内容和表现会有较大的调整,用户平均页面浏览数也会发生相应的变化,因此在一个较长时期内进行网站访问量分析时,独立用户数量指标具有较好的可比性。

(4) 以独立用户为基础可以反映出网站访问者的多项行为指标。除了网站的"流量指标"之外,网站统计还可以记录一系列用户行为指标,如用户计算机的显示模式设计、计算机的操作系统、浏览器名称和版本等,这些都是以独立用户数量为基础进行统计的。同样,在一个统计周期内同一用户的重复访问次数也可以被单独进行统计。

2) 页面浏览数

页面浏览数(Page Views)即在一定时期内所有访问者浏览的页面数量。页面浏览数量说明了网站受到关注的程度,是评价一个网站受欢迎程度的主要指标之一。在进行网站访问量统计分析时,页面浏览数(或称页面下载数、网页显示数)是必不可少的一项指标。

如果一个访问者浏览同一网页 3 次,那么网页浏览数就计算为 3 个。页面浏览数常作为网站流量统计的主要指标。不过,页面浏览数本身也有很多疑问,因为一个页面所包含的信息可能有很大差别,同样的内容在不同的网站往往页面数不同,这取决于设计人员的偏好等因素。例如,一篇 6 000 字左右的文章在 A 网站通常都放在一个网页上,而在有些专业网站则很可能需要 5 个页面,对于用户来说,获取同样的信息,A 网站统计报告中记录的页面浏览数是 1 个,而别的网站则是 5 个。因此页面浏览指标对同一个网站进行评估有价值,而在不同网站之间比较时说服力就会大为降低。

3) 每个访问者的页面浏览数

每个访问者的页面浏览数(Page Views Per User)是一个平均数,即在一定时间内全部页面浏览数与所有访问者相除的结果,即一个用户浏览的网页数量。这一指标表明了访问者对网站内容或者产品信息感兴趣的程度,也就是常说的网站"黏性"。例如,如果大多数访问者的页面浏览数仅为一个网页,表明用户对网站显然没有多大兴趣,这样的访问者通常也不会成为有价值的用户。但应注意的是,由于各个网站设计的原则不同,对页面浏览数的定义不统一,同样也会造成每个访问者的页面浏览数指标在不同网站之间的可比性较低。

4) 用户在每个页面的平均时间

用户在每个页面的平均时间即访问者在网站停留总时间与网站页面总数之比，这个指标的水平说明了网站内容对访问者的有效性。

尽管可以监测到网站的流量、反应率等指标，但这些本身并不直接代表网站有多成功或者有多失败，也不能表明与收益之间有什么直接关系，只能作为相对指标，如与同一行业的平均指标，或者全部上网者的指标相比较，而且指标本身也很难做到精确。尽管网络营销效果难以准确评价，但这些评价指标可以在一定程度上说明一个企业为之投入的努力及网络营销的成效。

案例分析

电子商品零售网站 goodguys.com 如何提高网站用户转化率

网站可以通过实施搜索引擎优化或购买关键词广告等方法来提高网站的访问量，但仅有访问量的增加对于业务的发展是远远不够的，更加专业、深入的做法是让这些来到网站的潜在顾客进行购买，实现顾客转化，即提高网站用户转化率。网站需要做哪些工作来增加顾客转化率呢？美国网站 Marketposition 的相关内容描述了一个电子产品网络营销人员的自述：我如何提高网站用户转化率。

我进入电子商品零售网站 goodguys.com 的任务是通过业务拓展和营销策略为这个网站增加销售。我的老板告诉我，这个网站需要做网站优化和点击付费搜索引擎广告增加访问量；我说，我们首先需要增加现有访问者的顾客转化率。

我所做的第一步是查看网站的整体设计和性能表现。我发现首页文件太大，打开网站要 30 秒的时间。我让设计团队在不影响图片尺寸及显示质量的情况下将图片文件缩小；同时，我交给开发团队一个任务：清理 JavaScript 和其他影响页面下载速度的代码。

优化代码之后，下一步是带领开发团队进行购物体验分析。这方面的改进主要是让购物、结算过程更加简单、方便。为此我请了一家专门做网站易用性优化(Usability)的公司，根据他们提供的方案执行了主要的改进。

之后，我请了一家经验丰富的搜索引擎营销公司为我们购买搜索引擎广告。我们在搜索引擎购买了一系列能够直接促成顾客转化的定位明确的关键词。

这些工作明显增加了网站的访问量和用户的信任，在此基础上，通过采取下面 5 项措施进一步提高网站用户的转化率。

1) 证明

让更多顾客购买，有一个看似非常简单、却被很多网站忽略的因素：社会证明。人们往往会因为其他人都购买了某商品而认为这个商品值得购买，因此网站上增加"热销商品"(Best Sellers) 或"推荐商品"(Recommended Items)，这为顾客节省了购买考虑的时间；同时，增加更多来自第三方的肯定性反馈，如顾客的反馈信息、奖励及赞誉、商品/服务评论、案例/成功故事等。

2) 优惠

基于网站的有效促销方式有免费试用、下载、在线工具、视频演示等，基于价格的促销办法主要有免运费、打折、现金回馈等。在 goodguys.com 网站上，我们采用定期抽奖获得数码相机的办法鼓励顾客注册我们的促销 E-mail，这个策略非常成功。

3) 安全

安全是网民实施网上购物的最基本需求。我们尽量在消费者实施网上购买、结算、配送的全过程中都突出显示我们的行业及安全证明、承诺及保证。

4) 沟通

网站上增加让消费者与销售代表或客服人员互动的机会很重要。虽然我们不可能像亚马逊那样在网站上整合诸如"点击对话"的按钮，但在 goodguys.com 网站上，我使用了一个在线调查表单，了解顾客对于网站的看法，他们希望怎么改进，希望收到什么样的 E-mail 订阅信息等。在不到一周的时间收到 500 份左右的反馈意见，这些客户反馈意见对于我们的 E-mail 营销开展和网站改进有很大帮助。

5) 监测

我们通过流量统计系统每天监测网站的访问量来源、搜索引擎及关键词统计，尤其 Google 的流量统计工具将关键词广告和网站流量分析都整合在一起。通过对这些数据进行分析，我们获得了不断优化改进网站的依据。

总体上，采用以上 5 项措施之后，使得 goodguys.com 在不断获得新的潜在客户的同时，用户转化率明显提升。

(资料来源：http://www.wgo.org.cn)

14.3 网络营销绩效管理

判断企业目标是否实现的唯一方法是衡量企业经营的结果。绩效考核指标是评价企业运营是否有效的指标。如果企业希望在线销售实现的销售额占销售总额的 30%，就应该不断核算多种渠道获得的收益，判断是否完成了预定目标。有了这样的指标，企业才能够适时进行调整，保证目标的实现。

14.3.1 网络营销绩效管理指标选择标准

1. 为什么要指标

指标代表着公司的绩效目标。它们为公司提供了至关重要的反馈，能迅速确认成败并及时识别所需的校正行动，如过程、战略或产品等。此外，制定精确测量的具体目标有助于高层经理澄清他们的战略优先次序，并为其他经理确定清晰的方向。以文件形式清晰记录的绩效目标，对于在全公司范围内传播公司的特定目标和战略大有帮助。

指标有助于提高组织内不同层面的责任感。换句话说，一般的绩效指标，如销售增长率和销售额可能是全公司范围的责任，与 Web 站点可用性相关的特定指标与交互设计职能不可分割，而客户服务指标则与客户服务部门相联系。经常性地，指标被连接到绩效评价系统。如果指标被连接到奖励系统，那么指标在奖励系统背后有很大权重。同时，选错了指标，也会很有破坏性，如推动行为朝着错误的目标前进的指标，或者人为操纵的指标。正确的指标有助于协调各个目标、职能或部门目标，以及全公司范围的战略活动。

新闻摘录

通用电气的营销推广活动

以通用电气公司为例，它以关注为各业务单位设定并实施可测量的目标而闻名。在通用电气公司，指标用于管理组织所有层面的项目和个人。

> 据调查显示，全球 500 强中目前有 70%的企业使用类似的电子招标采购软件。全球知名公司通用电气公司通过此类电子化手段每年约节约上百亿美元。通用电气在网络经济处于相对低谷状态的时候，在采购环节上大力推行电子商务，从 1999 年年初电子商务开始进入通用电气公司的营运系统到 2000 年年底，电子商务的实施已为通用电气公司带来了不可估量的效益。截至 2000 年年底，通用电气公司通过网上竞价的方式所采购的原材料和服务为 64 亿美元，而通用电气公司只是自 2000 年下半年才开始用这种方式来进行采购的，到 2000 年已达 70 亿美元。2007 年 12 月，通用电气公司与阿里巴巴网络有限公司宣布达成深度战略合作，GE 方面称将通过阿里巴巴实现网络采购与推广。据悉，作为传统工业领域的全球巨头，这是通用电气第一次在中国选择通过互联网进行大规模的营销推广合作。
>
> 通用电气公司的 CIO 加里·赖纳通过仔细监视采购成本，实现成本节约总计数亿元。利用他的"数字座舱"(Digital Cockpit，这是一套提供实时访问"关键工作"的软件)，加里·赖纳可以监视服务热线响应打入电话的时间。如果响应时间超过了预先设定的标准，该系统自动发送一封 E-mail 给响应的负责人，要求处理这种情形。如果问题没有得到解决，更多的 E-mail 会发给更多的人，直到响应时间恢复正常。

2. 好指标的标准

公司使用很多指标，每种适用于特定目的。好的指标共有的特点是，它们符合战略、易于测量、可判断、有活力、被普遍接受，并连接到期望的业务结果。

1) 符合战略

网络营销是公司级的营销战略。战略是实现目标的最终手段，制定绩效考核指标的工作应与制定战略的工作紧密结合起来，整个企业才能知道什么样的经营结果才算是成功的经营。尼尔科斯在 2000 年对此有明确阐述：如果在制定战略的同时不考虑如何对绩效进行考核，战略就没有意义。战略是一个总体的框架，它告诉人们如何采取行动，同时，人们采取的行动又影响着战略的成败。也就是说，制定战略的先决条件是对未来目标全面、清晰的认识。缺乏对目标的认识，战略就如同纸上谈兵，人们在行动时就会没有明确的目的。

在网络营销实践中，经常会遇到这样的情况：尽管公司已经建立了网站，并且在网上对公司产品进行了详尽宣传，但公司业务员在对外联系业务时很不愿意介绍自己公司的网址。经过对一些公司运作情况的了解发现，公司网站在一定程度上正在制约其发挥网络营销作用。例如，有些公司的销售政策规定，通过公司网站获得的订单是公司的销售，与业务员的绩效没有关系，当然也没有绩效提成，因此业务人员就不愿意让用户通过网站了解更多信息。这种情形在涉及地区业务划分时可能更为明显，如果没有合理的销售政策，很可能会在交叉区域销售人员之间出现问题，最终也可能影响公司的销售业绩。这是网络营销与网下销售之间常见的矛盾。

类似这样的情况还表现在很多方面。例如，对于企业网站的维护，应该以哪个部门为主？是市场部主导还是技术部主导？当网站功能出现问题或者不能满足营销工作需要时，应该向哪些部门提出申请建议？在企业开展网络营销初期，经常会遇到各类网络营销管理相关的问题，有时甚至为解决这些问题需要在各个部门之间花费大量的时间进行沟通，当网络营销工作逐步走向规范之后，其实问题都变得相当简单了，因为企业网络营销实践经验证实了一个基本问题：网络营销是公司级的营销战略，而不仅仅是一个部门、一个区域所能承担的工作。

摆正网络营销的位置,对于网络营销策略的制定和实施具有至关重要的意义。"网络营销是公司级的营销战略"这一基本思想至少在下列几个方面对于正确认识网络营销及其管理具有指导作用。

(1) 网络营销的管理权是属于公司的,网络营销应为公司各个部门开展业务提供支持。网络营销涉及整体利益,因此网络营销策略的制定应当为公司所有部门、所有业务人员提供支持,而不仅仅是某些部门的专利,无论公司网站的管理由哪个部门负责执行。

(2) 网络营销所取得的收益是公司的收益,而不仅仅是网络营销/电子商务相关部门的收益。无论网络营销工作的实施由哪个部门负责,都不可能完全由一个部门来承担完全工作并独享全部利益,因此从这种意义上说,至少在目前的网络营销水平上,网络营销部门并不适合作为一个利润中心。

(3) 网络营销的价值不仅仅表现在网上直接销售。已经有多个调研机构研究证实,网络营销对于增加企业网下渠道的销售具有重要价值,因此网络营销的价值表现在对公司整体收益增加方面,而不仅仅是取得了多少在线直接销售,对网络营销效果的评价应采用综合评价的方式。

2) 易于测量

按照定义,指标是可以测量的,但是有些指标非常难于收集和使用。管理层可能更喜欢使用从现有系统和流程(如会计或库存控制系统)导出的指标。在其他情形下,采集指标数据可能要求安装并维护系统和过程,这需要巨大的资本投资和人力资源。

数据收集的速度是另外一个因素。如果被测量的对象随着时间推移波动很大,相关的指标应能频繁而快速地测量。例如,一年两天仪表读数并不能对当年其他或全年的总体温度提供有价值的信息。在线指标的一个优势是,它们几乎能持续地进行采集和观测。

有些结果更容易转变成指标。传统财务指标相对直观而且容易获取,而定性化的指标难以标明也难以获得。公司将客户对其 Web 站点满意的期望结果转变成指标,可以通过提问一般性的问题,如"你对该 Web 站点的满意程度如何?"或者应当提问一系列关于对 Web 站点可用性、内容、产品、易用性等满意程度的问题,然后再将这些测量集结成客户满意度指标:公司如何诱使有代表性的样本客户提供必要的信息?

3) 可判断

指标应当易于判断,而且在其使用的领域内有一个公认的含义。例如,黏性在 Web 站点上逗留的时间长短)这个概念对于亚马逊的成功很有意义;但是,这个测量对于美国航空公司来说却不然。

14.3.2 网络营销绩效管理指标体系

由于网络营销还处于初级阶段,理论和方法体系都在不断的发展之中,建立一种完善的网络营销评价机制并非易事。网络营销可以量化的评价有时并不容易获得,即使对于一些可以量化的指标,也不一定能够直接反映经营业绩。例如,网络营销对于销售额的贡献率的多少,对于品牌形象的提升产生的效果,这些都是难以量化的,虽然我们可以检测到某个搜索引擎每天的访问者数量,或者某个网络广告的点击数量,但这些访问者或者点击数最终产生了多少效益,仍然很难评估。因此,我们提出了综合评价网络营销效果的思想。

网络营销有其基本职能，这些职能构成了网络营销体系的基本框架。对网络营销效果的评价问题，实际上也就是对网络营销各种职能的综合评价，网络营销的总体效果应该是各种效果的总和，即网络营销的根本目的在于企业整体效益的最大化，如在企业品牌提升、客户关系和客户服务、对销售的促进等方面。因此，需要用全面的观点看待网络营销的效果，而不仅仅局限于销售额等某些个别指标。

为了说明用利润指标评价网络营销的局限性，这里引用调查公司 Jupiter Media Metrix 的一组数据。为了评价零售商的电子商务战略，Jupiter Media Metrix 在 2001 年 8 月进行了一项调查，研究结果表明，仅用利润指标评价电子商务战略是不全面的，但 69%的零售商都用在线销售额和利润来评价互联网投资的效果。Jupiter Media Metrix 的研究发现，如果考虑到非直接在线交易带来的收入，如网站对销售的促进等，那么实体商店网站的投资收益率(ROI)将比仅仅考虑在线销售高出 65%。也就是说，用在线销售额评价模式，投资收益率将被低估近 2/3。

Jupiter Media Metrix 的研究也发现，网站在促成销售方面很有价值，因为有 45%的消费者在某商场购物之前会事先到该商场的网站中查询产品信息，尽管实体商店将网站也同样看做一个销售渠道，但对于网站的服务投入很少。这主要是由于对电子商务战略的评价方法存在问题，因为有 46%的零售商将销售额作为网站是否成功的指标，23%的公司用利润来评价。

其他有关互联网应用状况的调查也表明，在中国传统企业上网过程中，初次建立网站的企业往往对于获得更多销售抱有较高的期望，但对网站功能往往没有明确的认识，通常强调网页的美观和价格。随着互联网应用的深入，当企业需要对原有网站改版和升级时，企业对网站的要求要相对明确，并且希望在多个方面发挥作用，如销售促进、客户关系、网络市场调研等。由此可见，网络营销是一个综合性的经营策略，网络销售只是其中的部分内容。

对网络营销效果综合评价，实际上仍然是对于网络营销正确认识的问题。现在很多人对于网络营销的认识还比较片面，往往将网络营销等同于网上销售，或者仅仅认为是对网站的推广，对网络营销功能和内涵的片面理解限制了网络营销效果的综合评价，往往会强调建立网站之后可以带来的销售额，或者注重网站的访问量、页面浏览数等流量指标。

14.4 基于网络营销的客户关系管理

美国思科(CISCO)系统公司(以下简称思科公司)一次开发一个长期客户关系，这与 20 世纪初零售商铺开发客户的方法并无不同，只是思科公司利用信息技术管理着数百万个这样的密切关系。一个购买软件、满意度高的思科公司客户对品牌是忠诚的，不会轻易地受到竞争者的干扰。这个客户会逐渐地在思科公司其他的产品和服务上消费，还会将自己的购物体验告知其他消费者。

关系资产是一家企业最重要的资产。在一个客户控制的商业环境中，注意力成了一种稀缺资源。与公司的土地、房产和金融资产相比，建立和维护与客户、供应商及合作伙伴关系的能力显得格外重要，正是这个关系资产为未来的商业发展奠定了基础。

14.4.1 关系营销与传统营销的区别

关系营销是为了建立、发展、保持长期的、成功的交易关系进行的所有市场营销活动，是以建立、维护、改善、调整"关系"为核心，对传统的营销观念进行革新的一种理论。关系营销以系统理论为指导思想，将公司置身于社会经济大环境中来考察公司的市场营销活动，认为正确处理与这些相关利益者的关系是公司市场营销的核心，也是公司生存和发展的基础。

每个公司都想与客户保持一种长期互惠互利的关系。一方面公司通过在营销传播中宣称自己会履行承诺，使得客户预期在与产品和服务打交道时会得到满足。另一方面，关系营销不仅仅是履行承诺，它意味着与单个客户进行双向交流和一对一的交流。将注意力放在零散交易上的公司只关注短期市场或利润，运用关系营销的公司的注意力则集中在"人心份额"上。

关系营销是比传统营销要宽泛和进步的概念。它依据"建立良好的关系，有利交易自会随之而来"的基本原理，不再把市场营销看做个别的、不连续的、短暂的、突然开始、匆匆结束的一种纯粹的交易活动，而是看做一种连续性的、长期的、稳定的、互利的伙伴关系，并通过建立、发展、保持这种良好关系获得长远利益。它不再从交易的一方出发，而是从双方关系的角度出发来分析市场营销。传统营销与关系营销的区别如表 14-1 所示。

表 14-1 传统营销与关系营销的区别

传统营销	关系营销
零散交易	持续交易
强调短期	强调长期
单向交流	双向交流/通力协作式
以获取新客户为重点	以留住老客户为重点
市场份额	人心份额
产品区分	客户区分

资料来源：[美]朱迪·斯特劳斯，雷蒙德·弗罗斯特. 网络营销. 5 版. 时启亮，孙相云，刘芯愈，译. 北京：社会科学文献出版社，2010.

14.4.2 客户关系管理的概念

关系营销、直复营销和数据库营销三者整合，创造出一种强有力的新型营销工具，即客户关系管理(Customer Relationship Maagement，CRM)。关系营销讲究一对一地建立客户关系，但出于成本考虑，公司很难与个体消费者建立联系。为客户提供量身定制的个性化服务，需要公司与每一个个体消费者保持一种长期关系，以便了解每一个客户的个性化需求。网络为公司维持与个体消费者的一对一关系创造了一个理想的环境，公司可以运用 E-mail 等网络手段与客户互动交流；客户数据库储存了大量的客户信息和交易信息，使公司为每个消费者提供优质的、个性化服务的能力大大加强。考虑到目前的条件下，一对一营销只能作为美好的愿景而不能实现，许多公司采用的一种较为有效的方式是，运用相似的手段与同一个客户细分市场建立关系，并发展适合该细分市场的客户关系维护技术，以有效地锁定每个细分市场。

图 14.1 总结出了 CRM 与其他营销手段的关系。直复营销提供了与个体消费者交流信息和为消费者提供产品的策略。关系营销理论为 CRM 提供了概念基础，因为它强调通过更有效的认知客户来改善客户服务，并将交易细分至个体消费者水平。数据库营销则提供了技术支撑，使大量的客户相关数据储存成为可能，为公司实行战略战术营销创造机会。

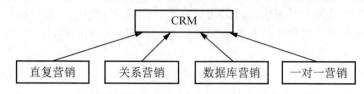

图 14.1　CRM 和其他营销手段的关系

CRM 是指通过客户细分及客户信息资源管理，向客户提供满意的产品和服务，即通过先进的技术手段，最大限度地实现客户价值，以使潜在的客户最终变成现实的客户，从而不断拓展市场和利润空间。

CRM 的内涵有如下几点。

1) CRM 围绕客户为中心展开

CRM 的过程实际上是一个不断寻找方法，从客户的角度增加客户关系价值的过程。它不仅仅是公司对客户做出什么许诺，而是在维持与客户关系的过程中做了些什么，真正显示出对客户的关心。由此可以看出，公司在实施 CRM 时，最根本的环节在于使客户感受到公司是在为他们着想，公司提供的产品或服务物超所值。成功的 CRM 应该对每个客户进行有意义的分析，然后站在客户的立场上与他们保持联系。

2) CRM 要依据价值对客户分级

对于公司，并非所有的客户都能带来同样的利益，在网上尤其如此。著名的"20/80 法则"说明的就是这样的理念，即 20%的客户带来 80%的价值，这就要求公司对客户进行分级管理。客户分级管理是 CRM 中的一项重要内容，通过不断升级的客户为公司带来更大的利益。因为客户升级，意味着客户认可公司的产品或服务，即"客户满意"，其最终目标是使客户成为公司的忠实客户，如图 14.2 所示。基于互联网的特点，客户在选择产品或服务时具有很大的主动性，因此忠实客户对公司而言尤其重要。

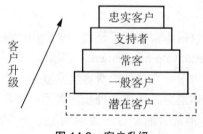

图 14.2　客户升级

3) CRM 注重客户的个性化

互联网和 Web 技术的发展，为企业提供个性化服务提供了方便，也扩大了个性化需求的重要性，正如亚马逊的首席执行官贝索斯曾说："以前，如果我们的服务让一个客户不满意，他可能告诉他的 5 个朋友，而现在，通过互联网，他可能会告诉 5 000 个人。"当市场竞争越来越激烈，当客户越来越成熟时，企业必须了解每一个客户的喜好与习惯，并适时提供建议，这就是 CRM 中强调的个性化服务。

14.4.3　CRM 在网络营销中的应用

一个 CRM 系统在以下方面能够为市场营销提供支持。

(1) 销售人员自我控制。销售代表可以运用 CRM 工具去安排和记录客户拜访情况，进行财务管理。

(2) 客户服务管理。呼叫中心的营业代表可以通过网络链接到有客户记录、产品资料和客户先前疑问的数据库系统，迅速响应客户信息需求。

(3) 管理销售进程。通过电子商务网页或 B2B 交易记录整个销售进程，以支持销售代表的活动。

(4) 活动管理。管理广告、直邮、E-mail 和其他活动。

参考资料

<h3 style="text-align:center">呼 叫 中 心</h3>

呼叫中心(Call Center)是一组坐席或公司的业务代表集中进行来话处理和发出呼叫与用户联系的一个专门的系统。一般来讲，当系统拥有多于 3 个专门进行此种话务处理的人员时，即可被认为是呼叫中心。

通常，呼叫中心的工作人员被称为业务代表(坐席)，业务代表组成的小组被称为业务组(坐席组)。一个呼叫中心可以由几百个，甚至几千个业务代表组成，而小企业和大企业的小部门也可以根据需要，非常经济地建立一个只有几个业务代表的小型呼叫中心。

CRM 与呼叫中心的关系最为密切，呼叫中心主要用于提供客户服务或电话营销，而良好的客户关系是呼叫中心成功的关键。CRM 技术通过建立客户数据库，对信息的统计分析、处理、采掘和提炼，使呼叫中心业务代表可以得到每个客户的详细信息、过去的交往记录、客户爱好等信息，因此，可以为客户提供个性化的服务，节省通话时间，既可以提高业务代表的工作效率，又可以提高客户满意度。

14.4.4　CRM 的流程

CRM 首先要进行调查研究以获取帮助确定当前和潜在客户的"真知灼见"；其次是运用信息区分个体客户，特别要注意区分价值含量高和含量低的客户；最后将符合单个客户需求的营销组合客户化，如图 14.3 所示。

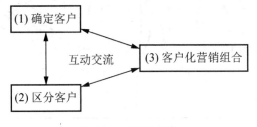

图 14.3　CRM 流程

1. 确定客户

信息是 CRM 的润滑剂。通过各种个人和自动的信息来源,如通过营销系统中的工作人员、消费者、合作伙伴及各种网站活动,来收集个人客户信息。公司掌握的信息越多,它就能给每位当前和潜在的客户提供更有价值、更准确、更及时和相关性更强的产品和服务。

有时,公司通过各种公开活动征集消费者信息,如征文、市场调查、网站注册等活动。有时,当消费者忽视此类意图明显的活动时,公司就采用了更加隐蔽的方法。例如,生产酒的公司,在网站上建立虚拟酒吧,让客户虚拟调酒,为饮料命名,使公司获得有关客户的饮料偏好。另外,先进的信息技术也帮助公司跟踪客户的行为,如条形码扫描仪和 IC 卡,都可以跟踪记录客户的购买行为。

2. 区分客户

公司一方面利用互联网将收集到的信息整理、分析,将客户群体细分开,提供差异化服务和产品,从而增加利润;另一方面利用 20/80 法则将有价值的客户区分出来,CRM 使得公司可以将资源不平均分配给客户,提高资源利用效率。公司如何确定他们的 VIP 客户?首先,看客户的消费情况,包括金额和频率;其次,估计客户未来长期的消费增长情况;最后,确定对个体客户的服务成本。电信公司就为它们的 VIP 设计了种种优惠服务,平时送牛奶、送报纸、送电影票,去机场有专门候机厅等(见图 14.4)。当然不是所有的公司都适合这样区分客户,按照业内经验,除非一个公司确认至少 50%的利润来自 20%或更少的客户,否则区分客户就没有意义。

图 14.4 公司对客户的区别对待

3. 客户化营销组合

一旦公司根据特点、行为、需求或价值确定了潜在客户并区分出不同客户,它就可以考虑为各种群体或个体客户量身打造一套营销组合了。所谓客户化,就是按照客户的需求,公司做出以客户为本的决策,并贯穿于营销组合的各个部分。

4. 互动交流

与客户的互动交流使公司收集到确定和区分客户必要的数据,并能持续不断地评价最终客户化结果的有效性。这是一个正反馈过程。公司和客户从相互接触和交流中互相学习,增加了信任和忠诚度,从而给公司带来了增加的人心份额,为客户带来了平和的心态。

14.4.5 CRM 的价值

众所周知,企业增加销量的方法有以下几种:挖掘更多的客户;开发适销对路的新产品;增加单位客户的购买频率及购买数量。拥有更多的客户、增加产品销量、提高客户回头率是 CRM 主要的实施目标,归纳起来有以下几点。

1. 吸引和留住更多的客户

通过提供快速和周到的服务手段,帮助企业吸引和保持更多的客户,也就是说 CRM 不仅是管理手段,还是一种全新的经营理念。利用 CRM 系统,企业能够从与客户的接触中了解他们的姓名、年龄、家庭状况、工作性质、收入水平、通信地址、个人兴趣爱好及消费偏好等。实现客户细分及客户生命周期管理,并能进行"一对一"式的个性化服务。通过收集、追踪和分析每一个客户的信息,可以了解其需求,为其量身定做产品,并做到及早将产品送到用户手上。根据不同的客户建立不同的联系,并根据不同的特点和需求提供不同的服务;此外,同一个客户在不同阶段,其需求也是不一样的,如果能做到每个阶段都能使其满意,那么不仅客户本人,而且很有可能劝说其同伴来此购买商品。只有这样才能真正做到"以客户为中心",赢得客户的"忠诚"。这也是随着市场不断细分而最终出现的大规模定制的市场营销精髓。

2. 降低企业成本

通过信息共享和优化商业流程的全面管理而达到降低代理成本的目的。CRM 要求以客户为核心构架企业,通过对企业客户信息的管理和挖掘,不仅有助于现有产品的销售,而且提供了对历史信息的追溯,并及时对未来趋势进行预测,从而能够很好地实现企业与客户之间的互动。企业能依据不同的客户过去的购买行为,分析他们的偏好,预测他们未来的购买意向,并有针对性地分别对他们实施不同的营销活动,从而避免大规模广告的高额投入,使企业的营销成本降到最低点,而成功率却达到最高点。同时不会因销售人员流失而引起客户流失。

3. 实现服务自动化

呼叫中心解答客户咨询、问题,被人称为 CRM 的门面。有关资料表明,建立呼叫中心虽然需要花费大量费用，但其使用费用却比面对面与客户联系的费用少 4 倍。通过电话呼叫中心不仅能实现故障申报、业务受理、客户投诉等服务自动化，完善以客户为核心的工作流程，还能强化跟踪服务、信息服务能力，通过建立数据库，使客户得到更快捷和周到的服务，提高客户满意度，吸引和保持更多的客户。当产品出现故障时，用户只需拨打一个统一的电话号码，就能得到"直通车"式的服务，一改以往拨打多个电话问题仍得不到解决的状况。

14.4.6 支持 CRM 的技术

技术对于 CRM 的实现至关重要，研究支持 CRM 的网络技术和工具远没有研究建立一对一的客户关系重要。下面简单介绍数据库、个性化网页、E-mail 和虚拟社区这 4 种支持在线 CRM 的技术。

1. 数据库

数据库就是 CRM 的"大脑"。客户档案记录、个性化和预测分析都通过它去实现。没有数据库，网络服务器只能提供标准化服务，个性化无从说起。通过网站收集的客户数据需要与通过其他媒介所获得的信息结合起来分析，这个过程叫做数据融合。通过不同渠道收集的历史数据被存在一个地方——数据仓库。公司可以通过"数据挖掘"对这些数据进行模式分析，以便公司更好地了解客户。

2. 个性化网页

个性化包括通过网页、E-mail 或推式技术向个人投放定制的目录。要显示个性化网页，在客户访问网页时，网站必须能够识别客户。网站识别客户的方法有 3 种：第一种是利用计算机的 IP 地址或网络地址，这种方法不可靠，因为 ISP 提供的 IP 地址通常是动态的，每次登录地址都不同；第二种是使用 cookie，它存留在用户的计算机里，用户到其他地方上网，它就不再起作用；第三种是客户注册用户名和密码，很多网站采用此种方法。

个性化系统不仅要支持识别客户，还要负责准确地向客户投放目录，这就要以数据库中的客户档案为准。

3. E-mail

E-mail 发往存在邮件服务器的客户 E-mail 地址，如果客户愿意接收标准化的信息邮件。定制邮件需要与储存客户档案的数据库整合利用。

4. 虚拟社区

虚拟社区能够为有效的关系营销提供帮助——它可用于了解客户和为客户提供信息和服务。如果公司要利用虚拟社区，那么有两种选择：一是可以为社区的建立提供硬件和软件设施，二是成为他人建立的社区的积极参与者或监督者。公司在其网站上建立虚拟社区，就可以通过产品的价值来提高其品牌价值。如图 14.5 所示，苏泊尔在其公司网站上建立了美食论坛，美食主题和苏泊尔的产品——压力锅是紧密相关的，而且社区的第一个栏目就是关于产品服务的，方便了公司与客户的交流。

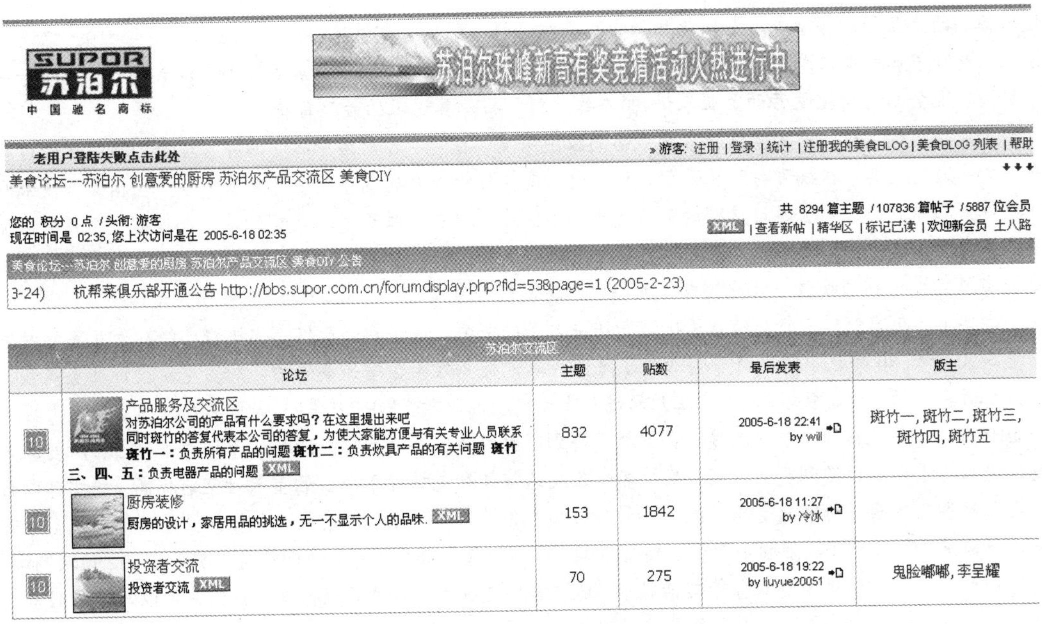

第14章 网络营销综合管理

图 14.5 苏泊尔网上虚拟社区

 即问即答

公司在利用虚拟社区进行 CRM 时，会遇到哪些问题？

从 CISCO 实施 CRM，看"在线飞行"如何实现

在线飞行是企业全面电子化运营的目标。

我们身处一个信息的产生、采集、整合、反馈与决策都空前加速的时代。灵活性与快速反应主宰的商业战场上，企业如何才能实时感知消费者迅速变化的需求并及时做出回应？信息科技带来的巨大冲击下，企业又如何才能在经济全球化和服务一体化大潮中竞争制胜？

现代企业在运营管理中面临的挑战，正如同航空飞行在 20 世纪后半期喷气发动机技术问世以后所面对的飞行模式的彻底更新和变革一样——当时航空产业界提出了"在线飞行"的概念：从专业意义上理解，"在线飞行"意味着飞行员必须借助于完善的计算机系统增强自己的飞行能力，对迅速变化着的外界信息实时做出反应。例如，飞机前端监视器显示或飞行员头盔面罩上映射的经过计算机系统辨别、挑选和加工过的环境数据，可以让飞行员适时掌握飞行的状况，对不明障碍物或攻击目标及时采取反应；整合了机械、通信与信息技术的中央系统可以进一步帮助飞行员分析可能乃至合适的反应措施；而当飞行员发出指令后，计算机系统将接收、分解并转换为飞机的成百上千种操作以完成指令。

今天瞬息万变的商业环境，也要求企业管理层必须将自身与企业结合为一个统一的飞行体——只有实现"在线飞行"的企业才能与外部动态环境相适应。管理者能良好地控制企业"飞行"的速度和路线，才有可能把握住市场的脉搏，竞争制胜。

"在线飞行"的企业为此必须建立一个能够整合数据库、分析软件、专家系统和专业职能部门及其他技术模块的企业管理模型——如同飞机的中央系统一样，管理者可以通过管理流程和决策模型来"驾驶"企业，及时了解业务信息并调整业务计划。强大的信息技术能力是企业"在线飞行"模式的动力。对于一个努力实现全面电子化运营的企业来讲，"在线飞行"将是其追求的最终目标。

企业"在线飞行"中必须提升客户战略的应用深度。在"以客户为中心"的经营理念不断深化的过程中，企业为实现其"在线飞行"的运营目标，迫切需要日臻成熟的电子化运营解决方案，包括管理技术和软硬件产品等。企业希望通过这样的解决方案，不仅能增进自身对于客户战略的认识和理解，而且能保障企业在经营管理中很好地吸收、运用客户导向的理念，从中不仅能得到在客户忠诚度、满意度方面的提高，更能实现良好的利润收益，在迎接电子商务时代、实现经营全面电子化的进程中处于主动地位。

事实上，在国外，对企业的电子化运营解决方案的探索，伴随着企业信息化进程已经有十几年的发展历史。20世纪80年代中期，许多企业为了降低成本、提高效率、增强竞争力，纷纷重新设计业务流程，从这个时期开始，信息技术和IT产业开始进入飞速发展的阶段。MRPⅡ/ERP等信息系统的实施大大提高了企业内部业务流程的自动化程度，企业效率得到明显改善。而随着日益激烈的市场竞争，企业所处的市场环境从卖方市场过渡到买方市场，赢得客户长久的信任和支持对于企业的重要性空前提高。一些可以帮助企业从各个方面进行客户管理的技术和管理方案相继出现，如自动销售系统和计算机电话集成技术等都被广泛地采用。前者可以帮助企业管理销售定额、计算销售人员的提成、协调销售人员的活动、预测利润；后者则可以为客户提供800业务等电话服务，通过自助选择和交互式语音反馈，让用户可以与专业服务人员通话来寻求服务和咨询，同时能记录交谈数据等。后来市场营销管理、订单管理、电话销售管理、客户支持管理等各种独立的方案和功能模块不断出现，企业开始依托自身的信息管理系统和资源规划，结合互联网平台和电话等手段接受用户订单和服务请求，进行前端销售管理，创建与相关业务的管理接口等。

在电子商务全面升温的时代，许多拥有庞大、复杂的客户群体的行业，如银行、保险、证券、房地产、电信、家电、民航、运输、医疗保健、IT企业对整体性的电子化运营解决方案的需求越来越迫切。

终于，一种包括了企业判断、选择、争取、发展和保持客户所要实施的全部商业过程，整合了"以客户为中心"的各种可有效地提高企业运营效率的功能模块，从理念到技术，从产品设计到应用，都被证明可以提升企业运营质量的全面电子化方案——CRM闪亮登场。

闪亮登场的CRM总体上讲，在解答企业如何达成全面的自动化、电子化运营，以及如何实现"以客户为中心"的经营模式两大问题上为现代企业提供了解决的方案和目标。

在世界范围内，CRM自1997年以来一直处于爆炸式的快速发展之中，其主要的应用领域集中在制造业、电信业、公共事业、金融服务业和零售业等行业，许多新兴的企业，如亚马逊和思科等，已率先成为CRM的使用者和受益者。CRM系统也成为了管理软件厂商追逐的热点之一，以Oracle、Siebel、IBM等为代表的一批顶级IT企业都表现出对CRM前景坚定的信心，已开始在此领域部署解决方案。Oracle、Siebel等软件巨头也已视CRM为未来的重要发展方向，成为CRM应用中的主流厂商，Sybase、People Soft(Vontive)、Onyx等近年随网络经济迅猛发展起来的软件公司在利用互联网构建企业CRM方面的表现也十分卓越。连传统IT产业的代表IBM公司也表示将为CRM的发展增砖添瓦，IBM公司全球产业部总经理琳达·桑福德称："IBM公司已经将CRM作为一个主要领域，它将为CRM提供专门的技术。"而众多的CRM渠道和咨询公司也在力争占领新市场的份额，五大咨询公司中安盛、德勤、普华永道都开始提供CRM咨询，此外，还迅速崛起了很多现代咨询公司。因为对它们来说，这一潜在市场的服务收入将发展成其收入增长的重要来源。

人们普遍认为，CRM将成为现代企业提高竞争力，在成熟市场中高效动作并获取稳定利润的法宝。来自国外的统计数据表明，CRM正成为一个新兴的产品和服务市场。据国际数据集团对欧美300家企业所做的调查显示，不管是美国还是欧洲的企业都正在增加对CRM软件的预算，这300家企业1998年平均花费310万美元在CRM系统的硬件和软件上，计划每年的预算将平均提高8%。IDC还预期全球CRM市场将以每年40%的成长率，从1998年的19亿美元增长到2003年的110亿美元。在美国，尽管美国的CRM市场开发利用率目前尚不到25%，但它将以44%的年复合率迅猛发展。根据AMR Research的研究，美国2003年用于实施CRM的预算达到168亿美元，目前软件行业前五大CRM厂商则会占领40%的市场份额。最乐观的预测来自专门从事市场研究的META Group公司，其报告显示全球的CRM市场正以每年50%的速度增长，这意味着全球CRM市场2004年的销售额跃升至670亿美元。META Group还指出，未来企业在CRM上的投入将赶上并超过ERP，到2004年，分析、咨询和系统集成服务成为CRM市场中的生力军，其年增长率达到惊人的82%。

美国思科公司的成功是世人所共睹的，思科也无疑被视为美国新经济的代表者之一。事实上，思科就是一个实施CRM打造出自己的核心竞争力，从而获得巨大成功的企业。思科公司的CRM方案中，全面采用了如Oracle数据库、互联网技术平台及前端应用程序，建设了面向全球的交易系统，并已将市场及服务扩展到了全世界115个国家，并在客户服务领域也全面实施了CRM——这不仅帮助思科顺利地将客户服务业务搬到互联网上，使通过互联网的在线支持服务占了全部支持服务的70%，还使思科能够及时和妥善地回应、处理、分析每一个通过Web、电话或其他方式来访的客户要求。实施CRM使思科创造了两个奇迹，一是公司每年节省了3.6亿美元的客户服务费用；二是公司的客户满意度由原先的3.4提高到现在的4.17。在这项满分为5的调查中，IT企业的满意度几乎没有能达到4的。先进的CRM系统为思科创造了极大的商业价值：在互联网上的销售额达到了每天2 700万美元，占到了全美互联网销售额的一半以上；发货时间由3周减少到了3天；在新增员工不到1%的情况下，利润增长了500%。

思科在实施CRM、打造核心竞争力方面可谓是煞费苦心和别出心裁。例如，在设计企业组织体系时，思科一方面将配货商、制造商和装配商密切联系起来，每个成员享有平等的地位——CRM实现了利用先进的网络技术使企业间的技能和知识充分地交流，让业务流程衔接得既便捷又紧密、经济，从而使各成员都获得了传统组织中为分工协作所付出的计划、指挥、协调及监控等成本费用的大幅削减所带来的好处；另一方面，思科又通过系统化结构分析，将软件与网络开发部门列为企业最主要的职能部门，把企业的战略资源尽量集中到这一核心能力的开发上；而将非核心的业务以外包的方式，承包给企业松散的合作伙伴或其他企业，降低了外部交易成本和核心能力丧失的风险，使自己的生产能力提高了4倍。再如，CRM环境下由于信息提交方式和速度的改进，要求企业简化其客户服务过程。思科就大力推行客户"自助式服务"，认为没有人比客户自己更愿意帮助客户；同时，只要客户能够得到适当的工具，他们非常愿意自己帮助自己。思科建立的自动化客户服务体系大获成功，既提高了客户满意度、降低了成本，同时客户对这一自我服务模式做出的积极回应，为思科节省了大笔其他的开支和费用。因此可以这样说，思科的持续竞争优势和核心竞争力的获得，应归功于其在CRM管理环境下成功实施了以分立化、扁平化为特征的组织再造和业务流程重构，也与CRM系统为公司带来的客户价值、创新性和延展性是分不开的。

(资料来源：http://www.8168168.com.)

讨论题

1. 思科的商业策略是什么？
2. 思科利用了哪些新技术去支持CRM？
3. 思科对于客户的看法说明了什么问题？

本 章 小 结

本章主要介绍了网络营销管理的一般内容、网络营销过程管理、绩效管理及CRM等。网络营销过程管理主要介绍对网络营销过程的评价，包括网站设计、网站推广、网站流量等方面。网络营销绩效管理主要介绍指标的选择标准和指标体系。CRM主要介绍客户关系管理的概念、其在网络营销中的作用及CRM的流程、价值和技术等。CRM是基于客户需要及根据客户的价值来区分客户，然后个性化满足个人需求营销组合的过程。公司使用CRM与客户、经销商及其他横向合作伙伴建立关系。CRM的主要作用是降低成本，增加利润和实现服务自动化，发展趋势是与供应链管理、ERP一体化，当公司的前方、后方供应链都以消费者为中心时，就会实现价值增值。

复 习 题

一、单选题

1. 如果一个营销活动的目标是增加一个网站新流量的百分比，可预料(　　)。
   A. 在博客上留下的评论会增加
   B. 收入将以同样的比例上升
   C. 综合浏览量会减少
   D. 作为所有访问者数量的一部分，再次光顾网站的访问者的百分比会下降
2. 网站营销人员最希望看到下列(　　)数据随着时间的推移而下降。
   A. 弹出率　　　　　　　　　　　　B. 花在网站上的时间
   C. 新用户的数量　　　　　　　　　D. 回访者的百分比
3. 如果一个网站新的访问者的百分比是42%，那么再次光顾的访问者的百分比是(　　)。
   A. 42%　　　　　　　　　　　　　B. 58%
   C. 介于42%和58%之间　　　　　　 D. 不可能知道
4. 弹出率的基准是指(　　)。
   A. 从一个网页转移到另一个网页的人数
   B. 首次访问后从未回访这个网站的人数
   C. 在网站上丢失了他们的互联网链接的人数
   D. 人们访问了一个网页后立即离开的人数
5. 高弹出率最有可能的后果是(　　)。
   A. 增加花费在一个网站上的平均时间
   B. 减少每次访问时浏览的网页的平均数
   C. 有助于增加销售
   D. 不会对其他统计数据产生影响

二、多选题

1. 有关交换链接的描述中，正确的是(　　)。
   A. 一般使用打开当前窗口功能链接到交换链接的网站
   B. 尽量使用对方网站给定链接代码的图片链接
   C. 建立交换链接后要回访友情链接伙伴的网站
   D. 建立交换链接时尽量不使用文字链接
   E. 交换链接，也称为友情链接、互惠链接、互换链接

2. 如要吸引用户访问自己的网站则应注意做到( )。
   A. 激起用户的好奇心
   B. 不断更新内容
   C. 个性化设计
   D. 提供方便查找的工具和全面的资源
   E. 尽量采用静态页面
3. 网站流量分析指标有( )。
   A. 提交 URL 的数量
   B. 主页浏览数量
   C. 最主要的进入页面是哪些
   D. 最主要的离开页面是哪些
   E. 最多或最少的访问页面是哪些
4. 企业建立自己顾客网络的方法有( )。
   A. 提供免费服务或免费产品
   B. 设计个性化的结构
   C. 提供有用的信息
   D. 组建俱乐部
   E. 进行有效的媒体组合

三、判断题

1. 要把网络顾客吸引过来,提供有用的信息似乎是最直接并且最有效的方法。( )
2. 一般认为,网页制作是网络营销最重要的环节,也是最后的环节。( )
3. 网络营销绩效指标包括网络市场的顾客服务定位、网站类型定位和服务半径定位。( )
4. 网络客户关系管理最重要的就是挖掘网络新客户。( )

四、问答题

1. 关系营销和传统营销有何差异?
2. 为什么说网络适合进行关系营销?
3. 讨论关系营销的 3 个层次,说明在每个层次上适用于哪些策略。
4. CRM 到底是软件,还是战略思想?它的内涵是什么?
5. 公司为什么要采用 CRM?客户会享受到哪些好处?
6. 讨论虚拟社区如何被用于关系营销。

参考文献

[1] 陈志浩. 网络营销[M]. 武汉：华中科技大学出版社，2010.

[2] 陈晴光. 电子商务基础与应用[M]. 北京：清华大学出版社，2010.

[3] 邓顺国. 电子商务运营管理[M]. 北京：科学出版社，2011.

[4] 邓顺国，郭凡. 电子商务第三次浪潮[M]. 北京：科学出版社，2011.

[5] 段建，王雁. 网络营销技术基础[M]. 北京：机械工业出版社，2006.

[6] 冯英健. 网络营销基础与实践[M]. 2版. 北京：清华大学出版社，2004.

[7] 冯英健. E-mail 营销[M]. 北京：机械工业出版社，2003.

[8] 高晖. 网络营销[M]. 西安：西安交通大学出版社，2012.

[9] 林景新. 实战网络营销[M]. 广州：暨南大学出版社，2009.

[10] 刘业政，等. 网络消费者行为：理论方法及应用[M]. 北京：科学出版社，2011.

[11] 罗绍明. 网络营销实训教程[M]. 北京：科学出版社，2010.

[12] 刘希平，刘安平. 网络营销实战[M]. 北京：电子工业出版社，2004.

[13] 秦成德，王汝林. 电子商务法高级教程[M]. 北京：对外经济贸易大学出版社，2010.

[14] 瞿彭志. 网络营销[M]. 2版. 北京：高等教育出版社，2008.

[15] 尚晓春. 网络营销策划[M]. 南京：东南大学出版社，2002.

[16] 石榴红，王万山. 网络价格[M]. 西安：西安交通大学出版社，2011.

[17] 王学东. 电子商务管理[M]. 北京：电子工业出版社，2011.

[18] 严家成，卢盟晃. SEO 关键解码：网站营销与搜索引擎优化[M]. 北京：人民邮电出版社，2011.

[19] 杨坚争. 网络广告学[M]. 3版. 北京：电子工业出版社，2011.

[20] 余力，吴丽花. 客户关系管理[M]. 北京：中国人民大学出版社，2009.

[21] 臧良运，崔连和. 电子商务网站建设[M]. 北京：北京大学出版社，2009.

[22] 昝辉. 网络营销实战密码：策略•技巧•案例[M]. 北京：电子工业出版社，2009.

[23] 中华人民共和国商务部. 中国电子商务报告：2010—2011[R]. 北京：清华大学出版社.

[24] [美]埃弗瑞姆•特伯恩，戴维•金，朱迪•兰. 电子商务导论[M]. 2版. 王健，等译. 北京：中国人民大学出版社，2011.

[25] [美]朱迪•斯特劳斯，雷蒙德•弗罗斯特. 网络营销[M]. 5版. 时启亮，孙相云，刘芯愈，译. 北京：中国人民大学出版社，2010.

[26] [美]Safko Lon，Brake David K. 社会媒体营销宝典[M]. 王正林，王权，王晓峰，译. 北京：电子工业出版社，2010.

[27] http://www.wm23.com.

[28] http://www.marketingman.net.

北京大学出版社本科电子商务与信息管理类教材(已出版)

序号	标准书号	书 名	主 编	定 价
1	7-301-12349-2	网络营销	谷宝华	30.00
2	7-301-12351-5	数据库技术及应用教程(SQL Server 版)	郭建校	34.00
3	7-301-17475-3	电子商务概论(第 2 版)	庞大连	42.00
4	7-301-12348-5	管理信息系统	张彩虹	36.00
5	7-301-26122-4	电子商务概论(第 2 版)	李洪心	40.00
6	7-301-12323-2	管理信息系统实用教程	李 松	35.00
7	7-301-14306-3	电子商务法	李 瑞	26.00
8	7-301-14313-1	数据仓库与数据挖掘	廖开际	28.00
9	7-301-12350-8	电子商务模拟与实验	喻光继	22.00
10	7-301-14455-8	ERP 原理与应用教程	温雅丽	34.00
11	7-301-14080-2	电子商务原理及应用	孙 容	36.00
12	7-301-15212-6	管理信息系统理论与应用	吴 忠	30.00
13	7-301-15284-3	网络营销实务	李蔚田	42.00
14	7-301-15474-8	电子商务实务	仲 岩	28.00
15	7-301-15480-9	电子商务网站建设	臧良运	32.00
16	7-301-24930-7	网络金融与电子支付(第 2 版)	李蔚田	45.00
17	7-301-23803-5	网络营销(第 2 版)	王宏伟	36.00
18	7-301-16557-7	网络信息采集与编辑	范生万	24.00
19	7-301-16596-6	电子商务案例分析	曹彩杰	28.00
20	7-301-26220-7	电子商务概论(第 2 版)	杨雪雁	44.00
21	7-301-05364-5	电子商务英语	覃 正	30.00
22	7-301-16911-7	网络支付与结算	徐 勇	34.00
23	7-301-17044-1	网上支付与安全	帅青红	32.00
24	7-301-16621-5	企业信息化实务	张志荣	42.00
25	7-301-17246-9	电子化国际贸易	李辉作	28.00
26	7-301-17671-9	商务智能与数据挖掘	张公让	38.00
27	7-301-19472-0	管理信息系统教程	赵天唯	42.00
28	7-301-15163-1	电子政务	原忠虎	38.00
29	7-301-19899-5	商务智能	汪 楠	40.00
30	7-301-19978-7	电子商务与现代企业管理	吴菊华	40.00
31	7-301-20098-8	电子商务物流管理	王小宁	42.00
32	7-301-20485-6	管理信息系统实用教程	周贺来	42.00
33	7-301-21044-4	电子商务概论	苗 森	28.00
34	7-301-21245-5	管理信息系统实务教程	魏厚清	34.00
35	7-301-22125-9	网络营销	程 虹	38.00
36	7-301-22122-8	电子证券与投资分析	张德存	38.00
37	7-301-22118-1	数字图书馆	秦国和	30.00
38	7-301-22350-5	电子商务安全	蔡志文	49.00
39	7-301-22121-1	电子商务法	郭 鹏	38.00
40	7-301-22393-2	ERP 沙盘模拟教程	周 菁	26.00
41	7-301-22779-4	移动商务理论与实践	柯 林	43.00
42	7-301-23071-8	电子商务项目教程	芦 阳	45.00
43	7-301-23735-9	ERP 原理及应用	朱宝慧	43.00
44	7-301-25277-2	电子商务理论与实务	谭玲玲	40.00
45	7-301-23558-4	新编电子商务	田 华	48.00
46	7-301-25555-1	网络营销服务及案例分析	陈晴光	54.00

如您需要更多教学资源如电子课件、电子样章、习题答案等,请登录北京大学出版社第六事业部官网 www.pup6.cn 搜索下载。

如您需要浏览更多专业教材,请扫下面的二维码,关注北京大学出版社第六事业部官方微信(微信号:pup6book),随时查询专业教材、浏览教材目录、内容简介等信息,并可在线申请纸质样书用于教学。

感谢您使用我们的教材,欢迎您随时与我们联系,我们将及时做好全方位的服务。联系方式:010-62750667,dreamliu3742@163.com, pup_6@163.com, lihu80@163.com, 欢迎来电来信。客户服务 QQ 号:1292552107,欢迎随时咨询。